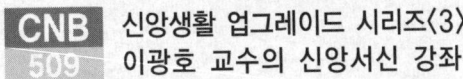

신앙생활 업그레이드 시리즈⟨3⟩
이광호 교수의 신앙서신 강좌

# 열매맺는 신앙생활

이 광 호

2007년

도서출판 깔뱅

**지은이 | 이광호**

영남대학교와 경북대학교 대학원에서 법학과 서양사학을 공부했으며, 고려신학대학원(M.Div.)과 ACTS(Th.M.)에서 신학일반과 조직신학을 공부했다. 대구 효성가톨릭대학교에서 비교종교학을 연구하여 철학박사(Ph.D.) 학위를 취득했다.

고신대학교, 고려신학대학원, 영남신학대학교 등에서 후학들을 가르쳤다. 현재 실로암교회에서 목회를 하면서 이슬람 전문선교단체인 국제 WIN선교회에 참여하고 있으며 달구벌기독학술연구회 회장직을 맡고 있다. 또한 홍은신학연구원 성경신학 담당 교수를 비롯해 조에성경신학원 등에서 후학들을 가르치고 있다.
　홈페이지 http://siloam-church.org/

### 저서
- 『아름다운 신앙생활』(2007년, 도서출판 깔뱅)
- 『손에 잡히는 신앙생활』(2007년, 도서출판 깔뱅)
- 『바울의 생애와 바울서신』(2007년, 도서출판 깔뱅)
- 『창세기』(2007년, 도서출판 깔뱅)
- 『신약신학의 구속사적 이해』(2006년, 도서출판 깔뱅)
- 『구약신학의 구속사적 이해』(2006년, 도서출판 깔뱅)
- 『예수님 생애 마지막 7일』(2006년, 도서출판 깔뱅)
- 『에세이 산상수훈』(2006년, 칼빈아카데미)
- 『성경에 나타난 성도의 사회참여』(1990년, 도서출판 실로암)
- 『갈라디아서 강해』(1990년, 도서출판 실로암)
- 『더불어 나누는 즐거움』(1995년, 예영커뮤니케이션)
- 『아빠, 교회 그만하고 슈퍼하자요』(1995년, 예영커뮤니케이션)
- 『기독교 관점에서 본 세계문화사』(1998년, 예영커뮤니케이션)
- 『세계선교의 새로운 과제들』(1998년, 예영커뮤니케이션)
- 『이슬람과 한국의 민간신앙』(1998년, 울산대학교출판부)
- 『교회와 신앙』(2002년, 교회성경신학연구원)
- 『한국교회, 무엇을 개혁할 것인가』(2004년, 예영커뮤니케이션)
- 기타 논문 다수

### 역서
- 『모스렘 세계에 예수 그리스도를 심자』(Charles R. Marsh, 1985년, CLC)
- 『예수님의 수제자들』(F. F. Bruce, 1986년, CLC)
- 『치유함을 받으라』(Colin Urquhart, 1988년, CLC)

# 열매맺는 신앙생활

CNB 509
열매맺는 신앙생활

LETTERS FOR CHRISTIAN LIFE 〈III〉

by Kwang Ho Lee
Published by Calvin Publishing House

ⓒ 2007 Kwang Ho Lee
SEOUL, KOREA

초판 인쇄 2007년 10월 19일
초판 발행 2007년 10월 26일

발행처 | 도서출판 깔뱅
발행인 | 김순영
지은이 | 이광호

등록번호 | 제2-1458호
등록일자 | 1998년 11월 18일

편집 | 신명기
디자인 | 조혜진

주소 | 서울시 서초구 잠원동 69-24
전화 02-535-9876  019-366-9438

-------------------------------------------------
총판 | (주)비전북출판유통
주소 경기도 고양시 일산구 장항동 568-17호 (우편번호 411-834)
전화 031-907-3927(대)  팩스 031-905-3927
-------------------------------------------------

저작권자 ⓒ 2007 이광호

이 책의 저작권은 저자에게 있습니다.
내용의 일부를 인용하거나 발췌 및 배포할 경우
서면에 의한 저자와 출판사의 허락을 받으십시오.

값은 표지에 있습니다.
파손된 책은 교환해 드립니다.
ISBN 89-92204-25-6  93230

CNB카페 | http://cafe.naver.com/cnb7777

# 열매맺는 신앙생활

LETTERS FOR CHRISTIAN LIFE <III>

# CNB 시리즈
## 서 문

**CNB** The Church and The Bible 시리즈는 개혁신앙의 교회관과 성경신학적 구속사 해석에 근거한 신·구약 성경 연구 시리즈이다.

이 시리즈는 보다 정확한 성경 본문 해석을 바탕으로 역사적 개혁 교회의 면모를 조명하고 우리 시대의 교회가 마땅히 추구해야 할 방향을 제시함으로써 교회의 삶과 문화를 창달하는 것을 그 목적으로 하고 있다.

따라서 이 시리즈는 진지하게 성경을 연구하며 본문이 제시하는 메시지에 충실하고 있다. 그렇다고 이 시리즈가 다분히 학문적이거나 또는 적용적이라는 의미에 국한되지 않는다. 학구적인 자세는 변함 없지만 궁극적으로 하나님의 나라를 지향함에 있어 개혁주의 교회관을 분명히 하기 위해 보다 더 관심을 가진다는 의미이다.

본 시리즈의 집필자들은 이미 신·구약 계시로써 말씀하셨던 하나님께서 지금도 말씀하고 계시며, 몸된 교회의 머리이자 영원한 왕이신 그리스도께서 지금도 통치하시며, 태초부터 모든 성도들을 부르시어 복음으로 성장하게 하시는 성령님께서 지금도 구원 사역을 성취하심으로써 창세로부터 종말에 이르기까지 거룩한 나라로서 교회가 여전히 존재하고 있음을 그 무엇보다도 중요하게 여기고 있다.

아무쪼록 이 시리즈를 통해 계시에 근거한 바른 교회관과 성경관을 가지고 이 땅에 진정한 그리스도인의 삶과 문화가 확장되기를 바라는 바이다.

시리즈 편집자

김영철 목사, 미문(美聞)교회, Th. M.
송영찬 목사, 기독교개혁신보 편집국장, M. Div.
이광호 목사, 실로암교회, 홍은신학연구원, Ph. D.
이종연 목사, 진명교회, 아틀란타 바이블 칼리지, M. Div.

# 머리글

인생의 바탕에는 질문이 깔려 있다고 해도 과언이 아니다. 질문이 없는 사람은 창조적 사고思考를 할 수 없으며 쉽게 현실에 안주해 버리게 된다. 현재의 지식은 항상 건전한 사고를 통해 새롭게 다듬어져 가야 한다. 진리와 진실을 멀리하고자 하는 현실주의적 습성은 거름장치를 필요로 하기 때문이다.

하나님의 자녀들에게 있어서는 더욱 그렇다. 세속적 철학에 물들지 않기 위해서는 기록된 성경말씀을 통한 검증이 필수적이다. 건강한 신앙 정신을 소유한 성도들은 그런 노력을 지속하는 가운데 보다 본질적인 것들에 관심을 기울여 가며 참된 진리를 추구하게 된다.

우리가 가져야 할 질문의 속성은 단순한 의문을 품는 것과는 다르다. 의문이 어떤 사물이나 사실에 대해 가지는 막연한 궁금증이라 한다면, 질문은 그에 대한 분석적이며 과학적인 답변을 요구하는 특성을 지니고 있다. 그러므로 질문은 논리적 답변을 요청하며, 그것은 항상 새로운 사고를 위한 기회를 제공하게 된다.

하지만 현대인의 특성 가운데 하나는 복잡한 질문을 멀리하려는 경향성을 띠고 있다는 사실이다. 다수의 사람들은 질문 없는 삶을 누릴 수 있다면 그것이 최상의 만족이라 여기고 있다.

배부른 만족은 질문을 불필요한 것으로 인식하도록 하며, 골치 아픈 지적知的 질문은 도리어 삶을 귀찮게 만들지도 모른다는 사고를 이끌어 낸다. 질문은 냉철한 사고를 통해서만 가능하고, 사고하는 것은 머리 아픈 일이며, 그것은 결국 배부른 만족을 추구하는 데 그다지 도움이 되지 않을 것이라는 우리의 현실 언어와 맞물려 있다.

　필자는 그동안 적지 않은 분량의 편지를 써왔다. 그것은 주로 여러 형제, 자매들의 질문에 답변하기 위한 방편이었다. 이 책에 실린 내용들은 대개 여러 성도들의 다양한 질문을 받고 그에 답변한 편지 형식의 글들이다. 그 가운데는 성경적, 신학적, 신앙적, 윤리적 문제 등 다양한 내용들이 포함되어 있다.

　머리글을 통해 언급하고 싶은 것은 이 책에 표현된 주장들이 완벽한 것은 아니라는 사실이다. 독자들 가운데는 여기에 기록된 글들을 접하면서 다소 낯선 느낌을 받게 될지도 모른다는 생각을 해 본다. 혹 자신과 다른 주장이나 내용을 만나게 되면 성급한 판단보다는 다시금 그에 대해 신중히 생각해 볼 수 있는 기회를 가졌으면 한다. 필자가 왜 그런 답변을 하는지, 그 근거가 무엇인지, 성경은 과연 어떻게 가르치는지 주의깊게 살펴본다면 적잖은 유익을 얻을 수 있으리라 믿는다.
　나아가 질문자는 왜 그런 문제를 두고 고민하며 질문을 하게 되었는지, 독자 자신은 왜 현재처럼 생각하게 되었는지 조심스럽게 분석해 보는 시간을 가져보는 것도 좋을 것이다. 그리고 주변의 다른 성도들과 동일한 주제를 두고 심도 깊은 토론을 하며 대화하는 것도 좋은 방법이 될 수 있으리라 생각한다.
　또한 지나간 역사 가운데 존재했던 건전한 교회들은 각 문제들에 대해 어떤 입장이었는지, 우리 시대의 전 세계에 흩어져 있는 건전한 교회들의 신학적 입장은 어떠한지 잘 더듬어 공부해 보기를 권한다.

　그렇게 함으로써 이 책이 독자들로 하여금 신앙적 사고의 폭을 넓혀주는 자그마한 도구가 되기를 바란다. 그러한 과정에서 더욱 많은 질문들이 생겨나며 그 질문들에 대한 답변을 얻기 위해 성경을 더 깊이 묵상하는 시간들이 많아지기를 원한다. 그리하여 견실한 신학적 사고들을 정립해 감으로써 이땅에 참된 교회를 세워나가는 일에 도움이 되기를 바란다.

이 책은 필자가 시무하고 있는 실로암교회 홈페이지(http://siloam-church.org)에서 운영하고 있는 '서신강좌'에 실려있는 271개의 문항을 순차적으로 정리하여 '신앙생활 업그레이드 시리즈'로 다음과 같이 3권으로 기획되었다.

CNB 507 "손에 잡히는 신앙생활"(80문항)
CNB 508 "아름다운 신앙생활"(90문항)
CNB 509 "열매맺는 신앙생활"(101문항)

모든 것이 부족한 필자에게 다양한 질문들을 해 준 여러 성도들에게 지면을 통해 감사드린다. 앞으로도 동일한 시대, 동일한 언어를 사용하며 살아가는 성도로서 건전한 교제가 이어지기를 바란다.

서로 얼굴과 얼굴을 아는 관계는 아니라 할지라도 동일한 주님을 의지하며 보편교회에 속한 성도로서 간접적인 교제가 나누어질 수 있음은 감사한 일이다. 또한 이 글을 접하게 될 다수의 독자들과도 이와 동일한 형태의 신앙적인 교제가 나누어질 수 있기를 기대해 본다.

2007년 여름, 팔공산 자락에서
이광호

# 목 차

CNB 시리즈 서문 / 7
머리글 / 9

*열매맺는 신앙생활*

1. 우리 교회가 '이단' 이라고요? _ 19
2. 무덤에 장사된 그리스도의 영은 어디에 계셨는가? (벧전 3:19에 대한 해석) _ 22
3. "사랑하는 이성과 손을 잡아도 안 됩니까?" _ 26
4. 육체적 부활의 다양성에 대하여(고전 15:39, 40) _ 30
5. 목사인 남편의 비신앙적 행동에 대한 고민 _ 34
6. "성경과 노예제도" _ 38
7. '권사제도' 에 대하여 _ 42
8. "어떤 신학교가 좋은 신학교입니까?" _ 46
9. "신학이 깨어나야 할 때" _ 50
10. '교회가 복지재단을 운영하는 문제' 에 대하여 _ 54
11. "하나님(의 영광)을 위해 산다"는 말의 의미 _ 58
12. "모로 가도 서울만 가면 된다(?)"(빌 1:12-18과 복음전파) _ 62
13. "나로 말미암지 않고는 아버지께로 올 자가 없느니라"(요 14:6) _ 66
14. '지나치게 의인이 되지 말며 지나치게 지혜자도 되지 말라'(전 7:16) _ 69
15. '감사' 에 대한 올바른 신앙인의 자세 _ 72
16. '제명' 의 의미 _ 76
17. '제명' 을 당한데 대한 해명 _ 80
18. '하나님' 과 '하느님' _ 83
19. 용돈헌금? _ 87
20. '강단권' 을 어떻게 이해해야 합니까? _ 90

21. '헌신예배'에 대하여 _ 94
22. "정한 짐승과 부정한 짐승" _ 97
23. 기독교 언론의 사명 _ 101
24. 신학교 교육의 의의 _ 105
25. "예수님 이름으로 기도합니다"(요 14:13, 14; 15:16; 16:23, 24) _ 108
26. '이근호 목사'를 어떻게 보시는지요? _ 112
27. '고신'의 미래와 현실 인식 _ 116
28. 신학적 토론 분위기를 상실한 시대에 대한 안타까움 _ 120
29. '마태복음 24장 34절'과 '마가복음 9장 1절'에 대한 해석 _ 124
30. '하나님의 구원' 범위 _ 127
31. "믿음은 바라는 것들의 실상"(히 11:1) _ 131
32. 예수 그리스도가 유일한 구원의 통로인가? _ 134
33. "계시의 종결" _ 137
34. 감사의 말씀과 더불어 _ 140
35. 노동과 돈에 대한 현실적 문제 _ 143
36. 영화 "The Passion of the Christ"를 보고 _ 146
37. "하나님 나라의 확장"에 대하여 _ 150
38. "독신, 혼인" 선택의 문제인가?(창 2:18; 고전 7:8) _ 153
39. 혼인식장에서 성찬식을 행할 수 있는지요? _ 157
40. '예루살렘'의 의미 _ 160
41. "너는 힘써 대장부가 되라"(왕상 2:2) _ 163
42. '교회 개척과 건축'에 대하여 _ 167
43. 'JYK 목사'에 대하여 _ 171
44. '사도시대의 율법과 복음'에 대한 문제(행 21:17-26; 갈 2:4) _ 175
45. "술과 담배" _ 179
46. "여성 안수 논쟁" _ 182
47. "불의한 청지기와 불의한 재물"(눅 16:1-13중 8절, 9절에 대한 해석) _ 186
48. 죄는 유전되는 것인가?(시 51:5; 롬 3:23, 24) _ 190

49. '기독교 음악 공연'과 '예배' _ 194
50. "목사님, 애완견을 키워도 됩니까?" _ 197
51. '다단계 판매'에 대한 작은 생각 _ 201
52. 자살하면 무조건 지옥갑니까? _ 205
53. "고신의 미래를 생각하며" _ 208
54. '노방전도'에 대하여 _ 212
55. '매직설교'가 성경적인지요? _ 215
56. 십일조, 연보, 축도에 대한 문제 _ 218
57. 대한민국 대통령을 세우는데 하나님의 관여가 있는가? _ 221
58. '양심적 병역거부'에 대하여 _ 225
59. 기독교인이 보험이나 적금을 들어도 되는지요? _ 228
60. 냉장고 구입 기념예배라니요?(BE병원 '펫-시티' 구입기념예배와 관련하여) _ 231
61. "남에게 대접을 받고자 하는 대로 너희도 남을 대접하라"(마 7:12)에 대한 해석과 이해 _ 234
62. '정신지체자의 성찬 참여'에 대하여 _ 237
63. 목회자의 길은? _ 240
64. 두세 사람이 모이면 교회인가?(마 18:20에 대한 해석과 함께) _ 243
65. 목사는 기름부음 받은 하나님의 종인가? _ 247
66. KS교단 시국선언, 어찌 봐야 할까요? _ 250
67. "교회에 나가 보려고 하는데…" _ 254
68. "좋은 배우자를 달라고 기도할까요?" _ 258
69. "형상(이미지)을 신앙 교재로 사용할 수 있는가?" _ 262
70. "교회가 없는 지역에서의 예배" _ 265
71. "꼭 교회에 나가야만 합니까?"(UBF와 CMI에 관련하여) _ 268
72. "쉬지 말고 기도하라"(살전 5:17) _ 272
73. 지옥과 연옥에 대하여 _ 276
74. "부부가 각기 다른 교회에?" _ 280
75. '지식의 홍수'에 휩쓸리지 말아야 _ 284

76. '고신신학의 정체성'이 있는가? _ 288
77. 예수를 믿는다는 것은? _ 293
78. K신학대학원과 공군사관학교 _ 297
79. 송구영신예배와 한국교회 _ 301
80. '하나님의 전능성과 주권 영역'에 대하여 _ 305
81. 성경 기록상 오류가 있는가?(레 11:1-23에 기록된 말씀을 기억하며) _ 309
82. 선교 단체와 교회 생활 _ 313
83. '성령 세례와 성령 충만에 대하여' _ 316
84. 기도 응답에 대하여(창 21:16, 17과 관련하여) _ 320
85. "신학교 경건회에서 축도가 가능한가?" _ 324
86. 새벽기도에 대하여 _ 328
87. "하나님 어머니"라는 망발에 대하여 _ 332
88. "목사는 하나님께서 직접 간섭하시는 하나님의 종인가?" _ 336
89. 구약시대 성도들의 믿음과 기도 _ 340
90. 어린이들은 성찬에 참여할 수 없는가? _ 344
91. "직분과 일률적인 헌금" _ 348
92. "족보나 숫자가 되풀이되는 성경 본문은?" _ 352
93. 성경 해석의 중요성(마 7:21과 행 2:21의 교훈을 기억하며) _ 356
94. "베드로가 예수님의 수제자인지요?"(마 16장과 행전 1, 2장을 중심으로) _ 360
95. '교회적 구제 사역'에 대하여(행 6:1-6을 기억하며) _ 363
96. 교리적 예수? 역사적 예수? _ 367
97. "사도신경이 가지는 의미와 기능"에 대하여 _ 371
98. "목사님에게 축복권과 저주권이 있는지요?" _ 375
99. '은사주의'는 건전한가? _ 379
100. 교회와 성도, 투자(투기)할 수 있는가? _ 382
101. "예배 시간에 애국가를 불러도 되는가? _ 386

신앙생활 업그레이드 시리즈 전체 271문항 제목별 색인 / 389

# 열매맺는 신앙생활

# 1 우리 교회가 '이단'이라고요?

실로암교회 성도 여러분

주 안에서 평안하시리라 생각합니다. 매 주일마다 만나는 여러분에게 이렇게 서신을 띄우려니 부자연스럽다는 생각마저 듭니다. 아무래도 지금 우리에게 일어나고 있는 이런 일은 온 성도들이 바르게 잘 알아야 할 문제이기에 어색하지만 편지를 써 봅니다. 이는 특히 교회 내 아직 어린 성도들을 위함임을 말씀드리고 싶습니다.

지난해부터 제가 동대구노회에서 징계의 대상이 되어 왔으며 저에 대한 문제로 인해 전권위원회가 구성되었다는 사실을 교회에 공적으로 말씀드리지 못한 점 죄송하게 생각합니다. 전체 교회가 알게 되면 덕스럽지 못할 것이라는 판단에 책임있는 직분을 가진 몇몇 성도님들에게만 이 사실을 알렸습니다.

그런데 최근 많은 성도들이 이에 대해 알고 계심에 놀랐습니다. 특히 우리와 같은 노회에 속한 이웃 교회의 어떤 목사들이 저와 실로암교회를 '이단'이라 퍼뜨리고 있다는 말을 듣고 깜짝 놀라지 않을 수 없었습니다. 그런 어처구니없는 이야기를 들으면서도 변함없이 신앙 생활을 해 오신 성도 여러분들께 진심으로 감사드립니다.

지난해 늦여름부터 시작된 저에 대한 문제가 지난 가을 정기노회에서는 상당한 논란이 되었습니다. 외부적으로는 2002년 8월 24일자 '한국기독신문'에 실린 술과 관련된 저의 글이 발단이었습니다. 지난해 12월 초에는 시찰회에 불려가서 몇가지 이야기들을 주고받기도 했습니다.

결국 금년 1월 임시노회에서는 저에 대한 전권위원회가 구성되었습니다. 주된 이유는 음주 문제에서 출발하여 주일성수 문제, 십일조 문제로 집약됩니다. 모두가 여러 신문에 게재된 저의 글 때문이었습니다. 아마 그들은 제가 술에 대해 자유로우며 주일성수와 십일조 연보를 하지 않는 것으로 막연히 짐작하고 있었던 모양입니다.

술에 대해 제가 어떤 견해를 가지고 생활하고 있는지는 성도 여러분들이 가장 잘 알고 계십니다. 우리 교회가 어떻게 주일을 보내고 있는가 하는 점 역시 여러분들이 가장 잘 알고 계십니다. 십일조 연보에 대해서도 성도 여러분들이 누구보다 잘 알고 계십니다.

그런데 노회원들 중에는 저에 대해 자기 마음대로 판단하는 자들이 있었습니다. 이는 지난 몇해 동안 노회에서 다른 목사님들을 제명할 때 제가 그 부당성에 대해 많은 지적을 했기 때문일 것이라 생각됩니다. 즉 신학을 잘 알지 못하는 사람들이 자기들의 주장에 동조하지 않는다는 이유로 저를 징계하려 했던 것 같습니다.

앞에서 말씀드린 신문에 실린 저의 글들에는 신학적인 별다른 문제가 없음을 말씀드립니다. 그것은 건전한 신학교에서 가르치는 많은 신학자들이 함께 증거하고 있는 내용들입니다. 저를 아끼는 우리 교회 밖의 몇몇 성도들이 서울과 부산, 심지어는 외국에 있는 신학자들에게까지 저의 글을 보내 과연 신학적으로 잘못된 점이 있는지 의뢰해 답변을 받기도 했던 것입니다.

성도 여러분, 주변의 다른 사람들이 어떤 악의에 찬 말을 하든지 신경 쓰지 마시기를 바랍니다. 누가 이단이라 하거든 그 사람이 혹 이단이 아닌가 정도로 생각하면 될 것입니다. 지금 현재까지 제가 부산에 있는 KS대학에서 '기독교 교리와 윤리' 과목을 가르치고 있으며, 천안에 있는 K신학대학원에서도 강의를 하고 있는데 만일 이단 사상이 있다면 그것은 도무지 가능한 일이 아니지요.

  이 기회를 통해 저를 위해 기도하며 격려를 아끼지 않던 여러분들께도 감사의 마음을 전합니다. 특히 저를 구명(?)하기 위해 많은 시간을 할애하고 주머니를 털어 활동한(?) J, CH, K, P, B 등 여러 목사님들께도 심심한 감사의 말씀을 전합니다.

  아직 문제가 완전히 끝난 것은 아닙니다만 염려할 것이 없으리라 생각됩니다. 즉 완전 무죄(?)라는 판결을 받은 것은 아니지만 앞으로 별일 없을 것입니다. 이번 기회를 통해 하나님을 경외하고 진리를 추구하며 살기를 원하는 많은 분들이 있음을 확인할 수 있었습니다. 교회안에 들어와 있으나 복음을 알지 못하는 많은 사람들이 복음에 대한 진정한 깨달음이 있기를 원할 따름입니다.

  궁금한 점이 있으면 주일날 더 이야기 할 수 있는 기회가 있을 것입니다. 이번 주일에는 지난 주일보다 더욱 활짝 핀 꽃들을 보며 교회 마당에 들어설 수 있을 것 같네요. 주일날 반가운 마음으로 만나기를 원합니다.

2003. 4. 11

여러분을 진정으로 사랑하는,
이광호 목사 드림

## 2 무덤에 장사된 그리스도의 영은 어디에 계셨는가?
(벧전 3:19에 대한 해석)

계하 형제

녕하세요? 지금 말레이시아에 가 있다니 의외입니다. 그렇지 않아도 이번 학기에 학교에서 한 번도 보이지 않아 어쩐 일인가 생각했습니다. 지난 해 '기독교 교리와 윤리' 시간에 형제가 제출한 두 개의 레포트를 잘 기억하고 있습니다. 하나는 '장애인에 관련된 내용'이었고 다른 하나는 '하나님을 경외하는 기독교 대학에 관한 내용'이었던 것으로 기억됩니다. 상당히 구체적인 기술이었기 때문에 지금도 그 내용을 어느 정도 기억하고 있습니다.

말레이시아는 개인적으로 나와 상당히 가까운 나라입니다. 그 나라에 소중한 나의 친구들이 있거든요. 내가 잘 아는 특수학교가 있는데 쿠알라룸푸르Kuala Lumpur에서 남쪽으로 약 한 시간 가량 떨어진 클랭Klang이라는 도시에 있는 'Day Spring'이라는 학교입니다. 혹 원하면 그 학교를 소개해 주도록 하겠습니다.

외국에 있으면서도 나를 기억하고 질문을 해 주니 고마운 마음이 듭니다. 형제가 질문한 베드로전서 3장 19절을 잘 이해하는 것은 매우 중요합니다. 결과부터 말씀드린다면 십자가에 달려 죽어 장사되신 주님의 육신은 무덤에 있었지만 그의 영은 지옥에 내려가셨습니다.

우리 한국의 교인들은 이런 이야기를 들으면서 의아해하는 경우를 종종 봅니다만 평상시에 그것을 잘 이해하고 있는 성도들에게는 아무런 문제가 될 것이 없습니다. 지금도 외국의 건전한 교회의 성도들은 그 점을 매우 당연하게 믿고 있습니다.

　베드로전서 3장 19절에서는 예수 그리스도께서 옥prison에 내려가셨다고 말씀하고 있는데 그 옥은 곧 지옥地獄입니다. 성경에는 주님께서 지옥에 내려가셔서 옥에 있는 영들에게 전파하셨다고 기록하고 있습니다. 여기서 '전파하셨다'는 단어의 의미를 잘 생각해 보아야 합니다.
　우리가 가장 쉽게 이해할 수 있는 영어단어를 통해 약간의 설명을 하겠습니다. King James Version이나 New International Version 등에서는 '전파하셨다'는 단어를 'Preach'로 번역하고 있습니다. 그러나 New American Standard Bible에서는 '전파하다'를 'proclaim'으로 번역하고 있습니다.

　지금 여기서 성경원문을 이야기하지 않는다 해도 나는 '전파하셨다'로 번역된 이 단어의 의미가 'proclaim' 즉 '선포하셨다'로 이해되어야 한다고 생각합니다. 왜냐하면 'preach'라 하게 되면 죽은 자들에게 복음을 전파하는 것이 목적인 것처럼 되기 때문입니다.
　사실 로마카톨릭에서는 이렇게 이해하기 때문에 죽은 자를 위한 기도가 가능하다는 생각을 하게 되는 것입니다. 그러나 'proclaim'은 복음을 전파하는 것이 목적이 아니라 저들에게 심판을 선포하는 의미를 가지게 됩니다. 베드로전서 3장 19절의 말씀은 지옥에 있는 영들에게 하나님의 아들이 죽음을 통해 죄에 대하여 승리하셨음을 선포하시는 모습을 보여주고 있습니다. 뒤에 따라오는 3장 20절 말씀의 '노아의 날 불순종하던 자들'에 대한 부분에서는 난해한 내용들이 포함되어 있기는 하나 19절의 말씀의 의미는 분명합니다.

　그리고 베드로전서 4장 6절에는 '죽은 자들에게도 복음이 전파되었으니' 라는 말씀이 나오는데 이 구절 역시 조심스럽게 이해되어져야 합니다. 나는 4장 6절의 '죽은 자들' 이라는 말을 3장 19절의 '옥에 있는 영들' 과 동일한 맥락에서 해석하지 않습니다.

즉, 3장 19절의 '옥에 있는 영들' 은 '죽어서 지옥에 가 있는 자들' 이라는 말로 이해하며, 4장 6절의 '죽은 자들' 은 '생명이 끝나고 사망한 자들' 이라는 의미가 아니라 '복음을 알지 못해 참 생명이 없는 자들' 로 이해합니다. 논리적으로 따진다면 다소 복잡하게 여겨질지 모르지만 별 무리없이 의미를 이해할 수 있습니다.

예수 그리스도께서 무덤에 있을 동안 지옥에 내려가셨다는 점을 지지할 수 있는 중요한 근거를 하나 이야기하겠습니다. 그것은 역사 가운데 교회를 인도해오신 하나님께서 허락하신 교회적 고백을 통한 확인입니다. 이제 지상의 건전한 교회들이 신앙고백으로 받아들이고 있는 사도신경을 한번 살펴보도록 하겠습니다.

사도신경 중에는 "(우리 주 예수 그리스도는) 본디오 빌라도에게 고난을 받으사 십자가에 못박혀 죽으시고 장사한 지 사흘만에 죽은 자 가운데서 다시 살아나시며 하늘에 오르사"라는 부분이 있습니다. 영어로는 이렇게 기록되어 있습니다. "(Jesus Christ our Lord who) was suffered under Pontius Pilate, was crucified, dead, and buried. 'He descended into Hell'. The third day he rose again from the dead. He ascended into heaven."

여기서 우리가 볼 수 있는 것은 영어로 된 사도신경에 나오는 'He descended into Hell' 이라는 문구가 한글 사도신경에는 빠져 있다는 사실입니다. 이 영어 문장을 한국어로 직역하면 '그가 지옥으로 내려가셨다' 는 말입니다.

원래 사도신경에는 '그가 지옥으로 내려가셨다' 는 말이 들어있지만 우리말 사도신경에는 그 말이 빠져 있습니다. 어떻게 하여 한국어 사도신경에 이 문구가 빠지게 되었는지 구체적인 이유를 알 수 없지만, 아마도 처음 사도신경을 번역한 사람이 실수로 빠뜨리지 않았을까 생각해 볼 따름입니다.

계하 형제, 외국에 있는 동안 많은 것을 배울 수 있는 기회가 되기를 바랍니다. 하나님을 떠난 인간들이 얼마나 인생을 잘못 살고 있는지 안타까움으로 바라보기도 할 것이며, 그들에게 복음을 전파한다는 것이 얼마나 어려운 일인가 하는 점도 깨닫게 될 것입니다.

지금 KS대학에는 관선이사가 나와 어수선한 분위기입니다. 순전한 정치적 이유로 총장님을 부당하게 징계하려는 움직임마저 있다고 합니다. 지난해 레포트에서 학생이 지적했던 내용들이 미리 받아들여졌더라면 지금 학교가 이런 황당한 상황을 피할 수 있었을 것이란 생각마저 해 봅니다.

지금 KS대학교에는 학생들이 붙인 다양한 대자보들이 여기저기 눈에 띄고 있습니다. 용감한(?) 계하 형제가 지금 학교에 있다면 상당한 몫(?)을 했을지도 모른다는 생각을 하니 남모르는 웃음이 흘러나오는군요. 기도 중 KS대학을 기억하기 바라며 건강하게 돌아오기를 바랍니다.

(2003. 4. 28)

## 3 "사랑하는 이성과 손을 잡아도 안 됩니까?"

경아 자매

녕하세요? 메일을 통해 질문 주심에 대해 감사합니다. 물론 경아 자매의 환한 얼굴을 잘 기억하고 있습니다. 수업 시간마다 맨 앞 자리에 앉아 착실하게 수업하는 학생을 내가 왜 기억하지 못하겠어요? 그런데 학생의 나이가 다른 학생들보다 훨씬 많다는 점에 대해서는 정말 깜짝 놀랐습니다. 다른 학생들과 같은 또래로 밖에 보이지 않거든요.

지난 주 수업 시간에 지나가면서 언급했던 문제에 대해 되새겨 보는 기회를 가진 것은 잘한 일입니다. 이성 교제에 대해 학생들이 관심을 가지고 있을 것이며 신체접촉의 한계에 대해서도 궁금해하고 있겠지요.

우리 시대에는 이성 교제의 방법과 한계에 대해 전통적인 사회와는 전혀 다른 문화적 양상을 띠고 있습니다. 이성 교제 문제가 매우 위험한 상태로 개방되어 있지만 그런 문화 속에 살고 있으면서 사람들은 그 위험을 거의 느끼지 못하고 있습니다. 위험을 느낀다기보다 차라리 그것을 즐기고 있다는 표현이 옳습니다.

다수의 사람들이 이런 풍조를 단순한 문화로 이해하려 하지만 그것은 매우 위험한 세속적 경향입니다. 미혼남녀들 중 다수는 이성 교제를 하면서 서로 사랑하게 되면 성관계를 가질 수도 있다고 생각하는 것이 우리의 현실입니다. 그것은 단순한 성적 욕망의 수단일 뿐 아니라 이성간 사랑의 표현이라는 논리를 펴고 있습니다. 즉 사랑이 없는 상태에서의 성관계는 위험한 동물적 욕망추구이지만 사랑하는 사이라면 문제될 것이 없다고 생각합니다.

이런 세속적 위험한 풍조에 노출되어 있는 크리스천 청년들조차도 생각이 느슨해져 있는 것이 사실입니다. 신실한 기독교인들은 혼인 전에 성관계를 가지는 것이 악한 죄라 생각합니다. 그에 대해서는 두말할 나위 없습니다. 그런데 문제는 사랑하는 사이라면 성관계를 제외한 어느 정도의 신체적 접촉은 가능하다고 생각하는 점입니다.
　즉 사랑하는 사람끼리 손을 잡는다든지 포옹을 한다든지 혹은 키스를 한다든지 가벼운 애무를 하는 정도는 괜찮다고 생각합니다. 그러나 그것은 결코 그렇지 않습니다. 사랑한다고 해서 그런 신체적 접촉을 하는 것은 잘못입니다. 아무리 진심으로 사랑한다고 해도 그런 식의 애정 표현을 해서는 안 됩니다.
　내가 이런 말을 하면 다수의 학생들은 '시대에 뒤떨어진 고리타분한 교수님'이라 합니다. '앞뒤가 꽉막힌 교수님'이라고 말하는 학생들도 있습니다. 아마 이번 학기에 수강하는 여러분들도 그랬겠지요? 나는 학생들로부터 그런 말을 들으면 "예수님이나 베드로, 바울 같은 분들은 그에 대해 어떻게 말할지 귀기울여 보자"고 이야기합니다.
　그렇게 말하면 어떤 학생들은 "성경에서 이성간에 손을 잡지 말라거나 키스하지 말라고 하는 구체적인 본문이 없지 않느냐?"고 반문하기도 합니다. 우리가 수업 시간에 조금씩 다루고 있는 현대 세속주의나 자유주의에서는 동성애, 트렌스젠더, 낙태, 인간 복제 등에 대해서도 그런 식으로 접근하려 합니다. 그것은 매우 위험한 접근 방식이지요. 성경의 전체적인 가르침을 통해 세속적인 경향성을 물리치는 것이 교회가 해야 할 중대한 임무이기도 합니다.
　결론적인 이야기를 하자면 기독교인들은 혼인하기 전 이성간에 어떤 신체적인 접촉도 해서는 안 됩니다. 키스나 애무는 물론 손을 잡는 행동도 삼가야 합니다. 여기서 손을 잡는다는 것은 사랑의 표현으로서의 손을 잡는 것을 말하고 있지요. 내가 말하고자 하는 것은 흔히 생각하는 대로 손을 잡게 되면 그 다음 단계가 기다리고 있다는 이유 때문은 아닙니다. 다시 말해 손을 잡게 되면 다음에는 키스를 하게 되고, 그 다음에는 애무를 하려하게 되고 그렇게 하다보면 성관계를 가지고자 하는 위험이 따르므로 맨 처음 단계인 손을 잡는 행동을 하지 말아야 한다는 것입니다. 그러나 내가 말하고자 하는 것은 그런 발전적인 유혹 때문에 손을 잡지 말아야 하는 것이 아니라 이성간에 손을 잡는 행위 자체가 안 된다는 것입니다.

혼인하기 전의 이성간의 관계는 완전한 남남입니다. 내가 사랑하고 손을 잡고 싶고 키스하고 싶고 잠자리를 같이하고 싶은 그 사람은 나의 아내나 남편이 될 사람이 아니라 다른 사람의 아내나 남편이 될 사람일 수 있습니다. 지금 내가 아무리 진심으로 그와 혼인을 하고자 하는 마음을 가진다 해도 그것은 지금의 생각일 뿐 아무런 효력이 없습니다.

설령 지금 사랑을 느끼는 그 사람과 나중에 혼인을 하게 된다 하더라도, 현재로서는 나중에 다른 형제 자매의 아내 혹은 남편이 될 수도 있다는 것을 염두에 두면 자기 욕심에 따라 함부로 행동하지는 못합니다.

역으로 말해 나중 나의 아내가 될 사람, 혹은 나의 남편이 될 사람이 지금 다른 남자 혹은 여자와 손을 잡고 키스를 하고 사랑을 나누고 있다면 우리의 마음이 편하지 않겠지요? 사실 그런 것은 그다지 중요하지 않다고 하는 세속적 위험한 풍조가 이미 우리 가운데 들어와 있기 때문에 그것을 가볍게 생각한다면, 우리의 시대와 그에 물들어 가고 있는 나 자신을 책망하며 정신을 바짝 차릴 수밖에 없습니다.

우리는 이 세상을 살아가면서 끊임없이 이성에 대한 유혹을 받으며 살아가고 있습니다. 정도의 차이가 있기는 하나 혼인을 한 사람들도 마찬가지입니다. 배우자 이외의 다른 이성에게 끌려 사랑을 느끼기도 합니다. 물론 그럴 경우 자신을 책망하며 그렇게 해서는 안 된다고 하는 반성적 생각을 하는 것이 성도의 바람직한 자세이겠지요.

미혼인 청년들은 호감이 가는 이성에게 끌려 육체적 사랑의 욕망을 자주 느낄 것입니다. 그것은 누구나 가지는 자연스런 속성이라 할 수 있습니다. 그리고 그런 상대에게 자기의 마음을 고백할 수도 있습니다. 만나서 데이트를 할 수 있을 것이며 서로 대화하며 배울 것도 있을 것입니다. 그러나 그때 항상 염두에 두고 있어야 할 점은 자신과 상대에 대한 성숙한 배려입니다. 아직 알지 못하는 나의 배우자가 될 사람에 대한 묵시적 예우가 있어야 하고, 데이트 중인 상대 이성의 아직 알지 못하는 배우자에 대한 성숙한 예우도 기억해야 합니다. 손을 잡고 싶은 욕망과 키스하고 싶은 욕망이 일어난다고 해도 그런 일시적 감정과 행동이 자신과 상대에게 커다란 상처가 될 수 있음과 그것이 욕망에 따른 악한 행동임을 기억해야 합니다.

내가 아무리 이렇게 말한다 해도 학생들 가운데는 자기도 모르는 사이 그런 행동을 되풀이하는 경우가 있습니다. 그러나 과거에는 그것이 당연하다든지 자연스럽다고 생각했지만 이제부터는 그것이 잘못된 행동임을 자각함으로써 그런 세속적 풍조에서 벗어나기를 바랍니다.
　내가 이런 말을 하는 것을 들으면 우리 시대에는 전혀 어울리지 않는 이야기같이 들릴 것입니다. 그러나 그렇게 알고 있어야 합니다. 그것이 주님께서 우리 각자에게 바라시는 것이며 그런 삶이 잘 훈련될 때 우리의 삶이 진정으로 풍성해질 것입니다.
　나머지 부족한 이야기는 수업 시간에 보충하도록 하겠습니다. 해야 할 일이 산더미같이(?) 쌓였는데 다음 수업 시간 전에 생각해 볼 기회를 주기 위해 급히 답변을 썼습니다.

(2003. 5. 16)

## 4. 육체적 부활의 다양성에 대하여(고전 15:39, 40)

황 목사님

골에서 목회하느라 남다른 수고와 또 그에 따른 즐거움이 있으리라 생각합니다. 교회와 가정 두루 평안하겠지요? 얼마 전 스승의 날에 보내주신 사랑과 격려는 매우 고마웠습니다. 지난번 부활과 관련된 질문을 기억하고 있었으면서도 여러 사정으로 인해 계속 미루어 오다가 이제야 생각을 정리해 봅니다.

목사님이 살고 있는 지역의 부활절 연합집회에서 강사 목사가 고린도전서 15장을 본문으로 '육체적 부활의 다양성'에 대해 설교했다고 했지요? 고린도전서 15장 39, 40절을 설명하면서 '부활체의 다양성'이 있으므로 성도는 이 땅에서 잘 해야만 죽은 후 천국에서 좋은 몸체로 다시 부활할 수 있다는 내용이라고 했습니다.

지역의 부활절 연합예배에서 목사들을 대표해 설교를 할 정도라면 상당히 영향력이 있는 목사일텐데 그런 지도적 위치에 있는 목사의 생각이 그렇다니 우려하지 않을 수 없습니다.

그보다 더욱 안타까운 점은 그런 잘못된 설교를 들으면서 많은 성도들이 소위 은혜를 받는다든지, 다수의 교회 지도자들은 그것이 옳은지 그른지조차 알지 못하고 있다는 점입니다. 그리고 목회자들 가운데는 그런 주장이 비성경적이라는 것을 알면서도 그 심각성을 제대로 깨닫지 못하고 있다는 사실은 정말 심각한 문제입니다.

그러잖아도 얼마 전 대구에 있는 어느 성도가 저에게 목사님과 동일한 질문을 해왔습니다. 최근 그가 출석하는 교회에서 부흥회를 했는데 그 부흥강사도 그와 같은 설교를 했다고 합니다. 그런 설교를 하는데도 그 교회 교인들은 많은 은혜(?)를 받았고 교회 지도자들은 그 부흥회의 결과를 만족스럽게 평가했다고 합니다.

한국의 지도 계층에 있는 목사들이 그런 이야기를 거리낌 없이 말하고 성도들은 그런 가르침에 대해 별 저항이 없다는 사실은 한국교회가 얼마나 혼합적이 되어 있는가 하는 것을 잘 보여주고 있습니다.

이제 본문 말씀을 한번 살펴보도록 하겠습니다. 고린도전서 15장 39, 40절에는 다음과 같이 기록되어 있습니다: "육체는 다 같은 육체가 아니니 하나는 사람의 육체요 하나는 짐승의 육체요 하나는 새의 육체요 하나는 물고기의 육체라 하늘에 속한 형체도 있고 땅에 속한 형체도 있으나 하늘에 속한 자의 영광이 따로 있고 땅에 속한 자의 영광이 따로 있으니."

우리는 성경을 읽을 때 하나님의 뜻에 따라 전체적으로 볼 수 있는 안목을 가져야 합니다. 다시 말해서 하나님께서 이 계시의 말씀을 통해 하시고자 하는 의미가 무엇인가 하는 점을 잘 알아야 한다는 것입니다. 저는 위 본문 말씀 가운데, '육체는 다 같은 육체가 아니니 하나는 사람의 육체요 하나는 짐승의 육체요 하나는 새의 육체요 하나는 물고기의 육체라'(39절)고 하는 말의 의미는 인간의 육체가 다른 동물들의 육체와 같지 않다는 것을 강조하기 위해 하신 말씀으로 이해합니다.

즉 모든 동물들은 죽은 후 썩어 무의미한 흙으로 돌아가 끝나게 되지만, 인간의 육체는 그렇지 않다는 것입니다. 문장 구조상 인간, 짐승, 새, 물고기 등의 육체들을 균등하게 나열해 설명하고 있지만 그 핵심은 인간의 육체와 다른 동물들의 육체의 의미가 동일할 수 없음을 말하고 있습니다.

그리고 '하늘에 속한 형체도 있고 땅에 속한 형체도 있으나 하늘에 속한 자의 영광이 따로 있고 땅에 속한 자의 영광이 따로 있으니'(40절상)라는 말씀은 다소 난해한 구절이기는 합니다. 그러나 주의깊게 생각해 보면 그 의미를 알 수 있습니다. '하늘에 속한 형체도 있고 땅의 형체도 있다'는 말은 죽음 이후의 삶이 있는 존재인 인간과 죽음 이후에는 모든 것이 끝나게 되는 다른 동물들과의 차이를 이야기하고 있습니다. 이는 곧 하나님의 형상을 닮은 인간과 그렇지 않은 다른 동물들의 차이를 말하는 것입니다.

그리고 '하늘에 속한 자의 영광이 따로 있고 땅에 속한 자의 영광이 따로 있다'(40절하)는 말씀은 바로 앞의 문장과 분리해서 이해해야 할 것으로 생각됩니다. 즉 하늘에 속한 백성에게는 영원한 하나님의 영광에 참여함이 허락되었으며 땅에 속한 불신자들이 세상에서 누리는 영광이 있는데, 그 영광의 의미가 서로 다르다는 것입니다.

사도 바울 당시 고린도 지역과 그곳의 교회 역시 오늘날 우리의 형편과 크게 다르지 않았습니다. 성도들은 세상의 가치를 따르지 않음으로써 고난을 받았고, 불신자들 중에는 세상적 가치를 가지고 살아감으로써 성공하고 출세한 사람들이 많이 있었습니다. 그들은 그것을 인생을 사는 의미라 생각하여 흐뭇해하며 살아갔을 것입니다.

사도 바울은 이 말을 하며 그런 불신자들이 누리는 일시적인 영광(성공)과 하나님의 자녀가 누리게 될 영원한 영광이 서로 다르다는 점을 말하고 있습니다. 고린도전서 15장 39, 40절에 기록된 말씀은 '부활하게 될 성도의 영원한 영광'에 초점이 맞추어져 있습니다. 즉 성경이 말하고자 하는 바는 성도들에게 허락된 영광스런 부활의 의미가 '육의 몸으로 심고 신령한 몸으로 다시 살게 되는 약속'(44절)으로 제시되고 있습니다.

그럼에도 불구하고 일부 목사들이 그런 기독교적 윤회 사상을 가지고 있는 것은 불교의 영향 때문입니다. 즉 그들은 불교의 윤회설을 기독교적으로 변형하여 받아들이고 있습니다. 그러므로 그들은 사람이 죽게 되면 어떤 자들은 사람의 모습으로 부활하지만 소나 돼지와 같은 동물로 부활하는 자들도 있다고 가르칩니다.

그들은 또 어떤 사람은 참새나 까마귀 같은 날짐승으로 태어나며 다른 어떤 사람은 상어나 미꾸라지 같은 물고기로 부활한다고 주장하고 있습니다. 참으로 어처구니없는 일이 아닐 수 없습니다.

자유주의 신학과 세속주의 신학이 범람하는 이때 혼합주의 사상까지 몰려들어 주님의 교회를 위협하고 있음을 느끼게 됩니다. 하나님의 말씀에 익숙한 목사들이 성도들을 잘 가르쳐 그런 악한 사상들로부터 교회를 보호해야 합니다. 이렇게 답변을 하다 보니 옛날 강의실에서 열띤 토론을 하던 때가 생각나는군요.

말씀에 충실한 목사님이 되기를 바라며, 목사님을 통해 말씀을 배우는 성도들이 진정으로 복된 삶을 누리게 되기를 바랍니다.

(2003. 5. 21)

# 5 목사인 남편의 비신앙적 행동에 대한 고민

○○사모님

님의 이름으로 문안드립니다. 사모님의 글 속에 드러난 표현들을 통해 한 여인의 고통스런 심정을 충분히 읽을 수 있었습니다. 남들에게 그 어려운 형편을 쉽게 말할 수 있는 성질도 아니며 그렇다고 혼자 삭이기에는 너무 힘든 문제인 것 같습니다.

보수적인 신학대학원에서 공부를 하고 제법 안정된 교회에서 목회할 뿐 아니라 많은 사람들의 존경(?)을 받는 남편의 이중적인 삶을 가까이에서 보고 있는 사모님의 고통이 얼마나 클까 생각하니 안타까운 마음 금할 수 없습니다.

많은 교인들에게 신실한 목회자로 인정받고 좋은 언변으로 훌륭한 설교를 하며 청소년들의 퇴폐문화를 선도(?)하기에 바쁜 목사님이 가정에서는 전혀 다른 모습으로 돌변한다는 사실이 여간 힘들지 않을 것입니다.

사실 이러한 이야기는 우리 시대에 종종 듣는 이야기이기도 합니다. 어쩌면 공개서신인 이 글을 읽는 독자들 가운데는 동병상련의 처지에 있는 분들이 더러 있을지도 모른다는 생각을 해 봅니다. 그렇게 사랑이 많아 보이고 점잖은 목사님이 가정에서는 전혀 다른 행동을 하고 심지어는 아내에게 폭행까지 한다면 여간 심각한 문제가 아닙니다.

더구나 밤마다(?) 포르노 영화를 즐기며 그것을 거북해 하는 아내를 도리어 위선적이며 이중적인 사람으로 치부할 정도라면 정말 심각한 지경이라 할 수밖에 없습니다.

그런데 이미 그런 생활이 상당 기간 지속된 경우라면 이제 어떻게 해야 할까요? 저는 사모님의 이야기를 듣고 상당히 오랫동안 생각을 해보았습니다. 과연 어떻게 하는 것이 목사인 남편의 삶이 바뀌고 원만한 삶을 회복하는 데 도움이 될까 하는 점 때문입니다. 만일 남편인 목사가 구원받은 성도라면 회개를 통해 그의 삶이 회복될 수 있습니다.

그동안 남편의 변화를 위해 사모님이 많은 노력을 기울여 보았을 것이라 짐작됩니다. 그러한 노력에도 불구하고 남편의 삶에 실제적인 변화가 전혀 없었습니다. 도리어 더욱 위선적이 되어갔고 아내에게 더욱 난폭해져 갔을 따름입니다. 그래서 심한 폭행을 하기도 하고 목사로서는 할 수 없는 난폭한 언어를 되풀이 사용해 오고 있습니다.

저는, 사모님이 남편에 대한 생각을 전환해 보도록 권해 봅니다. 즉 남편을 위선적인 사람이라는 생각을 유보하셨으면 합니다. 물론 남편은 철저하게 위선적인 사람입니다. 그렇지만 만일 사모님이 남편의 그런 사실을 다른 교인들에게 이야기하면 도리어 그런 말을 하는 사모님이 엉뚱한 오해를 받을지도 모릅니다. 사실 부부간에 일어나는 사건들 가운데는 그런 식의 정반대의 오해를 불러왔던 경우들이 종종 있어 왔습니다.

이제부터 사모님은 남편을 정신적 장애를 가진 환자라고 생각해 보시기 바랍니다. 정신적 장애를 가졌다는 말과 정신질환이라는 말은 다른 말입니다. 만일 사모님의 남편이 구원받은 하나님의 자녀라면 그가 정신적 장애에 시달리고 있는 환자일 가능성이 높습니다.

유혹을 이기지 못해 포르노 영화를 즐기기는 하지만 목사로서 그래서는 안 된다는 반성적인 생각을 동시에 하고 있습니다. 더구나 많은 사람들이 자기를 훌륭한 목사로 존경하는데 자신의 부끄러운 비밀을 훤히 알고 있는 아내가 부담스럽기도 하고 밉기도 합니다. 그러던 차에 아내가 냉소적 반응을 보이거나 질타를 하게 되면 화가 치밀어 아내를 폭행하는 일이 되풀이 되는 것입니다.

그러므로 남편에게 그런 불건전한 생활을 청산하라든지 그것은 악한 것이라고 이야기하면 정신적 장애를 겪고 있는 남편은 반항을 하듯 그런 생활에 더욱 깊이 빠져들지도 모릅니다. 교회에서 설교를 하거나 교인들을 만날 때는 그것을 감추기라도 하듯 더욱 위선적인 행동을 하게 될 것이며, 내막을 모르는 교인들은 목사님의 그런 행동을 아무런 의심 없이 좋게 받아들일 것입니다. 그렇게 되면 남편인 목사는 모든 것을 알고 있는 아내를 더욱 경계할 것이며 점점 더 난폭해질지도 모릅니다.

사모님 자신과 남편을 위해 이제 이렇게 해보십시오. 아주 어려운 일이기는 합니다만 서서히 남편을 이해하는 마음을 가져보기를 원합니다. 그렇다고 부부가 함께 포르노 영화를 보라는 것은 아닙니다. "나는 그런 포르노 영화가 징그럽고 역겹지만 어떤 사람들은 그것이 좋은 모양이지요"라는 식으로 말입니다.
그러나 결코 남편과 함께 그런 영화를 보아서도 안 되며 남편과 마찬가지로 즐기는 듯한 모습을 보여서도 안 됩니다. 만일 그렇게 되면 가정이 위태로워질 뿐 아니라 이제까지 아내가 내숭을 떨며 위선적인 태도를 보여왔다고 생각하여 전혀 엉뚱한 반응을 하게 될지도 모릅니다.

그러므로 우선은 남편의 그런 나쁜 취향(?)에 대해 어느 정도 이해해주는 것 같은 자세와 함께 지금보다는 부드러운 반응을 보여주라는 것입니다. 그렇게 하는 것은 그가 정신적 장애를 가졌다는 사실과 사모님의 그런 반응이 남편의 장애를 치유하기 위한 방편이 될 수 있을 것이기 때문입니다.

  그렇게 하여 남편의 경계심이 늦추어지게 되면 그때부터는 남편을 칭찬하는 일에 관심을 가져 보시기 바랍니다. 마치 어린아이에게 하듯 말입니다. 교인들이 함께 있을 때 남편의 건전한 생활들을 주로 드러내어 칭찬해 주십시오. 이때 주의해야 할 것은 칭찬거리가 아닌 것을 억지로 칭찬하려 하거나, 남편 스스로 약점이라고 생각하는 내용을 드러내어 칭찬하려고 해서는 안 된다는 것입니다. 즉 정말 칭찬할 만한 내용들을 찾아 다른 사람들 앞에서 칭찬하는 것입니다.
  예를 들어 남편이 가난한 사람들에 대한 동정심이 강하다든지, 부모님에 대한 효성이 지극하다든지, 돈을 아껴 검소하다든지, 친구들에게 의리가 있다든지 할 때 틈나는 대로 칭찬을 아끼지 말기를 바랍니다. 그것은 일시적인 제스처가 아니라 진심어린 것이어야 합니다. 사모님의 그러한 자세를 통해 남편은 은연중 아내가 자기를 신뢰하고 있다는 사실을 발견하게 될 것입니다.

  그렇게 한다고 해서 당장 남편의 삶이 회복될 것이란 기대는 하지 말기 바랍니다. 오랜 세월 부부가 함께 말씀을 읽고 교회를 염려해 가는 동안 남편의 삶에 서서히 변화가 일어날 것입니다. 마지막으로 부탁드리고 싶은 것은 사모님편에서 결코 조급해서는 안 된다는 사실입니다. 주님께 모든 것을 맡기고 남편을 불쌍히 여기는 마음으로 지혜를 다할 때 하나님의 선한 인도하심이 있으리라 믿습니다. 주님께 소망을 둠으로써 낙망치 않는 신앙을 소유하시기를 바랍니다.

(2003. 5. 26)

# 6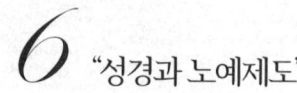

민석 형제

안녕하세요? 대학시절 어느 여름 수련회에서 저의 강의를 들으셨다니 벌써 15년쯤 전의 일이 아닌가 싶습니다. 그때가 1980년대 후반 제가 SFC 간사 생활을 할 시기였을 것 같은 막연한 생각이 드는군요. 형제께서 저를 기억하는데 비해 저는 형제를 잘 기억할 수 없어서 우선 죄송합니다. 언제 시간이 나면 한번 놀러 오시기 바랍니다. 제가 살고 있는 지역은 팔공산을 배경으로 한 경치가 매우 아름다운 곳입니다. 그리고 형제께서 질문한 내용에 대해 진작 답변드리지 못한 점 이해해 주시기 바랍니다.

'노예제도' 는 저에게 특별히 관심있는 분야이기도 합니다. 제가 경북대학교 대학원에서 공부할 때 저의 관심 분야가 서양고대사 중 특별히 고대노예제도였거든요. 그래서 형제의 질문을 받고 보니 옛날 생각이 또렷이 납니다.

성경에서 노예제도를 어떻게 이해하느냐 하는 문제에 대해서는 상당히 조심스럽게 접근해야 할 것 같습니다. 이는 교회가 노예제도를 인정하느냐 부정하느냐 하는 문제와 직결될 수 있기 때문입니다. 과거 미국과 같은 세속적 기독교 국가에 있었던 노예제도는 성경 말씀에 대한 자의적 해석과 오해를 바탕으로 하고 있습니다. 그것은 곧 만인은 평등하다는 현대 사상과 정면으로 배치되는 이론입니다.

노예 및 노예제도에 대해서는 구약성경과 신약성경에 동시에 나타납니다. 이스라엘 백성이 애굽에서 노예 생활을 하던 것은 이방 국가와의 사이에 있었던 단순한 불평등 관계로 볼 수 있습니다. 즉 외형상 정치적 압제로 볼 수 있습니다. 이는 앗시리아 제국이나 신바빌로니아 제국에 포로로 잡혀간 이스라엘 백성의 생활이나 로마제국이 이스라엘 백성들을 지배하며 착취했던 사실과 비슷한 개념에서 이해할 수 있습니다. 이러한 사실들은 국가와 국가 사이에서 발생한 힘의 균열로 말미암는 것이지만, 하나님의 구속사와 연관된 신학적 해석을 요하는 내용들입니다.

이에 반해 개인의 노동력을 착취하기 위해 타인의 삶을 구속하는 일반 사회적 제도로서 노예제를 어떻게 이해해야 하는가 하는 문제는 앞의 내용과는 다소 차이가 있습니다만 형제가 관심을 가지고 있는 부분은 바로 이 점이 아닐까 싶습니다. 우리가 조심스럽게 인정해야 할 것은 구약성경과 신약성경 모두에서 그러한 노예제를 인정하고 있다는 사실입니다. 성경에는 노예제 철폐에 대한 교훈이나 그와 관련된 제도적 악습에 대해 직접 비난하고 있는 내용이 없습니다.

도리어 출애굽기 21장 2-6절에는 노예제도에 대한 분명한 법적인 규례를 언급하고 있습니다. 독신인 노예의 경우와 가족이 함께 노예가 되었을 경우, 그리고 노예로서 주인의 배려로 혼인해 자녀를 가졌을 경우 등에 대한 구체적인 법령이 정해져 있습니다.

독신 노예인 경우 6년이 지나면 7년째부터는 해방될 수 있습니다. 노예생활 중 혼인해 자녀를 얻게 되면 아내와 자녀는 주인의 소유가 되며 7년이 되면 혼자서만 해방될 수 있습니다. 그러나 아내와 자녀들과 함께 살고자 하여 자신의 신분적 해방을 포기하면 주인과 함께 법정에 가서 재판장 앞에서 귀를 뚫음으로써 종신 노예가 되는 것입니다. 이는 이스라엘 백성들 사이에서도 노예제도가 인정되고 있었음을 보여주고 있습니다.

신약성경 시대에도 노예제도가 있었습니다. 로마제국의 노예제도에 대해서는 우리가 이미 잘 알고 있는 바입니다. 그런데 성경에서는 복음을 알기 전 노예 신분이었거나 주인일 경우, 노예제도와 그에 따른 신분을 변경하거나 포기하라고 명하지 않고 있습니다. 즉 성경은 노예제도 철폐 운동 내지는 그것이 악한 제도이므로 저항하거나 버려야 한다는 포기선언을 하고 있지 않은 것입니다.

성경은 오히려 그 제도에 충실하라고 가르치고 있습니다. 사도 바울은 디도에게 편지하면서 "종들slaves로는 자기 상전들에게 범사에 순종하여 기쁘게 하고 거스려 말하지 말며 떼어먹지 말고 오직 선한 충성을 다하게 하라 이는 우리 구주 하나님의 교훈을 빛나게 하려 함이라"(딛 2:9, 10)고 교훈하고 있습니다. 바울은 노예제도가 악한 제도라고 고발하는 것이 아니라 노예들은 현재의 자기 신분에 따라 주인에게 충성을 다하라고 권면하고 있습니다.

물론 당시에도 교회안에서는 주인이나 노예 사이의 신분이 무력화無力化되었습니다. 성도들 사이에는 남자나 여자, 유대인이나 이방인, 주인이나 노예 등에 따른 차이가 없었습니다. 그런 것은 무의미했던 것입니다. 그럼에도 불구하고 바울은 노예들에게 충성을 다해 주인을 섬겨야 함을 분명히 말하고 있습니다.

그렇다면 우리가 이런 문제를 어떻게 이해해야 할까요? 우리는 우선 성경의 노예제도 인정이 노동력 착취나 인신人身 구속을 합법적으로 수용한다거나 인간적 불평등 구조를 장려한다는 차원이 아님을 이해해야 합니다. 성경에서 말하고자 하는 바는 그런 제도나 문화가 중요한 것이 아니라 그보다 훨씬 더 중요한 것이 있음을 보여주고 있습니다.

저는 인간들 사이에 존재하는 불평등 구조는 결코 피할 수 없는 사회적 양식이라 생각합니다. 많은 사람들이 생각할 때 현대인들은 평등한 사회에 살고 있다고 여길지 모르지만 현대 사회도 그 내면을 들여다보면 역시 마찬가지입니다. 현대의 직장도 그렇습니다.

사장이나 주인은 다른 노동자를 고용해 더 힘든 일을 시키고 자기는 군림하고 있으면서 훨씬 많은 돈을 벌지 않습니까? 그리고 마음에 들지 않으면 해고하지 않습니까? 만일 완벽한 평등 사회를 경험한 사람이 있다면, 그가 우리 사회를 보면 변형된 노예제 사회 이상이 아니라 생각할 것입니다.

과거 공산주의자들이 프롤레타리아 계층을 중심으로 한 부분적 평등 사회를 건설하려 했지만 기본부터 불가능한 시도를 했던 것이지요. 되지 않는 것을 억지로 하려다보니 훨씬 더 부조리한 독재 권력을 동원할 수밖에 없었던 것입니다.

오늘날 우리에게 있어서도 중요한 것은 다양한 사회적 제도가 아닐 것입니다. 그것이 민주주의든 공산주의든 사회주의든, 혹은 노예제 사회이든 간에 특정한 역사와 시대적 배경 속에 존재하는 하나의 제도일 따름입니다. 물론 그에 대해서는 인권과 사회구조, 혹은 조직의 목적과 저마다 선호하는 가치기준에 따라 다른 해석들이 동반될 것입니다.

우리에게 중요한 것은 하나님 나라의 원리이며, 이 세상의 정치, 사회적 구조를 모델로 삼거나 가치기준으로 삼을 수 없다는 점입니다. 고대 노예제 사회에서나 현대 민주주의 사회에서나 우리가 관심을 가져야 할 대상은 이미 우리가 속해 있는 하나님의 나라이기 때문입니다. 그 점을 명확히 이해한다면 나머지는 그다지 중요한 것이 아님을 알 수 있습니다.

이 정도의 설명이면 웬만큼 이해하실 수 있으리라 생각됩니다. 언제 시간이 나면 한번 놀러 오세요. 옛날에는 학생이었지만 지금은 가족과 자녀들이 있겠군요. 가족들에게도 문안 전합니다.

(2003. 5. 28)

# 7 '권사제도'에 대하여

주헌 형제

반갑습니다. 지난번 여러 성도님들이 생소한 먼 길을 달려와 우리 교회를 방문해 주심에 대해 깊은 감사의 말씀을 전합니다. 지역적으로 멀리 떨어져 있지만 주님의 몸된 교회를 진심으로 아끼고 사랑하는 광주의 형제자매들을 만나 교제하게 된 것은 우리에게 커다란 즐거움이었습니다.

최근 형제께서 권사제도에 대한 질문을 하셨기에 거기에 대한 간단한 답변을 하고자 합니다. 장로교에서는 우리 시대에 허락된 직분이 목사, 장로, 집사 등 세 가지 직분이 있는 것으로 이해하고 있습니다. 그 직분들을 항존직이라 이름붙여 특별한 일이 있지 않은 한 목사, 장로, 집사들은 교회 가운데서 지속적으로 직분을 이행하고 있습니다. 물론 목사란 교회의 교사를 의미하며 장로는 교회를 치리하는 장로, 집사는 안수를 받은 교회의 봉사직분자일 것입니다.

한국교회에는 역사적으로나 지역적으로 다른 교회들에 있지 않은 몇몇 특이한 직분을 두고 있습니다. 그것은 강도사, 전도사, 권사, 서리집사 등입니다. 강도사는 교회의 공식적인 교사로 세움을 받지 않았지만 독립적으로 가르침(설교)을 베풀 수 있는 직분이며, 전도사란 신학생들이나 교회의 일시적인 교육분야를 맡은 자들을 일컫습니다. 그리고 서리집사란 아직 집사는 아니지만 일시적으로 집사직을 맡겨 봉사의 일을 담당하게 하는 직분입니다. 물론 이러한 한국교회의 특별한 직분들에 대해서는 구체적으로 살펴보아야 할 내용들이 많이 있습니다.

이 글에서는 형제께서 질문하신 권사제도에 대한 말씀을 드려볼까 합니다. 권사라는 의미가 구체적으로 무엇을 하는 직분인가 하는 것은 말하기 참 어렵습니다. 한국교회에는 권사들이 많은데 교회에서 어떤 일을 감당하고 있느냐고 물으면 정확하게 답하기 쉽지 않습니다. 물론 각 교단의 헌법에는 나름대로의 언급이 있습니다.

앞에서 말씀드린 것처럼 권사제도는 한국교회의 특이한 제도입니다. 즉 성경에 명시된 직분이 아니라 한국교회에만 있는 편의상의 직분이라는 말입니다. 그렇다면 권사직분이라는 것은 직분론에서 볼 때 그다지 중요하지 않다고 보아도 무관할 것이며 그런 권사제도가 존재하게 된 연유가 무엇인가 하는 점을 생각해 볼 필요가 있습니다.

원래 집사 직분은 남자들이 맡는 직분입니다. 목사나 장로 직분과 마찬가지이지요. 이런 말을 하면 왜 남자만 그 직분들을 맡을 수 있느냐, 그것은 여성 차별주의가 아니냐는 등의 말이 나올 수 있습니다. 그러나 우리가 생각해야 하는 것은 그 직분이 있는 이유가 남녀의 평등이나 차등을 통한 권리여부를 말하는 것이 아님을 알아야 합니다. 직분은 오로지 주님의 요구에 따라 주님의 몸된 교회를 위해서 존재합니다. 즉 교회를 세우기 위해 하나님으로부터 주어지는 특별한 언약적 은사입니다.

저는 한국교회에 권사제도가 생겨나게 된 배경을 다음과 같이 이해하고 있습니다. 교회사를 연구하는 학자들의 구체적인 이야기를 들은 바 없기 때문에 제가 알고 있는 내용을 말씀드리는 것입니다.

초기 한국교회에는 교회의 충분한 검증을 거쳐 목사, 장로, 집사를 세울 만한 형편이 되지 못했습니다. 이는 대다수 선교지에서 동일하게 겪는 일입니다. 19세기 말 한국에 복음이 들어올 무렵 '집사'라는 말은 일반사회에서 보편적으로 쓰이던 용어였습니다.

'집사'는 부자집에서 일을 거들어 주는 일꾼이었습니다. 그래서 당시는 '집사님'이라는 존칭어가 없었습니다. 그냥 집사일 따름입니다. 현재 우리나라에서 '집사'라는 용어가 교회에 국한되어 사용되고 있으며 '집사님'이라는 존칭용어가 자연스럽게 쓰이는 것과는 매우 대조적이라 할 수 있습니다.

그래서 초기 한국교회에서는 직분을 맡은 자로서의 집사보다는 교회의 허드렛일을 포함한 일반적인 일을 하는 사람들을 당시의 일반적인 용례에 따라 '집사'라 부르기 시작했습니다. 그들은 대개 신앙이 좋은 사람들이었으며 점차 신앙이 좋은 열심있는 사람을 집사라 부르는 관행이 생겨났던 것입니다. 이러한 예는 지금도 그 흔적을 어느 정도 찾아볼 수 있습니다. 예를 들어 불신자들 가운데는 신앙이 독실한 자기 친구에게 그냥 '어이, 박 집사'라는 식으로 호칭하는 경우를 종종 볼 수 있습니다. 그러다가 교회가 점차 커져가면서 일시적 봉사자로서 서리집사 제도를 둔 것으로 이해됩니다.

이러한 서리집사는 용어는 동일하지만 항존직 집사와는 구분되는 개념일 것입니다. 그러므로 교회법에서는 항존직 직분자인 집사를 선출할 때 현재 서리집사인가 하는 여부는 전혀 고려되지 않습니다. 물론 이 점에 대해서도 이보다 훨씬 방대한 논의가 있어야 합니다만 여기서는 생략합니다.

여자 서리집사도 이와 동일한 맥락에서 이해해야 합니다. 여자 서리집사는 장로교에서 말하는 직분자로서 집사가 아니라 단순 봉사자로서의 집사로 이해해야 합니다. 교회를 위해 봉사와 노동을 요구하는 서리집사는 나이가 들면 더이상 지속할 수 없습니다. 즉 현대적 개념을 도입하자면 그들이 봉사와 노동에서 은퇴하게 되는 것이지요.

그런 부인들에게 교회가 예우의 차원에서 '권사'라는 호칭을 주기 시작했다고 생각됩니다. 그러므로 저는 원래 '권사'라는 호칭이 일반적인 봉사의 직분을 그만둔 부인들에게 준 편의적 호칭이었다고 생각합니다. 그러나 교회가 커져가고 교인들이 많아지면서 권사는 점차 명예직처럼 변하기도 하고 특별한 항존직 직분처럼 자리매김하기 시작했다고 생각합니다. 그래서 언젠가부터 권사임직식이라는 거창한 직분 수여식을 가지게 된 것입니다. 그러나 교회의 임시직원인 권사(헌법, 교회정치, 제4장, 제30조 교회임시직원 참조: 대한예수교장로회 고신 헌법)에게 임직식을 하는 것은 올바르지 않다고 생각합니다. 물론 장로교 헌법에는 권사직에 대한 명확한 직분적 해석없이 여기 저기 산발적으로 기술되어 있으며 임직식을 하는 것으로 되어 있습니다.

이러한 권사제도나 권사임직식 같은 것은 역시 한국교회의 특이성 가운데 하나입니다. 그러므로 권사를 다른 언어로 표기하기가 참 어렵습니다. 영어에서는 여자집사를 deaconess라고 하는데, 이를 기준으로 하여 권사를 senior deaconess라 하기도 합니다. 즉 선배 여집사라는 의미입니다. 이는 여집사 중에 직위가 높은 여집사라는 의미라기보다 이전에 봉사자로서 서리집사를 지낸 성도라는 의미일 것입니다. 교회의 직분에서 또다시 높낮이를 정할 필요가 없을 것이기 때문입니다.

직분에 대한 이야기를 짧은 지면에서 논하기가 쉽지 않습니다만 우선 이 정도로 말씀드려 봅니다. 부족하지만 약간의 참고라도 되었으면 하는 바람입니다. 언제 시간이 나면 전체적인 이야기를 나눌 수 있는 기회가 있기를 원합니다.

지난번에 광주의 성도들이 대구에 오셨으니 형편이 되면 다음에는 제가 한번 광주에 가든지 하지요. 주일에는 시간을 내기 어려우니 주중에 교회의 특별한 모임 계획이 있으면 가능하지 않을까 생각해 봅니다.

(2003. 6. 14)

## 8 "어떤 신학교가 좋은 신학교입니까?"

S형제

님의 이름으로 문안드립니다. 이번 주간이 기말 시험주간인가요? 만일 그렇다면 많이 바쁘리라 생각합니다. 제가 강의하고 있는 몇몇 대학은 이번 주가 마지막이어서 거의 종강을 했습니다.

지난번에 보내준 메일을 잘 보았습니다. 어릴 때부터 신학교에 가기를 원했고 지금도 그렇다고 했지요? 우선은 좋은 생각을 하고 있는 것 같습니다. 많은 젊은이들이 돈을 벌거나 출세하려고 할 터인데 형제는 복음을 증거하는 자의 삶을 살겠다는 마음을 가지고 있으니 참 믿음직한 자세를 가지고 있는 것으로 보여집니다.

그러나 혼란한 교회시대를 맞고 있는 우리 시대에는 그런 순수한 마음을 보장받기 어려운 때가 된 것같아 안타깝습니다. 원래 목회자를 위한 신학교에서의 신학 수업은 진심으로 자기를 포기하고 주님만을 따르며 세상의 지식이 아니라 하나님의 온전한 말씀으로 성도들을 가르치고 교육하기 위함입니다. 그렇지만 신학 수업의 원래적 의미를 잃어버리게 되면, 세상에서 돈을 벌고 출세하는 것 대신에 교회안에서 성공한 삶을 누리거나 출세를 지향하게 되는 잘못된 아이러니에 빠지게 됩니다.

현재 한국 교회의 가장 큰 병폐 중에 하나는 잘못된 세상적 엘리트주의입니다. 1980년대 초반부터 우리나라에는 신학교의 자리를 대신하는 '신학대학원'이 생겼습니다. 세속정부의 인가를 받아 목회학 석사(M. Div.)학위를 준다는 것에 교회가 동의한 셈이지요.

그렇게 하다보니 교육인적자원부가 인정하는 학위 과정이 교회가 인정하는 목회자 양성 신학교보다 우선하는 잘못된 논리가 생겨나게 된 것입니다. 그것이 소위 말하는 '무인가 신학교 논쟁' 입니다. 우리는 전개되는 현상적 논리를 따라갈 것이 아니라 교회가 지향하는 바 원리를 알고 그에 기준을 두는 자세를 가지는 것이 매우 중요합니다.

그러나 지금은 거의 대다수 사람들이 그에 대한 문제를 인식하지 못하고 있습니다. 심지어는 신학생을 교육하는 신학자들마저도 그에 대한 의미를 제대로 인식하지 못하는 경우가 태반입니다. 정부가 인가한 신학대학원은 정식 과정이며, 정부가 아닌 교회(교단)가 인정하는 것만으로는 충분하지 않다는 것입니다.

이는 교회 스스로 자신의 권위를 떨어뜨리는 것이지요. 물론 지금은 더이상 해석이 곤란할 만큼 교회가 세속화되어 있으니 어떻게 그에 대응할 것인가 하는 문제는 매우 어려운 과제라 생각합니다.

다시 본론으로 돌아가자면 교회의 직분자인 목회자가 되는 것은 우선적으로 자기 결단에 달려있는 것이 아닙니다. 그것은 교회의 의사에 대한 개별 성도의 순종이라는 표현이 옳습니다. 즉 교회의 의사란 지교회의 장로회(당회)의 의사이며 교회의 요청이 있을 때 소명을 받은 성도가 응답하는 것이 자연스럽습니다.

요즘은 신학교에 입학하는 것이 마치 개인의 자기 결단인 것처럼 되어 있지요? 소위 스스로 신앙이 좋다고 판단하면 자기 결단에 의해 신학교에 입학하는 것이 일반적이지요. 그렇지만 현재에도 원래의 의미는 어느 정도 남아있습니다. 즉 신학교에 입학을 하려면 교회의 허락을 받아야 하는데 적절한 확인절차를 거쳐 담임목사가 추천하게 됩니다. 그것은 목사의 개인적인 권한이 아니라 교회를 대표하는 직분자로서 행사하는 매우 중요한 공적인 행위입니다.

  그러므로 신학생들은 입학할 때뿐 아니라 공부하는 동안 해마다 정기적으로 지교회와 소속 노회의 검증과 확인을 받습니다. 그것도 소수의 몇 사람에게 맡겨진 일이 아니라 노회에 속한 전체 목사, 장로들이 보증하며 확인해야 하는 일입니다. 지금은 그 의미가 퇴색하여 거의 형식적인 껍질만 남아 있는 형편이지만 그 원래적 의미는 그렇습니다.

  형제는 저에게 어떤 신학교가 좋은 신학교인가 물었지요? 단적으로 말해서 좋은 신학교는 자유주의, 세속주의, 신비주의 등에 물들지 않은 학교입니다. 그것은 신학교에서 가르치는 교수들의 신학적 면면을 들추어 봄으로써 꼼꼼히 살펴야 할 내용입니다. 문제가 있는 학교일수록 외형적인 조직을 앞세우거나 지나간 과거의 전통을 들먹일 가능성이 있습니다. 혹은 교수들 개인은 자기가 소위 어느 유명한 학교에서 공부했다는 식으로 별 의미없는 것을 자랑으로 내세울 수 있습니다.

  그러나 참 교사(교수)들은 그것이 아무런 의미가 없음을 깨닫습니다. 설령 아직 신앙이 어린 사람들이나 불신자들이 보기에 명성있는 학교인 것처럼 보이는 곳에서 공부를 했다 하더라도 신학을 올바르게 공부하는 동안 그것이 얼마나 무의미한 생각인가 하는 것을 깨닫게 될 수밖에 없습니다.

  그것을 깨닫고 있지 못하다면 아직 유아(幼兒)에 불과할 따름입니다. 우리 역시 하나님의 말씀을 기초로 한 신학을 공부하는 까닭은 주님께서 값있는 것으로 인정하고 계시는 부분을 확실히 알아 그에 순종하기 위함일 것입니다.

  형제가 말한 것처럼 신학을 올바르게 공부하는 것은 매우 중요합니다. 공부한 내용들을 구현할 만한 구체적인 영역에 대해서는 미리 지나치게 염두에 둘 필요가 없다고 생각합니다. 우리가 자주 고백하는 대로 우리가 올바른 신학과 신앙을 가지게 될 때 주님께서 선한 길로 인도하실 것입니다. 각 개인이 구체적으로 세워둔 지나친 계획들은 말씀을 통한 주님의 세미한 음성을 듣는 일을 방해할 우려가 있습니다.

제가 마지막으로 말씀드리고 싶은 점은 말씀을 진정으로 경외하는 좋은 교수(스승)를 찾아 배우라는 것입니다. 진리를 위해 자기 목숨을 아끼지 않는 훌륭한 신학교수들이 이 땅에 분명 있습니다. 좋은 신학교란 그런 교수님들이 많이 계시는 학교입니다. 좀더 구체적으로 말씀드리자면 훌륭한 교수님들의 비율이 높으면 높을수록 좋은 학교입니다.

그런 차원에서 본다면 우리나라에는 진정으로 신뢰할 만한 좋은 신학교가 별로 없습니다. 훌륭한 교수님들이 더러 있기는 하지만 그런 교수님들이 속한 신학교를 보면 그들이 차지하는 비율이 지극히 낮을 따름입니다. 예를 들어 한 신학교에 열 명의 교수가 있는데 그중 한두 사람이 훌륭하다고 했을 때 그 학교는 이미 좋은 학교가 아니지요. 그런 신학교에서 간다면 모든 교수님들의 가르침을 따라 전 과목을 공부하게 될텐데 결국 좋은 신학 수업을 받을 수 없는 것입니다.

그래서 저는 요즘 그런 훌륭한 교수님들을 따로 모을 수는 없을까 생각해 봅니다. 물론 현실적으로는 가능한 일이 아닐지도 모릅니다. 그럼에도 불구하고, 형제가 신학을 공부하게 될 경우 각 신학교마다 흩어져 있는 훌륭한 교수님들을 알아보고 그 분들의 제자가 되기를 바랍니다. 좌로나 우로나 치우치지 않고 올바른 신학을 익혀 참된 교사(목사)가 되는 일은 결코 쉬운 일이 아닐 것입니다.

이 정도로 답변을 마무리할까 합니다. 주님께서 자신의 몸된 교회를 위해 형제의 앞날을 선하게 인도하시기를 원합니다.

(2003. 6. 19)

"신학이 깨어나야 할 때"

이 교수님께

그동안도 평안하시리라 믿습니다. 제가 쓴 글에 대한 이 교수님의 공개서신을 읽고 어떻게 할까 망설이다가 아무래도 저의 생각을 말씀드리는 것이 좋겠다는 판단에 다시금 소견을 밝힙니다. 저는 지금 이런 대화를 나누는 것이 더 나은 것을 찾고자 하는 건설적인 행보라 여기는데 그렇지 않은 분들이 더러 있다는 점에 늘 부담을 느낍니다.

우리는 대한민국에 살면서 국가정책이나 입안 및 집행하는 자들에 대해 국민으로서 지속적인 감시와 적절한 비판을 하는 것을 당연하게 여기면서도, 유독 교회에서만은 그것이 금기인 양 되어 있는 것이 우리의 현실이 아닌가 싶습니다.

저는 우리 한국교회가 빛과 소금의 직분을 감당하는 위치를 상실하고, KS교단마저 이렇게 된 까닭은 바로 거기서 비롯된 것이라 생각하고 있습니다. 즉 신학교와 교회(교단) 상호간에 지속되어야 할 건전한 감시기능을 상실한 것이 교단의 타락을 가져왔다고 생각합니다.

저는 이 교수님께서 저에게 보내신 공개서신에서 말씀하신 내용에 대해 전반적으로는 이해할 수 있습니다. 그러나 어떤 부분에 있어서는 다시금 짚어봐야 할 대목이 있다고 여겨집니다. 먼저 저는 부산노회가 황창기 총장 문제를 다룬 과정이 일부 지도자들의 정치적 이해 관계 때문이었다고 판단하고 있는데, 이 교수님께서도 그것을 정치적 문제라고 말씀하셨습니다.

이 교수님의 말씀처럼 신학적 원리를 세워야 할 교수들이 정치게임에 뛰어드는 것은 옳지 않다는 점에 대해서도 공감합니다. 타협과 쟁취를 앞세우는 정치는 항상 본질적인 원리를 잠식할 우려가 있기 때문입니다. 그러나 잘못된 파행적 정치가 교단내에서 되풀이되고 있다면 신학은 마땅히 그에 대한 적절한 해석을 해야만 합니다.

황 총장에 대한 징계사유가 실정법에 관련된 문제라면 국가법이 그것을 분명히 할 것입니다. 그러나 황 총장에 대한 징계건은 실정법 저촉의 문제나 단순한 윤리문제가 아닙니다. 만일 교단 내부에서 발생한 사건에 대한 책임 문제라면 황 총장에 앞서 책임져야 할 사람들이 여러 사람 있습니다. 그에 대한 아무런 언급없이 황 총장을 징계하기 위한 전권위원회를 구성한 것은 납득할 수 없습니다.

제가 말씀드리고자 하는 것은 그런 정치적 이해 관계에 따른 전권위원회를 구성한 해당 노회에 총장의 지휘를 직접 받고 있는 KS대학과 신학대학원 교수들이 10여 명 가까이 있으면서 어떻게 그런 일이 발생할 수 있느냐는 점입니다. 이 교수님 말씀처럼 정치적이지 말아야 하며 신학적 원리를 고수해야 할 교수님들이 그렇게 많이 있으면서도 왜 분명한 원리를 제시하지 못했느냐는 이야기입니다.

교단에서 제명된 임마누엘 선교교회의 행사에 참석하여 예배 순서를 맡은 교단 지도자들에 대해서도 그렇습니다. 이 교수님께서는 그점에 대해 매우 낙관적으로 보고 계시는 듯 합니다. 관할 노회에서 반대 표명이 있었다고 하시면서 총회에서 다루어질 것이라 말씀하셨는데 그것이 과연 그렇게 될지 모르겠습니다.

임마누엘 선교교회가 과거 교단 산하 특정 노회에 속해 있었던 것은 사실이지만, 지난번 교회 행사에 참석하여 순서를 맡았던 목사님들 대다수는 본 교단의 서로 다른 노회에 속한 분들입니다. 그런데 각 노회에서 그것을 문제삼을 수 있으리라 생각하시는지요?

저는 동대구노회에 속해 있으면서 전권위원회가 목사 제명을 결정한 안건을 노회가 무리하게 통과시킨 사건을 두 차례나 경험했습니다. 그에 대해서는 이 교수님도 잘 알고 계시리라 생각합니다만 박상현 목사와 박길현 목사의 제명에 대해 신학대학원이 그런 식으로 방치해서는 안 될 일이었습니다.

신학적인 문제를 이유로 목사를 제명하는 일에 신학대학원이 그 정황을 분명히 알고 있으면서도 침묵한 것은 결코 있을 수 없는 일입니다. 당시 우리 교단지를 제외한 여러 기독교 언론들에서 얼마나 많은 이야기들이 있었는지 잘 기억합니다. 신학대학원 교수님들이 그에 대한 최소한의 의사 표명은 있었어야 했다는 것이 저의 생각입니다.

이 교수님께서는 앞의 임마누엘 선교교회의 김종삼 목사를 목사로 호칭하는 저를 두고 질책하시는 듯 했습니다. 물론 외형적으로 볼 때 질책을 받을 만하다고 생각합니다. 그런데 우리 교단에서 제명된 위의 두 목사들에 대해서는 어떻게 생각하시는지요? 저는 그들을 여전히 목사라 호칭하고 있습니다.

박길현 목사가 강의하는 몇몇 신학교에서 우리 교단의 교수들과 목사들이 여전히 그를 목사로 호칭하며 함께 강의를 하고 있습니다. 만일 박길현 목사가 더이상 목사일 수 없는 자인데도 그렇게 호칭하며 강단 교류를 지속하거나 동일한 신학교에서 강의를 하는 분들이 있다면 그들에 대해서도 어떤 조치가 따라야 하는 것 아닌지요?

저는 우리 교단이 이런 혼란스런 지경까지 이르게 된 것은 전반적으로 신학의 침묵에 기인한다고 생각하고 있습니다. 즉 잘못과 오류에 대한 신학적 해석을 기피한 결과가 우리 교단을 오늘의 부끄러운 교단으로 만들어 버리게 된 것입니다. 잘못된 일들이 커지기 전에 신학은 그에 대한 구체적인 소리를 발했어야 했습니다. 그러나 교단의 신학을 담당하는 학자들은 고개를 돌리고 함구로 일관해 왔습니다.

지금도 신학이 교단을 향해 마땅히 소리질러야 할 내용들이 많이 있습니다. 지난 4월 초 K신학대학원 교수회가 발표한 성명서를 보아 여러 교수님들도 이 점에 있어서는 저와 동일한 생각을 하고 있는 것으로 이해하고 있습니다. 그러므로 이제는 더이상 그런 다짐을 포기하지 말고 진리의 목소리를 끊임없이 내어야 한다는 것이 저의 생각입니다.

이 교수님, 제가 아무런 분별력 없이 신학대학원을 향해 이런 말을 하고 있는 것이 아님을 헤아려 주시기 원합니다. 제가 진정으로 바라는 바는 저 같은 사람이 말하기 전에 신학을 담당한 분들이 철저한 신학적 검증을 통해 말씀하시는 것입니다. 그리고 본 교단내 신학적 분별력 있는 많은 목사님들이 저의 말에 잘못된 점이 있으면 지적해 주시고 바람직한 말이라면 짐을 함께 나누어지기를 원합니다.

신앙의 선진들이 남긴 신학과 신앙의 유산을 잘 보존하는 KS교단의 자리를 속히 회복해 가기를 바랄 뿐입니다.

(2003. 6. 23)

 '교회가 복지재단을 운영하는 문제'에 대하여

재익 형제

안녕하세요? 고향이 창원이라고 했던 것 같은데 지금쯤 방학을 하여 본가에 가 있겠군요? 부모님과 가까이 있으면서 모교회를 중심으로 좋은 시간 보내기를 바랍니다.

지난번 형제가 저에게 상당히 민감한 질문을 했었는데 이제 그에 대한 답변을 해볼까 합니다. 마침 광주 개혁교회의 주헌 형제도 비슷한 질문을 해왔기에 모두에게 약간의 도움이 되었으면 합니다. 사실 우리 시대에 있어서 이런 문제에 대한 접근은 매우 부담스럽습니다. 교회가 그 본연의 역할과 기능을 상실하여 세상에서 진정한 빛과 소금의 직분을 감당하지 못하게 되면 윤리적인 것이 강조되기 마련인데 지금이 바로 그런 시대가 되어 있기 때문입니다.

현재 한국의 많은 대형 교회들은 다양한 특별재단들을 운영하고 있으며, 규모가 작은 교회들은 그것을 부러워하기도 하고 꿈꾸기도 합니다. 그런 비전을 가진 이들은 세상을 향한 복지사업이 교회를 향한 예수 그리스도의 요구라 오해하고 있습니다.

그러나 성경은 교회가 그런 복지사업을 해야 한다고 가르치지 않습니다. 성경 어디에도 그런 사업을 장려하거나 운영한 예가 있지 않은 것입니다. 성경에 나타나는 교회들 중에 그런 류의 복지사업을 주도하거나 참여한 예가 없을 뿐더러 그것을 요구하지도 않았습니다.

예수님이나 제자들의 사역 가운데서 그런 흔적을 전혀 찾아볼 수 없습니다. 사도 바울이나 베드로 등 제자들이 로마제국의 여러 지역을 방문하며 복음을 증거했지만 복지정책에 관심을 가지지는 않았습니다. 구약시대의 인물들도 마찬가지입니다. 이사야나 예레미야, 에스겔 등 모든 선지자들의 관심은 오로지 메시아와 관련된 복음이었습니다.

우리 시대에 있어서도 이와 동일한 맥락에서 이해해야 합니다. 교회공동체가 해야 할 사명과 교회에 속한 개인 성도들이 삶 가운데서 실천해야 할 일이 따로 있습니다. 교회공동체는 그리스도의 신부로서 다시 오실 주님을 소망하며 세상과 구별된 자기 모습을 정결하게 보존해 가는 것이 본질적 사명입니다. 그것을 위해 매 주일마다 주님의 부활을 기념하여 하나님을 찬양하면서 그의 영광에 참여하게 되는 것입니다.

교회가 복음의 핵심적 본질을 벗어나 세상과 관련된 사업을 추구하게 되면 외형에 치중함으로써 중요한 본질적 사명을 약화시키게 될 것입니다. 주님의 몸된 교회 가운데는 항상 하나님의 말씀과 성례가 굳건히 자리잡고 있어야 합니다. 그에 잘 순종하는 성도들은 이 세상 가운데 살면서 자연스럽게 이웃을 보살피게 될 것이며 각자의 형편에 따라 세상에서 행해야 할 자기 몫을 넉넉히 감당해 나가게 될 것입니다.

이렇게 말하면 저를 오해하는 사람들이 더러 있을지도 모르겠습니다. 어려운 이웃에 대해 관심이 부족한 것 같고 구제에 대해 무관심한 것으로 보일 수도 있습니다. 더구나 현재 그런 복지사업을 주도하는 교회에 속한 성도들이나 지도자들은 저를 못마땅해 할지도 모르겠습니다. 앞에서 말씀드린 대로 이런 민감한 내용을 언급하는 것이 부담스런 이유가 바로 거기에 있습니다.

거듭 말씀드립니다만 교회가 할 일은 말씀 선포와 성례의 시행, 그리고 교회를 지키기 위한 권징 사역의 이행입니다. 그를 통해 성도의 삶

가운데 자연스럽게 발생하는 것이 복음전파와 구제에 참여하는 생활입니다. 즉 교회는 복음의 본질을 추구하고, 복음을 아는 성도들은 세상 가운데 살아가면서 이웃을 위한 삶을 살아가게 되는 것입니다.

특정 분야에 관심있는 성도들이 모여 함께 의논하며 조직화하여 이웃을 위한 일을 하는 것은 또 다른 별개의 문제입니다. 이를 para-church라 하기도 하는데 교회가 직접 운영하는 것이 아니라 관심있는 성도들이 뜻을 모아 봉사하는 것을 말합니다. para-church는 교회의 직접적인 간섭을 받지는 않지만 성경의 가르침의 테두리 안에 있어야 합니다.

한마디 덧붙인다면 사회복지 단체뿐 아니라, 일반 선교단체도 개 교회가 운영하는 것은 바람직하지 않습니다. 굳이 선교단체를 설립하지 않더라도 교회는 당연히 말씀을 선포하는 선교적 기능을 가지고 있기 때문입니다. 현대 교회들 중에는 교회가 직접 운영하는 다양한 복지 차원의 조직체들이 있습니다. 그것들은 하나같이 건전하고 좋은 조직체들입니다. 평생교육원, 노인대학, 선교원, 재활원, 영어교실, 병원, 마을금고 등등.

그러나 그런 것들에 대해서 우리는 깊은 주의를 기울여야 합니다. 교회의 본질적인 것 이외의 제도나 조직을 방편 삼아 교회를 활성화하거나 성장을 꾀하는 것은 과거 전통적인 교회들에는 있지 않았습니다. 노회나 총회 역시 마찬가지입니다. 교회의 당회, 노회, 총회를 치리회라 하는데 치리회의 임무는 복지나 사회적인 사업을 위해서가 아니라 주님의 몸된 교회를 참되게 세우고 보호하기 위해서 존재하는 기관들입니다.

제가 말하고자 하는 바는 복지정책이 불필요하다거나 사회사업에 무관심해도 좋다는 그런 의미가 아님을 유념하셨으면 합니다. 그런 일은 교회가 조직적으로 운영할 성질의 것이 아니라 각 성도들이 삶 가운데서 자연스럽게 이루어 가야 할 몫입니다. 그러므로 성도들은 이 세상을 살아가면서 늘 안타까운 이웃과 삶을 나눌 준비를 갖추고 있어야 합니다.

   교회가 그런 기관을 운영할 때 어린 성도들은 기관을 통해 모든 것을 대행시키려는 생각에 젖어들 수도 있습니다. 그렇게 되면 주변의 가난하고 어려운 이웃이나 우리를 필요로 하는 사람들에 대한 직접적인 관심으로부터 점차 멀어질 우려마저 생겨날지 모릅니다.
   그리고 사회복지에 대해서는 기독교뿐 아니라 불교나 이슬람교 등 이방 종교들이나 이단 종파들 역시 관심을 가지고 있음을 유념해 볼 필요가 있습니다. 즉 복음의 본질에 속하지 않는 일반적인 일을 교회가 사업화 하여 운영하는 것은 매우 위험하다는 의미입니다. 제가 하고자 하는 말뜻을 잘 알아들으리라 생각하며 이만 글을 맺을까 합니다.

(2003. 6. 28)

## 11 "하나님(의 영광)을 위해 산다"는 말의 의미

최 기자님

녕하세요? 터키에서 귀국한 후 며칠간 시차적응 때문에 힘들었으나 이제 거의 회복된 듯합니다. 지난번 최기자님께서 보낸 메일을 보며 원고청탁 같기도 하고 단순히 물어보는 말 같기도 하여 어떤 형태로 답변할까 생각하다가 그냥 편지글로 써봅니다. 혹 필요하다면 적절하게 정리하여 사용할 수 있으리라 생각해 봅니다.

우리는 흔히 '하나님(의 영광)을 위하여 산다'는 말을 거침없이 하곤 합니다. 참 좋은 말이기는 합니다만 우리는 그 말의 의미를 신중하게 생각해 보아야 합니다. 인간이 과연 하나님을 위해 무엇인가를 할 수 있는 존재인가에 대해 미리 살펴보아야 하기 때문입니다.

우리는 하나님을 위해 산다고 주장했지만 도리어 하나님을 욕되게 하며 살았던 숱한 사람들을 보아오고 있습니다. 심지어는 예수님을 십자가에 못박은 유대인들조차도 하나님을 위해서 그렇게 한다고 생각했던 것을 기억합니다. 저는 그들이 마음에 없는 거짓말을 했을 것이라 여기지 않습니다. 아마 그들은 진심으로 하나님(의 영광)을 위해 예수를 십자가에 못박는다고 생각했을 것입니다.

뿐만 아니라 스데반을 죽이고 야고보를 죽이며 주님의 몸된 교회를 핍박한 자들도 하나님을 사랑하기 때문에 그렇게 한다고 여겼던 것입니다. 그러나 그들의 마음이 거짓이 전혀없는 진심이었다 할지라도 실제는 하나님을 위한 것이 아니라 하나님을 심히 욕되게 하였던 것입니다.

우리 시대에도 이런 일들이 동일하게 일어날 수 있음을 기억해야 합니다. 스스로 하나님을 위해 산다고 생각하는 자체로는 하나님을 위하는 것일 수 없습니다. 하나님을 위해서 산다고 생각하지만 도리어 하나님을 욕되게 할 수 있음을 늘 기억해야만 합니다. 즉 우리가 알아야 할 바는 사람의 생각여하가 하나님을 위한 삶의 여부를 결정짓는 것이 아니라는 점입니다.

이런 이야기를 할 때 이단에 속한 자들을 생각해 보면 쉽게 이해할 수 있습니다. 이단에 속한 자들이 잘못된 신앙에 빠져 있으면서도 하나님을 위해서 산다고 주장하는 것을 볼 수 있습니다. 그들 가운데서도 열심히 연보를 하고 종교생활을 위해 최선을 다하는 것을 보게 됩니다. 그러나 그런 자들은 실제로는 하나님을 욕되게 하고 있으면서도 스스로 하나님을 위해서 살아가고 있다고 착각하고 있습니다.

그런데 우리의 고백인 대요리문답 제1항은 사람의 첫째 되는 목적이 하나님을 영화롭게 하는 것이라 선언하고 있습니다. 이 말의 의미는 하나님(의 영광)을 위해서 사는 것이 인간의 도리라는 것입니다. 그렇다면 하나님의 영광을 위해서 산다는 것이 무슨 의미인가 하는 점을 조심스럽게 생각해 보아야 합니다.

우리가 여기서 주의깊게 살펴야 하는 것은 '하나님(의 영광)을 위해서 산다'는 것이 인간의 종교적 행위를 말하는 것이 아니라는 점입니다. 인간은 전적으로 부패한 존재입니다. 전적으로 부패했다는 말의 의미는 타락한 인간에게는 더이상 어떠한 '선'도 남아 있지 않다는 말입니다. 그러므로 전적으로 부패한 인간의 어떤 행위로써 하나님을 위하거나 영화롭게 할 수 있다는 것은 어불성설입니다.

이에 대한 분명한 이해를 위해 하나의 예를 들어 보겠습니다. 전적으로 부패했다는 것은 어떤 물건이 완전히 썩어 더럽게 되어 냄새가 코를

찌르는 것을 의미합니다. 즉 탐할 만한 가치나 아름다움이 전혀 남아있지 않은 썩은 상태입니다.

썩은 부패물은 움직이면 움직일수록 주변을 더럽힐 뿐이며 더욱 심한 악취가 납니다. 차라리 한쪽 구석에 가만히 두면 냄새가 덜할지도 모르지만 건드려 움직이게 하면 그렇게 할수록 주위를 더욱 더럽힐 것이며 그 악취는 더욱 심해질 것입니다. 그것이 썩은 동물의 시체든 더러운 쓰레기 같은 것이든 마찬가지입니다.

우리가 상상할 수 있는 썩고 부패한 그 어떤 물건보다 더욱 부패한 것이 인간입니다. 썩은 동물의 시체보다 훨씬 악한 냄새가 진동하는 것이 곧 인간입니다. 그 더럽고 추한 인간은 움직이면 움직일수록 주변을 더럽히고 썩은 악취를 진동케 할 따름입니다.

죄로 인해 썩어 부패한 인간은 스스로 하나님의 영광을 위해 살 수 없습니다. 인간 스스로는 결코 하나님을 위할 수도 없으며 하나님의 영광을 위해 살 수도 없습니다. 인간이 자기 의향에 따라 하나님을 위해 산다고 하여 애를 쓰면 쓸수록 결국 하나님을 더욱 욕되게 할 따름입니다. 구원은 인간의 행위에 달린 것이 아니라 오직 하나님의 은혜에 달렸다는 표현에서 그 한 부분을 볼 수 있습니다.

그렇다면 위에서 말한 대요리문답 제1항에서 말한 '하나님의 영광을 위해 살아야 할 인간 존재'를 어떻게 이해해야 할까요? 이 말은 성도의 종교적 행동을 말하는 것이 아니라 그리스도로 인해 구속받은 성도의 존재를 의미하고 있음을 잘 깨달아야 합니다.

인간이 하나님을 영화롭게 할 수 있는 유일한 조건은 그리스도께 온전히 속하는 것입니다. 이에서 벗어나는 것은 인간의 오만함을 드러내는 것이며 도리어 주님을 욕되게 하는 것임을 잘 생각해야 합니다. 이러한 우리가 하나님을 영화롭게 하시는 그리스도께 속하게 되었으니 그것이 곧 무한한 은혜입니다.

　부패하고 추악한 죄인이 하나님을 영화롭게 하는 사역을 이루시는 거룩한 그리스도께 속하여 하나님을 영화롭게 하는 자리에 놓이게 되었으니 감격하지 않을 수 없습니다.

　이제 결론적으로 말씀드리자면 인간 스스로는 하나님을 위해 살 수 있는 존재가 못 됩니다. 구원받은 성도는 그리스도 안에 존재함으로써 하나님께 영광이 돌려지는 삶에 참여하게 되는 것입니다. 그것이 부패한 인간들에게 주어진 형언할 수 없는 하나님의 놀라운 은혜임을 잘 깨달아야 합니다. 간단한 답변이지만 함께 생각해 볼 수 있는 기회가 되기를 바랍니다.

(2003. 7. 25)

## 12 "모로 가도 서울만 가면 된다(?)" (빌 1:12-18과 복음전파)

재익 형제

그동안 잘 지냈으리라 생각합니다. 졸업하기도 전에 좋은 직장을 얻었다니 감사한 일입니다. 요즘 취업난이 국가적 문제가 되고 있다는 기사를 종종 접하게 되는데 봉사할 수 있는 건전한 일자리를 구했다니 축하해야 할까요? 사실 '취업'이나 '취업난' 등의 용어는 전통 사회에는 있지도 않던 산업사회의 신종어이지만 우리 시대에는 자연스럽게 받아들이고 있는 용어인 것 같습니다.

"모로 가도 서울만 가면 된다(?)"는 제목으로 빌립보서 1장 12-18절의 의미에 대한 질문을 하셨더군요. 이미 잘 알고 있듯이 '모로 가도 서울만 가면 된다'는 속담은 수단이나 과정이 아니라 목적이 중요하다는 의미를 내포하고 있습니다. 물론 원래 그 말은 부정적인 의미로 사용되는 속담은 아니었습니다.

도리어 다른 사람들처럼 재치있게 빨리 목적을 달성하지 못하여 남들 보기에 다소 답답해 보인다 할지라도 끈기를 다하여 목적을 성취하게 된다면 그것이 장하다는 뜻일 것입니다. 그러나 지금은 과정을 무시해도 목적만 이루면 된다는 식으로 부정적으로 사용되기도 하는 것 같습니다.

형제의 질문에 대한 접근을 위해 이제 본문 말씀을 살펴보겠습니다. 빌립보서 1장 12-18절은 전체적으로 보아 복음전파에 대해서 말하고 있습니다. 우선 12-14절을 살펴보도록 하겠습니다: "형제들아 나의 당한 일이 도리어 복음의 진보가 된 줄을 너희가 알기를 원하노라 이러므로 나의 매임이 그리스도 안에서 온 시위대 안과 기타 모든 사람에게 나타났으니 형제 중 다수가 나의 매임을 인하여 주 안에서 신뢰하므로 겁없이 하나님의 말씀을 더욱 담대히 말하게 되었느니라."

이 말씀에서 우리는 어떤 교훈을 얻게 됩니까? 우리가 가장 미리 생각해야 할 바는 바울이 빌립보 교회의 성도들을 위로하며 격려하고 있다는 사실입니다. 13절, 17절에서 말씀하고 있듯이 바울은 지금 감옥에 갇혀 있으면서 고난을 당하고 있습니다. 즉 바울은 다른 성도들로부터 위로를 받아야 할 입장이지 누구를 격려할 입장은 아니라는 말입니다.

심한 고난을 받고 있는 바울의 그런 형편을 보고 복음을 대적하는 많은 사람들은 "하나님이 살아있다면 왜 그런 고생을 하느냐?" "전능하신 하나님이 자기의 사도를 감옥에서 빼낼 수 없더냐?"는 식으로 비아냥거렸습니다. 그리고 교회 안의 어린 성도들은 사도의 그런 모습을 보며 하나님이 과연 살아있는가 하여 실망에 빠진 사람들도 있었을 것이며, 고생하는 사도로 인해 깊은 염려에 빠져있는 성도들도 있었습니다.

바울은 그런 성도들에게 편지하면서 위로의 말씀을 전했던 것입니다. "내가 감옥에 매여 고난을 당하는 것이, 불신자들이 말하듯이 복음의 위력이 약해 욕을 당하는 것이 아니라 도리어 그 가운데 하나님의 놀라운 뜻이 있을 것이니 염려하지 말라"는 뜻으로 실망과 염려에 빠져있는 빌립보 교회의 성도들을 위로하고 있습니다.

15-17절의 말씀도 이와 동일한 맥락에서 이해해야 합니다. "어떤 이들은 투기와 분쟁으로 어떤 이들은 착한 뜻으로 그리스도를 전파하나니 이들은 내가 복음을 변명하기 위하여 세우심을 받은 줄 알고 사랑으로 하나 저들은 나의 매임에 괴로움을 더하게 할 줄로 생각하여 순전치 못

하게 다툼으로 그리스도를 전파하느니라."

　이 본문 가운데서 우리가 볼 수 있는 것은 사도 바울에게 고난을 가하는 악한 자들이 있다는 사실입니다. 그들은 부당하게 바울을 체포하여 감옥에 가두고 심한 괴로움을 주기 위해 의도적으로 고난을 가하고 있습니다. 그들이 사도 바울에게 고난을 가하는 목적은 복음을 방해하기 위함입니다.

　여기서 알 수 있는 것은 고난을 가하는 무리와 고난을 당하는 자가 명백하게 구분되어 있다는 사실입니다. 성도들은 선한 삶을 통해 예수 그리스도의 복음을 증거하게 되지만 악한 자들은 복음을 방해하기 위해 애쓰면서도 결국 성공할 수 없습니다. 즉 세상의 어떤 저항에도 굴하지 않으시고 주님께서는 세상에 복음을 선포하시는 것입니다.

　이제 위의 본문에서 매우 중요한 교훈을 이야기 해 보고자 합니다. 본문에서, 투기와 분쟁으로 행하는 자들(15절)은 복음을 방해하는 교회 밖의 악한 불신자들입니다. 그리고 착한 뜻으로 행하는 자들은 주님의 뜻 가운데 사는 성도들입니다. 악한 자들의 목적은 복음을 방해하는 것이며 성도들의 목적은 복음을 잘 세우는 일입니다.
　이 말의 의미는 복음을 방해하고자 온갖 책동을 부리는 자들의 행위가 아무런 실효를 거둘 수 없다는 의미입니다. 이는 복음을 세우고자 하는 자들의 마음을 꺾지 못하고 도리어 더욱 분발하게 만들 것이기 때문입니다. 바울이 이 본문에서 말하고자 하는 것은 바로 그 점입니다.

　이 본문에서 결론적으로 보여주는 바울의 자세는 어떻습니까? "그러면 무엇이뇨 외모로 하나 참으로 하나 무슨 방도로 하든지 전파되는 것은 그리스도니 이로써 내가 기뻐하고 또한 기뻐하리라"(18절). 바울이 기뻐하는 것은 복음이라는 말입니다. 많은 불신자들이 비아냥거리고 많은 성도들이 자신의 감옥에서의 고난에 대해 염려하는 것을 잘 알고 있는 바울은 자신이 처해 있는 현재의 고생스런 형편이 그다지 문제될 것이 없다는 점을 밝히 말해주고 있습니다.

다시 말해 사도 바울은 복음의 내용으로 성도들을 위로하고 있습니다. 즉 옥중에서 고통 당하고 있는 사도 바울이 자신으로 인해 염려에 빠져있는 성도들을 도리어 위로하고 있는 것입니다. 그러므로 이 본문 말씀은 복음전파를 위해서라면 일반적인 과정을 무시해도 좋다는 의미가 결코 아닙니다.

나아가 교회나 성도들간의 부정한 행위들을 두고 복음전파라는 명분으로 합리화해서도 안 됩니다. 그것은 매우 잘못된 생각입니다. 하나님을 아는 성도들의 모든 행위는 복음전파의 일을 할 것이니 교회의 어떤 일이라 할지라도 결과적으로는 괜찮다고 말해서는 안 됩니다.

거듭 말씀드리지만 이 본문에서 보여주는 바는 교회와 복음을 핍박하는 불신자들의 악행이 복음전파를 가로막지 못한다는 사실입니다. 그것은 도리어 복음전파를 활발하게 합니다. 그러나 교회에 속한 성도들은 항상 선한 삶을 통해서만 복음을 전파하게 됩니다.

모든 것을 자기합리화 하기에 급급한 악한 시대에 살아가는 우리는 말씀의 가르침에 더욱 민감해야 합니다. 한국교회가 윤리적, 사회적으로 심하게 타락해 있지만 그보다 더욱 심각한 문제는 말씀의 권위를 상실하고 있다는 점입니다. 하나님을 진정으로 경외하는 교회와 성도들이 많아지기를 기도합니다.

(2003. 7. 31)

## 13 "나로 말미암지 않고는 아버지께로 올 자가 없느니라"
(요 14:6)

**안**녕하세요? 주님의 이름으로 문안드립니다. 오래 전에 질문을 하셨는데 이제야 답변드리게 되었습니다. 여름동안 바쁜 일들이 많아 늦어졌으니 이해해 주시기 바랍니다.

형제께서 저에게 질문하신 내용은 '구원'에 대한 문제로서, 성경은 그에 대해 명확하게 이야기하고 있습니다. "예수께서 가라사대 내가 곧 길이요 진리요 생명이니 나로 말미암지 않고는 아버지께로 올 자가 없느니라"(요 14:6). 이 말씀은 구원에 대한 언급으로서 의미상 강한 배타성을 지니고 있습니다.

다시 말씀드려 예수님께서는 "나만 길이요 진리요 생명이라"고 말씀하고 계시며 자기 이외에는 달리 어떠한 길도 진리도 생명도 존재하지 않는다는 말씀을 하고 있습니다. 이 말씀은 구원에 관련된 핵심적 내용으로서 우리가 하나님의 은혜로 인해 받아드리고 있는 복음의 알맹이입니다.

이제 형제께서 하신 질문에 대해 구체적으로 생각해 보도록 하겠습니다. 우선, 복음이 이 땅에 전파되기 전에 살던 사람들(삼국시대, 고려시대, 조선시대 사람들)은 예수님을 알지 못했기 때문에 무조건 구원을 받지 못하느냐는 점입니다. 예, 그렇습니다. 그 시대에 복음을 알고 있었던 사람이 있었다면 모르거니와 그렇지 않다면 구원에 참여할 수 없습니다.

단, 조심해서 이야기해야 할 부분은 그때 사람들은 100% 구원을 받지 못했다는 단정적 생각입니다. 이는 그 당시에 한반도에 이미 복음이 소개되었을 가능성을 완전히 배제할 수 없기 때문입니다. 하나의 실례를 들어보겠습니다. 학자들 가운데는 삼국시대나 신라시대에 한반도에 복음이 전해졌을 가능성을 이야기하는 이들이 있습니다.

예를 들어 당나라의 경교(기독교 일파)가 당시 일본에 전파되어 상당수 신도들이 있었는데 지정학적으로 보아 경교가 한반도를 거쳤을 가능성을 짐작하는 학자들이 있습니다. 그들은 1950년대 후반 경주 불국사에서 발견된 십자가상을 중요한 사료로 삼고 있습니다. 그것은 지금 숭실대학교 박물관에 소장되어 있습니다. 만일 기독교가 그때 한반도에 전파되었다는 주장이 있다면 우리는 그에 대한 가능성을 염두에 두고 있어야만 합니다.

그리고 세상에 태어나기 전 태아 상태에서 죽은 경우 구원이 어떻게 되는가 하는 문제도 잘 생각해 보아야 할 내용입니다. 분명히 말씀드릴 수 있는 것은 태아로 죽었기 때문에 모두 구원을 받는다거나 모두 유기 당하는 것은 아니라는 점입니다. 이는 스스로 판단 능력이 없는 유아기 상태에서 죽은 어린이들도 마찬가지입니다.

태아 혹은 유아기 상태 자체가 구원에 관련된 것은 아닙니다. 우리가 이해해야 할 바는 태아나 유아들에 대해서도 하나님께서 예정하신 바 구원과 언약에 대한 섭리와 고유한 뜻이 있다는 점입니다. 즉 예정 가운데 있는 태아나 유아는 예수 그리스도로 인해 구원을 받을 것이며 그렇지 못한 아이들은 유기될 수밖에 없습니다.

이는 우리가 깨달아야 할 하나님의 놀라운 은혜의 섭리에 속하는 부분이며 우리가 개별적인 태아나 유아의 구원에 대해 확정적으로 말할 수 있는 부분은 아닐 것입니다. 그렇지만 경우에 따라서는 그 부모나 가정이 언약 가운데 있는 것을 보며 그 구원의 가능성에 대해 충분히 짐작해 볼 수는 있습니다.

마지막으로 예수님을 영접한 후 교회를 떠나 허랑방탕한 삶을 살다가 회개치 않고 죽는 경우에 대해 말씀하셨는데, 그런 경우는 없습니다. 외적으로 보아 그렇게 비쳐질 수는 있겠지만 실제로는 그럴 수 없습니다. 즉 예수님을 입으로는 영접한 것같아 보였으나 그는 실제로 주님을 영접하지 않은 상태에서 성도들과 함께 종교생활을 하다가 허랑방탕한 세상으로 돌아간 것이며, 그런 자는 구원과 관계없는 사람입니다.

　이와는 반대로 하나님의 선택에 의해 진정으로 주님을 영접한 자라면 잠시 교회를 떠나 있었다 할지라도 죽기 전에 충분한 회개를 하게 됩니다. 단지 죽기 직전에 놓인 사람의 의식에 대해 우리가 잘 알지 못하기 때문에 회개하지 않고 죽은 것처럼 비쳐질 수는 있습니다. 그러나 참 구원에 참여한 모든 사람들은 궁극적으로 참회의 회개를 할 수밖에 없습니다.

　만족스런 답변이 될지 모르겠습니다만 이 정도로 답변을 마칠까 합니다. 혹 앞으로 질문하실 기회가 있으면 비밀스럽거나 개인의 명예와 관련된 일이 아니라면 실명으로 해 주시면 감사하겠습니다. 실명으로 질문을 하셨다면 형제로부터 재촉을 받지 않고 좀더 일찍 답변을 했을지 모르겠다는 막연한 생각이 들기 때문입니다. 하여튼 부족한 것이 많은 저에게 질문을 해 주심에 대해서 감사의 말씀을 전합니다.

(2003. 8. 30)

## 14  '지나치게 의인이 되지 말며 지나치게 지혜자도 되지 말라' (전 7:16)

이 집사님

수년 전 집사님께서 저희 집을 방문하신 후 오랜만에 소식을 듣게 되는 것 같습니다. 그 동안 몇 차례 소식이 오갔던가요? 교회 생활에서 영적 안정을 누리며 고등부 교사로 봉사하고 있다는 소식을 통해 반갑고 감사한 마음을 가집니다. 오늘 저녁에는 폭풍 '매미호'가 북상하고 있어 모두가 신경을 곤두세우고 있습니다.

'매미호'는 우리가 알기로 최강의 위력을 가지고 있었던 1959년의 '사라호'보다 무서운 위력으로 한반도 남쪽을 강타하고 있다는 보도가 이어지고 있습니다. 이미 남부 지방에는 많은 피해가 있다고 합니다.

이러한 기회를 통해 인간의 왜소함과 하나님의 크심을 깨닫는 소중한 기회가 되기를 바랍니다만 사람들은 이런 어려움이 있을 때마다 정말 중요한 교훈은 잘 깨닫지 못하는 것 같습니다.

이제 집사님이 질문하신 전도서 7장 16절의 말씀을 생각해 보고자 합니다: "지나치게 의인이 되지 말며 지나치게 지혜자도 되지 말라 어찌하여 스스로 패망케 하겠느냐". 우리가 잘 아는 바와 같이 전도서는 지혜의 왕 솔로몬이 기록한 진리의 책입니다.

솔로몬은 전도서의 맨 앞부분에서 "헛되고 헛되며 헛되고 헛되니 모든 것이 헛되도다"(전 1:2)라고 노래하고 있습니다. 이 말은 어떤 허무주의를 노래하고 있는 것이 아닙니다. 이 말의 의미는 '죄악 세상인 이 세상의 모든 것은 헛되다'는 것을 선언함과 동시에 그 배경에는 '하나님의 나라에서는 모든 것이 참되고 참됨'을 노래하고 있습니다.

　많은 인간들은 죄악된 이 세상을 살면서 스스로 의로운 자가 되기를 바라며 지혜자가 되기 위해 노력하고 있습니다. 그렇게 사는 것이 인간이 누리는 복이며 도리라고 생각하고 있습니다. 우리 시대의 교회 가운데 있는 많은 사람들 또한 그렇게 되기를 바라고 있습니다. 신앙이 어린 교인들은 기도를 하며 자신이 의인이 되도록 해 달라고 기도하며 지혜자가 되기를 바라며 기도하고 있습니다. 어떤 사람들은 자기 자식들이 그렇게 되도록 정성을 다해 기도하기도 합니다.
　그러나 인간은 결코 의인도 지혜자도 될 수 없습니다. 참된 의인과 참된 지혜자는 오직 주님 한 분밖에 없기 때문입니다. 의인이 될 수 없고 지혜자가 될 수도 없는 악한 존재인 인간이 자신의 처지도 제대로 알지 못한 채 그렇게 되려고 하는 것은 하나님 앞에서 오만한 태도입니다.

　우리 속담에 '약은 사람 제 꾀에 넘어간다'는 말이 있습니다. 스스로는 잘난 자처럼 자부심을 가지거나 교만에 빠지기도 하지만 바로 그 점이 그를 속아넘어가게 한다는 의미입니다. 즉 그런 자들은 자기를 믿고 자기를 신뢰하기 때문에 진실로 의지해야 할 객관성 있는 버팀목을 가지지 못한다는 말과도 같습니다. 이와 같이 인간의 자기 의는 그리스도가 필요치 않다고 하는 악한 마음을 가지게 하며, 사람의 자기 지혜는 하나님의 은혜를 망각하게 합니다.

　사도 바울은 고린도교회에 편지하면서 "내가 지혜있는 자들의 지혜를 멸하고 총명한 자들의 총명을 폐하리라"(사 29:14 참조)는 구약성경의 말씀을 인용하며, "지혜있는 자가 어디 있느뇨 선비가 어디 있느뇨 하나님께서 이 세상의 지혜를 미련케 하신 것이 아니뇨 하나님의 지혜에 있어서는 이 세상이 자기 지혜로 하나님을 알지 못하는 고로 하나님께서 전도의 미련한 것으로 믿는 자들을 구원하시기를 기뻐하셨도다"(고전 1:20, 21)고 기록하고 있습니다.
　하나님께서는 구약성경의 말씀에서 지혜있는 자들의 지혜와 총명한 자들의 총명을 용납하지 않으시겠다고 선언하고 계십니다. 인간들의 그러한 모습은 하나님 앞에서 오만한 자들의 태도이기 때문입니다. 하나님께서 원하시는 사람은 그런 잘난 자들이 아니라 연약하여 하나님의 도우심만을 필요로 하는 겸손한 자들입니다.

　그러므로 사도 바울은 감히 하나님 앞에서 지혜로운 자가 어디 있으며 선비가 어디 있느냐고 다그치듯 말하고 있습니다. 그는 하나님께서 세상의 지혜를 무용한 것으로 폐하셨으며 도리어 인간들이 미련하다고 하는 것으로 주님의 경륜을 이루어 가신다고 했습니다. 인간들이 스스로 가지는 지혜는 하나님을 더욱 멀어지게 할 따름입니다.
　성경 다른 말씀을 들먹이며 어떤 말씀에서는 의인이 되고 지혜자가 되라고 하지 않느냐는 식의 말을 하고자 하는 마음이 우리에게 생긴다면 매우 주의해야 합니다. 성경의 모든 말씀은 통일성이 있으며, 우리는 그런 말씀을 하신 주님의 뜻을 잘 살펴보아야 하기 때문입니다.

　교회는 주님의 뜻 가운데서 전도서 7장 6절의 말씀을 잘 이해하여 전적으로 받아들여야 합니다. 성경이 가르치는 대로 지나치게 의인이 되려하거나 지나치게 지혜자가 되려 하는 것은 스스로 패망의 길을 선택하는 것과 동일하기 때문입니다.
　집사님, 이 정도로 마칠까 합니다. 지금 창밖에는 세찬 비바람이 휘몰아치고 있습니다. 라디오에서는 울산에도 피해가 많을 것이라는 보도가 나오고 있군요. 이번 태풍으로 인해 집사님의 가정에 별 피해가 없기를 바랍니다. 주님 안에서 평강을 기원합니다.

(2003. 9. 12)

## 15  '감사'에 대한 올바른 신앙인의 자세

경아 자매

지내고 있겠지요? 오랜만에 서신을 주어서 고맙게 생각합니다. 지난 학기 수업 시간마다 맨 앞자리에 앉아 수업에 임하던 모습이 떠오릅니다. 다른 사람보다 늦게 시작한 공부인데도 더 많은 힘을 기울이는 자세가 훌륭한 것 같습니다.

지난번 태풍 매미호로 인해 부산 지역에 엄청난 피해가 있었다는 사실을 잘 알고 있습니다. 그런 가운데서도 학생의 가정에는 피해가 없었다니 우선 다행입니다. 다른 많은 사람들이 피해를 입어 고통을 당하는데 자신은 그런 피해를 입지 않아 그로 인해 하나님께 감사하는 마음을 가지는 것이 과연 올바른 감사의 자세냐고 이야기한 학생의 말은 매우 중요하다고 생각합니다.

인간은 원래 남과 비교하면서 그 의미를 찾아가는 경향이 있습니다. 비단 지난번 태풍으로 인한 문제뿐 아니라 우리의 삶의 전 영역에서 그런 점들을 찾을 수 있습니다. 우리는 흔히 이런 식으로 감사기도를 하지요: "나는 건강하고 아프지 않아서 감사합니다." "우리 집에 별문제가 없이 행복해서 감사합니다." "사업이 잘 되니 감사합니다." "가난한 아프리카의 어느 나라가 아닌 한국 땅에 태어나게 된 것을 감사합니다."

그러나 그런 류의 감사기도는 좀더 넓은 견지에서 본다면 조심해서 해야 할 내용입니다. 그렇게 기도하게 되면 건강하지 않은 사람, 가정에 문제가 있는 사람, 사업이 잘 되지 않는 사람, 가난한 나라에 태어난 사람들은 그것 자체로서 불행이라는 단서를 붙여야 할 것이기 때문입니다.
   우리가 하나님께 감사한 것은 그런 것들 때문이 아니라, 하나님의 영광을 드러내기 위해 예수 그리스도를 이 땅에 보내셔서 그의 일을 이룩하신 하나님의 놀라운 경륜 때문입니다. 우리가 일상적인 생활에서 느끼는 감사한 마음이나 고통은 늘 변합니다. 잠시 편안한가 싶으면 언제 또 다시 고통이 다가오기도 하고, 너무 힘이 들어서 견디기 어려운 경우를 당하다가도 곧 평안한 마음을 되찾기도 합니다. 우리는 환경의 변화나 감정의 변화에 따라 하나님께 대한 감사의 경중을 달리하지 않습니다.

   그럼에도 불구하고 우리는 항상 예기치 못하는 환경 가운데 살아가고 있습니다. 그러다 보니 되풀이되는 고통을 경험하기도 하고 평안을 경험하기도 합니다. 성숙한 성도들에게 중요한 것은 늘 가지게 되는 이웃에 대한 관심과 어떤 환경 가운데서도 확인하며 얻을 수 있는 참된 신앙적 교훈입니다.
   즉 다른 사람들이 고통을 당하고 있지만 나는 그 고통을 당하고 있지 않다면, 단순히 그것 때문에 감사한 마음을 가질 것이 아니라 어려움에 빠져있는 이웃을 기억하며 겸손한 마음을 가져야 합니다. 반대로 다른 사람들이 가지지 않은 어떤 고통을 가지게 되면 하나님 앞에 서 있는 죄악된 인간의 한계를 배우며 더욱 겸손해져야 합니다.

   경아 자매의 성숙한 신앙적 생각을 보며 마음 뿌듯함을 느낍니다. 우리가 천국에 소망을 두고 진정으로 겸손한 자세로 살게 될 때 하나님을 알지 못하는 이웃들에게도 그러한 성도의 삶이 전달될지도 모르겠습니다. 복음은 성도들의 그런 삶을 통해 이웃에게 전파됨을 우리가 기억해야 합니다.

   태풍 매미호가 한반도를 할퀴고 지나간 후, 내가 CBS칼럼에서 방송

한 내용을 그대로 소개해 봅니다:

'태풍 '매미'호의 위력을 보며'

안녕하십니까? 추석연휴 끝에 불어닥친 태풍 '매미호'로 인해 상심하고 있는 분들도 많이 있으리라 생각합니다. 사람들이 명절의 즐거움에 들떠 있을 때 갑자기 불어온 무서운 태풍은 커다란 상처와 함께 귀중한 교훈을 남기고 지나갔습니다.

우리는 해마다 불어오는 태풍으로 인해 크고 작은 피해를 입어오고 있습니다. 이번 태풍은 그 어느 때보다도 무서운 세력을 지닌 태풍이었습니다. 우리가 알기로 가장 무서웠던 태풍은 지난 1959년에 있었던 '사라호'였습니다. 그런데 이번의 '매미호'는 사라호의 위력을 능가하는 태풍이었다고 합니다.

제가 살고 있는 동네에도 태풍은 심각하게 그 위력을 드러냈습니다. 저희 가족도 동장님이 와서 태풍이 더 강해지기 전에 대피하라고 해서 하룻밤 대피하고 돌아왔습니다. 초속 40m가 넘는 강한 바람은 아름드리 되는 나무를 쓰러뜨렸으며 애써 지어놓은 농작물들을 할퀴고 지나갔습니다. 전국적으로는 엄청난 재산피해뿐 아니라 백 수십 명의 인명피해가 있었습니다. 많은 양의 비는 우리 교회당 뒤편 둑마저 쓸어가 버렸습니다.

이런 막강한 자연의 힘을 보며 우리는 소중한 의미를 깨달을 수 있어야만 합니다. 그것은 자연의 힘 앞에서 인간이 얼마나 나약한 존재인가 하는 점입니다. 사람들은 성실하고 근면하게 일하면 잘 살게 될 것이라 생각하지만, 이런 자연의 움직임을 보면 꼭 그렇지만은 않다는 것을 알게 됩니다.

우리는 이런 자연의 무서운 위력을 보며 인간의 나약함과 함께 겸손함을 배워야 합니다. 그렇지만 대개의 사람들은 그렇지 못합니다. 재난을 피해간 사람들은 다행이라 생각하며 금새 제자리로 돌아가게 되며 피해를 입은 사람들은 한숨을 쉬면서 서서히 아픔을 잊어가게 됩니다. 그리고 많은 사람들은 언제 또다시 닥치게 될지 모를 자연의 힘에 맞서기 위해 대비책을 강구하게 됩니다.

사람들은 그러한 자세를 두고 유비무환有備無患이라는 고사성어를 사용하며 훌륭하다고 평가합니다. 물론 위기를 대비하는 그런 자세는 좋은 자세일 것입니다. 그러나 그런 인간의 대비책의 한계와 함께 인간이 얼마나 미약한 존재인가 하는 것을 깨닫는 것은 더욱 중요합니다.

우리는 근래 잘 볼 수 없었던 '매미호'를 통한 자연의 위력을 경험하면서 인간의 나약함을 다시 한번 깊이 생각해 보기를 바랍니다. 인간이 아무리 열심히 부富를 일구고 행복을 추구한다 해도 자연의 힘 앞에서는 속수무책이란 것을 잘 깨달아야 합니다. 또한 인간이 아무리 성실하게 살고 정직하게 산다고 할지라도 자연 앞에서는 무력함을 잘 깨달아야 합니다.

특히 하나님을 믿는 우리 성도들은 이러한 일들을 통해 영원한 세계를 소망하는 지혜를 가지게 되기를 바랍니다. 언제 없어질지도 모르는 이 세상에서 무엇인가 하나 더 얻기 위해 안간힘을 쓰는 것이 얼마나 부질없는 삶의 자세인가도 잘 생각해 보기를 바랍니다.

이번 태풍으로 인해 고통을 당하는 이들이 많고 잃은 것이 많습니다. 그런 역경 가운데서도 소중한 교훈을 배울 수 있다면 그것은 우리에게 커다란 축복이 될 수 있습니다. 지혜로운 자들은 위기와 역경 가운데서 항상 올바른 배움의 자세를 가지는 이들입니다.(CBS 칼럼, 2003. 9. 20)

앞으로도 종종 소식 주세요. 혹 학교 복도에서 만나면 자판기 커피라도 나누게 되기를 바랍니다. 교회와 가정이 주님이 주시는 온전한 평강을 누리기를 원합니다.

(2003. 10. 1)

## 16. '제명'의 의미

최 기자님

그동안도 잘 지내시리라 생각합니다. KS교단 담당기자로 수고하시는 최 기자님께, 이미 우리가 수차례 보아오고 있으며 지난번 함께 대화한 적이 있는 '제명'에 대해 좀더 설명드리고 싶어 자리에 앉았습니다. 교단 헌법을 기준으로 하여 교단의 목사를 제명하는 자들은 법에서 명시하고 있는 '제명'의 의미를 정확하게 파악하고 있어야 합니다. 만일 헌법을 올바르게 알지 못한 채 법을 오용하게 되면 이단 문제에 관련된 엄청난 의미를 가져올 수 있기 때문입니다. 저의 문제는 이번 노회에서 어떻게 결정될지 알 수 없으나 최 기자님도 이에 대해 명확한 이해를 하고 있으면 좋겠다는 생각에 간단하게 정리해 봅니다.

교의학에서는 일반적으로 교회의 표지를 세 가지로 말합니다. 그것은 올바른 말씀 선포, 성례 및 권징의 시행입니다. 그 중 하나라도 올바르게 시행하지 않는다면 그런 교회는 참된 교회라 할 수 없습니다. 교회의 표지는 사도들로부터 상속된 복음을 올바르게 보존하기 위한 모든 교회들이 깊이 새겨 시행해야 할 필수적인 내용들입니다. 이제 그중 권징의 시행에 대한 내용 가운데 '제명'의 의미를 생각해 보려 합니다.

KS교단 『헌법』(대한예수교장로회총회, 1992년 개정)은 크게 '교리표준'과 '관리표준'으로 나뉘어 있으며, '헌법적 규칙'과 '십이신조'를 부록으로 두고 있습니다. '교리표준'은 웨스트민스터 신앙고백서와 대, 소 교리문답이 포함되어 있어서 성경 말씀과 조화되는 모법의 기능을 하고 있습니다. 그리고 '관리표준'에는 '교회정치' '권징조례' '예배지침'을 포함하고 있어서 실제적인 법률의 기능을 하고 있습니다.

　우선 KS교단이 교리표준으로 삼고 있으며 신앙고백으로 받아들이고 있는 웨스트민스터 신앙고백서 제30장 '교회의 권징에 대하여' 제4항에서는, 교회를 올바르게 세우기 위해서 '범죄의 성격과 범죄자의 과실을 따라서 권계, 주의 성찬 참여의 일시적 정지, 그리고 교회로부터의 출교의 조치를 취해야 한다' 고 명시적으로 언급하고 있습니다.
　성경 말씀의 교훈과 교리표준에 조화되는 원리에 따라, KS교단의 『헌법』은 '관리표준'의 여러 조항들에서 '교회직원의 징계'에 관련된 내용들을 구체적으로 명시하고 있습니다. 이제 KS교단의 헌법에는 징계사항에 대해 어떻게 기록하고 있는지 살펴보고자 합니다.

　먼저 헌법이 징계 즉 시벌의 종류를 어떻게 규정하고 있는지 살펴보았으면 합니다. '권징조례' 제3장 '재판에 대한 일반규례' 제29조에는 '시벌의 종류'를 '권계, 견책, 정직, 면직, 수찬정지, 출교' 등 여섯 가지로 정해두고 있습니다. 헌법의 규정에 나타난 다른 어떤 종류의 시벌도 있을 수 없습니다. 예를 들어 우리 교단의 헌법에는 벌금이라든지 노력봉사, 실형 등과 같은 시벌은 없습니다.
　'헌법적 규칙' 제9장 제2조 '시벌의 종류와 내용'에서도 위의 '권징조례'에서와 마찬가지로 '시벌의 종류'를 권계, 견책, 정직, 면직, 수찬정지, 출교 등 여섯 가지로 명문화하여 구분하고 있습니다. '권징조례'의 해당 항목에서는 시벌의 종류만 나열하여 명시하고 있는데 반해 '헌법적 규칙'의 해당항목에서는 범죄의 정도에 따른 징계의 경중을 구체적으로 명시하고 있습니다.
　그 조항에 따르면 헌법이 정하고 있는 징계 중, 권계가 가장 가벼운 징계이고 그 다음이 견책, 정직, 면직, 수찬정지 순이며, 출교는 가장 무거운 징계입니다. 그러므로 제6항에서 '출교(제명)는 불신자와 같이 인정하여 제명하고 교회에 출석을 금하는 것으로 끝까지 회개하지 않는 중범죄자나 이단에 가입하여 돌아오지 아니한 자에게 과하는 시벌이다'고 명시하고 있습니다.

즉 '제명'은 '면직'이나 '수찬정지'에 비해 훨씬 무거운 벌로써 교회가 내리는 최고 수준의 징계입니다. 다시 말씀드려 '면직'을 당해도 수찬정지를 당하지 않는다면 다른 성도들과 함께 성찬에 참여할 수 있습니다. 즉 교회의 직분을 맡기기에는 부적절한 자이지만 하나님을 믿는 성도로서 인정하고 있다는 것입니다.

그러나 '수찬정지'는 주님의 성찬에 참여하는 것을 금지함으로써 그리스도의 몸에서 끊어낸다는 의미의 무서운 벌입니다. 즉 더이상 성도로 인정할 수 없으므로 불신자와 같이 여긴다는 말입니다. 그렇지만 수찬정지를 당한다해도 교회의 예배자리에 앉아있을 수는 있습니다. 선포되는 하나님의 말씀을 통해 진정으로 회개하는 마음을 가지게 될지도 모른다는 사랑의 여지를 남겨두는 것입니다. 그러나 '제명출교'를 당하게 되면 교회에 출석하는 것 자체가 허용되지 않습니다. 제명출교란 그리스도의 몸에서 완전히 분리시킬 뿐 아니라 다른 성도들에게 극도의 해악을 끼칠 수 있는 위험한 자이므로 상종자체를 금합니다.

그러므로 『헌법』은 제명출교에 대해서 엄중하게 명문화해 두고 있습니다. '교회정치' 제1장 '교회정치 원리' 제3조 '교회의 직원' 조항에서는 '교인 중 거짓 교리를 신앙하는 자나 행위가 악한 자가 있으면 교회를 대표한 직원과 전교회가 당연히 책망하거나 출교할 것이다'고 규정하고 있습니다. 그리고 '권징조례' 제5장 '즉결처리의 규례' 제34조 '이탈한 직원과 교인의 처리' 제3항에서는 '교회의 직원이나 교인이 총회가 이단으로 인정하는 교단에 가입하거나 교리를 신봉하면 정상에 따라 정직, 면직, 또는 출교를 하여야 한다'고 명시하고 있습니다.

또한 '권징조례' 제11장 '시벌' 제56조 '시벌의 규례' 제7항에서도 '출교는 범죄자를 제명하고 교회에 출석을 못하도록 추방하는 가장 큰 시벌인데 합당한 절차를 따라 집행하고 교회 앞에 공포를 하여야 한다' 고 명문화하고 있습니다. 제56조 '시벌의 규례'에서는 제명이 면직이나 수찬정지보다 훨씬 무서운 중징계임을 밝히고 있습니다. 징계에 있어서 제명이란 곧 출교를 의미합니다. 우리 헌법에 '출교'와 분리된 '제명'이 라는 징계 종류는 없습니다

참고로 '권징조례' 제5장 '즉결처리의 규례' 34조 '이탈한 직원과 교인의 처리'에 대한 조항을 간단하게 설명드린 후 글을 마치려 합니다. 위 조항 중 제1항에는 '범죄한 일이 없어도 교회의 직원이나 교인이 임의로 관할을 배척하거나, 교회를 설립하거나, 이명서 없이 다른 교단에 가입하면 치리회는 두세 번 권면해 본 후 불응하면 그 이름을 명부에서 삭제한다'고 말하고 있습니다. 그것은 범죄로 인한 제명출교와는 성격이 전혀 다릅니다. 명부삭제는 이단 사상과 연관된 교리 및 신학적 문제와는 무관하게 행정적인 차원에서 임의로 교단을 이탈하거나 행정보류를 할 경우 명부에서 이름을 삭제하는 것입니다. 행정적 이탈이나 행정보류가 아닌 상태의 범죄자를 다루면서 절차를 따라 이루어지는 제명은 단순한 명부삭제가 아닌 출교를 의미합니다.

모든 성도들이 '제명'이라는 징계가 얼마나 두려운 시벌인가 하는 것을 잘 깨닫게 되기를 바랍니다. 제명출교는 헌법에 명시된 여러 유형의 시벌들이 경고적 성격을 지니는 데 반해 본질적으로 그 성격을 달리합니다. 만일 제명을 당한 성도가 이단이나 불신에 빠진 자가 아니라면 도리어 제명을 시행한 자들이 곧 그 자리에 앉게 된다는 사실은 생각만 해도 두려운 일입니다. 혼탁한 시대에 살아가고 있는 성도로서 하나님의 선하신 손길을 바랄 따름입니다.

(2003. 10. 12)

# 17 '제명'을 당한데 대한 해명

저의 제명 소식을 접한 여러분들에게 해명의 기회를 가지고자 합니다. 저는 지난 2003년 10월 14일 KS교단 동대구노회에서 제명당했습니다. KS교단에서 목사 안수를 받은 지 15년만의 일입니다.

언론을 통해 소식을 접한 많은 분들이 저의 제명건에 대하여 관심을 가지고 궁금해하시는 것을 보며 아무래도 공개적인 해명 기회를 가지는 것이 좋겠다는 판단에 몇 자 글로써 해명을 하고자 합니다.

제가 속했던 KS측 동대구노회가 저를 제명하게 된 것은 저의 신학 사상 때문입니다. 노회가 문제삼은 것은 주일 성수, 연보 및 십일조, 음주(술) 그리고 혼인 등 네 가지에 대한 것입니다. 동대구노회와 전권위원회는 위의 문제들에 대한 불건전한 신학 사상을 이유로 저를 제명, 출교하게 된 것입니다.

그러나 저는 성경 말씀을 기초로 한 개혁신앙과 신학에 충실하려고 애쓰는 성도입니다. 오래 전부터 주일 문제, 연보 및 십일조 문제, 음주 문제, 혼인 문제 등을 주제로 쓴 저의 글들이 다수 있습니다.

궁금해하시는 분들이 더 많이 있을지도 모른다는 생각에 참고 자료들을 덧붙여, 제가 말씀의 가르침을 벗어난 무책임한 성도가 아님을 간단하게 해명합니다. 제가 쓴 글들의 목록을 첨부하니 혹 관심이 있으시면 살펴보시기를 바랍니다.

2003. 10. 18
이광호

〈첨부〉

1. 주일 성수에 관련된 글들
   - 『월간고신』(고신 교단 월간지), 부산: 대한예수교 장로회(고신) 총회. "주일, 그리고 주일에 시행되는 각종 시험과 그 원론적 대응", 1992, 2월호, pp. 36-41.
   - 『갈라디아서 강해』(단행본), 대구: 도서출판 실로암, 1992, pp. 59-60.
   - 『더불어 나누는 즐거움』(단행본), 서울: 예영 커뮤니케이션, 1994. "주일과 야외예배", pp. 29-30. "주일 성수", pp. 42-44.
   - 『아빠, 교회 그만하고 슈퍼하자요』(단행본), 서울: 예영 커뮤니케이션, 1994. "예배 시간 참석과 예배에의 참여", pp. 15-16.
   - 『한국교회, 무엇을 개혁할 것인가』(단행본), 서울: 예영 커뮤니케이션, 1998. (61)
   - 『교회를 위한 신학적 관심들』(단행본), 조에성경신학연구원, 2002. "주일과 일요일", pp. 146-149. "주일을 어떻게 지켜야 하는가?", pp. 347-351. "주일과 명절, 대소사가 겹칠 경우에는?", pp. 462-465.
   - 『진리와 학문의 세계』(학술지), 달구벌기독학술연구회, 2002. "안식일과 주일 - 언약적 의미와 영광의 실천적 주일-", 제6권, 2002년 봄, pp. 47-72.
   - 『뉴스앤조이』(신문), 서울. "주일개념의 본질은 예수", 2002년 5월 17일자(신문기사).
   - 『한국기독신문』(신문), 부산. "총동원 전도주일에 대하여"(2002. 11. 16). "공예배에 대하여"(2003. 4. 26). "주일과 명절, 대소사가 겹칠 경우에는?"(2003. 9. 20).

2. 연보 및 십일조에 관련된 글들
   - 『한국교회, 무엇을 개혁할 것인가』(단행본), 서울: 예영 커뮤니케이션, 1998. (26)(50)(51)(52)(56)(63)
   - 『교회를 위한 신학적 관심들』(단행본), 조에성경신학연구원, 2002. "연보와 기부금", pp. 277-279. "연보는 꼭 본 교회에 해야하는가?", pp. 326-329. "다양한 헌금 종류에 대하여", pp. 389-392. "십일조에 대하여", pp. 393-396. "목회자와 생활비", pp. 413-416.
   - 『한국기독신문』(신문), "십일조를 어느 교회에 내야할까요?"(2002. 9. 14). "인터넷 뱅킹을 통한 연보에 대하여"(2003. 3. 8).

- 『크리스챤 한국』(신문), "현대판 시모니(Simony)"(2002. 8. 20).

3. 음주 문제에 관련된 글들
- 『한국교회, 무엇을 개혁할 것인가』(단행본), 서울: 예영 커뮤니케이션, 1998. (45)
- 『교회를 위한 신학적 관심들』(단행본), 조에성경신학연구원, 2002. "목사님, 술을 마시면 죄가 됩니까?", pp. 334-337.
- 『한국기독신문』(신문), "목사님 술을 마시면 죄가 됩니까?"(2002. 8. 24).
- 『교회와 문화』(학술지), 한국성경신학회, 2003. "노아 언약에 대한 교회론적 고찰", pp. 8-37.

4. 혼인에 관련된 글들
- 『아빠, 교회 그만하고 슈퍼하자요』(단행본), 서울: 예영 커뮤니케이션, 1994. "어느 혼인과 세례", pp. 96-98.
- 『교회를 위한 신학적 관심들』(단행본), 조에성경신학연구원, 2002. "성경은 이혼을 허용하는가", pp. 50-53. "이혼불능", pp. 115-118. "이혼 - 이런 경우는 어떻게 합니까?", pp. 421-424.
- 『한국기독신문』(신문), "자녀의 불신혼인 문제에 대하여"(2003. 2. 15). "혼인 생활과 이혼"(2003. 4. 19).
- 『크리스챤 한국』(신문), "이혼불능"(2003. 5. 26).

## 18 '하나님'과 '하느님'

**선주 학생**

안녕하세요?
지난 여름 조에성경신학연구원 여름 특강에서 만났을 때는 매우 반가웠습니다. 몇 년 전 '기독교 사상의 이해'라는 나의 수업을 들었을 때는 아마 1학년이었지요? 몇 년이 훌쩍 흐르고 나서 보니 이제 제법 아가씨 티(?)가 나는 듯 성숙해 보이더군요.

보내준 메일은 잘 받았습니다. 당시 과로한 탓인지 심한 몸살을 했습니다만 지금은 건강이 많이 좋아졌습니다. 염려해 주어서 감사합니다.

지난번 메일 가운데서 질문한 내용인 '하나님'과 '하느님'에 대한 설명을 좀 드릴까 합니다. 하나님이라는 용어는 현재 개신교에서 주로 사용이 되는 용어입니다. 그리고 카톨릭에서는 '하느님'이라는 용어를 사용하고 있습니다. 또한 한국의 자유주의 계통의 교회들에서는 다시 '하느님'이라는 용어로 돌아가고 있습니다.

한편 한국의 이슬람에서는 신에 대한 용어를 '하나님'으로 결정했습니다. 결국 기독교와 기독교 계열의 종교들에서는 '하나님'이나 '하느님'이라는 용어를 쓰고 있는 셈입니다. 참고로 이슬람은 기독교 계열이라 할 수는 없지만 엄밀한 의미에서 기독교 이단인 셈입니다.

한편 한국의 여러 일반 종교들에서는 신을 '하나님'이나 '하느님'이라 호칭하지 않습니다. 그대신 '옥황상제'라든지 '신령'이라는 용어를 사용하고 있습니다. 그리고 '하늘님'이라는 용어를 사용하고 있는 것이 일반적입니다. 이렇게 보면 신을 지칭하는 용어들이 매우 복잡하다는 것을 알 수 있습니다.

위에서 말한 모든 언어들이 영어에서는 'god'이라는 하나의 단어로 통일되어 있습니다. 이는 독일어에서 'gott'가 사용되는 것도 마찬가지 입니다. 엄밀한 의미에서 구약성경에 나오는 '엘'이나 '엘로힘' 그리고 신약성경의 '데오스'도 신을 지칭하는 일반 보통명사입니다. 물론 이스라엘의 하나님은 그 의미상 이방신들과 명백히 구분되기는 합니다.

이 글에서는 '하나님'과 '하느님'에 대한 의미 설명을 하려합니다. 사실 '하나님'이라는 용어와 '하느님'이라는 용어는 언어적으로 보아 동일한 의미를 가지고 있습니다. 그런데 왜 우리 한국교회에서는 신에 대한 두 가지 다른 표현을 사용하고 있을까요?

먼저 '하느님'이라는 말은 '하늘님'이라는 말입니다. 즉 하늘님의 '늘'에서 자음탈락 현상이 일어나 '하느님'이 된 것입니다. 그렇다면 하나님은 어떻게 되어 생겨났을까요? 과거 평양에서는 하늘을 '하날'(아래아)이라고 했습니다. 즉 '하날'은 하늘에 대한 평양사투리였던 것입니다.

우리가 잘 아는 바와 같이 평양은 성지聖地라 불릴 만큼 초기 한국교회에 커다란 영향을 끼쳤습니다. 그래서 평양에서 '하날님'으로 불렀다가 점차 '하나님'으로 정착되어 갔던 것입니다. 아마도 당시의 천주교에서 하느님이라고 칭하는 것을 보며 그들과 구별하기 위해서 의도적으로 그렇게 한 면도 있었으리라는 것이 나의 생각입니다.

한국에 복음을 제시한 초기 선교사들이 중국어 식의 신神에 대한 한국식 단어로 인해 상당한 고민이 있었음이 선교 역사 가운데 나타나고 있습니다. 상당한 연구와 토론을 거쳤음에도 불구하고 결정짓지 못하게 되자 자연적으로 결정되도록 지도자들이 선택하는 결정을 보류하게 되었고 결국 위에서 말한 바대로 '하나님'으로 정착되어 갔던 것입니다.

물론 지금은 '하나님'이라는 말이 개신교의 신으로 고정된 듯한 면이 있어 어느 정도 고유명사화 되어 있습니다. 어린 사람들은 하나님이라는 단어 속에 '하나'(one)라는 의미가 포함되어 있을 것이라 생각하는 이들이 없잖아 있습니다.

하나님이란 단어 속에 유일신을 나타내는 의미가 포함되어 있다는 것입니다. 그러나 하나님은 숫자 '하나'에 존칭어미 '님'을 붙인 말이 아닙니다. 도리어 원래적 의미를 생각한다면 '하늘'에 '님'이라는 존칭어미를 붙인 것입니다.

그럼에도 불구하고 상당히 많은 사람들은 '하나님'과 '하나' 사이에 어떤 연관성이 있을 것으로 생각하는 이들이 많이 있습니다. 그리하여 최근의 이슬람에서는 '하나님'이라는 용어를 공식적으로 사용하고 있습니다. 신에 대한 이슬람의 아랍어식 표현인 '알라'를 우리말로 번역하면서 '하나님'이라 번역하게 된 것입니다. 그들은 '하나님'이라는 낱말의 표현 속에 유일신을 잘 드러내고 있는 것으로 판단했기 때문입니다.

그러므로 이제는 더이상 '하나님'이 기독교의 신을 표기하는 말이 아니게 되는 것입니다. 나는 개인적으로 하나님이라는 표현이 가장 우수한 단어라고는 생각지 않습니다. 즉 그냥 '신'(神)으로 통일해 두었으면 어땠을까 생각해 봅니다. 세계의 모든 언어들에 신을 지칭하는 보통 단어들이 있겠지만 그것이 하늘과 연관되어 표현되는 언어는 별로 없습니다.

히브리어의 '엘로힘'이나 헬라어의 '데오스', 중국어나 한자말의

'신', 영어의 'god', 독일어의 'gott' 등은 하늘과 전혀 상관이 없는 단어들입니다. 이러한 설명은 학생에게 다소 어려운 말일 수 있겠으나 약간의 설명을 덧붙였습니다.

이 정도 설명이면 학생이 궁금해하던 문제가 다소 풀리리라 생각합니다. 앞으로도 함께 이야기해 볼 내용이 있으면 연락주세요. 마지막으로 기억나는 학생이 있어 한마디만 하고 글을 마무리하겠습니다.

내가 몇 년 전 대구대학교에서 강의할 때 학생과 같은 클래스에서 공부한 한 여학생이 잊혀지지 않아요. 이름은 전혀 기억할 수 없는데 앞을 거의 보지 못하는 학생이었던 것 같군요. 늘 앞줄에 앉아 열심히 공부했었는데 어렴풋한 기억으로 특수교육학과였던 것 같습니다. 혹 아는 학생이거나 연락이 되면 나의 안부를 전해 주기를 바랍니다.

(2003. 9. 10)

## 19 용돈헌금?

사모님

잘 지내시는지요? 사모님의 상담서신을 받고 놀라움을 감출 수 없었습니다. 정말 그런 교회가 있는가 하는 점과 우리 한국교회의 수준이 그런 것마저 용납될 정도인가 하는 의아심 때문입니다.

담임목사의 부인이, 목사의 지도 아래 있는 부교역자의 부인을 비롯한 다수의 교인들에게 용돈헌금이라는 형식으로 금품을 요구하고 있다는 사실은 상상조차 하기 어려운 부분입니다. 그것은 비단 사모 개인의 문제일 뿐 아니라 그의 남편인 담임목사의 문제입니다. 그 목사의 부인은 자기 남편이 제사장인 양 내세우며 만만한 교인들에게 금품을 요구하는 것이라 생각됩니다.

목사가 자기 아내의 지속적인 그런 행태에 대해서 전혀 알지 못하고 있었다면 큰 문제이며, 그것을 알고 있으면서도 가만히 있었다면 더욱 큰 문제입니다. 그것이 한두 달의 일이 아니라 상당기간 동안 매월 목사의 부인에게 그런 식으로 용돈헌금이 제공되어 왔다면 여간 심각한 문제가 아닙니다.

더구나 담임목사의 부인이 에스겔서 44장 30절에 기록된 "각종 처음 익은 열매와 너희 모든 예물 중에 각종 거제 제물을 다 제사장에게 돌리고 너희가 또 첫 밀가루를 제사장에게 주어 그들로 네 집에 복이 임하도록 하게 하라"는 말씀을 인용해 자기의 악행을 합리화한다는 것은 참으로 한심한 일입니다. 성경의 구절을 자의적으로 인용하면서 교회의 공식 연보가 아닌 용돈헌금 형식으로 먼저 제사장인 목사를 섬기라고 요구한다는 것은 결코 있을 수 없습니다.

그의 말을 듣고 매월 받는 생활비 중에 일부를 그런 식으로 용돈헌금을 하는 교인들이 다수 있다는 사실은 정말 안타까운 일입니다. Y사모님도 이제까지 그런 식으로 용돈헌금을 해 왔다니 안타깝습니다. 물론 한국교회의 구조상 담임목사의 부인은 곧 상급자의 부인이며, 하급자로서 결국 직권에 의한 압력에 못 이겨 마지못해 그렇게 했을 것입니다.

그러나 이제는 그 일을 그만두어야 합니다. 이는 사모님뿐 아니라 그렇게 하고 있는 다른 교인들도 그만두어야 합니다. 그것은 즉시 그만 두어야할 악행이기 때문입니다. 진작 그렇게 하지 못하도록 막는 사람이 있었어야 하는데 아무도 그렇게 하지 않은 결과 지금처럼 점점 기획되고 심화된 것 같습니다.

담임목사의 부인이 직원들을 모아 놓고 예배 모임을 주관하고 그 모임에서 헌금형식으로 봉투에 용돈을 넣고 기도 제목을 적어서 내라고 하며 용돈을 챙긴다는 사실을 누가 상상이라도 하겠습니까? 이 글을 읽는 많은 사람들은 이런 기상천외한 이야기를 사실로 받아들이려 하지 않을지도 모릅니다. 그것은 이단 교주들이나 할 만한 수법입니다. 어쩌면 그들조차도 용돈헌금이란 명분으로 돈을 모으지는 않습니다.

아마 지금에 이르기까지 사모님의 마음 고생이 심했을 것입니다. 이제 더이상 담임목사의 부인이 매월 한번씩 주관하는 그 모임에는 가지 말기를 바랍니다. 그때마다 어떤 핑계를 대든지 그 시간에 다른 일거리를 만들든지 해서 그런 모임에 참석하지 말아야 합니다. 그렇게 되면 그들에게 밉게 보여 그 교회에서 나와야할지도 모르겠군요. 만일 그렇게 된다면 악한 세상에서 받게 되는 성도의 고난이라 생각하면 될 것입니다.

그러나 그것이 그렇게 쉬운 일은 아니지요. 그래서 이런 방법을 한번 생각해 봅니다. 부부가 함께 조용히 담임목사님을 찾아가 보기를 바랍니다. 그의 부인이 없는 조용한 자리를 마련해야겠지요. 그런 자리가 마련되면 그동안의 이야기를 소상하게 그리고 겸손하게 이야기해 보기를 바랍니다.

　최대한 지혜롭게 이야기하기를 바랍니다. 즉, 그동안은 사모님이 주관하는 모임에 참석하기도 하고 이 모양 저 모양으로 용돈헌금을 드려 왔는데, 지금은 다른 사정으로 인해 돈이 부족해 사모님에게 드릴 용돈이 없는데 어떻게 하면 좋겠느냐는 식으로 상담을 해 보세요.

　만일 복음을 아는 목사라면 부끄러움을 느끼고 복음의 원리에 맞게 알아서 일을 처리할 것입니다. 자기 아내를 치리하든지 근신하게 하겠지요. 그러나 만일 복음을 알지 못하는 자라면 전혀 엉뚱한 불꽃이 튈 가능성도 없지 않습니다.

　만일 그 담임목사가 자기 아내와 동일한 수준의 사람이라면, 이번에는 교회의 장로들에게 이야기하세요. 그래서 온 교회가 그런 악한 사실을 알아야 합니다. 그래야만 다시 그런 일들이 쉽게 되풀이되지 않을 것입니다. 물론 그 일은 생각보다 쉽지 않을 수 있음을 염두에 두어야 합니다. 그동안 용돈헌금을 해 온 사람들 중에 예상치 못한 반응을 할 자들이 혹 있을지 모르기 때문입니다.

　예를 들어 같이 그렇게 해 온 사람들 중에 '담임목사의 부인이 그런 식으로 용돈헌금을 요구한 적이 없다' 라든지 '우리가 한 것은 자발적으로 한 것이다' 라든지 하는 사람이 있게 되면, 도리어 그것을 문제삼는 사람이 이상한 사람이 되어 더욱 견디기 어려운 형편에 놓일 수도 있습니다. 악한 자들과 그에 동참하는 자들은 항상 그런 식으로 해 왔음을 역사를 통해 쉽게 알 수 있습니다. 그들은 자신의 부끄러운 행위를 그런 식으로 묻으려 할지도 모르기 때문입니다. 속히 그 문제가 해결되어 교회가 바르게 서기를 바라며 사모님의 마음에 평안이 회복되기를 바랍니다.

(2003. 10. 29)

 '강단권'을 어떻게 이해해야 합니까?

**봉상 성도님**

지난번 글을 통해 격려의 말씀을 주셨는데 이번에 이런 질문을 하셨군요. 성도님께서 말씀하신 강단권이란 강도권과 동일한 의미입니다. 그 원래의 뜻은 공예배 시간에 말씀을 선포할 수 있는 자격, 즉 설교할 수 있는 직분을 일컫습니다. 이는 특정인이 가지는 기득권적 권리를 말하는 것이 아니라 말씀을 선포할 수 있는 자격을 갖춘 직분에 관련된 것입니다.

그렇지만 때때로 강단권이란 말이 잘못된 의미로 사용되기도 합니다. 특히 교회에 분란이 있을 때 '강단권' 이라는 말을 쓰게 되면 그것이 마치 목사만 가지는 기득권인 것처럼 잘못 사용되기도 합니다.

한국교회의 여러 교단에는 '강도사' 라는 특이한 직분이 있습니다. 성경에서 말하는 목사, 장로, 집사 이외에 강도사라는 독특한 직분을 한국교회가 만들어 두고 있습니다. 강도사란 신학 교육을 마치고 교회의 허락을 받아 강단권 혹은 강도권을 가진 성도라는 의미입니다. 즉 아직 목사는 아니지만 독립적으로 설교할 수 있는 자격을 허락한 것입니다.

그러므로 한국교회에는 목사와 강도사에게 강단권이 있다고 할 수 있겠습니다. 거듭 말씀드리지만, 강단권이란 목사가 가지는 일반적인 권리나 기득권을 의미하지 않습니다. 그것은 교회 가운데 하나님의 말씀을 선포할 수 있는 직분적 직책을 말합니다. 만일 어떤 목사가 자기에게 주어진 권리로서 강단권이 있다고 생각한다면 그것은 크게 잘못된 것입니다.

그렇다면 강단권이라는 것이 있어야 할 이유가 어디 있을까요? 우선 강단권이란, 누구든지 원하는 사람은 아무나 교회 공예배 가운데서 설교할 수 있다는 생각을 가지지 못하게 합니다. 교회의 공적인 직분적 허락이 없이 누구나 말씀을 선포할 수 있다는 생각은 잘못입니다.

목사나 강도사가 없는 시골의 작은 교회에서, 교사의 직분을 가지지 않은 성도가 공예배 시간에 말씀을 전하는 경우가 있는데, 이는 원리적으로 목사의 지도 아래 말씀을 전하는 것입니다. 이는 마치 교사 자격증이 없는 대학생들이 중고등학교에서 교생실습을 하는 경우와 비슷하게 생각해 볼 수 있습니다. 교생 선생님이 임시로 학생들을 가르치지만 어디까지나 교사 선생님의 지도 아래서 가르치는 것입니다.

교회는 성도들간 신중한 질서를 요구합니다. 물론 그 질서란 인간들이 임의로 만들어 낸 것이 아니라 성경이 요구하고 있습니다. 교회의 직분은 공교회적 질서를 위해 하나님께서 허락하신 신령한 은사입니다. 그러므로 모든 직분은 교회를 올바르게 세우기 위한 선한 방편이어야 합니다.

성도님께서 말씀하신 것처럼 한국 교회의 현실 속에서는 문제가 많습니다. 말씀의 원리를 벗어난 많은 목사들이 강단권을 마치 자기의 권리인양 생각하는 경향이 짙기 때문입니다. 직분을 올바르게 이해하고 있는 목사라면 결코 그런 생각을 하지 않을 것이며 자기 마음대로 설교하지 않습니다. 그리고 귀중한 설교 시간을 자기의 주장을 펼치는 기회로 삼지 않습니다. 그럼에도 불구하고 연약한 인간들은 항상 원리적 가르침에서 벗어날 수 있는 그런 위험에 노출되어 있습니다.

대다수 목사들은 자기가 성경의 가르침을 가장 정확하게 알고 있는 것으로 오해하고 있습니다. 저 자신도 그런 범주에서 벗어나지 못할 것이라는 생각으로 늘 성령의 은혜를 바라며 반성적인 삶을 살고 있습니다. 우리 시대의 많은 목사들은 말씀이 가르치는 바 원리를 염두에 두지 않은 채 성도들이 자기의 요구대로 살아줄 것을 강요하고 있습니다. 그것은 잘못일 뿐 아니라 매우 위험한 일입니다. 그러므로 하나님께서는 인간들의 이런 나약성을 잘 알고 있기에 그에 대한 적절한 직분적 방편을 주셨습니다.

성경은 목사와 장로를 공히 감독 혹은 장로라고 칭하고 있습니다. 즉 목사는 가르치는 교사로서의 감독 혹은 장로이며, 장로는 치리하는 직분자로서의 감독 혹은 장로입니다. 목사가 말씀을 가르치는 장로로서 공예배 가운데 말씀을 선포하는 자라면, 장로는 선포되는 말씀을 감독하는 장로의 기능을 동반합니다.

여기서 감독이라 하는 것은 판단을 위한 감시감독을 의미하지 않습니다. 도리어 그 선포되는 말씀에 겸손하게 참여하면서 혹 잘못된 가르침이 있지는 않은지 교회를 위한 선한 감독자로서의 직분을 감당하게 되는 것입니다. 그런 직분적 관계가 원만하게 이루어지고 있는 교회라면 결코 목사가 자기 마음대로 독선적인 설교를 하지 못합니다.

성도님께서 말씀하신 것처럼, 우리 시대의 많은 목사들이 강단권이라는 의미를 마치 자기에게 맡겨진 신성불가침의 영역이라도 되는 듯이 주장하고 있는 것은 매우 잘못된 것입니다. 만일 그런 주장을 하는 목사가 있다면 모두에게 불행한 일입니다.

그리고 설교와 관련된 예배의 형태 및 분위기에 대해서 간단하게 설명드리려 합니다. 예배 분위기가 엄숙하냐, 아니면 소위 생동감 있는 분위기냐 하는 것 자체는 그다지 중요한 문제가 아닙니다. 요즘 한국교회에서 가장 위험한 것 중 하나가 예배 분위기 갱신입니다.

그것을 추구하는 자들은 분위기 전환을 위해 온갖 잡다한 음악이나 악기들을 도입하고 있는 형편이지요. 그것은 결국 예배 분위기를 교인들의 기호에 맞추겠다는 것밖에 되지 않습니다. 즉 교인들을 즐겁게 해 주어야만 계속 교회에 잘 출석할 것이고, 그렇게 하기 위해서는 교인들의 기호에 따라 설교하며 그에 따른 예배 분위기를 연출해야 한다는 것입니다.

일반적으로 잘 알려진 도시 교회들은 대개 교인들의 기호에 부합하는 설교를 선호하며 그런 예배 분위기를 연출하기 위해 온갖 신경을 곤두세우고 있습니다. 그들은 그것이 곧 교회의 성공(?)여부를 결정짓는다는 어처구니없는 생각을 하고 있기 때문입니다. 그러나 그러한 자세는 하나님을 경외하는 것이 아니라 시대에 편승하는 악습일 따름입니다.

중요한 것은 예배는 인간의 즐거움을 창출하기 위한 방편이 아니라 하나님께 온전히 드려지는 섬김의 시간이라는 사실입니다. 그러므로 공예배 시간의 설교는 성경 본문이 교회 가운데 선포되어 드러나는 것이어야 합니다. 교인들의 기호에 맞추지 않고 하나님의 말씀만을 전할 수 있는 권한이 곧 목사에게 주어진 강단권입니다. 설교자와 성도들이 하나님의 말씀에 맞추려 하지 않고, 하나님의 말씀을 목사와 성도들의 기호에 맞추려 하는 노력은 이미 복음의 원리에서 떠나 있는 것입니다.

이 정도에서 글을 맺겠습니다. 성도님께서 질문하신 강도권이란 결국 진리를 보존하기 위한 귀한 직분이며 그것이 존중되어야 합니다. 물론 말씀을 선포하는 목사가 기본적으로 말씀의 원리에 서 있다는 전제하에서 말입니다. 그러므로 어떤 경우에도 말씀 선포를 위한 강도권이 설교자의 개인적 도구가 되어서는 결코 안 될 것입니다.

(2003. 11. 29)

## 21 '헌신예배'에 대하여

종수 형제

**잘** 지내겠지요? 그러잖아도 KS대 신문사에 보낼 글을 하나 정리하고 있는 중에 형제의 질문을 받고 이렇게 간단하게 답신을 보냅니다. 하나님을 경외하는 성도가 시대에 순응하며 살 것인가, 아니면 시대를 해석하는 가운데 대응하며 살 것인가 하는 문제는 매우 중요하다고 생각합니다.

'헌신예배'에 대한 질문을 했더군요. 헌신예배의 의미가 무엇인가? 왜 각 부서별로 헌신예배를 따로 드려야 하는가? 헌신예배 때 굳이 특송을 해야만 하는가? 헌신예배 때 꼭 헌금을 하는 것은 무엇 때문인가?

우리 한국교회에는 일반적으로 헌신예배를 드리는 교회들이 많습니다. 그것은 대개 각 부서들이 나누어 가지는 중요한 행사가 되어 있습니다. 예를 들어 여전도회 헌신예배 때는 여성도들이 예쁜 한복을 입고 안내를 하며 행사를 이끌어 가는 모습을 쉽게 보게 됩니다. 그들은 그런 복장으로 앞에 나가 특송을 하게 됩니다. (특별초청을 받은) 강사는 헌신예배를 드리는 그 부서를 위해 특별한 설교를 하는 것이 관례처럼 되어 있습니다.

그러므로 헌신예배에 있어서는 그 예배 행사를 주관하는 부서가 주인공을 겸한 봉사자가 되어 있는 것이지요. 그래서 많은 경우 해당부서의 회원들 가운데 누군가가 사회를 보고 기도를 하며 특송을 하게 됩니다.

이제 우리는 그런식의 행사성 예배가 과연 올바른 예배인가 하는 점을 잘 생각해 보아야 합니다. 성경에 과연 그런 요구나 가르침이 있는가 하는 점과 역사상 혹은 현재 전 세계에 흩어진 건전한 교회들은 그와 같은 행사성 예배를 어떻게 이해할까 하는 점을 신중하게 생각해 보아야 합니다. 즉 아무리 많은 정성이 깃들여지고 멋있어 보이는 헌신예배 형태라 할지라도 우리의 전통만으로 모든 것을 합리화시킬 수는 없습니다.

헌신예배가 우리에게 고착된 잘못된 전통임을 몇 가지 말씀드리겠습니다. 우선 예배를 행사화 하는 것은 어떤 경우에도 바람직하지 않습니다. 예배는 성도들이 말씀에 따라 하나님을 경배하는 것이어야 하며 인간들의 행사의 한 방편이나 수단이 되어서는 안됩니다.

공예배보다 더 의미 있는 행사성 예배는 있을 수 없습니다. 자기 부서에서 드리는 헌신예배라 해서 많은 회원들이 참여하며 정성을 기울이고 그렇지 않은 일반 예배인 경우 무색무취한 예배 정도로 인식하게 된다면 큰일입니다. 물론 일부러 그렇게 생각하는 사람들이야 없겠지만 그런 행사를 되풀이하다 보면 저절로 그렇게 될 수밖에 없습니다.

또한 헌신예배 때는 꼭 헌금순서를 넣는다는 점입니다. 일반적으로 우리 한국교회에서는 주일 오후 예배 시간에 달리 연보를 하지 않습니다. 그렇지만 헌신예배 때는 꼭 헌금순서를 넣어 돈을 거두며 그 재정을 대개 해당부서의 경비로 사용하게 됩니다. 그러나 그런 관행은 매우 잘못된 것입니다.

헌신예배가 누구로 말미암아 시작된 것인지는 알지 못합니다. 그러나 누군가로부터 시작되어 한국교회에 보편화되기 시작했겠지요. 물론 그것을 처음 시작한 사람들은 교회의 유익을 염두에 두고 그렇게 했을 것이라는 것은 쉽게 짐작할 수 있습니다. 예배의 진정한 의미를 알지 못하는 성도들을 일깨우며 경건하게 하나님을 예배하기 위해 좋은 의도로 그런 생각을 했을지도 모릅니다. 그러던 것이 세월이 흘러가면서 오늘날처럼 점차 행사화 된 것이 아닌가 싶습니다.

그렇지만 우리에게는 그런 식의 헌신예배가 불필요합니다. 더구나 그것이 행사화 되고 특정 부서가 주인공처럼 되어 있으며 예배가 헌금을 거두는 한 방편처럼 인식되고 있다면 당연히 그런 헌신예배를 그만 두어야 하리라 생각합니다.

하나님의 백성이 된 우리는 이미 하나님께 바쳐진 몸입니다. 이미 바쳐진 몸과 삶을 다시금 하나님께 헌신하겠다고 말하며 그런 예배를 따로 드린다는 것은 논리적으로도 맞지 않습니다. 헌신예배라는 형식과 무관하게 우리는 항상 하나님을 예배해야 하는 존재입니다.

그러나 한국교회의 현실에서 헌신예배와 같은 강한 전통을 논하기에는 상당한 어려움이 따르리라 생각됩니다. 오랜 종교적 관행이 마치 신앙의 한 모양인 것처럼 되어 있는 세태에서는 그것을 없앤다거나 고친다는 것은 여간 어려운 일이 아닐 것입니다.

그럼에도 불구하고 신앙이 성숙한 성도들은 그에 대한 분명한 이해가 있어야 합니다. 그래야만 그것이 도리어 신앙에 해가 될 수 있음에 대해 성도들을 일깨울 수 있을 것이기 때문입니다.

형제가 알고자 하며 염려하고 있는 바를 생각해 봅니다. 한꺼번에 없애는 것이 쉽지 않다면 온당한 문제 제기와 함께 조금씩이라도 개선해 나갈 수 있게 되기를 바랍니다. 다음 주일의 헌신예배 행사 준비로 인해 부산을 떠는 일이 없이 온 성도가 함께 하나님을 예배하는 공예배 시간을 진정으로 기다리는 성도들이 되기를 바랍니다.

(2003. 12. 2)

## 22  "정한 짐승과 부정한 짐승"

안녕하세요? 이미 오래 전의 질문인데 저의 형편상 이제야 답변을 드리게 됨을 이해해 주시기 바랍니다. 혹 알고 있을지 모르지만, 그동안 저에게 목사 제명이라는 상당한 문제가 있었습니다.

형제의 질문은 구약성경 레위기 11장에 나오는 정하고 부정한 동물에 대한 규례와 그에 대한 우리 시대 식생활에 대한 것이라 여겨집니다. 레위기 11장에는 정하고 부정한 동물들을 매우 구체적으로 구분하고 있습니다.

짐승들중 굽이 갈라지고 새김질하는 동물은 정한 동물이지만 조건상 그렇지 않은 동물들에 대해서도 밝히고 있습니다. 약대, 사반, 토끼, 돼지 등은 부정한 동물이므로 먹지 말아야할 뿐 아니라 그 죽은 동물의 고기를 만져서도 안 된다고 가르칩니다.

어류 중에도 지느러미와 비늘이 있는 물고기는 정하므로 먹을 수 있지만 지느러미와 비늘이 없는 물고기는 가증하므로 먹지말고 만지지도 말라고 합니다. 조류 중에도 독수리, 솔개, 매, 까마귀, 사조, 부엉이, 학, 황새, 박쥐 등은 가증한 새라고 합니다. 곤충 중에서도 날개가 있고 네발로 기어다니는 곤충은 가증하며, 날개가 있고 땅에서 뛸 수 있는 메뚜기류, 베짱이류, 귀뚜라미류 등은 정하므로 먹을 수 있다고 말합니다.

정한 동물들은 음식물로 먹거나 만질 수 있지만 모든 부정한 동물은 먹지 못할 뿐더러 만지는 것조차도 금지되었던 것입니다. 물론 레위기에는 이보다 훨씬 복잡한 규례들이 세세하게 기록되어 있습니다.

우리는, 레위기서 11장에 언급되고 있는 바 동물에 대한 규례의 의미를 서로 다른 각도에서 생각해 볼 필요가 있습니다. 하나는 그 동물 자체가 정하다거나 부정하다는 것이며, 다른 하나는 그 동물 자체가 아니라 인간이 관련될 때 인간이 정하게 되거나 부정하게 된다는 사실입니다. 저는 여기서 깊이 유념해야 할 바가 후자라고 생각하고 있습니다.

하나님께서는 레위기 11장에서 정하고 부정한 동물들에 대한 규례를 정한 이유를 이스라엘 백성과 하나님 자신에게 연결짓고 있습니다: "너희는 기는 바 기어다니는 것을 인하여 자기로 가증하게 되게 말며 또한 그것을 인하여 스스로 더럽혀 부정하게 되게 말라 나는 여호와 너의 하나님이라 내가 거룩하니 너희도 몸을 구별하여 거룩하게 하고 땅에 기는 바 기어다는 것으로 인하여 스스로 더럽히지 말라 나는 너희의 하나님이 되려고 너희를 애굽땅에서 인도하여 낸 여호와라 내가 거룩하니 너희도 거룩할지니라"(레 11:43-45).

그러나 오늘날 우리의 식습관은 어떻습니까? 물론 각 나라와 지역, 민족마다 식습관이 달라 통일성이 없을 것이므로 우리의 형편을 살펴보도록 합시다. 우리는 레위기서에서 정하다고 하는 동물들 중에 문화적 인식에 의한 부정적 생각으로 먹지 않는 음식이 있습니다.

우선 한두 가지를 살펴보면 베짱이, 귀뚜라미 등이 그렇습니다. 그리고 부정하다는 동물 가운데서도 일상적으로 잘 먹고 있는 동물들이 많이 있습니다. 토끼, 돼지, 비늘이 없는 물고기 등이 그렇습니다. 나아가 우리 시대에는 그런 동물로 요리된 음식물을 먹지 않는다 해도 그 동물들을 만지는 것 자체를 죄라고 여기는 사람은 아무도 없습니다.

우리에게 중요한 것은 정하고 부정한 동물의 규례를 주신 하나님의 뜻을 이해하는 것입니다. 하나님께서는 정하고 부정한 동물을 구분함으로써 선악간 구분을 하고 있는 분임을 분명히 보여주고 있습니다. 즉 하나님께서는 모든 것을 다 정한 것으로 여기시는 것이 아니라 어떤 것은 정한 것으로 다른 어떤 것은 부정한 것으로 규정함으로써 하나님의 거룩한 뜻을 나타내셨던 것입니다.

다시 말해 하나님께서 동물의 정하고 부정함을 구분하신 이유는 동물 자체의 값어치를 구분하기 위해서가 아닙니다. 하나님께서는 그 규례를 통해 언약 백성인 이스라엘 민족의 삶을 규제하셨습니다. 그것은 하나님의 자녀가 거룩하게 되어야 함을 율법 속에서 가르치고 있습니다. 이는 또한 죄로 말미암아 부정하게 된 인간이 거룩하신 하나님께서 이 땅에 보내실 정결하신 그리스도로 말미암아 정하게 되어야 함을 묵시적으로 보여주고 있습니다.

구약의 말씀이 성취된 이후에 살고 있는 성도들에게는 더이상 얽매일 만한 음식에 대한 규례가 없습니다. 그런데 사도행전 15장에는 동물과 음식에 대한 신약적인 규례가 나옵니다: "우상의 제물과 피와 목매어 죽인 것과 음행을 멀리할지니라"(행 15:29). 이 말씀은 주님께로 돌아온 이방인들에게 주어진 특별한 규례입니다(행 15:19. 참조).

그렇다면 이 말씀이 오늘날 우리에게도 유효하냐 하는 점을 생각해 볼 필요가 있습니다. 이를 잘 이해하기 위해서는 '사도교회 시대의 특성'에 대해서 잘 깨달아야 할 필요가 있습니다. 간단한 결론을 말씀드린다면 사도행전에 나오는 신약의 규례는 사도교회를 위한 특별 규례라 할 수 있으며 우리 시대에 그 법적 기능을 하는 것은 아닙니다.

그리고 고린도전서 8장에 우상제물에 대한 기록이 나옵니다: "식물은 우리를 하나님 앞에 세우지 못하니 우리가 먹지 아니하여도 부족함이 없고 먹어도 풍성함이 없으리라 그런즉 너희 자유함이 약한 자들에게 거치는 것이 되지 않도록 조심하라 … 만일 식물이 내 형제로 실족케 하면 나는 영원히 고기를 먹지 아니하여 내 형제를 실족치 않게 하리라"(고전 8:8-13).

사도 바울은 이 말씀을 통해 구약의 음식규례가 완성되었으므로 더이상 법적인 기능을 하는 것이 아님을 밝히고 있습니다. 그렇지만 신약시대의 성도들이 음식에 대해 어떤 자세를 가져야 할 것인지 잘 말해 주고 있습니다.

이제 결론적인 말씀을 드리겠습니다. 구약성경에 기록된 정하고 부정한 동물과 음식에 대한 규례가 오늘 우리 시대의 음식규례가 되는 것은 아닙니다. 그러므로 우리 시대에는 신앙을 이유로 먹지 못할 음식은 없습니다.

건강상 몸에 이로운 음식이냐 그렇지 않느냐 하는 점은 별개의 문제이며 정한 음식과 부정한 음식의 규례는 있지 않다는 의미입니다. 그렇지만 하나님께서는 여전히 정하고 부정한 것에 대한 기준을 예수 그리스도를 통해 말씀하고 계심을 이해하는 것은 매우 중요합니다.

(2003. 12. 15)

## 23 기독교 언론의 사명

신 부장님

그동안도 잘 지내시리라 생각합니다. 해가 바뀌어서 많은 사람들이 새로운 각오들을 하는 것을 봅니다만 저는 특별한 감흥없이 지난해와 별 다를 바 없이 생활하고 있습니다. 하여튼 금년 들어 처음 쓰는 편지글을 신 부장님께 보내게 되어 감사한 마음입니다.

신 부장님께서도 말씀하신 것처럼 기독교 언론의 사명을 올바르게 이해하는 것은 매우 중요하다는 생각을 합니다. 우리 시대에 있어서 일반 언론의 사명이 지대하다면 기독교 언론은 그와 비교할 수 없을 만큼 중대한 사명을 가지고 있습니다. 신 부장님께서 겸손하게 말씀하신 대로 한국기독신문에 대한 여러 사람들의 다양한 견해를 저도 듣고 있습니다. 그중 어떤 사람들은 부정적인 시각을 가지고 있기도 하지만 또 어떤 사람들은 긍정적으로 보기도 합니다.

제 생각에 기독교 언론의 가장 중요한 사명은 소신있는 성도의 자세라고 여기고 있습니다. 즉 하나님 앞에 선 신앙인의 자세를 견지하고 있다면 다른 사람들의 평가나 이야기에 지나치게 민감할 필요가 없다는 것입니다. 자칫 여러 사람들의 눈치를 살피다가 보면 펜이 굽어질 수밖에 없다는 생각이 들기 때문입니다.

저는 기독교 언론의 역할을 크게 두 가지로 구분합니다. 하나는 보도기능이며 다른 하나는 교육기능입니다. 보도기능은 교회에서 일어나는 다양한 사실들을 교인들에게 알림으로써 기도제목을 제공합니다. 그리고 교육기능은 성도들로 하여금 올바른 진리의 길을 제시함으로써 교회를 보호합니다.

사실 우리 시대에는 기독교 언론들의 비신앙적인 횡포를 많이 보게 됩니다. 그 횡포 가운데는 사실을 왜곡하는 보도도 있을 것이며, 마땅히 알려야 할 사실에 대해 아예 침묵함으로서 교회와 성도들을 속이는 일이 있습니다. 사실을 왜곡하는 횡포와 마찬가지로 두렵고 무서운 것은 사실을 숨김으로써 교회와 교인들을 기만하는 행위입니다.

이 시대는 교회를 위하여 존재해야 할 기독교 언론을 개인적 목적에 맞추어 이용할 만큼 타락해 있습니다. 외형적으로는 온건한 모습을 보이는 듯 하면서 내용상으로 성도들을 기만하는 것은 있을 수 없는 일입니다. 그런 언론들은 격한 자세로 실상을 드러내고자 애쓰는 기독교 언론들보다 온건한 듯 보이지만 실상은 훨씬 타락한 언론입니다.

기독교 언론인들이 자신의 목적에 맞추어 마음대로 언론을 재단한다면 그것보다 안타까운 일은 없습니다. 일반 사회에 있어서도 언론이 불건전하면 죽은 사회라 일컫는데, 하물며 기독교 언론을 종교 정치적 목적에 이용하거나 개별적 취향에 맞추려 한다면 사악한 행위라 할 수밖에 없습니다.

오늘날 한국교회가 얼마나 타락했는가 하는 것은 누구나 인정하는 사실입니다. 한국교회가 이렇게까지 된 데는 언론의 책임이 막중합니다. 교회 가운데 마땅히 알려야 할 사실을 은폐하고 사실을 왜곡하여 호도한 것이 교회를 이토록 타락하게 한 것입니다.

지금 이 시각에도 그런 일들은 끊임없이 일어나고 있습니다. 이러한 일들은 초교파 언론들보다 교단 언론들이 훨씬 심합니다. 오늘날 우리 한국교회에서는 자기 교단에서 일어나고 있는 일들을 교단 언론을 통해서는 알 수 없는 것이 일반적입니다.

나아가 어떤 사실의 옳고 그름에 대해서는 더더욱 알 수 없습니다. 그것은 많은 교단 언론들이 기도제목으로 삼아야 할 교단내에서 일어난 중요한 사실들을 보도하지 않고 숨길뿐 아니라, 극한 위기에 처해 있는 상태에서도 특별한 일이 아닌 것처럼 보도하기 일쑤이기 때문입니다.

한국교회의 언론들이 하나님을 경외하는 마음으로 속히 제자리를 회복하기 바랍니다. 교회를 속이고 교인들을 무지에 빠뜨리는 것이 얼마나 두려운 일인지 깨닫게 되기를 바랍니다. 교인들에게 알리고 기도제목으로 삼아야 할 내용들을 보도하지 않음으로써 성도들을 무지하게 만들어 우민화愚民化하는 것이 얼마나 악한 일인지 깨닫기를 바랍니다.

한국기독신문은 다른 기독교 언론들에 비해 상대적으로 그 역사가 짧은 것으로 알고 있습니다. 역사가 짧다는 의미는 경험이 부족하다는 말이기도 하지만 동시에 의욕에 차 있다는 말이기도 합니다.

저는 그동안 KS교단에 속해 있던 목사로서 교단 언론지인 KD교보뿐 아니라 한국기독신문을 줄곧 구독해왔습니다. 그런데 교단언론에서 전혀 언급하지 않은 내용들을 한국기독신문을 통해서라도 정보와 기도제목을 얻어왔음에 대해 깊이 감사드립니다.

그중에는 매우 중요한 사안임에도 불구하고 교단 언론에서는 한마디도 언급하지 않은 내용을 한국기독신문에서 중요하게 다룬 기사들을 많이 보아왔습니다. 그것은 과거뿐 아니라 지금껏 이어지고 있습니다.

저는 그동안 교단 언론이 그래서는 안 된다는 이야기를 숱하게 해왔습니다만 그것이 전혀 받아들여지지 않아 지금껏 안타까운 마음을 가지고 있습니다. 지금도 교단지만 구독하는 많은 교회와 성도들은 교단에서 지금 어떤 중대한 문제들이 일어나고 있는지에 대해 전혀 모르고 있는 실정입니다. 모든 중요한 사안들을 교회들에 정직하게 알려야 할 언론의 사명을 외면한 결과 현재 KS교단이 이렇듯이 심각한 위기를 맞게 된 것입니다.

   마지막으로 한국기독신문의 발전을 위해 그동안 느꼈던 점 한두 가지를 말씀드리고 싶습니다. 우선 일부 보도들 가운데 사실 확인에 대한 균형있는 근거가 제시되었더라면 더 좋았을 뻔했다는 생각을 가지게 됩니다. 그리고 어떤 사안들에 대해서는 지나치게 공격적인 자세를 가진 듯이 보였던 점에 대해서도 다소 아쉬움을 느낍니다. 이것은 어디까지나 저의 개인적인 견해임을 말씀드립니다.

   한국기독신문이 우리 시대 한국교회를 위한 사명이 있을 것이라 믿습니다. 앞으로 신 부장님의 신앙적 건강한 언론관이 한국교회에 유익을 끼치게 되기를 바랍니다. 이는 비단 한국기독신문뿐 아니라 이 땅의 모든 기독교 언론들이 관심을 기울여야 할 대목일 것이라 사료됩니다.

   부족한 저에게 이런 중대한 문제에 대해 상의해 주신데 대해 다시금 깊은 감사의 말씀을 전합니다. 항상 영육간 강건하시기를 바라며 세태에 타협하지 않으면서 진리를 추구하는 좋은 모습을 보여주시기 바랍니다.

(2004. 1. 3)

## 24 신학교 교육의 의의

선교 성도님

주님의 이름으로 문안드립니다. 여러 가지 형편상 진작 글을 드리지 못해 죄송합니다. 연말연시에 바쁘다는 이유도 있었지만, 사실 성도님의 K신학대학원 입학에 대해 어떻게 말씀드려야 할지 많이 망설여졌습니다. 솔직하게 말씀드려 신학대학원에 입학하게 된 것을 축하해야 할지 아니면 염려해야 할지 난감한 생각이 들었기 때문입니다. 이러한 고민을 해야 한다는 자체가 우리 시대의 교회상을 반영하는 듯해 안타까운 마음 금할 길 없습니다.

성도님께서 교회의 요청에 의해 신학을 공부하게 되었다면, 올바른 자세를 가지게 되기를 바라는 마음에서 몇 가지 말씀을 드리려 합니다. 이는 형제뿐 아니라 신학을 공부하는 모든 학생들이 염두에 두어야 할 내용이며, 이미 신학 수업을 마치고 일선에서 목회 사역을 감당하고 있는 성도들이 소중히 여겨야 할 내용입니다.

우선 신학을 공부하는 목적이 무엇이냐 하는 점을 잘 생각해 보아야 합니다. 우리 시대에 가장 경계해야 할 것은 신학을 하는 목적이 자기 자신을 위해서라는 사고입니다. 즉 신학을 하는 목적이 하나님의 일을 하기 위해서라고 하는 주관적인 말은 옳지 않습니다. 그것은 결국 자신의 삶을 윤택하게 준비하는 것 이상이 아닐 것이기 때문입니다.

신학대학원 입학을 앞둔 시점에서 지금 형제의 각오가 어떨까 떠올려 봅니다. 아마도 형제는, 진리를 위해서라면 모든 삶을 바치겠다는 각오를 하고 있지 않을까 짐작합니다. 하나님의 말씀을 부여잡고 말씀이 가르치는 대로 살아야겠다는 각오가 되어 있을 것입니다.

  주님께서 원하시면 생명이라도 내어놓으리라 생각하고 있을 것이며, 진리를 위해서라면 목숨을 걸고 투쟁하며 싸우리라는 마음의 준비가 되어 있을 것입니다. 사실 이러한 각오는 신학대학원 입학을 앞둔 건전한 대다수 성도들의 마음가짐이 아닐까 싶습니다.

  저는 성도님의 그러한 다짐이 앞으로 입학을 하여 학년이 올라갈수록 더욱 분명해지고 확신에 넘쳐나기를 원합니다. 입학할 때보다 한 학기를 마칠 때 즈음에는 그 각오가 더욱 선명해지고 2학년, 3학년으로 진급할수록 성경에 기록된 말씀들과 주님의 인도하심에 따라 하나님 앞에 날로 굳센 각오들이 있기를 바랍니다. 그리고 졸업할 때 즈음이 되면 신학한 자로서 자신의 삶의 목적과 주님의 말씀에 수종드는 목회자로서의 각오가 더욱 선명해지기를 바랍니다. 그렇지만 우리의 교회 현실이 그렇지 못함은 매우 염려스러운 일입니다. 안타깝게도 우리의 신학 현장에서는 도리어 그와는 정반대적 현상이 일어나고 있는 것을 보게 됩니다. 신학교에 입학할 당시에 진리와 복음만을 위해서 살겠다던 다짐이 점차 자기의 종교적 목적을 이룩하겠다는 욕심과 욕망으로 변질되는 것입니다. 하나님의 말씀을 통해 진리를 발견하고 그에 순종하기보다는 목회자로서 성공하려는 잘못된 생각들이 고개를 들기 시작한다는 것입니다. 즉 신학 수업을 하는 목적이 하나님을 위해서가 아니라 자기 자신의 삶을 위해서라는 어처구니없는 방향으로 나아가게 되는 것입니다.

  그렇다면 왜 그런 안타까운 현상이 일어나게 되는가 하는 점을 반성해 보아야 합니다. 저는 그 문제의 원인이 신학 교육에 있다고 판단합니다. 자기를 진심으로 포기하고 진리만을 위해 살겠다는 다짐을 하고 입학한 학생들에게, 신학교는 성경 말씀의 가르침을 통해 그에 대한 더욱 명확한 자세를 가지도록 가르치고 지도해야 합니다. 교수들은 타락한 교회 현실들에서 생겨나는 욕망들을 경계하며 주님의 몸된 교회를 위해 존재하는 교사의 의미가 무엇인지 분명하게 본을 보이며 가르쳐야 합니다. 그러나 한국교회의 대다수 신학교들에서는 전혀 다른 현상이 일어나고 있습니다. 마치 신학교가 목회 성공을 가르치며 배우는 곳인 양 전락해 가고 있습니다. 개인의 능력 정도에 따라 목회의 성공 여부가 결정되는 것처럼 가르쳐지고 있습니다. 그러다 보면 학생들은 성공을 꿈꾸며 말씀을 뒷전에 두게 되어 자신의 종교적 인생 그림 그리기에 몰두할 수밖에 없습니다.

성도님께서 저에게 부탁하신 일이기에 더욱 솔직하게 말씀드립니다. 현재의 신학 교육에 심각한 문제가 있다면 스스로 정신을 바짝 차려 하나님의 은혜를 구할 수밖에 달리 도리가 없습니다. 주님의 말씀만이 진리라는 점을 속 깊이 기억하고 말씀의 가르침에 전적으로 의지할 수밖에 없습니다. 앞으로 신학 수업을 하는 동안 많은 유혹이 따를 것입니다. 그것은 일반적인 유혹이 아니라 목회자로서 성공에 대한 욕망입니다. 주변의 많은 사람들이 목회 성공을 자랑하고 또 다른 많은 사람들이 그것을 부러워할 때 자기도 모르는 사이 동일한 유혹을 받게 되는 것입니다.

이제 성도님께서 신학대학원에 입학하게 되면 다짐을 더욱 새롭게 하시기를 바랍니다. 주님의 이름을 들먹이며 자신의 종교적 목적을 이루려는 위험한 풍조에 빠지지 않도록 깨어있기를 바랍니다. 신학을 공부하는 유일한 목적은 자기 자신이 아니라 주님의 몸된 교회를 세우며 보존하기 위함입니다. 교회란 종교 조직을 말하는 것이 아니며 주님께서 자기 피로 값주고 사신 거룩한 백성들입니다. 즉 신학을 공부하는 목적은 성도들을 하나님의 말씀으로 잘 양육함으로써 주님의 뜻에 참여하는 것입니다. 성도님께서 장래 주님의 몸된 교회의 신실한 교사로 세워져 가기를 바라는 마음 간절합니다.

(2004. 1. 5)

## 25 "예수님 이름으로 기도합니다"
(요 14:13, 14절; 15:16; 16:23, 24)

지연 자매님

안녕하세요? 주님의 이름으로 문안드립니다. 지연 자매님께서 저에게 질문하신 내용에 담긴 의미와 더불어 저도 '주님의 이름으로' 문안드리게 되는군요.

성경에는 '예수 그리스도의 이름으로' 이웃을 영접하며(마 7:22), 모이고(마 18:20; 고전5:4), 말하고(행 9:27) 감사하며(엡 5:20) 하나님께 영광을 돌리라고(벧전 4:16) 가르치고 있습니다. 제자들은 예수 그리스도의 이름으로 이적을 행하며 귀신을 쫓아내기도(행 16:18) 했습니다.

또한 성경은 교회를 향해 예수님의 이름으로 세례를 주라고 명령하고 있습니다(행 10:48; 19:5; 마 28:19). 그러므로 사도 바울은 골로새 교회에 편지하면서 "무엇을 하든지 말에나 일에나 다 주 예수의 이름으로 하라"(골 3:17)고 요구하고 있습니다.

한편 성경의 가르침에 따라 예수 그리스도의 이름으로 살아가는 성도들을 방해하는 악한 세력이 많이 있습니다. 제자들이 예수님의 이름으로 말했을 때 사람들은 그들을 채찍질하기도 하고 죽이려 하기도 했습니다(행 9:29, 40. 참조). 나아가 예수님의 이름을 도용하여 사람들을 미혹케 하는 사람들도 많이 있습니다(마 24:5).

우리는 자칫 기도할 때만 '예수님의 이름으로' 하는 것으로 생각하는 경향이 있지만 성도들은 기도할 때뿐 아니라 항상 그의 이름으로 살아가야 합니다. 이제 성도님께서 질문하신 기도의 말미에 꼭 '예수님 이름으로 기도합니다. 아멘' 이라고 하는 후렴구를 붙여야만 하는가에 대해서 생각해 보려 합니다.

우선 우리는 기도의 목적이 무엇인가 하는 점을 잘 알아야 합니다. 요한복음에서는 '예수님의 이름으로' 구하면 무엇이든지 주시겠다고 분명히 약속하고 있습니다(요 14:14; 15:16; 16:23). 여기서 우리가 유념해야 할 부분은 '무엇이든지' 라는 말입니다.
예수님의 이름으로 구하면 돈이나 건강, 명예, 자식들 등 무엇이든지 원하는 것을 다 주신다는 말씀일까요? 즉 기도가 개인의 문제해결을 위한 방편이 될 수 있을까요? 결코 그렇지 않습니다. 신앙이 어리거나 없는 사람들은 자기 자신을 위해 원하는 대로 달라며 기도하겠지만 성숙한 성도들은 하나님께서 허락하실 수 있는 최상의 것을 알고 기도합니다.
예수님께서는 마태복음에서 기도에 대해 가르치시면서, "구하라 그러면 너희에게 주실 것이요 ... 하늘에 계신 너희 아버지께서 구하는 자에게 좋은 것으로 주시지 않겠느냐"(마 7:7-11)고 말씀하시는데, 누가복음과 요한복음에서는 그 '좋은 것' 이 곧 '보혜사 성령'(눅 11:13; 요 14:16)이라고 가르치고 있습니다.

그리고 사도 요한은 '주님의 이름으로' 무엇을 구하는 목적이 하나님의 영광 때문이라고 명확하게 가르치고 있습니다: "너희가 내 이름으로 무엇을 구하든지 내가 시행하리니 이는 아버지로 하여금 아들을 인하여 영광을 얻으시게 하려 함이라"(요 14:13). 기도의 목적은 어떤 문제해결이나 자기의 목적을 추구하기 위한 방편이 될 수 없습니다. 성도는 올바른 기도를 통해 하나님의 뜻에 참여함과 동시에 그가 허락하시는 기쁨을 누리게 됩니다(요 16:24).

그러므로 생활의 윤택함이나 자기 목적을 위해 기도하는 것은 이방인들의 기도와 다를 바 없습니다: "그러므로 염려하여 이르기를 무엇을 먹을까 무엇을 마실까 무엇을 입을까 하지 말라 이는 다 이방인들이 구하는 것이라 너희 천부께서 이 모든 것이 너희에게 있어야 할 줄을 아시느니라"(마 6:31,32).

이제 성도님께서 저에게 질문하신 내용에 좀더 구체적으로 접근해 볼까 합니다. 성도님께서는 모든 기도 끝에 '예수님의 이름으로 기도합니다. 아멘'을 꼭 덧붙여야만 기도가 성립되느냐고 질문했습니다. 우리는 이에 대해 신중히 생각해 보아야 합니다.

기도 마지막에 그런 후렴구로 마무리를 하지만 사실은 주님의 이름으로 기도하지 않고 자기 마음대로 기도하는 사람이 있는가 하면, 경우에 따라서는 그런 후렴구를 붙이지 않지만 실상은 예수님의 이름으로 올바르게 기도하는 사람이 있습니다.

물론 공중기도일 경우에는 다함께 동일한 고백에 참여한다는 의미에서 '예수님의 이름으로 기도합니다. 아멘'을 하는 것이 바람직합니다. 개별적으로 조용히 하는 기도 가운데서도 예수님의 이름으로 기도하고, 마지막에 그렇게 마무리 할 수 있습니다.

앞에서 말씀드린 것처럼 성경이 우리에게 '예수님의 이름으로' 기도하라고 요구하신 것은 어느 누구도 '자기 마음대로' 기도해서는 안 된다는 의미입니다. 만일 어떤 사람이 말로는 '예수님의 이름으로' 기도한다고 하면서 실제로는 자기 마음대로 기도한다면 그것은 '예수님의 이름'을 오용하는 것이거나 도용하는 것이 되며, 지나치게 되면 하나님의 이름을 망령되이 일컫는 것과 연결이 됩니다.

간단한 예를 하나 들어볼까요? 어떤 사람이 무슨 일을 하면서 '대통령의 이름'을 내세워 무엇을 하려 한다고 생각해 봅시다. '대통령의 이름으로' 무엇을 하려고 한다면 그것은 곧 대통령의 명령에 따른 의사와 합치되는 것이어야 합니다. 대통령의 의사가 아닌데도 대통령의 이름을 들먹여 자기의 목적을 추구하려 한다면 그것은 불법을 저지르는 것이 됩니다.

우리가 '예수님의 이름으로' 기도할 때 항상 염두에 두어야 하는 것은 기도의 목적이 자기 자신의 문제 해결이 아니라 주님의 영광을 위한 것이라는 점입니다(요 14:13). 그렇게 기도할 때 이 세상이 아니라 하나님께서 허락하시는 충만한 참된 기쁨을 맛볼 수 있습니다(요 16:24).

우리는 늘 기도하되 하나님의 영광을 위해 '예수 그리스도의 이름으로' 기도해야 함을 말씀의 가르침에 따라 자각해야 합니다. 그러므로 기도 끝에 '예수님의 이름으로 기도합니다. 아멘'이라고 하는 것은 주님의 뜻 가운데서 기도하고 있음을 고백하는 신실한 고백의 표현이어야 합니다.

기도의 마지막에 그 '후렴구'를 붙여야만 효력이 있는가 하는 점보다 실제로 그렇게 기도하는 것이 훨씬 중요함을 기억하시기를 바랍니다. 부족한 설명이기는 하지만 도움이 되었으면 합니다. 그리고 "예수님의 이름으로 기도합니다"(pray in the Name of Jesus Christ)의 의미 자체에 대해서는 저의 다른 글을 참조하시기 바랍니다.

(2004. 1. 14)

## 26 '이근호 목사'를 어떻게 보시는지요?

철두 형제님

안녕하세요? 이미 오래 전에 질문을 받고 다시금 독촉을 받은 후에야 이렇게 답변을 하게 되니 죄송한 마음이 듭니다. 형제께서는 이근호 목사가 과연 건전한 인물이냐, 아니면 불건전하고 위험한 인물이냐 하는 점을 알고자 저에게 질문하셨더군요. 형제께서도 내비치신 것처럼 한 인물을 주안에서 편견없이 평가한다는 것은 결코 쉬운 일이 아닙니다.

우선 이근호 목사님에 대해 약간의 소개를 하는 것이 좋을 듯합니다. 그는 총신대학원에서 신학 수업을 마치고 합동측 교단에서 목사 안수를 받았습니다. 최근까지 제가 살고 있는 경산시 와촌면에 위치한 합동측 박사교회에서 목회를 했으며, 지금은 여기서 그리 멀지 않은 지역에서 목회를 하고 있습니다.

저는 이 목사님과 지근의 거리에 살고 있으면서 개인적으로 알고 있는 사이지만 신학적인 대화나 나눔의 시간은 별로 갖지 못했습니다. 그렇지만 책이나 글을 통해 그의 신학 사상을 웬만큼은 알고 있으므로 개인적인 생각을 말씀드릴 수 있을 것 같습니다.

제가 알기로, 이 목사님은 쉽게 타협을 하지 않는 강직한 성품을 지닌 순수한 인물입니다. 이는 그의 성품이 좋고 나쁨을 말하려는 것이 아니라 인간이라면 누구나 가지고 있을 다양한 성품 중 이 목사님은 그렇게 여겨진다는 것입니다. 그리고 제가 알고 있기로 그는 신학적 창의성이 있는 목회자요 신학자입니다. 즉 기존의 학자들이나 다른 사람들의 주장을 무분별하게 답습하여 수용하는 것이 아니라 성경의 가르침이 과연 그러한지 묵상하며 연구하는 자세를 가진 사람이라는 뜻입니다.

그런 이유로 인해 그는 이미 오래 전부터 주변의 수구적인 기독교 지도자들로부터 따가운 눈총을 받아왔습니다. 쉽게 말씀드려 타협을 거부하는 그의 신학 사상이 의심을 받았던 것입니다. 그래서 오래 전 합동측 해당노회에서 문제가 발생하여 총신대학원 교수회에 그의 신학 사상을 검증해 주도록 의뢰한 결과 그의 신학 사상에 별문제가 없다는 확인을 받은 적이 있습니다. 그러다가 근래 그는 해당 노회로부터 제명, 출교를 당했습니다.

이 목사님은 한국교회를 이단적 집단으로 거침없이 말하는 것으로 알고 있습니다. 한국에서 가장 보수적이라고 하는 합동측이나 고신측 교단 역시 강한 이단성을 지닌 것으로 해석하고 있습니다. 제가 이해하기로 그는 특정 교단을 꼬집어 이단으로 몰아붙이는 것이 아니라 성경 말씀의 가르침을 그릇 해석하여 목적화하거나 억지주장을 하면 그것이 곧 이단이라 말하고 있습니다.

그가 한국교회의 목사들을 매우 심하게 비판하고 있는 것은 대다수 목사들을 복음을 알지 못하는 종교꾼(?)으로 보고 있기 때문입니다. 만일 복음을 이해하지 못하면서 성도들을 가르치거나 성경을 왜곡되게 가르치는 자가 있다면 마땅히 그런 이야기를 들어야 합니다.

신학 사상에 있어서 이 목사님의 구원관은 매우 명쾌합니다. 구원을 이루기 위해 인간이 무엇을 할 수 있다고 주장하거나 가르치는 것은 오만한 것입니다. 이는 곧 하나님이 아니라 인간편에서 무엇인가 선한 것이 발생해야 한다는 잘못된 성화론聖化論과 연결됩니다. 형제께서 말씀하신 그의 성화론 비판은 그리 새삼스럽지 않습니다. 세월을 두고 점점 성화되어 나중에는 고단위의 성화에 이르게 된다는 일반적인 주장은 진리를 윤리화한 것에 지나지 않습니다.

또한 어느 누구라도 하나님을 핑계로 교인들을 이용하거나 목회를 통해 자기 인생을 살찌우겠다는 생각을 한다면 그것은 사악한 자세입니다. 그러므로 그는 그런 식으로 교인들을 가르치고 인도하는 목사들을 '종교적 사기꾼' 이라는 극단적인 용어를 사용하며 비판합니다.

그가 한국교회를 이단적인 집단으로 보는 것은 현재 한국교회의 전반적인 흐름이 그렇기 때문입니다. 저는, 그가 그런 주장을 할 수밖에 없음에 대해서 충분히 공감하고 있습니다. 물론 과격한 표현으로 인해 그의 말을 듣는 어린 사람들이 문제의 본질을 놓쳐버릴 우려마저 없다고 말하는 것은 아닙니다.

요즘 이근호 목사가 이단이라 말하는 사람들이 더러 있다는 이야기를 듣고 있습니다. 사실 그가 합동측 교단으로부터 제명, 출교를 당했다는 것은 사실상 이단으로 정죄받은 것입니다. 한국교회가 그를 이단으로 정죄하는 것은 문제가 되지 않고, 그가 한국교회를 이단시하는 것은 잘못이라는 논리는 정당하지 못합니다.

형제께서 이 목사님의 신학 사상에 대한 저의 견해를 물었는데, 솔직하게 말씀드려 저는 보통의 한국교회와 비교할 때 그의 신학 사상이 훨씬 순수하며 건전하다고 생각하고 있습니다. 물론 그의 신학에는 독특한 점이 있으며, 기존 신학의 틀을 거부하고 있는 것이 사실입니다. 그렇지만 그의 생각을 주의깊게 살펴보면 배울 점이 많이 있습니다. 그렇다고 제가 그와 일치하는 신학적 시각을 가지고 있다거나 그의 모든 사상을 수용한다는 의미는 아닙니다.

현대 한국교회가 매우 불건전한 방향으로 나아가고 있다는 지적에 대해서는 그와 동일하게 생각합니다. 특히 말씀에 대한 기본적인 이해가 없는 많은 지도자들의 종교적 술수가 교인들을 기만하고 있으며, 무지한 성도들이 그 술수에 속고 있다는 그의 주장에 대해서도 동의합니다.

그러나 형제께서 우려하신 대로 한국교회를 '완전한 이단 집단', '악마 조직', '악마의 하수인', '바퀴벌레 집단' 등의 용어를 자유롭게 사용하는 점에 대해서는 저 역시 신중할 수밖에 없습니다.

우리는 한 사람에 대해 이야기할 때 하나님이 과연 기뻐하시는 자인가에 대해 깊이 생각해 보아야 합니다. 만일 성경의 교훈이 그가 가르치는 내용과 맥락을 같이 하며 그가 구원받은 성도라면 우리는 그의 말을 쉽게 흘려버릴 수 없습니다. 예수님 당시에, 예수님을 비롯한 제자들이 당시 종교적 권위의 상징이라 할 수 있는 대제사장이나 장로들, 서기관들을 향해 '독사의 자식들'이라는 극단적인 언어를 사용하며 저주를 쏟아 붓던 때를 기억합니다.

즉 이근호 목사님의 언어가 극단적이냐 아니냐에 대해서 민감할 것이 아니라 성경의 가르침이 과연 어떠하냐에 대해 더욱 깊은 관심을 기울여야 합니다. 거짓 종교인들이 예수님을 십자가에 못박은 것은, 예수님이 자기들의 권위를 인정하지 않고 독설을 뿜어내며 그들의 거짓을 드러냈기 때문입니다.

이 정도에서 마무리할까 합니다. 어쩌면 저의 답변이 형제께서 기대하던 것과 많은 차이가 날지도 모르겠습니다. 그러나 저는 지금 이근호 목사님의 편에서가 아니라 객관적인 입장에서 저의 생각을 말씀드리고 있음을 이해해 주시기를 바랍니다.

(2004. 1. 15)

## 27 '고신'의 미래와 현실 인식

형제님

주님의 이름으로 문안드립니다. 학문의 길이 멀고 힘들겠지만 연구의 성과가 있기를 기대합니다. 외국에 살고 있으면서 고국교회 특히 모교회인 고신 교단의 현실에 관심을 가져주시는 점 감사하게 여깁니다.

형제의 글 가운데 쓰여진 '고신의 정체성' '고신 정신' 등의 단어를 보며, '순교신앙' '코람데오' 등의 말이 겹쳐져 머릿속을 주마등처럼 지나갑니다. 지금 KS교단에 있어서 가장 심각한 문제는 돈이나 재산에 관련된 것이 아니라 진정한 교단정신이 무엇인지도 모르는 교인들로 교단이 구성되어 있다는 사실입니다. 이는 일반 교인들뿐 아니라 교단을 이끌어 가는 교수나 목사들 역시 예외가 아닙니다.

KS교단이 이렇게 된 몇 가지 원인을 생각해 볼 수 있습니다.
첫째는 한국교회의 성장논리를 KS교단이 비판없이 수용했기 때문입니다. 외형적 성장에 치중하다 보면 내면적 정신을 소홀히 함으로써 고백의 소중함을 상실 당하게 됩니다.
둘째는 신학과 교권의 균형상실 때문입니다. 신학자들이 교단을 향해 정당한 음성을 발하지 못하고 교권주의자들의 눈치를 살피게 된 것이 문제였습니다.
셋째는 교단 신학자들 내부의 신학적 정체성 상실 때문입니다. 즉 동일한 교단 신학교에 상이한 신학들이 공존하고 있습니다. 결국 혼란에 빠지는 것은 미래의 교단 지도자가 될 신학생들과 교단에 속한 모든 교회들입니다.

현재의 KS교단이 이렇게 된 원인은 곧 이런 문제들 때문이라 할 수 있습니다. 화란의 아펠도른 신학교에서 구약학을 공부하고 있는 이세령 목사는 KS교단이 시급히 해결해야 할 세 가지 현안을 'BE병원 문제', 'LSK 교수 논문 문제', '이광호 목사 제명 문제'로 정리해 발표한 적이 있습니다.

지금 교단 지도층 인사들은 BE병원 문제에만 매달려 있습니다. 그것은 결국 관선체제에 넘어가 있는 BE병원을 되찾아야 한다는 생각 때문일 것입니다. 그러나 교단의 위기를 물질로 해결하려는 그런 노력은 도리어 절망으로 몰아갈 수 있습니다. 눈앞에 보이는 재산상 이득에 얽매이는 것은 미래를 예측하지 못한 어리석은 행위입니다.

교단의 위기를 대처해 나갈 때 가장 중요한 점은 고백을 중심으로 접근해야 한다는 신앙적 인식입니다. 그런 관점에서 볼 때 BE병원 문제는 전혀 중요하지 않습니다. 진정으로 중요한 것은 LSK 교수 논문 문제를 명확하게 매듭짓는 일과 저의 제명 문제에 대한 분명한 신학적 해석입니다. 이는 결코 저의 문제이기 때문에 하는 말이 아님을 이해해 주시기 바랍니다.

BE병원의 경우 유능한 경영자가 병원을 성실하게 잘 운영하게 된다면 많은 환자들에게 유익이 될 수 있습니다. 즉 BE병원 문제는 신학적 본질 문제가 아니라 방식의 문제이기 때문에 그것을 완전히 포기한다고 해서 교단의 본질을 상실할 우려는 전혀 없습니다.

반대로 병원을 수익기관으로 생각하여 경영권을 회복하려 한다면 그것은 교회가 가질 자세가 아님을 명심해야 합니다. 그것은 결국 고통중에 있는 환자들을 통해 재정적 수익을 얻겠다는 발상일 것이기 때문입니다.

그러나 'LSK 교수의 논문건'과 '동대구노회의 제명건'은 매우 중요한 문제로서 교단의 신학적 사활이 걸린 문제입니다. 이 두 가지 문제가 중요한 이유는 그것이 신학적인 문제이며 교단 본질에 해당되는 사안이기 때문입니다. LSK 교수의 논문건에 대해서는 K신학대학원 교수들의 최종적인 명확한 입장 표명이 필요합니다. 그렇게 해야 하는 이유는 아직도 그 문제가 매듭지어지지 않고 있기 때문입니다.

신대원 교수회가 살펴 이 교수의 논문에 신학적 문제가 없다면 교단 산하 모든 성도들이 그 논문을 열심히 읽고 배워야 할 내용임을 공식적으로 발표하면 됩니다. 지금까지 교수회가 어정쩡한 자세를 보여온 결과 교단이 신학적으로 이렇게 혼란스럽게 되었다는 점을 알아야 합니다.

그리고 동대구노회의 제명건 역시 신학적으로 신중하게 다루어야 합니다. 동대구노회는 저의 신학 사상을 문제삼아 제명출교를 했지만 저는 저의 신학 사상이 전통적인 교회의 가르침에 위배되지 않는 것으로 믿고 있습니다. 뿐만 아니라 건전한 많은 신학자들이 저와 동일하게 생각하고 있습니다.

KS교단이 저의 문제가 끝난 것으로 생각한다면 그것은 교단을 위해 서글픈 일입니다. 동대구노회는 부당한 힘의 논리로 저를 제명했지만, 의미상으로는 제가 부득불 동대구노회를 정통성있는 교회로부터 제명한 것이 됩니다.

그렇다면 둘 중 하나는 보편교회에 속하지 않는 이단이 될 수밖에 없다는 논리에 직면하게 되는 것입니다. 원리적으로 보아 KS교단이 어떤 자세를 취하느냐에 따라 스스로의 이단여부가 결정되는 중요한 입장에 놓여있습니다.

이런 상황에서 신학대학원은 동대구노회의 결정에 대한 명확한 입장을 표명해야 합니다. 그것은 일반적인 문제가 아니라 교단신학과 직결되는 중요한 문제이기 때문입니다. 저는 신대원 교수회가 누구의 편이 되어야 한다고 생각지 않습니다. 단지 신학적 입장을 분명히 밝힘으로써 현재와 미래의 교단 교회들을 신학적으로 보호해야 할 의무가 있다는 말을 하고 있습니다.

KS교단은 현재 심각한 위기에 직면해 있습니다. 돈만 있으면 그 위기를 극복할 수 있다고 생각한다면 그것 자체가 더욱 큰 위기입니다. 문제 해결을 위한 교단지도자들의 방향성 상실과 그것을 알고 있을 법한 신학자들의 침묵이 안타까울 따름입니다. 우리에게 교단이 중요한 것은 신학적 보호자 역할을 하기 때문입니다.

미래의 교회를 진심으로 염려한다면 '고백'을 확인하는 가운데 그 해결책을 제시해야 합니다. 형제의 말씀처럼 문제가 발생한 현재는 그다지 중요하지 않을 수 있습니다. 그러나 현재의 위기를 어떻게 대처하느냐에 따라 미래가 걸려 있음을 인식하는 것은 매우 중요합니다. 형제의 글을 읽으면서 떠오르는 저의 생각을 간단하게 정리해 보았습니다.

(2004. 1. 17)

## 28 신학적 토론 분위기를 상실한 시대에 대한 안타까움

진태 형제님

안녕하세요. 내일이 음력설이군요. 외국 생활을 하면서 고국의 명절을 앞두고 있으면 고향생각이 더욱 간절해지겠지요? 한국 학생들이 많이 있으면 함께 모여 나름대로 명절기분(?)을 내기도 하리라 짐작해 봅니다.

저는 명절을 평상시보다 오히려 더 조용하게 보내고 있는데 금년도 예외가 아닙니다. 제가 살고 있는 팔공산 아래의 오늘 날씨는 을씨년스럽고 칙칙한 것이 마치 겨울의 런던날씨 같다는 막연한 생각이 듭니다. 몇 년 전 이맘때 런던을 방문하여 한 열흘 정도 머문 적이 있는데 그때의 날씨가 그랬거든요.

그건 그렇고 '이근호 목사'에 대한 공개서신을 보고 관심있는 글을 보내 주심에 깊이 감사드립니다. 제가 이근호 목사에 대해 다소 긍정적인 견해를 표현한 것은 그의 책이나 글을 통해 얻은 지식으로 말미암은 것입니다.

책이나 글은 주고받는 대화와는 달리 한 사람의 사상을 담고 있는 그릇입니다. 물론 저는 이근호 목사가 극단적인 용어를 사용하며 한국교회를 비판하고 있다는 사실을 잘 알고 있습니다. 그러나 일상언어의 용례에 대해서는 다양하게 생각할 수 있습니다.

자갈치 시장의 입이 걸쭉한 아주머니의 욕설 섞인 말이 진실일 수 있는가 하면, 말끔한 넥타이 차림을 한 학자들의 미사여구가 도리어 사람을 속이기도 합니다. 우리는 어느 사람의 사상을 이해할 때 외형적 언어의 표현보다 그 내면의 세계를 잘 이해해야 하지 않을까 생각해 봅니다.

　형제의 소개를 받고 이근호 목사와 관련된 '십자가 마을'에 들어가 게시판의 글들을 보면서 안타까운 마음을 가졌습니다. 이 목사의 극단적인 설화체 언어들이 순박한 사람들로 하여금 오해를 사게 할 우려가 있으리라 생각되는 것입니다.
　이 목사의 입장에서 본다면 둔감할 대로 둔감해져 버린 한국교회를 향해서라면 그런 식으로 응답하지 않으면 아예 말을 들을 생각도 하지 않을 것이기 때문에 그렇게 하는 것이 아닌가 하는 생각도 들었습니다.

　특히 근래 있었던 이근호 목사와 권정희 자매의 논쟁을 보며 안타까움을 금할 길 없습니다. 그것은 발전을 위한 건전한 논쟁이 아니라 서로 양보없는 자기 주장들을 하는 모습에서 시장터의 막싸움이 연상되었기 때문입니다. 그보다 더욱 안타까운 점은 그 두 분을 제가 웬만큼 아는 분들이기 때문이기도 합니다.
　저는 두 분 모두 우리 시대 한국교회를 위해서 할 수 있는 나름대로의 역할이 있을 것으로 생각해오고 있었습니다. 진리의 말씀도 사라지고 신학도 허물어져 버린 한국교회를 위해 어떤 메시지를 줄 수 있는 소중한 분들로 생각해 왔던 것입니다. 그런데 그 두분 사이에 불필요한 소모적 논쟁이 시작된 것같아 안타까운 마음을 금할 길 없습니다.

　신학적 이해에 있어서 모든 사람이 획일적일 수는 없습니다. 타인을 자신의 사고 영역속으로 끌어들이려는 노력은 도리어 유치하다는 생각을 합니다. 중요한 것은 구원받은 성도로서 얼마나 겸손한 삶의 자세를 가지느냐 하는 것입니다. 이는 윤리적 겸손이 아니라 하나님 앞에서 자신의 죄된 모습을 얼마나 분명히 인식하느냐입니다. 저는 그 동안 이근호 목사나 권정희 자매가 그러한 성도들이라고 믿어 왔으며 지금도 그 생각에는 변함이 없습니다.

 이근호 목사의 신학이 그 전과 달리 변해 가고 있는지에 대해서는 쉽게 말하기 어렵습니다. 저는 그의 모든 신학적 입장에 동의하는 것은 아니지만 그의 극단적인 주장들에는 나름대로 신학적 근거가 있음을 알고 있습니다. 그의 홈페이지를 살펴보면서 그의 신학이 변하는 것이 아니라 성격이 거칠어져 가고 있다는 인상을 받은 것은 사실입니다.
 그는 합동측 교단으로부터 제명을 당하는 과정에서 다수 목사들의 비신앙적 사고를 더욱 분명히 실감하며 확인했습니다. 저 역시 KS측 교단으로부터 제명을 당하는 과정에서 그런 경험이 있기 때문에 그 분위기를 충분히 이해할 수 있습니다. 진리를 떠난 기독교 지도자들의 교권을 경험하는 과정에서, 그들이 일반적인 목사들이라면 전반적인 한국교회가 이단일 수밖에 없다는 논리에 접근해 갈 수도 있습니다.

 권정희 자매와의 대화를 살펴보면서 좀더 나은 대화나 토론의 장이 마련될 수 있었으면 좋았을 뻔했다는 아쉬운 마음을 가져봅니다. 원활한 대화를 위해서는 서로간 상대를 정확하게 아는 것이 중요합니다.
 이근호 목사와 권정희 자매의 경우 사전에 그런 과정이 없었던 것 같습니다. 저의 경우는 알지 못하는 자들과 심도있는 대화를 하지 않으려 합니다. 서로 자기 주장을 고집하다가 결국은 상대의 무지와 자기의 정당성만 확인하는 유아기적 결론으로 끝나버릴 가능성이 농후하기 때문입니다.

 저도 과거에 수차례 공개적인 신학적 논쟁을 한 적이 있습니다만 수준 높은 논쟁이 되기 위해서는 우선 룰이 정해져야 한다고 믿습니다. 마치 스포츠 경기를 하듯 공정한 게임이 되어야 하며, 불특정의 얼굴없는 관객들이 전 세계에서 실시간 보고 있는 경기라면 더욱 그렇습니다. 그것은 관객들에게 즐거움을 제공하기 위한 것이 아니라 복음과 관련된 교육 효과를 동반하는 매우 중요한 게임이 될 것이기 때문입니다.

신학적 공개 토론이나 논쟁은 단순한 승부 게임이 아니라 하나님의 말씀을 바탕에 둔 진리를 여러 사람이 함께 배워나가는 과정입니다. 물론 관객들은 미리 어느 한쪽의 편이 되어 승부에 관심을 가지거나 흥분할 것이 아니라 진리에 더욱 가까이 나아가기 위해 진지하게 관전할 필요가 있습니다. 이런 관점에서 본다면 아직도 진행중인 '십자가 마을'의 최근 논쟁은 서로 심각한 상처만 남긴 안타까운 논쟁인 것 같습니다.

사실 그런 안타까운 일이 생긴 것은 결국 한국에 참된 신학이 사라져 가고 있음을 반증하는 것이기도 합니다. 이근호 목사가 합동측 교단에서 제명되었고 교단내 다수가 그의 신학의 정당성을 주장한다면 총신대학원 교수들은 그에 정당하게 대응했어야 합니다.

현재 저의 문제도 마찬가지입니다. 제가 제명이 된 후 KS교단 안팎의 많은 분들이 문제를 제기하고 있다면 KS대학원 교수들은 신학적인 분명한 입장을 밝혀야만 합니다. 그렇지 않으면 또 다른 혼란에 빠질 수밖에 없을 것이기 때문입니다.

그런 일이 발생하지 않도록 하려면 책임있는 위치에 있는 자들이 토론을 거쳐 구체적인 신학적 해석을 내려야만 합니다. 그것이 상속받은 교회를 지켜나가는 소중한 방편이 될 수 있기 때문입니다. 이 정도에서 두서없는 글을 매듭지으려 합니다.

이제 금년 여름이면 만날 수 있겠군요. 그곳에 있는 동안 성숙한 교회의 모습들을 잘 배워오기를 바라며, 가족들에게 따뜻한 사랑을 전합니다.

(2004. 1. 21)

## 29. '마태복음 24장 34절'과 '마가복음 9장 1절'에 대한 해석

종석 성도님

주님의 이름으로 문안드립니다. 글을 통해 격려의 말씀을 주심에 대해 진심으로 감사드립니다. 성도님과 이런 귀한 교제를 나누는 것은 저에게 부담이 아니라 도리어 기쁨임을 말씀드리고 싶습니다. 성도님께서 질문하신 내용은 성경 해석과 관련되는 것이라 그리 간단하지 않을 것이지만 제가 이해하고 있는 바를 말씀드리려 합니다.

성도님께서 질문하신 내용은 마태복음 24장 34절과 마가복음 9장 1절에 대한 연관성과 해석 문제였습니다. 우선 말씀드릴 수 있는 것은 위의 각기 다른 복음서에 기록된 두 구절들이 동일한 맥락에서 설명될 내용이 아니라는 점입니다. 즉 마태복음 24장 34절의 말씀은 '종말'에 관련된 말씀인데 비해 마가복음 9장 1절은 '예수님의 십자가 사건'과 관련된 내용으로 이해된다는 것입니다.

마태복음 24장은 종말에 대한 기사입니다. 24장 3절에서는 제자들이 세상 끝의 종말에 대한 관심을 가지고 예수님께 질문을 하고 있습니다. "우리에게 이르소서 … 주의 임하심과 세상 끝에는 무슨 징조가 있사오리이까?" 그러므로 24장 34절 역시 그와 동일한 정황 가운데서 이해해야 합니다. 그러므로 예수님께서 "내가 진실로 너희에게 말하노니 이 세대가 지나가기 전에 이 일이 다 이루리라"(마 24:34)고 하신 말씀은 종말론적으로 해석해야 합니다.

그렇다면 '이 세대가 지나가기 전에 이 일이 이루리라' 는 말의 시제상 의미가 무엇인가 하는 점이 숙제로 남습니다. 이 절의 의미를 문장 그대로 본다면, 진행중인 어떤 상황 가운데서 종말이 이루어진다는 말이 됩니다. 시제에 대한 의미상 좀 복잡하기는 합니다만 주의깊게 생각해보면 이 세대가 종말(최후심판)에 의해 끊어진다는 의미를 담고 있습니다.

저는 이 구절의 의미를 이렇게 해석합니다. 즉 이 세상이 멸망을 향해 달려가는데 그냥 두면 스스로 자멸하게 되겠지만, 세상이 자멸하기 전에 주님께서 친히 세상을 심판하시겠다고 말씀하고 계시는 것입니다. 그러므로 마태복음 24장 34절의 말씀은 종말론적으로 해석해야 합니다.

한편 누가복음 9장 1절은 예수님의 십자가 사건과 관련된 내용으로 이해해야 합니다. "또 저희에게 이르시되 내가 진실로 너희에게 이르노니 여기 섰는 사람 중에 죽기 전에 하나님의 나라가 권능으로 임하는 것을 볼 자들도 있느니라 하시니라"(막 9:1).

이 말씀은 예수님께서 가이사랴 빌립보의 길에서 제자들과 대화하면서 하신 말씀입니다(막 8:27). 그 대화의 핵심은 인자人子에 대한 내용이었습니다. 거기에서 예수님께서는 자신이 구약성경에서 증거되어 온 그 인자, 곧 그리스도이심을 말씀하시면서(막 8:29, 30) 인자가 많은 고난을 받고 죽어 사흘만에 다시 부활하실 것을 말씀하셨습니다(막 8:31). 그 대화 끝에 주님께서 위의 말씀을 하셨던 것입니다.

이 본문에서 '하나님 나라의 임함' 은 예수님께서 십자가를 지심으로 통치권을 가진 왕으로서의 사역을 완성하심을 의미하고 있습니다. 그것을 주님께서는 '하나님 나라가 권능으로 임하는 것' 으로 표현하고 계십니다. 그러므로 주님과 함께 거기 있는 자들 중에 죽기 전에 그 놀라운 사실을 보게 될 자들이 있음을 말하고 있습니다.

그런데 이 문맥이 우리를 당황하게 하는 것은 그중에는 죽게 되어 그것을 못 볼 자들도 있다는 뉘앙스 때문입니다. 여기서 우리는 관심있게 문맥의 숨은 의미를 살펴야 할 줄로 생각합니다. 그 구절은 인간의 일반적인 수명이 다해 일찍 죽는 사람은 그것을 보지 못하게 될 것이라는 말이 아닌 것 같습니다. 도리어 거기서 유추해 볼 수 있는 것은 가롯 유다의 배신입니다.

본문이 그 점을 명시적으로 밝히고 있는 것은 아니지만 가롯 유다도 그 자리에 함께 있었습니다. 그러므로 예수님께서 그 말씀을 하시면서 가롯 유다는 주님을 배반함으로 하나님 나라의 임함을 보지 못하고 죽게 될 것이라는 사실을 미리 예고하고 계신 것입니다. 사실 이 말씀의 병행구절은 마태복음 16장 13-28절에 나오는 데, 그 맨 마지막에 지금 우리가 관심을 가지고 있는 마가복음 9장 1절과 동일한 말씀이 나오고 있습니다.

이 정도로 웬만큼 설명이 되었을 것으로 생각됩니다. 마태복음 24장 34절과 마가복음 9장 1절의 말씀은 동일한 정황을 염두에 두고 주님께서 하신 말씀이 아니라, '종말'과 '예수님의 십자가 사건'이라고 하는 서로 다른 정황을 염두에 두고 하신 말씀임을 잘 기억해야 합니다.

성도님께서 주님의 말씀에 관심을 가지고 계심에 대해 깊이 감사드립니다. 앞으로도 성경 말씀을 잘 묵상하는 가운데 하나님의 놀라운 경륜을 알아가게 되기를 바랍니다.

(2004. 1. 30)

# 30 '하나님의 구원' 범위

정 목사님

**수**고가 많으시리라 생각합니다. 저는 지난 학기 숭실대학교에서 강의가 있어서 강의를 마친 후 영등포역에서 야간열차를 탔는데 거의 매주 노숙자들을 보며 많은 생각을 했었습니다. 화려한 서울의 동일 공간에서 극한 찌들임에 빠져있는 많은 사람들을 보면서 속수무책인 자신의 모습을 보며 인간의 한계를 느끼지 않을 수 없었습니다. 목사님께서 그런 분들을 위해 봉사하고 있다는 말씀을 들으며 감사한 마음과 함께 영등포 역의 밤풍경이 주마등처럼 지나갑니다.

목사님께서 말씀하신 구원의 범위에 대해서는 우리 시대에 와서는 매우 민감한 문제가 되어 있다고 생각합니다. 이는 20세기 들어와 선교에 대한 개념이 강화되고 우리 시대에 유행처럼 번진 교회성장을 위한 신新 전도 개념이 맞물려서 우리의 생각이 많이 흐트러졌다고 생각하고 있습니다.

더욱이 웨스트민스터 신앙고백서를 채택하고 있는 교단들이 고백서를 사문화死文化 시킨 것과 그러면서도 웨스트민스터 신앙고백을 강조하는 모순속에서 더욱 혼란스러워진 것이라 생각하고 있습니다. 일례로 KS교단의 신학은 웨스트민스터 신앙고백서를 채택한다고 명문화하고 있음에도 불구하고 사실은 그 고백을 전혀 따르지 않고 있습니다. 여러 부분에서 그런 모습을 보이지만 특히 하나님의 예정과 선택교리에 있어서는 그런 것이 분명합니다.

저는 하나님의 전적인 예정과 선택을 믿습니다. 하나님께서는 인간들이 태중에 생기기도 전에 이미 자기 백성을 선택하고 계셨습니다. 사도 바울은 에베소 교회에 보내는 편지에서 이에 대한 명확한 가르침을 주고 있습니다. "(하나님께서) 창세 전에 그리스도 안에서 우리를 택하사 우리로 그 앞에 거룩하고 흠이 없게 하시려고 그 기쁘신 뜻대로 우리를 예정하사 예수 그리스도로 말미암아 자기의 아들이 되게 하셨으니"(엡 1:4, 5). 우리는 이 말씀에 대해 달리 어떠한 토를 달아서도 안 됩니다. 성경에 이에 대한 가르침들이 많이 있지만 한 구절을 우선 살펴보았습니다.

그리고 웨스트민스터 신앙고백서에는 이에 대해 명확한 기술을 하고 있습니다. '제3장 하나님의 영원하신 작정에 대하여' 제4항에는 "이와 같이 예정되고 미리 작정된 천사들과 사람들은 개별적이며 불변적으로 계획되었고, 그들의 수는 매우 확실하고 한정되었으므로 더해지거나 덜해질 수도 없다"고 기록되어 있습니다.

제5항에는 "인류 중 생명으로 예정된 사람들은 하나님께서 창세 전에 그의 영원하고 변함 없는 목적과 은밀한 계획과 그의 선하시고 기뻐하신 뜻에 따라 영원한 영광에 이르도록 그리스도안에서 선택하셨다"고 기록하고 있습니다.

여기서 우리가 볼 수 있는 것은 하나님께서 창세 전에 이미 자신의 뜻에 따라 확실한 수의 자기자녀를 선택해 두셨다는 사실입니다. 마태복음 1장 21절에서 "아들을 낳으리니 이름을 예수라 하라 이는 그가 자기 백성을 저희 죄에서 구원할 자이심이라"고 하신 말씀은 하나님께서 창세 전에 택하신 자기 백성들을 죄로부터 구원하시기 위해 오시게 됨을 말씀하고 있습니다.

그런데 성경에 보면 '모든 사람'을 믿게 하는 것이 하나님의 뜻인 것처럼 보이는 구절들이 많이 있습니다. 우리는 여기서 말하는 '모든 사람'의 문맥 속 의미를 잘 생각하는 것이 중요합니다. 저는 '모든 사람'의 범위가 '모두'(전부)가 아니라 '모든 유형'이라는 의미로 받아들입니다.

즉 하나님께서는 이 세상에 살고 있는 모든 사람들이 구원받기를 원하는 것이 아니라, 지위나 신분, 남녀노소, 빈부귀천에 관계없이 하나님의 뜻 가운데서 구원받을 자가 존재하고 있다는 의미입니다.

사람들은 구원에 대한 이야기를 할 때 성경의 여러 구절들을 펼쳐 보이며 "성경에 분명히 이렇게 기록되지 않느냐"고 주장합니다. 그래서 어떤 사람들은 만인구원설을 주장하기도 하고, 구원은 인간의 자기 의지와 결단에 달린 것으로 말하는 알미니안적 사고를 하는 사람들도 있습니다.

그렇게 말하는 자들도 나름대로 성경구절을 인용하면서 그런 주장을 합니다. 그러나 그들은 성경이 누구에게 어떤 목적으로 주어졌느냐에 대한 이해가 부족하기 때문에 그런 말을 하고 있습니다.

성경은 인간의 구원을 말씀하시고자 하는 것이 일차적인 목적이 아니라 하나님의 영광의 회복을 위해 자기 백성에게 주신 말씀입니다. 그러므로 우리는 기록된 말씀을 통해 보여주시는 하나님의 계획과 뜻을 이해하는 것이 매우 소중합니다.

예를 들어 요한복음 3장 16절에는 "하나님이 세상을 이처럼 사랑하사 독생자를 주셨으니 이는 저를 믿는 자마다 멸망치 않고 영생을 얻게 하려 하심이니라"고 기록하고 있습니다. 이 말씀의 의미는 앞뒤 전체 문맥을 잘 살펴보아야 할 것이지만 간단한 설명을 붙여 볼까합니다.

우리가 주의깊게 생각해야 할 것은 '저를 믿는 자마다 영생을 얻게 된다'는 의미가 인간의 결단을 말하고 있는 것이 아니라는 점입니다. 물론 그냥 단순히 보면 그렇게 보일 수도 있습니다. 그러나 그 의미를 잘 이해하기 위해 본문 가운에 중요한 명사들을 나열해 봅니다. '하나님 – 세상 – 사랑 – 독생자 – 멸망 – 영생.'

여기서 생각해 볼 수 있는 것은 우선 '하나님'과 '세상'은 인간의 배신으로 인해 상호 만날 수 없는 관계라는 사실입니다. 그리고 '하나님'과 '독생자'는 동일동질의 관계입니다. 또한 '세상'과 '멸망'은 동일선상에 놓여 있으며 '하나님'과 '영생' 또한 동일 선상에 놓여 있습니다. 이러한 관계 속에서 하나님의 사랑이 계시되고 있습니다.

이것을 풀어서 다시 설명하게 되면 하나님께서는 자신을 배신한 세상을 전체적으로 멸망시키지 않으시고 도리어 독생자(하나님)를 보내 멸망 가운데 놓여있는 자기 백성을 구해 영생에 이르게 하셨다는 말이 됩니다. 그것이 곧 하나님의 사랑입니다. 그러므로 요한복음 3장 16절은 인간의 결단의 중요성을 말하려는 것이 아니라 하나님의 놀라운 계획을 말씀하고 있는 본문입니다.

이제 정리하여 말씀을 드리자면 하나님의 구원의 범위는 이미 창세 전에 정해진 사실이 명백합니다. 성경 말씀이 그것을 확증하고 있습니다. 그것을 웨스트민스터 신앙고백서에서는 중요한 고백으로 채택하고 있습니다. 이 글을 읽게 될 여러 성도님들을 의식하며 목사님께 답변을 하고 있다는 점 기억해 주셨으면 합니다. 모든 것을 상실한 어렵고 힘든 사람들의 이웃이 되어주신 목사님의 사랑이 열매로 드러나기를 원합니다.

(2004. 2. 6)

## 31 "믿음은 바라는 것들의 실상"(히 11:1)

정 목사님

**잘** 지내시리라 생각합니다. 히브리서 11장 1절에 나오는 "믿음은 바라는 것들의 실상"이라는 말씀에 대한 저의 해석을 알고 싶어 한다고 하셨지요? 우리 교회에서는 마침 지난 몇 달간 히브리서의 말씀을 보고 있는데 요즘 11장을 통해 은혜를 나누고 있는 중입니다. 그래서 저도 히브리서 11장 1절의 "믿음은 바라는 것들의 실상"이라는 의미에 대해서 자주 묵상하고 있습니다.

저는 여기서 몇 가지 일반적인 해석과 더불어 저의 생각을 말씀드릴까 합니다. 많은 사람들은 이 말씀을 단순히 공간적으로 이해하고 있지 않을까 생각해 봅니다. 즉 현재 여기 있는 '나'와 하늘에 계시는 '하나님'과의 관계를 염두에 두고 있습니다. 물론 그런 생각을 무조건 잘못된 것으로 말하고 싶지는 않습니다. 그리고 또 하나는, '믿음'의 주체가 신앙하는 인간이라고 이해하는 것이 일반적이지 않을까 생각해 봅니다. 그런 사람들은 끊임없이 되풀이되는 인간의 신앙적 결단과 그에 대한 지속적인 정신 활동을 믿음이라고 여기는 것입니다.

히브리서 11장에서 말하는 믿음이란 그런 것이 아닙니다. 많은 사람들이 '믿음'이 인간의 내면에서 발생하는 것이라고 생각하고 있지만 그 것은 올바른 생각이 될 수 없습니다. 칼빈은 인간이 전적으로 부패한 존재임을 이야기하고 있는데 그의 말은 옳습니다.

인간이 전적으로 부패한 존재라면 인간의 내면에서 성경에서 말하는 '믿음'은 스스로 발생할 수 없습니다. 성경은 믿음이 하나님께서 허락하시는 선물(엡 2:8)임을 명백하게 가르치고 있습니다. 즉 인간 스스로는 그 믿음을 가질 수 없으며 하나님께서 그것을 자기 백성에게 선물로 주신다는 것입니다.

우리는 성경에서 말하는 믿음의 의미를 잘 생각해 보아야 합니다. 일반적으로 말하는 정신 작용으로서의 믿음이란, 하나님께서 허락하신 선물인 믿음으로 말미암은 내면적 신앙 활동이라 할 수 있습니다. 하나님의 은혜를 입은 성도들에게는 고백적인 삶의 내용이 자연스럽게 따른다는 것입니다. 우리는 그 믿음의 삶마저도 인간의 결단과는 다른 하나님께서 허락하신 은혜의 결과임을 간과하지 말아야 합니다.

이제 히브리서 11장 1절에 기록된 '믿음은 바라는 것들의 실상'의 의미에 대해서 간단하게 설명드려 볼까 합니다. 이 말씀을 이해할 때 역사적 관점에서 이해하는 것이 매우 중요합니다. 앞에서 제가 '공간'이라는 말을 사용했는데 적어도 히브리서 11장 1절에서는 믿음을 공간적으로 이해하기에 앞서 시간적(역사적)으로 이해해야 할 필요가 있습니다.

우리가 잘 알고 있는 것처럼 히브리서 11장에는 하나님으로부터 확실하게 인정받은 구약의 여러 믿음의 선배들이 등장하고 있습니다. 구약의 성도들이 바라던 것은 무엇이었습니까? 그들이 바라던 것은 창세기 3장 15절에 기록된 '그 여자의 후손'과 그 이후 '아브라함의 씨' '다윗의 자손' '그 사람의 아들'로 묘사되는 그리스도였습니다. 그 그리스도가 구약의 성도들이 하나님의 언약 가운데 은혜로 소유하고 있었던 '믿음의 내용' 이었던 것입니다.

히브리서 10장 1절에서는 "율법은 장차 오는 좋은 일의 그림자요 참 형상이 아님"을 언급하고 있습니다. 우리는 그 말씀 가운데서 구약성경의 의미와 그 시대에 살던 사람들이 무엇을 바라며 살아야 했던가 하는 점을 잘 이해할 수 있습니다. 그런 차원에서 구약시대에 살았던 신앙의 선배들이 바라던 것은 장래에 오실 그리스도였음을 알게 됩니다. 그러므로 히브리서 11장 1절의 "믿음은 바라는 것들의 실상"에서 그 '실상'은 곧 그리스도를 가리키고 있습니다.

　히브리서 11장에 전반적으로 나타나는 '믿음'이라는 여러 단어들은 용례상 다양성을 띠고 있습니다. 그럼에도 불구하고 그것을 간단하게 설명한다면, 믿음은 인간의 마음에서 발생하는 신앙적 결단이나 행위가 아니라 하나님으로부터 주어지는 언약과 선물로서 본질이라는 것이며, 그것은 곧 그리스도를 통해 실상으로 드러났음을 보여주고 있습니다.

　히브리서의 몇 구절을 살펴본다면 11장 6절에서 "믿음이 없이는 (하나님을) 기쁘시게 못하나니"라는 구절에서 '믿음'은 인간의 마음에 존재하는 정신적 결단으로서의 믿음을 의미하는 것이 아니라 언약적 믿음의 대상인 그리스도를 말하고 있습니다. 그리고 13절에 보면 '이 사람들은 다 믿음을 따라 죽었음'을 말하고 있는데, 그 믿음 역시 인간의 마음에 형성된 정신 작용으로서의 믿음을 의미하는 것이 아니라, '그리스도에 의거하여' 죽었다는 의미입니다. 히브리서 11장에 나오는 모든 '믿음'이라는 단어는 '언약으로 말미암은 그리스도'가 그 바탕이 되고 있습니다.

　마지막으로 히브리서 11장 1절의 "믿음은 바라는 것들의 실상"이라는 구절과, 11장 39절의 "이 사람들이 다 믿음으로 말미암아 증거를 받았으나 약속을 받지 못하였으니"라는 구절을 잘 비교하며 생각해 볼 수 있습니다. 구약의 성도들이 '약속'을 받기 전에 '증거'를 가지고 살았는데 그 가운데 그들이 바라는 '실상'이 존재하고 있었습니다. 그리고 11장 40절에서 "하나님은 우리를 위하여 예비하신 더 좋은 것"은 역시 앞에서 언급한 10장 1절의 '장차 오는 좋은 일'과 조화되는 내용입니다.

　이 정도로 저의 생각을 간단하게 말씀드렸습니다. 저의 생각과 목사님의 이해하는 바를 잘 확인함으로써 올바른 말씀의 깨달음에 이르시기를 바랍니다.

(2004. 2. 14)

## 32 예수 그리스도가 유일한 구원의 통로인가?

성도님

**안**녕하세요? 교단으로부터 제명출교를 당한 저의 형편에 대해 격려의 말씀을 주셔서 감사드립니다. 어디에 살고 계신 분인지는 알지 못하나 글을 통해 주안에서 교제하게 되니 반갑습니다.

성도님께서 보내주신 긴 질문서를 잘 읽어보았습니다. 성도님의 말씀처럼 우리 시대에는 종교다원주의로 인해 그리스도에 대한 다양한 신학적 주장들이 있습니다. 종교다원주의를 주장하는 사람들은 대개 신을 윤리적인 존재로 이해하고 있습니다. 즉 신은 본질상 윤리적이므로 모든 인간들이 구원받기를 원하신다고 생각하고 있습니다. 그러므로 그들에게는 어떤 종교를 가지느냐 하는 것이 그다지 중요하지 않습니다. 모든 종교적인 인간들은 신에게 나아가기를 추구하며 그 길은 외길이 아니라 다양하다는 것입니다.

그러나 성경은 우리에게 하나님께 나아갈 수 있는 길은 외길이라고 가르치고 있습니다. 그와 같은 가르침은 성경에 전반적으로 나타나는데 대표적인 몇 말씀들을 볼 수 있습니다. "예수께서 가라사대 내가 곧 길이요 진리요 생명이니 나로 말미암지 않고는 아버지께로 올 자가 없느니라"(요 14:6). "다른 이로서는 구원을 얻을 수 없나니 천하 인간에 구원을 얻을만한 다른 이름을 우리에게 주신 일이 없음이니라"(행 4:12).

이런 말씀들에서 우리가 알 수 있는 것은 예수 그리스도를 통하지 않고는 아무도 하나님께 나아갈 수 없다는 사실입니다. 이런 차원에서 볼 때 기독교는 분명 배타적입니다.

그렇다면 예수 그리스도를 통해서만 하나님께 나아갈 수 있으며 구원에 참여할 수 있다는 신학적 의미를 생각해 보도록 하겠습니다. 하나님으로부터 지음을 받은 처음 인간인 아담과 하와는 하나님의 뜻을 거스름으로써 하나님을 배반하게 됩니다. 그로 인해 아담의 후예인 모든 인간들은 하나님의 저주 아래 놓이게 됩니다.

범죄로 인해 부패하게 된 인간은, 하나님 보시기에 좋아 보이는 것이 하나도 없는 처참한 존재가 되고 맙니다. 이것을 "인간의 전적 부패"라고 합니다. 그러므로 전적으로 부패한 인간은 스스로 구원에 이를 수 없는 존재가 되는데, 이를 '인간의 전적 무능'이라고 합니다. 즉 하나님을 배반하고 전적으로 부패한 인간은 스스로 그 멸망의 자리에서 빠져나오지 못하는 존재가 되고 맙니다.

그런 형편 가운데서 놀라운 구원의 경륜이 제공됩니다. 하나님께서는 인간의 구원을 위해 구원 계획을 드러내셨습니다. "내가 너로 여자와 원수가 되게 하고 너의 후손도 여자의 후손과 원수가 되게 하리니 여자의 후손은 네 머리를 상하게 할 것이요 너는 그의 발꿈치를 상하게 할 것이니라"(창 3:15). 우리가 이 구절에서 눈여겨볼 만한 점은 하나님께서 범죄한 인간이 아니라 사탄에게 이 말씀을 하고 계신다는 사실입니다. 즉 이것은 구원이 전적으로 하나님께 달려있음을 보여주고 있습니다.

그렇다면 부패한 인간들을 굳이 구원하시고자 하는 하나님의 뜻은 어디 있을까요? 하나님께서는 천지만물을 지으셨을 때 그 피조세계를 통해 영광을 받으셨습니다. 그런데 사탄이 인간을 유혹하여 하나님을 배반하게 했던 것입니다. 인간의 타락은 하나님의 영광을 방해하는 역할을 합니다. 그렇게 되면 하나님께서 창조하셔서 영광을 받으시던 세상이 타락함으로써 마치 하나님이 실패하신 것처럼 오해될 수 있습니다. 오늘날 우리도 종종 그런 말들을 하지 않습니까?

악한 인간들은 만일 하나님이 에덴동산에 선악과나무를 두지 않았다면 인간이 범죄하지 않았을 것이라는 망언을 서슴지 않고 있습니다. 인간뿐 아니라 사탄도 하나님께서 온 세계와 함께 인간을 창조하시고 영광을 받으실 때 인간을 타락케 함으로써 하나님을 조롱한 것입니다.

그러나 하나님께서는 자기의 영광을 위해 창조하신 세계를 회복하시려고 창세기 3장 15절에서 말씀하신 '여자의 후손' 즉 메시아를 약속하셨던 것입니다. 인간의 구원은 전적으로 하나님께 달려있습니다. 인간의 노력을 통해서 구원에 다다를 수 있는 그 어떠한 방법도 없습니다. 윤리나 선행이 인간을 하나님께로 인도할 수 없습니다. 인간은 그 자체로서 부패하고 무능한 존재이기 때문입니다.

우리가 말씀을 통해 알 수 있는 것은 유일한 구원의 길이 예수 그리스도 밖에 없다는 사실입니다. 하나님의 아들이신 그가 인간의 몸을 입고 이 세상에 오셔서 십자가에 달리심으로 자신을 화목제물로 드리셨던 것입니다. 그러므로 화목을 위한 영원한 희생제물인 예수 그리스도만이 유일한 구원의 길이 될 수 있습니다. 그것은 곧 하나님께서 스스로 이루어 가시는 영광의 회복을 말해주고 있습니다. 따라서 하나님의 인간에 대한 구원 계획은 하나님의 영광에 기인합니다. 즉 하나님께서 인간을 구원하신 것은 인간을 위해서가 아니라 하나님 자신을 위해서라는 것입니다. 구원에 참여하게 된 백성들은 자신의 구원으로 인해 기뻐하고 즐거워하는 것이 아니라 처음 창조의 뜻과 같이 하나님의 영광에 참여하게 된 사실에 대해 기뻐하고 즐거워하게 되는 것입니다.

이 정도로 설명이 되었는지 모르겠습니다. 성도님께서 여러 조항으로 나누어 질문하신 내용들이 광범위해서 다 답변드리지 못한 점 양해해 주셨으면 합니다. 하지만 저의 간단한 답변을 통해 많은 부분들이 함께 이해되었으면 하는 바람입니다.

(2004. 3. 14)

## 33 "계시의 종결"

규식 형제

안녕하세요? 신학기가 되어서 다소 분주하리라 생각해 봅니다. 저는 이번 학기 KS대학교로부터 강의를 박탈당한 이후 비교적 조용한 시간을 보내고 있습니다. 부당한 교권에 의해 강의를 박탈당했다는 사실 때문에 크게 마음이 상했지만 이제 평정을 되찾아가고 있습니다.

형제는 저에게 '계시의 종결'에 대한 질문을 하셨더군요. 결론부터 미리 말씀드리자면 계시는 종결되었습니다. 하나님께서는 구약시대 때 특별한 종들을 선택하여 그들을 통해 이스라엘 민족에게 계시의 말씀을 주셨습니다. 그리고 신약시대에는 사도들을 비롯한 여러 종들을 통해 교회를 위한 계시의 말씀을 주셨습니다.

하나님께서 계시를 주신 것은 보편교회 즉 지상의 모든 자기 백성들을 위해서입니다. 다시 말해 하나님께서는 개별 성도들의 유익이나 특정 집단을 위한 제한적 계시를 주신 것이 아니라 보편교회에 속한 모든 성도들을 위해 계시의 말씀을 허락하신 것입니다. 그러므로 보편교회를 위해 유익한 계시가 아니면 그것은 계시가 아니라 보아도 될 것입니다.

그럼에도 불구하고 우리 주변에는 하나님으로부터 계시를 받았다는 사람들을 종종 보게 됩니다. 형제의 말대로, 어떤 사람들은 하나님의 음성을 직접 들었다고 주장하는 사람들이 있는가 하면 환상을 보았다고 주장하는 사람들도 있습니다. 또한 하나님께 A, B중 어느 것을 선택해야 할지 묻고 기도하는 중 응답을 받았다는 사람들도 많이 있습니다.

그러나 우리는 하나님으로부터 계시를 받았다고 주장하는 그들의 말을 인정하지 않습니다. 그렇게 말하면 '전능하신 하나님께서 지금 누군가를 통해 계시를 주실 능력이 없다는 말인가?' 라며 우리 시대에도 계시가 있다고 주장할지 모릅니다. 그렇지만 그들은 하나님의 구원 역사를 제대로 이해하지 못하고 있기 때문에 그런 생각을 하게 되는 것입니다.

진정한 계시는 교회를 위한 보편성을 가져야 합니다. 즉 하나님의 진정한 계시라면 보편교회 가운데 통용되는 유익이 있어야 합니다. 그런 계시는 사도교회 시대를 통해 이미 종결되었습니다. 그러므로 우리 시대에는 예언을 한다든지 환상을 본다든지 하는 등의 하나님의 직접계시는 없습니다.

그럼에도 불구하고 어떤 사람이 예언이나 환상을 통해 계시를 받았다고 주장한다면 그것은 종교적 자기착각에 기인하는 것일 뿐 하나님의 계시가 아닙니다. 즉 보편적이지 않고 개인이나 특정 집단에만 유용한 계시란 있을 수 없습니다.

우리의 신앙 선배들은 그에 대하여 올바른 이해를 하고 있었음을 볼 수 있습니다. 웨스트민스터 신앙고백서 제1장 '성경에 대하여' 제1항에는 "하나님께서 그의 백성에게 자신의 뜻을 직접 계시해 주시던 과거의 방식들이 지금은 중단되었다"고 말하고 있습니다. 이는 하나님의 계시가 신약성경으로 말미암아 종료되었음을 말해주고 있습니다.

그리고 웨스트민스터 신앙고백서 제1장 제6항에 기록되기를 "성경에는 어느 때를 막론하고 성령의 새로운 계시나 또는 인간의 전통에 의해서 그 어떤 것도 첨가되어질 수 없다"고 말하고 있습니다. 이 또한 성경의 계시가 종료되었음을 잘 말해주고 있는 고백입니다.

그 고백 가운데는 성령께서도 더이상 새로운 계시를 하지 않음을 밝히고 있으면서 신약성경의 충족성을 말해주고 있습니다. 즉 우리가 가지고 있는 성경으로 모든 것이 충분하며 그 이외의 어떤 새로운 계시나 인간의 전통도 필요하지 않고 그런 것들이 성경 말씀에 첨가될 수 없음을 말하고 있습니다.

이제 결론적으로 말씀드리겠습니다. 우리에게 있는 하나님의 계시는 신구약 66권의 성경 말씀만 있을 따름입니다. 그 성경 가운데 하나님께서 의도하고 계시는 모든 내용들이 분명히 기록되어 있습니다. 이는 계시의 종료를 말하고 있습니다. 그러므로 우리는 그 말씀을 통해 세상의 모든 것을 해석하면서 주께서 피로 값주고 사신 교회 가운데 살아가고 있습니다.

형제에게 주님의 평안이 있기를 원합니다. 그리고 교회는 물론 학교생활에서도 성도로서 신실한 자세를 견지하는 학생이 되기를 바랍니다.

(2004. 3. 22)

## 34 감사의 말씀과 더불어

홀리죠이님과 권정희님께

홀리죠이님과 권정희님께 문안하며 깊이 감사드립니다. 홀의 귀한 게시판을 별도로 할애하여 저의 복권을 위해 관심을 가져 주시니 무어라 감사의 말씀을 드려야할지 모르겠습니다. 지난해 가을 제가 KS교단에서 제명된 이후 많은 사람들을 통해 위로와 격려를 받으며 교회의 의미를 되새기곤 했습니다. 마음 아픈 적도 많이 있었으며 힘이 들 때가 없지 않았지만, 주님께 대한 넘치는 감사의 기도가 끊이지 않았음을 말씀드릴 수 있습니다.

한편, 신앙이 어린 성도들이 저에게 연민의 관심을 보이는 것을 보며 도리어 당혹감을 느낄 때도 많았습니다. 인간적 의리를 가진 이웃들이 저의 면전에서 정의감으로 인한 격분을 토할 때는 어찌할 바를 몰라 속으로 쩔쩔맬 때도 있었습니다. 물론 그 분들은 연약한 한 인간인 저에게는 매우 감사한 분들임이 틀림없습니다.

홀리죠이님과 권정희 자매님께서 저의 문제에 관심을 가져 주신데 대해 진심으로 다행스럽게 생각합니다. 인간적 연민이나 단순한 정의감을 배경으로 한 것이 아니라 신학을 통한 교회의 세움에 본질적인 관심을 가지고 계시리라 믿어 의심치 않기 때문입니다. 그럼에도 불구하고 홀리죠이님, 권정희 자매님과 저 사이에 존재하는 어떤 의도적 교감으로 인해 이런 일이 진행되고 있는 것으로 오해하는 분들이 없지 않다는 것이 다소 우울한 마음을 가지게 하기도 합니다.

정치, 사회, 경제적 격변기를 거친 우리 한국사람들에게는 누구에게나 독특한 편견과 아집이 있으리라 생각하고 있습니다. 참된 가치에 의한 자유로운 판단력을 소유하도록 교육받은 것이 아니라, 비뚤어진 사회적 틀에 의한 목표 지향적인 교육을 받을 수밖에 없었기 때문일 것입니다. 저는 이것이 현대 한국인의 민족적 특성이라 이해하고 있습니다.

물론 저 역시 그런 틀의 범주를 벗어나지 못하고 있으리라는 점을 스스로 인식하고 있기 때문에 역사적 보편성과 세계적 객관성 가운데서 사유하려 애쓰고 있습니다. 신앙을 지킴에 있어서나 신학적 학문을 함에 있어서도 그러하며, 직분을 맡아 교회에 속한 한 성도로서 말씀을 묵상하며 나눔에 있어서도 마찬가지입니다.

그렇지만 제가 아무리 객관적이 되려 애쓴다 해도 이미 저에게 형성되어 있는 시대와 자신의 틀 속에 고착된 신학적 아집을 뿌리째 버리지는 못하리라는 점도 잘 알고 있습니다. 그것이 이 세상 가운데 살아가는 한 성도인 저로 하여금 겸손케 하는 요인이 됨을 알기에 여전히 주님께 깊이 감사드리고 있습니다.

괜히 이야기가 길어지는군요. 교회 가운데 일어나고 있는 일들 중 저와 관련된 이러한 문제를 통해 우선 앞서 수고하시는 홀리죠이님이나 권정희 자매님께 신앙과 신학적 유익이 있기를 바라며 기도합니다. 그리고 게시판을 통해 의견을 개진하며 자신의 생각을 나누며 혹은 그 과정을 지켜보는 여러 성도들에게도 나름의 유익이 있기를 바랍니다. 즉 '이광호'라고 한 개인을 위한 연민이나 의리 혹은 정의감의 선에 머물지 않게 되기를 바라는 마음 간절한 것입니다.

물론 저 자신은 자신의 문제이기 때문에 직접 나서는 데는 한계가 있으리라 생각하지만 저 또한 두 분의 행로를 통한 배움과 감사의 기회를 얻으리라 믿으며 그것이 하나님을 향한 찬양으로 연결되리라 믿습니다. 이는 저와 함께 신앙 생활을 하는 실로암교회 성도들이나, 함께 교제를 나누고 있는 모든 이웃들에게도 삶을 통해 그 의미가 전달될 것이라 믿습니다. 그 이웃 가운데는 KS교단에 속한 성도들뿐 아니라 동시대를 살면서 같은 문제에 직면하며 살아가는 동일한 언어를 사용하는 한국의 여러 성도님들이 포함될 것입니다.

양무리마을의 귀한 게시판을 별도로 할애하여 저에 대한 문제를 중심으로 한국교회를 염려하시는 분들을 보며 그냥 모르는 척 아무 말을 하지 않는 것도 예의가 아닐 것 같다는 판단에 감사의 마음을 이렇게 표현해 봅니다. 교회가 늘 고백하는 것처럼 주님이 언제 오실지 모르는 채 그 재림을 소망하는 우리가 그 안에서 자유로운 논의를 하며 건강한 신앙을 잘 유지하게 되기를 바랍니다.

(2004. 4. 1)

## 35  노동과 돈에 대한 현실적 문제

서 선생님

지난 며칠 동안도 평안하셨는지요? 보내신 글을 통해 생각을 나누어주시니 감사합니다. 가족과 떨어져 계시면서 여러모로 힘든 일이 있으리라 생각합니다. 자그마하지만 선생님과 좋은 이웃이 되어 삶을 나누는 친구가 되고 싶습니다. 우리 교회 성도들 모두가 저와 동일한 마음일 것입니다. 캐나다에 계시는 사모님과 자녀들의 얼굴도 보고 싶습니다. 언제 시간이 되면 우리 교회 홈페이지에 가족 사진을 올려주셨으면 하는 기대도 해봅니다. 선생님의 가족에 대해 좀더 가까이 느끼며 교제하기를 원하는 마음 때문입니다. 남편이 좋은 이웃을 만나 잘 생활하고 있음을 멀리 있는 가족이 알게 되므로 서로간 위로를 나눌 수 있지 않을까 생각해 봅니다.

선생님께서 현재 고민하고 있는 문제에 대한 말씀을 드려볼까 합니다. 성도들이 돈을 열심히 버는 것 자체는 문제가 되지 않습니다. 그렇지만 그에 대한 성도의 신앙적 자세는 명확해야 하리라 생각합니다. 즉 우리가 돈을 버는 것 자체를 목적으로 삼는다면 매우 위험합니다. 그에 반해 하나님께서 허락하신 성도의 능력을 이웃에게 제공하게 되고 그로 말미암은 경제적 대가로서 얻게 되는 수입은 자연스러울 것입니다.

교회사를 살펴보면 기초적인 경제 활동에 대한 성도들의 삶의 양식이 매우 다양했음을 알 수 있습니다. 지금까지 그 다양성은 지속되고 있는 것 같습니다. 전체주의 시대에 살던 성도들이 있는가 하면 공산주의나 사회주의 혹은 자본주의 사회에서 살고 있는 성도들도 있습니다. 다양한 이념을 기반으로 하는 상이한 구조 가운데 살아가는 성도들의 삶의 양식은 다양하게 표현될 수밖에 없습니다. 경제 활동에 대해서도 예외일 수 없습니다. 이는 마치 봄, 여름, 가을, 겨울 등 계절마다 의상이나 생활 양식이 변하듯이, 혹은 열대지방과 한대지방의 생활 구조가 다르듯이 그 적응과 반응 양식이 다를 수 있다는 것입니다.

현재 우리는 전형적인 자본주의 사회에서 살고 있는 성도들일 것입니다. 사람들은 능력이나 노동력을 제공하고 그 대가로서 적절한 수익을 얻게 되며 그것을 다시 자기 필요에 따라 사용하는 주기적인 일들이 반복되고 있습니다. 어떤 사람들은 능력에 따라 더 많은 수입을 얻기도 하지만 다른 어떤 사람들은 그렇지 못합니다.

우리는 그러한 사회 속에 살면서 그 구조를 결코 탈피할 수 없습니다. 이는 마치 현대에 살아가고 있으면서 자동차나 전기, 통신 등과 무관하게 살아갈 수 없는 것과 마찬가지 아닐까 생각해 봅니다.

복음은 우리에게 계절이나 기후 조건에 관계없이 동일한 옷을 입으라고 요구하고 있는 것은 아닙니다. 도리어 그 기후에 지혜롭게 잘 대처하며 적응하는 것이 소중합니다. 그것은 유행이나 욕망에 대한 이기적 반응이 아니라 이웃을 염두에 둔 몸과 삶을 위한 적응이어야 합니다. 이러한 이야기가 자칫 상황윤리를 뒷받침하는 근거처럼 들릴까 조심스럽기도 합니다만 저의 의도를 잘 이해하시리라 믿습니다.

자본주의 제도 아래서 살아가는 우리 모두는 개별적인 사회 계약 관계 속에 살아가고 있다고 해도 과언이 아닐 것입니다. 어떤 사람들은 타인의 능력이나 노동력을 필요로 하며 또 다른 어떤 사람들은 자신의 능력이나 노동력을 타인에게 제공해야만 합니다.

어느 누구도 불필요한 능력이나 노동력을 요구하지 않을 것이며, 능력이 없는 상태에서 그에 대한 남의 요청에 응할 수 없습니다. 즉 능력이나 노동력에 대한 수요와 공급에 따른 합의를 통해 비로소 쌍방간 계약 관계가 이루어질 수 있습니다.

성도들에게 자신과 남을 위해 사용할 수 있는 건전한 능력이 있다면 그것을 묻어 두어서는 안 되리라 생각합니다. 누군가를 위해 그 능력이 쓰여지는 것이 당연합니다. 그것은 자신과 타인의 요구에 응하는 것이며 자신의 능력을 필요로 하는 다른 사람들에게 그것을 제공하는 것입니다. 그리고 그에 대한 결실로 금전적 대가를 받음으로써 삶을 위한 노동의 가치가 의미화 하게 되는 것입니다.

저는 우리 성도들이 각기 주어진 상이한 위치에서 최선을 다해 살아야 한다고 생각합니다. 그것은 돈을 벌기 위해서가 아니라 자신의 능력을 필요로 하는 곳에 제공하는 것입니다. 그래서 자신의 능력을 필요로 하는 곳이 있는지 살펴보는 일이나, 그것을 필요로 하는 사람이 있어 계약을 체결하여 업무를 수행하는 것은 아무런 문제가 되지 않습니다. 신앙이 어릴 때는 노동이 돈을 벌기 위한 수단이나 방편이라 생각하기 쉽지만, 좀더 성숙하게 되면 그 능력이 결국 자신과 이웃을 위한 것임을 알게 될 것입니다.

모든 인간들에게는 욕심과 욕망이 있을 수밖에 없습니다. 성도라 해서 다른 사람들과 전혀 다르지 않습니다. 단지 우리가 주의해야 할 점은 노동의 대가로 인한 돈이 부의 축적으로 연결되는 것을 조심해야 한다는 사실입니다. 물론 부의 정도를 평가할 만한 객관적 기준이 있지 않은 상태에서 다소 사변적인 이야기일 듯 합니다만 성도들의 삶의 원리는 그러합니다.

만일 우리에게 넘치는 수입이 있다면 동시에 복음을 위해 환원할 준비를 갖추는 것 또한 중요합니다. 그렇지 않으면 쌓인 부로 인해 우리의 성품이 안일하게 되어 부패해 갈 위험이 따를 것이기 때문입니다. 이 정도로 마무리할까 합니다. 현재의 고민을 통해 더욱 아름답게 성숙해 가시기를 바랍니다.

(2004. 4. 2)

## 36  영화 "The Passion of the Christ"를 보고

유라 자매

안녕하세요? 수업 시간에 보여주는 진지한 모습도 보기 좋고 쉬는 시간에 보여주는 상냥하게 웃는 모습도 여러 학우들에게 즐거움을 주고 있습니다. 지난주에 이야기한 두 가지 내용, 즉 혼인에 대한 문제와 영화 "The Passion of the Christ"에 대한 문제 중 앞의 내용은 다음에 또 대화할 수 있는 기회가 있기를 바라며 오늘은 후자에 관련된 말씀을 드려볼까 합니다.

카톨릭 신자인 영화배우 멜깁슨이 사재 2천 5백만 달러를 투자해 제작했다고 하는 영화 "The Passion of the Christ"가 대박이 터졌다는 보도들이 여기저기 눈에 띄는군요. 요즘은 그 영화를 보지 않은 사람은 마치 신앙이 덜한 사람으로 평가될 만큼 가는 곳마다 그 영화 이야기를 하는 것 같습니다.

그 영화가 대박을 터트린 것은 소위 신앙심 강한 기독교인들 덕분이겠지요? 대형 교회들에서는 시사회를 하며 좋은 기독교 영화라 선전하고 있습니다. 나아가 기독교 절기를 겨냥해 개봉한 만큼, 어떤 지도자들은 부활절을 전후해 그 영화를 통해 예수님의 고난을 느껴보라고 권하기도 합니다.

전문가들은 그 영화가 십자가에 달리시기까지 수난을 당하는 예수 그리스도의 모습을 극極사실주의적으로 묘사한 작품이라고 설명하고 있습니다. 현대 미학에서 극사실주의Super Realism란 1960년대 이후 발생한

포스트모더니즘의 경향성을 띠고 있으며 감출 것 없이 사실 그대로 묘사하려는 특색이 있습니다.

멜깁슨은 그 영화를 제작하면서 예수 그리스도의 고난과 관련된 특정 대목들에서 극도의 사실적인 묘사를 구사함으로써 관객을 영화 장면 속으로 끌어들이려 했습니다.

그 영화를 관람하는 중 예수님의 고통을 대리 체험하듯 흐느낌을 쏟아내는 사람들이 많다고 합니다. 신앙이 어린 교인들은 기독교적 내용을 통해 진한 감동을 느끼게 되면 그것을 최상의 작품이라 생각하게 될 것입니다.

기독교 언론의 평을 보면 '줄거리나 짜임새가 다큐멘터리에 가까울 정도로 우직하리만큼 성경에 충실하다', '당시 상황을 그대로 재현했다는 찬사가 기독 역사학자들로부터 줄을 잇고 있다' 등의 보도를 하며 찬사를 보내고 있습니다. 영화를 본 관객들의 소감은 대개 "마치 어제 일어난 예수님의 고난을 목도하는 것처럼 생생하게 느껴졌다"는 식으로 매우 긍정적 평가를 하는 모양입니다.

그러나 소위 기독교 영화라고 알려진 영화들은 매우 조심해야 합니다. 특히 성경을 영화화한 경우는 더욱 그렇습니다. 나아가 좋은 기독교 영화로 인식되면 될수록 더욱 위험한 영화일 수 있음을 염두에 두어야 합니다. 기록된 성경 말씀을 통해 깨닫지 못하는 의미를 다른 매체를 통해 깨닫게 된다거나, 성경을 통해 느낄 수 없는 감격을 불신자들의 예술 작품을 통해 가슴이 메이는 경험을 한다는 것은 무엇을 의미할까요? 그렇게 되면 성경 말씀보다 더 능력 있고 효과적이며 감격적인 은혜의 방편이 있다는 말이 됩니다. 그것은 매우 위험한 생각일 수밖에 없습니다.

영화는 인간의 시각을 통해 그 심성을 자극하거나 호소함으로써 제작

목적을 달성하고자 합니다. 그러므로 성경의 기록을 영화화할 때 말씀에 기록되지 않은 부분을 연속적으로 묘사하기 위해서는 조작된 장면과 허구적인 내용들을 삽입시킬 수밖에 없습니다. 그렇게 되면 성경에 기록되지 않은 장면과 배경을 동반한 내용들이 훨씬 사실적이고 감각적으로 다가오게 될 것입니다.

그것은 성경 기록의 제한된 영역에서 벗어난 작가의 자유로운 예술적 표현 영역이 되기 때문입니다. 더구나 작품을 구상하고 제작하며 연기하는 배우들이 복음과 무관한 사람들이라면 더욱 그렇습니다. 성경 말씀과 성령의 가르침에 의존하지 않고 예술을 통해 형성되는 신앙적 지식이나 감성은 항상 위험합니다.

'그래도 그런 영화가 사람들에게 은혜를 끼친 부분이 있지 않느냐' '하나님이 영화라는 매체를 통해 역사할 수 있지 않느냐' '그런 영화를 보고 복음을 알게 된 사람이 많이 있지 않으냐'는 식의 이야기를 하는 사람이 없잖아 있습니다.

그러나 그런 감동적인 영화가 아니라 다른 일반적인 현실적인 매체를 통해서도 그와 동일한 일이 발생할 수 있음을 기억해야 합니다. 정통적인 기독교에서는 하나님의 말씀 이외에 어떠한 것도 은혜의 방편이 될 수 없음을 고백하고 있습니다. 우리가 흔히 말하는 '오직 말씀' sola scriptura이라는 표현 속에는 그 의미도 포함되어 있습니다.

하나님의 말씀을 각색하여 영화화한다는 자체에 이미 문제가 있음을 잘 생각해 보기를 바랍니다. 하나님의 계시인 말씀과 구속사적 사건을 영화를 통해 그 진정한 의미를 표현해 낼 수는 없습니다. 영화를 통해 표현된 형식적 줄거리가 종교적 감격을 줄 수는 있을지언정 은혜의 방편이 될 수는 없습니다.

매 주일 예배 시간을 통해 선포되는 주님의 말씀에 대해 무감각하면서 다른 기독교 영화를 통해 감격과 은혜를 누릴 수 있다고 생각한다면 그것은 신앙적 위기를 맞고 있음을 말해 주는 것입니다. 어떠한 기독교 문화도 하나님의 말씀보다 효과적으로 은혜를 끼칠 수 있는 매체가 될 수 없습니다. 만일 그렇게 생각되는 것이 있다면 그것은 우상입니다.

　인간의 일반적인 삶을 묘사하는 건전한 영화들이 있겠지만 소위 기독교인들에게 감격을 끼친다는 명분 속에 영리를 추구하는 종교 영화가 도리어 더 위험할 수 있다는 사실을 자각해야 합니다. 많은 사람들이 극찬하는 종교 영화를 비판한 저의 말을 잘 새겨 보기를 바랍니다. 다음 수업 시간에 보게 되겠지요?

(2004. 4. 5)

## 37 "하나님 나라의 확장"에 대하여

신 부장님

수고 많으시리라 생각합니다. 신문을 통해 수고하는 모습을 늘 보고 있습니다. KS교단이나 KS대학에서 발생한 저의 문제에 대해서는 크게 부담을 갖지 말기를 바랍니다. 도리어 교회 가운데서 일어나는 일들을 통해 자연스럽게 주님의 뜻을 찾아가는 것이 더욱 소중한 일이 아닐까 생각해 봅니다.

언급하기 까다로운 질문을 부장님께서 하셨는데 그에 대한 저의 소견을 말씀드리려 합니다. 우리는 '하나님 나라의 확장' 이라는 말을 빈번하게 사용하고 있지만 그 용어가 가지는 의미를 잘 이해하는 것이 중요합니다.

'하나님 나라의 확장' 이라는 용어를 일반적인 관점에서 보아 개념상 크게 두 가지 측면에서 살펴볼 수 있을 것 같습니다. 하나는 '전쟁' 의 개념 속에서 그 용어를 파악하는 것이며, 다른 하나는 '번창' 의 개념에서 파악하는 것입니다.

현재 한국교회에서는 '하나님 나라의 확장' 이라는 용어를 사용하면서 대개 '번창' 의 개념을 바탕으로 하고 있습니다. 그러나 우리는 '전쟁' 의 개념에서 그 용어의 의미를 파악해야만 할 것 같습니다. 이제 그에 대한 설명을 위해 몇 단어들을 주의깊게 살펴보고자 합니다.

'하나님 나라의 확장' 이라는 용어 속에서 우리가 우선 생각해 보아야 할 것은 '나라' 입니다. 나라는 곧 국가이며 국가는 권력을 가진 특수한 실체입니다. 국가 권력은 타 국가 권력과 대립이나 긴장 관계 속에 있는 것이 일반적입니다. 그러므로 국가적 존립에 있어서 '확장'이란 다른 국가와 상관되는 개념입니다.

우리는 이러한 의미를 살피면서 예수님과 그의 사도들은 '하나님 나라의 확장'에 대해 어떤 이해를 하고 있었던가 하는 점과 그들은 그 '확장'에 어떤 방식으로 참여했는가 하는 점을 염두에 두어야 합니다.

그들의 하나님 나라 확장 개념은 사탄이 지배하는 나라에 대한 전투적 개념이었습니다. 그들이 과연 정복을 통한 세력확보를 추구했는지, 아니면 외부 세력에 대한 지배 의지를 가졌는지도 생각해 보아야 합니다. 우리가 성경을 통해서 알 수 있는 것은 그들이 통상적인 세력 확보나 종교적인 지배 의지를 가지고 있지 않았다는 사실입니다.

당시 이스라엘은 로마제국의 통치 아래 있었으되 예수님과 제자들은 정치적인 독립운동을 하지 않았습니다. 나아가 그들은 일반적인 견지에서 말하는 종교 문화적인 우월감마저도 가지고 있지 않았습니다. 그들은 종교적 세력확보나 공간적 영역확보에 대한 관심을 기울이지 않았던 것입니다.

사도들이 교회 가운데 관심을 가졌던 것은 그리스도로 말미암은 참된 생명이었습니다. 멸망에 빠져 죽음에 이른 인간들을 참 생명으로 인도하는 것이 그들의 관심이었습니다. 자칫 잘못하면 '하나님 나라의 확장'을 단순한 종교적 영역 확보로 즉, 종교적 영역에 대한 공간적 확장을 통한 번창으로 오해하게 됩니다.

교회에 그런 생각을 도입하게 되면 교회가 번창하고 공간적으로 넓어져 가는 것을 '하나님 나라의 확장'으로 오해하게 되는 것입니다. 그러나 그것은 매우 위험한 사고이며 결국 세속적 성공지상주의 혹은 성공지향적 사고를 가지게 합니다.

그러나 주님의 제자들은 '참 생명'을 위한 사역을 하면서 결코 번창한 틀을 짜거나 구축하려 하지 않았습니다. 그들은 오로지 진리로 인한 생명활동에 관심을 기울였으며, 주님의 택한 백성을 찾아 하나님의 나라 영역 안으로 불러 함께 복음을 나누는 것을 목적으로 삼고 있었습니다.

그러므로 우리는 '하나님 나라의 확장'이라는 용어를 쓰되 그 의미를 잘 이해해야 합니다. 자칫 잘못하면 기독교 지도자들의 성공에 대한 종교적 욕망에 따라 그런 용어가 악용될 우려가 있습니다. 하나님의 백성은 그 나라의 속성과 정체성을 잘 깨달아야 합니다. 하나님의 백성은 그 나라에 속한 시민이며, 그 나라는 하나님에 의해 통치되는 나라이기 때문입니다.

앞에서 하나님 나라의 확장에는 전쟁 개념이 담겨있다고 말씀드렸는데 그것은 곧 개인적 판단이나 종교적 욕망에 의한 확장이 아니라는 말과도 통합니다. 즉 사령관의 판단과 명령에 따른 복종에 의한 확장이 이루어져야 한다는 것입니다. 만일 어떤 군인이 자기의 목적을 위해 영역을 확보해 그것을 개인 혹은 개별 집단이 소유하려 한다면 그것은 반란을 의미합니다.

우리는 하나님의 백성으로서 그의 나라가 견고하게 서는 일에 참여해야 합니다. 그것을 통해 교회는 하나님의 선하심을 드러내게 되며 세상의 빛과 소금의 직분을 감당하게 되는 것입니다. 광범한 의미를 지닌 주제에 대한 답변이 쉽지 않지만, 간단한 소견을 말씀드렸습니다.

부분적인 이야기여서 어떤 도움이 될지는 모르겠으나, 이런 미미한 우리의 대화도 주님의 나라가 확장되는 한 방편이 되기를 바랍니다. 늘 주안에서 승리하는 삶을 사시기를 원합니다.

(2004. 4. 9)

## 38 "독신, 혼인" 선택의 문제인가?(창 2:18; 고전 7:8)

재익 형제

주님 안에서 평안하리라 믿습니다. 복지관의 일을 하는 중 여러 사람의 유익과 더불어 배움의 기회가 있기를 바랍니다. 아직 얼굴을 본 적이 없지만 조만간 만날 수 있으리라 생각합니다.

저에게 중요한 질문을 하셨더군요. "독신, 혼인" 선택의 문제인가? 이는 결코 간단하게 설명할 수 없는 주제이지만 저의 간단한 생각을 말씀드리도록 하겠습니다. 우선 저는 혼인이 인간의 선택이 아니라 하나님의 짝지어주심에 근거한다고 믿고 있습니다. 즉 혼인은 남녀간의 합의가 아니라 하나님의 예정가운데 이루어진다는 것입니다.

우리 시대에 와서 혼인이 마치 인간의 선택인양 일반적으로 이해되고 있는 점에 대해 저는 안타깝게 생각하고 있습니다. 혼인과 마찬가지로 독신 또한 각자의 판단에 의한 선택이 아닙니다. 우리가 독신을 은사라고 말하는 것은 그것이 인간이 아니라 하나님으로 말미암는다는 의미가 포함된 것이라 생각합니다.

이제 이와 관련된 몇몇 성경구절을 살펴보고자 합니다. 창세기 2장 18절에는 "사람이 독처하는 것이 좋지 못하니 내가 그를 위하여 돕는 배필을 지으리라"고 기록되어 있습니다. 한편 사도 바울은 고린도교회에 편지하면서 "내가 혼인하지 아니한 자들과 및 과부들에게 이르노니 나와 같이 그냥 지내는 것이 좋으니라"(고전 7:8)고 했습니다. 창세기에서 '독처하는 것이 좋지 못하다'는 말과 고린도전서에서 '독신으로 지내는 것이 좋다' 는 말에 대한 조화로운 의미를 찾는 것은 중요합니다.
  자칫 잘못하면 어떤 사람들은 창세기의 말씀을 인용하면서 '독신은 좋지 않다'고 하며, 다른 어떤 사람들은 고린도전서의 말씀을 인용하면서 '독신으로 지내는 것이 좋다'고 합니다. 그러나 성경을 자기의 구미에 따라 선택적으로 인용하여 해석하는 것은 매우 조심해야 할 일입니다.

  이에 대한 의미를 좀더 분명히 하기 위해서 위 고린도전서의 구절에 이어 나오는 말씀을 살펴보고자 합니다. 바울은 위의 말씀에 이어 "만일 절제할 수 없거든 혼인하라 정욕이 불같이 타는 것보다 혼인하는 것이 나으니라"(고전 7:9)고 말하고 있습니다. 이 말을 자칫 오해하면 혼인이 마치 자기의사에 따른 선택인 듯한 인상을 받게 됩니다.
  문장을 해석없이 읽게 되면 감당하지 못할 만큼 정욕이 강하게 일게 되거든 혼인하라는 뜻으로 이해하게 되는 것입니다. 만일 그렇게 되면 혼인을 하는 이유가 자신의 정욕을 발산하기 위한 방편이 된다는 논리에까지 이르게 될지 모릅니다. 그렇다면 남편과 아내는 서로간 자신의 성적 욕구를 채우기 위한 대상으로 여기게 될지도 모른다고 한다면 지나친 이야기일까요? 제가 드리는 말씀의 의미를 잘 새겨보시기 바랍니다.

  그러나 고린도전서 7장 8절의 '만일 절제할 수 없거든' 이라는 말과 '정욕이 불같이 타는 것' 이라는 말을 '독신으로 살 수 있는 은사가 없거든' 이라는 말과 동일한 의미로 이해하는 것이 중요합니다. 즉 독신으로 사는 하나님의 은사가 없는데도 자기 판단에 의해서 억지로 그렇게 살려고 하지는 말라는 것입니다.
  그렇다면 이제 그와 더불어 잘 이해해야 할 말씀은 창세기 2장 18절의 "사람이 독처하는 것이 좋지 못하니 내가 그를 위하여 돕는 배필을 지으리라"고 한 구절입니다. 우리가 이 말씀을 각각의 개별 인간에게 적용한다면 모든 사람은 혼인해야 하는 것처럼 이해할 수밖에 없습니다.

형제가 말한 것처럼, 김홍전 박사가 '혼인, 가정과 교회'(성약출판사, 1994)에서 창세기 2장 18절의 말씀을 근거로 하여 혼인의 당위성을 말한 것은 바로 그러한 관점 때문입니다. 그렇게 되면 고린도교회에 전한 독신에 대한 바울의 가르침을 어떻게 이해해야 할까요?

창세기 2장 18절 말씀은 개별적인 인간들을 두고 말씀하신 것이 아니라 대표성을 띤 전체적인 의미로 해석해야 합니다. 즉 개별적 의미가 포함되어 있지만 전체적 인간에 대한 것을 말씀하고 있습니다. 그러므로 위 구절을 모든 인간은 혼인을 해야만 하는 근거로 사용할 수 있는 말씀으로 보아서는 안 됩니다.

독신으로 사는 것도 정당한 삶이 될 수 있으며, 믿는 성도들 가운데 독신으로 사는 이가 있는 것은 매우 자연스럽습니다. 독신은 하나님으로부터 주어진 은사이기 때문입니다. 그러나 자신이 독신으로 살고 싶다고 생각하는 종교적 정서를 은사로 볼 수는 없습니다. 그런 자들은 혼인할 만한 기회가 오거나 그 생각이 바뀌는 순간 언제든지 독신주의를 포기하며 다른 행동을 취할 것이기 때문입니다.

그런데 문제는 독신의 은사에 대한 여부를 개인이 정확하게 아는 것이 쉽지 않다는 것입니다. 중요한 것은 독신의 은사에 대한 관심이 아니라 하나님을 온전히 섬기며 살아가고자 하는 성도의 자세입니다. 하나님께서는 어떤 자녀들은 혼인으로 인도할 것이며 다른 어떤 자녀들은 독신으로 살도록 인도합니다. 모든 성도들은 자연스러움 가운데 하나님의 뜻을 알아가며 그에 순종하는 삶을 살아가는 것이 중요합니다.

대다수 사람들은 자신이 독신의 은사를 받았다고 생각하지 않습니다. 나아가 독신의 은사를 받은 사람이면서도 혼인을 꿈꾸는 사람들도 있을 수 있겠지요? 그런 사람들은 세월이 많이 흐르고 나서야 그것이 하나님의 뜻임을 깨닫게 되기도 합니다.

결론적으로 말씀드린다면 독신이나 혼인은 모두 하나님의 은사요 선물입니다. 성도들에게 있어서는 독신이나 혼인은 하나님께서 자기 자녀에게 허락하신 특별한 은사입니다. 그것은 엄밀한 의미에서 인간의 선택이 아니라 하나님의 예정 가운데 있다는 사실을 잘 생각해 보아야 합니다.

그러므로 혼인이나 독신 생활이 자신의 삶을 누리기 위한 목적이 아니라 주님의 뜻 가운데서 하나님을 섬기며 살아가는 방편이 되는 것입니다. 현재 혼인 생활을 하는 부부도 언제 독신으로 살아야 할 형편에 놓이게 될지 모릅니다. 우리의 가족관계는 항상 변화의 가능성을 지니고 있다는 말입니다. 우리가 독신으로 살든지 혹은 혼인하여 살든지 우리를 온전한 길로 인도하시는 하나님의 은혜가 항상 우리와 함께 하시기를 바랍니다.

(2004. 4. 12)

## 39  혼인식장에서 성찬식을 행할 수 있는지요?

요한 형제

**반**갑습니다. 하나님께서 오는 6월에 혼인을 하도록 허락하셨다니 감사한 일입니다. 서로 얼굴을 알지 못하는 사이이지만 멀리서나마 축하드립니다.

부족한 저에게 질문을 주셔서 감사합니다. 그러나 그 질문에 대한 답변을 하기가 주저됩니다. 신부의 아버지께서 목사님이시라구요? 앞으로 장인이 될 목사님께서 혼인식장에서 성찬식을 하자고 제안하시니 인간적으로 본다면 거절하기가 쉽지 않을 것이기 때문입니다. 제가 이 답신을 통해 형제가 바라는 내용을 말하지 않는다 할지라도 전체적인 의미를 잘 생각해 보시기를 바랍니다.

미리 말씀드리고 싶은 것은 장인이 되실 목사님의 마음을 잘 헤아리라는 것입니다. 혼인식장에서 성찬식을 하고자 하는 목사님에게는 이제 새 가정을 이루어 살아가게 될 딸과 사위가 정말 주님만 바라보며 세상을 이겨나가기를 바라는 마음 간절할 것입니다. 요즘 많은 젊은이들이 혼인을 하지만 쉽게 파경을 맞게 되는 현실을 늘 보고 있을 것이며, 기독교인들 가운데서도 혼인을 한 후 복음에서 떠나는 자들을 보며 안타까워하고 있을지도 모를 일입니다.

그런 현실 가운데 살아가시는 목사님이 사랑스런 자기 자녀들에 대해서는 주님만을 의지하며 살아가게 해야겠다는 간절한 바람으로 혼인식장에서부터 성찬식을 하고 싶은 마음을 가지게 했을 것입니다. 저는 형제의 장인이 되실 목사님의 마음을 눈에 보는 듯 합니다.

저는 그분의 순수한 신앙이 참 아름답다는 생각을 하게 됩니다. 자녀들로 하여금 하나님 앞에서 거짓없이 엄숙한 마음으로 성찬식과 함께 혼인하게 하려는 그 부모의 마음은 매우 진지한 자세일 것입니다. 우리 시대에 그런 진지한 마음을 가진 분들을 찾아보기 쉽지 않기 때문입니다.

요한 형제, 그럼에도 불구하고 저는 혼인식장에서 성찬을 나누는 것은 올바른 것이 아니라고 말씀드리려 합니다. 성찬은 공예배 시간에 이루어지는 언약적 내용이기 때문입니다. 성찬은 세례를 받아 한 교회공동체에 속한 성도들이 말씀과 권징 사역의 의미 가운데서 나누어져야 합니다. 장로교에서는, 장로회(당회)의 선한 감독 가운데 매주일(혹은 일년 몇 차례) 지속적인 성찬이 이루어져야 합니다.

우리가 잘 알고 있듯이 혼인식에 모인 하객들은 하나님께 예배드릴 목적으로 모이는 사람들이 아닙니다. 그들은 신랑, 신부를 축하하고 혼주에게 인사를 나누기 위해 모이게 됩니다. 혹 혼인식과 함께 예배를 드리기 위해 모이는 사람들이 있다 할지라도 지속적인 말씀 선포와 권징 사역이 이루어지는 언약공동체로서의 교회는 아닐 것입니다.

우리 시대 성도들의 혼인식은 장로회의 선한 감독아래 행해지는 것이 아니며 가족중심으로 이루어지고 있는 것이 일반적입니다. 그러므로 혼인식에 참여한 사람들이 서로간 누구인지도 알지 못하며, 언약공동체와 무관한 다른 목적을 가진 일시적 모임에서 그리스도의 살과 피를 기념하는 성찬식을 하는 것은 바람직하지 않은 것입니다.

요한 형제, 이름을 보아 형제의 본가本家 역시 신앙이 독실한 가정이 아닐까 짐작해 봅니다. 만일 양가 어른들이 혼인식장에서 성찬식을 하는 것이 좋겠다고 합의를 하게 되면 달리 어떻게 할 도리가 없을지도 모르겠습니다.

그렇지만 양가 어른들을 잘 설득시켜 보시기를 바랍니다. 우선 어른들의 마음을 충분히 이해한 상태에서 차근히 설명드릴 수 있으면 좋겠습니다. 하지만 장인어른될 분이 목사님인 만큼 신학적인 근거를 가지고 설득을 하려 하면 도리어 화를 내게 되실지도 모른다는 생각을 해봅니다. 현재 그 목사님은 그것이 아무런 문제가 없을 뿐더러 매우 바람직한 것으로 이해하고 있을 것이기 때문입니다.

그래서 다른 방법으로 말씀드리며 설득하는 것이 좋을 듯합니다. 지금 형제가 출석하고 있는 교회의 목사님과 전도사님들 등 교회의 많은 친구들이 혼인식에서 행하는 성찬식에 대해 부담을 느끼게 될 것 같다고 이야기해 보면 어떨까요?

현재 출석하고 있는 KS교단의 교회에서는 그런 예가 없어서 교역자들이 매우 어색해 할 것이란 이야기를 하면서 대화를 풀어나가면 어떨까요? 혼인을 축하하러 온 많은 친구들이 편한 마음으로 축하하며 교제할 수 있도록 도움을 달라고 해 보면 어떨까요?

물론 혼인을 한 후 나중에는 장인어른과 함께 성찬에 대한 신학적인 이야기를 해 볼 수 있겠지요. 주님께서 형제에게 지혜를 주시기 원합니다. 중요한 문제이기는 하지만 무엇을 쟁취하듯이 하지 말고 하나님의 인도하심을 바라며 지혜롭게 문제를 잘 해결해 나가기를 바랍니다.

하나님께서 허락하신 혼인을 통해 주님 보시기에 아름다운 가정을 이루시기를 바랍니다. 다시 한번 축하합니다!!

(2004. 4. 21)

## 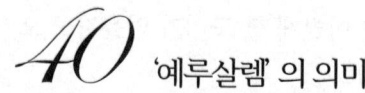 '예루살렘'의 의미

소연 자매님

주님의 이름으로 문안드립니다. 조에성경신학연구원을 알고 계신 다니 틈이 나면 놀러오세요. 학교는 대구에서 가장 중심 지역이라 할 수 있는 봉산동 문화거리에 있습니다.

저에게 예루살렘의 의미에 대한 질문을 하셨더군요. 이는 단순한 용어에 대한 질문이 아니라 구속사적인 의미를 묻는 것이라 생각됩니다. 사실 예루살렘의 의미를 깨닫는 것은 성경의 전반적인 가르침과 하나님의 구속사를 이해하는 데 절대적으로 중요한 내용이라 할 수 있습니다. 즉 예루살렘에 대한 의미를 알지 못한다면 성경과 하나님의 뜻에 대해서 제대로 이해할 수 없습니다.

그렇다면 인간의 역사 가운데 예루살렘의 의미는 무엇일까요? 인간이 범죄함으로 인해 모든 인간 세계는 죄악 가운데 놓이게 됩니다. 여기서 인간 세계란 인간뿐 아니라 인간과 관계된 모든 피조 세계를 포함합니다.

인간의 범죄이후 땅은 가시와 엉겅퀴(창 3:18)를 내고 다른 모든 생명체 역시 죄의 영향을 받아 사망에 처하게 됩니다. 그러므로 세계 전체는 소망없는 사망의 골짜기가 됩니다. 그런 중 하나님께서는 '여자의 후손'(창 3:15)을 보내심으로써 죄악으로 인해 파괴된 세계를 다시 회복하시겠다고 언약하시게 됩니다.

그런 은혜를 베풀기로 작정하신 하나님께서는 인간의 역사를 통하여 점진적으로 자신의 거룩하신 뜻을 이루어 가셨습니다. 그것을 구속사 Redemptive History라 하는데, 그중에서 우리가 예루살렘과 관련하여 특히 관심을 기울여 할 부분은 아브라함이 이삭을 바친 모리아산입니다.

하나님께서 갈대아 우르에 살던 아브라함에게 자손과 함께 '땅'에 대한 약속을 하셨을 때 그 땅의 중심에는 이미 하나님께서 특별히 지정하신 장소인 예루살렘이 존재하고 있었습니다.

하나님께서 아브라함에게 약속 가운데 허락하신 독자 이삭을 요구하신 모리아산은 아브라함이 스스로 선택한 장소가 아니었습니다. 모리아산은 지금의 예루살렘으로 아브라함이 이삭을 바친 자리는 예루살렘 성전이 있던 바로 그 자리(대하 3:1)였습니다.

아브라함의 자손들이 그 땅을 최종적으로 얻게 된 것은 다윗왕에 이르러서입니다. 다윗왕은 이스라엘의 왕이 된 후 예루살렘을 수도로 정하고, 그 모리아산에 솔로몬왕이 하나님의 거룩한 성전을 세운 것입니다.

그 산은 구속사와 관련된 특별한 장소이며 예루살렘 성전과 함께 예수 그리스도의 구속사역이 이루어질 때까지 그 구속사적 의미가 지속됩니다. 즉 아브라함으로부터 솔로몬의 성전을 거쳐 예수 그리스도의 사역이 이루어질 때까지, 예루살렘의 구속사적 실제적인 의미가 이 세상 가운데 점차적으로 드러나게 됩니다.

하나님께서는 언약을 통해 지정하신 예루살렘을 통해 구속사역을 이루시고자 했음을 알 수 있습니다. 예루살렘 도성 중에서도 아브라함이 이삭을 바쳤던 자리에 건립된 예루살렘 성전의 의미가 그 핵심에 존재하게 되는 것입니다.

신약성경은 그 예루살렘 성전의 의미가 곧 예수 그리스도임을 말하고 있습니다. 예수님께서는 "너희가 이 성전을 헐라 내가 사흘만에 다시 세우리라"(요 2:19)고 하시면서 자기와 성전을 동일시 하셨습니다. 그러므로 예수님께서 십자가에 달려 운명하셨을 때 성전 휘장이 찢어져(마 27:51; 막 15:38; 눅 23:45) 그 의미를 확증했던 것입니다.

이제 그 의미를 알기 쉽게 이해하기 위해 약간의 설명을 덧붙여 보겠습니다. 우리는 무언가 일을 시도하려 할 때 시발점을 두게 됩니다. 어디서부터 시작할지 시간과 장소를 정합니다. 전쟁을 할 때도 어디에 본부를 두고 적을 공격할지 지휘소를 정하게 됩니다. 적진에 들어가서 싸워야 할 경우에는 교두보를 마련하여 그곳을 중심으로 전투를 전개하는 것입니다.

이와 같이 하나님께서도 사탄의 지배 아래 있는 인간 세상을 정복하시기 위해 한 장소를 정하시게 되는데 그곳이 곧 예루살렘입니다. 하나님께서는 예루살렘을 교두보로 정하시고 그곳을 발판으로 세상 가운데서 의로운 전쟁을 전개해 가신 것으로 이해하면 될 것입니다.

그러므로 예루살렘을 통해 하나님의 구속사역이 이루어졌던 것은, 마치 그곳을 통해 하나님 나라가 침범해 들어와 사탄이 지배하고 있는 죄악의 나라를 공격하는 교두보로서의 역할을 한 것과 같습니다.

이 정도 설명이면 자매님이 궁금해하던 부분이 어느 정도 이해될 수 있으리라 생각합니다. 우리는 예루살렘의 의미를 통해 하나님의 은혜를 깨닫게 되며, 주님께서 이 세상 가운데서 하시고자 한 선한 뜻을 알아가게 되는 것입니다. 그 예루살렘을 통해 주님께서 구원 사역을 이룩하심으로써 우리는 그의 영광의 나라에 참여해 감격스런 삶을 누리고 있습니다. 모쪼록 주님의 참 사랑을 잘 깨닫는 자매가 되기를 원합니다.

(2004. 4. 29)

## 41 "너는 힘써 대장부가 되라" (왕상 2:2)

김 전도사님

늘 수고가 많으리라 생각합니다. 교회와 가정에서 모범적인 삶을 보이는 전도사님을 보며 항상 감사한 마음을 가지고 있습니다. 요즘과 같은 진리가 가려진 암흑시대에 교회를 잘 지키기 위해서는 교사된 자들이 더욱 신중한 삶을 살아가야 하리라 생각합니다.

지난번 전도사님이 공개적으로 질문한 내용을 잠시 생각해 보고자 합니다. 열왕기상 2장 2절의 "너는 힘써 대장부가 되라"는 말이 무엇을 의미하는지 잘 생각해 볼 필요가 있습니다. 어떻게 보면 가볍게 받아들일 수 있을 것 같지만, 또 다른 한편으로 생각해 보면 그 의미를 잘 새겨보아야 할 이유가 있습니다.

이 말씀을 이해하기 위해 몇몇 성경 번역들을 살펴보고자 합니다. 우리가 일반적으로 이해하고 있는 한글과 영어번역들을 참조해 보는 것이 무난합니다. 우선 한글성경들을 살펴보면, "너는 힘써 대장부가 되고"(한글개역), "너는 굳세고 장부다워야 한다"(표준새번역), "힘을 내어 사내 대장부가 되어라"(공동번역)고 번역하고 있으며, 영어성경들에는 "be thou strong, and shew thyself a man"(KJV), "be strong, show yourself a man"(NIV), "be strong, and show yourself a man"(NASB)이라고 번역하고 있습니다.

그런데 위의 여러 번역들을 보면 한글성경과 영어성경 사이에 미묘한 차이를 발견할 수 있습니다. 한글성경에서는 '대장부' '장부' '사내 대장부' 라는 단어를 사용하면서 무언가 남성다움을 표현해 보려고 애쓴 흔적이 역력해 보입니다. 그러나 영어성경을 보면 'a man' 으로 통일되어 있습니다.

히브리어 성경 원문에서는 그냥 '이쉬' 로 기록되어 있는데 그 의미는 '남자' 를 의미하는 보통명사입니다. 즉 열왕기상 2장 2절의 '대장부' 라는 말의 원어는 특별히 남성다움을 말하는 단어가 아니라 그냥 단순한 '사람' (a man)을 지칭하는 보통명사입니다. 솔로몬이 남자이기 때문에 그냥 'a man' 이라고 했을 따름이지 더 이상의 강한 용어를 사용하고자 한 것은 아닙니다.

한글번역에서 '사람이 되라' '사람다워야 한다' '사람이 되어라' 고 한다면 뭔가 의미 전달이 미흡할 것이란 판단으로 그렇게 번역했을 것이란 점은 충분히 납득할 만합니다. 그렇지만 의미 전달을 위해 특별한 단어를 채택하지 않은 영어성경들이 오히려 더 정확한 번역이라 볼 수도 있습니다.

위의 구절에 사용된 단어나 구성된 문장 자체가 주는 뜻은 매우 간단한 것으로 이해할 수 있겠습니다. 그렇지만 그 문장이 담고 있는 의미는 매우 중요함을 기억해야 하리라 생각합니다.

그렇다면 다윗왕이 나이 어린 솔로몬에게 한 그 말의 의미는 무엇일까요? 저는 우선 위의 구절을 구속사적 맥락 속에서 이해해야 하지 않을까 생각해 봅니다. 즉 예루살렘을 정복한 다윗왕과 차기의 이스라엘 왕인 솔로몬 사이에 이루어진 특별한 대화이기 때문입니다.

솔로몬은 다윗왕을 이어 예루살렘 성전을 짓게 될 이스라엘의 왕이지 않습니까? 다윗이 그에게 "남자가 되라"고 한 것은 "흔들리지 않는 자가 되라" "하나님의 말씀 위에 굳건히 서는 자가 되라"는 말로 이해할 수 있습니다.

다윗왕 시대에도 많은 간신배들이 있어서 하나님을 멀리하도록 부추기는 신하들이 있었는가 하면 자기의 욕심을 채우고자 하는 신하들이 많이 있었습니다. 그런 신하들은 솔로몬이 왕으로 등극한 후에도 여전히 많이 있을 것임을 다윗왕은 잘 알고 있었습니다.

그러므로 다윗왕은 솔로몬에게 "하나님의 말씀 위에 굳건히 선 흔들리지 않는 왕이 되라"고 요구하고 있습니다. 그러므로 위의 구절은 "사내 대장부로서 씩씩한 남자가 되어라" "용맹스런 남자가 되어라"는 식의 뜻을 담고 있는 것은 아닌 듯 합니다.

역대상 22장 5-13절의 기록을 보면 그 의미가 더욱 명확해질 것 같습니다:

다윗이 가로되 "내 아들 솔로몬이 어리고 연약하고 여호와를 위하여 건축할 전은 극히 장려하여 만국에 명성과 영광이 있게 하여야 할지라 그러므로 내가 이제 위하여 준비하리라" 하고 죽기 전에 많이 준비하였더라. 다윗이 그 아들 솔로몬을 불러 이스라엘 하나님 여호와를 위하여 전을 건축하기를 부탁하여 이르되 "내 아들아 나는 내 하나님 여호와의 이름을 위하여 전을 건축할 마음이 있었으나 여호와의 말씀이 내게 임하여 이르시되 '너는 피를 심히 많이 흘렸고 크게 전쟁하였느니라 네가 내 앞에서 땅에 피를 많이 흘렸은즉 내 이름을 위하여 전을 건축하지 못하리라 한 아들이 네게서 나리니 저는 평강의 사람이라 내가 저로 사면 모든 대적에게서 평강하게 하리라 그 이름을 솔로몬이라 하리니 이는 내가 저의 생전에 평안과 안정을 이스라엘에게 줄 것임이니라 저가 내 이름을 위하여 전을 건축할지라 저는 내 아들이 되고 나는 저의 아비가 되어 그 나라 위를 이스라엘 위에 굳게 세워 영원까지 이르게 하리라' 하셨나니 내 아들아 여호와께서 너와 함께 하시기를 원하며 네가 형통하여 여호와께서 네게 대하여 말씀하신 대로 여호와의 전을 건축하며 여호와께서 네게 지혜와 총명을 주사 너로 이스라엘을 다스리게 하시고 너의 하나님 여호와의 율법을 지키게 하시기를 더욱 원하노라 네가 만일 여호와께서 모세로 이스라엘에게 명하신 모든 율례와 규례를 삼가 행하면 형통하리니 강하고 담대하여 두려워 말고 놀라지 말지어다"(한글개역성경).

김 전도사님, 지나치게 진부한 이야기를 했지요? 오늘 우리가 굳이 위의 말씀을 기억하며 우리 자신을 되돌아 본다면 우리 또한 하나님의 말씀 위에 굳게 서서 흔들리지 않는 성도들이 되어야 합니다. 혹 위 본문 말씀에 대해 비슷하게 궁금해 할 성도들이 있을지도 모른다는 생각에 간단하게 정리했습니다. 항상 주님의 은혜를 기억하는 우리 실로암교회가 되기를 원합니다.

(2004. 5. 10)

##  '교회 개척과 건축'에 대하여

J 전도사님

주님의 이름으로 문안드립니다. 보내주신 글의 내용을 보아 신학 공부를 늦게 시작한 것으로 생각됩니다. 이제 졸업반이라니 그동안 공부한 내용을 신학적으로 잘 정리하는 것이 무엇보다 중요하리라 생각합니다. 제가 여기서 '신학적'이라 하는 것은 단순한 사변이 아니라 '하나님의 말씀인 성경을 전체적으로 보는 눈'이라 말씀드리고 싶군요.

전도사님께서 교회를 개척하려는 마음이 있다고 말씀을 하셨는데, 저는 그에 대해 좀더 원리적인 이야기를 하려고 합니다. 저는 '개척'이라는 용어를 잘 정리해서 사용해야 한다고 생각하고 있습니다. 교회를 개척한다고 하는 말에는 주님의 몸된 교회를 상속해 가는 우주적 개념이 강하게 들어있어야 합니다.

원래 새로운 교회의 시작은 개인의 성향에 따른 판단이 아니라 교회의 결정이어야 합니다. 그러므로 교회를 개척함에 있어서 전도사님께서 직장 생활을 하며 저축해 둔 개인의 돈을 교회당 마련을 위해 사용해서는 안 됩니다. 즉 전도사님이 가진 재산이 있다면 그것을 교회당 부지나 예배당 건축을 위해 내어놓거나 연보를 하는 것은 결코 바람직하지 않습니다.
그것은 전도사님이 앞으로 그 교회에서 말씀을 가르치는 교사가 될 것이기 때문에 어떤 기득권적 바탕을 마련할 만한 것도 있지 말아야 하기 때문입니다. 그 돈은 전도사님의 가족의 생활과 함께 달리 주님의 뜻에 따라 선하게 사용하실 용처가 있을 것입니다.

앞에서 말씀드린 대로 예배 처소를 마련하는 모든 일은 원칙상 교회를 개척하고자 하는 모(母)교회가 힘을 쓸 일이며, 혹 그것이 여의치 않다면 나중 여러 교인들이 함께 마음을 모아 결정해야 할 일입니다. 만일 교회의 지도자인 전도사님이 상당한 액수의 개인 재산을 연보한다면, 그 교회는 말씀이 아니라 가장 많은 연보를 한 전도사님 개인의 성향대로 이끌려 갈 위험이 있습니다.

물론 전도사님의 현재 마음이 그렇다거나 앞으로 그렇게 할 의사가 있다는 말씀은 전혀 아닙니다. 그러나 교회당을 건축하는 일에 많은 액수의 돈을 내놓게 되면 전도사님의 모든 목회 인생이 마치 거기에 걸려 있는 것처럼 잘못 생각할 수도 있을 것이며, 그로 인해 소위 목회에 성공하려는 잘못된 생각을 가지게 될지도 모를 일입니다.

이미 우리가 잘 알고 있는 것처럼 교회의 모든 재정적인 문제는 제직회를 통해서 기도하는 가운데 신중하게 논의되어야 합니다. 그러므로 아직 제직회 구성은 물론 교인들이 없는 상태에서 건물을 미리 준비한다는 것은 올바르지 않습니다. 원리적으로는 교회의 상속을 염두에 둔 모(母)교회가 복음전파를 위해 자(子)교회가 자립할 때까지 분별력 있게 지원하는 것이 가장 바람직합니다.

그러나 개척교회 지원이 마치 목회자를 위한 구제인 것처럼 인식되어 있고, 어떤 경우에는 그것이 마치 상당한 특혜처럼 인식이 되어 있는 우리 시대의 교회 현실 가운데서는 결코 쉽지 않은 문제입니다.

제가 전도사님께 말씀드리고 싶은 것은, 만일 하나님께서 전도사님을 통해 개척교회를 허락하시고자 한다면 처음부터 전도사님의 개인적 경제 부분과 교회의 공적재정을 철저하게 분리해야 한다는 점입니다.

전도사님의 사재私財는 개인의 판단에 의해서 사용하면 되지만 교회의 재정은 철저하게 교회의 의사와 결정에 맡겨야 합니다. 좀더 엄밀하게 말씀드린다면 교역자가 교회의 재정에 대해 다른 교인들보다 더 많은 신경을 써서도 안 됩니다. 교사는 가르치는 일에 전념하고, 재정에 대한 문제는 집사님들이 논의하도록 해야 합니다.

만일 전도사님이 졸업을 하고 개척교회를 시작하게 된다면 지금 살고 계시는 집에서 소수의 성도들이 말씀을 나누며 지교회로서 출발하면 될 것입니다. 그러다가 성도의 수가 많아져 그 공간이 협소해지면 교회의 성도들이 기도하며 의논하도록 도와주십시오.

어쩌면 그때가 되어도 교회 가운데 재력있는 성도가 없을지 모릅니다. 설령 그렇다 하더라도 결코 전도사님이 개인의 재산을 연보하거나 재정 마련을 위해 앞서는 것은 위험합니다. 오히려 여러 성도들이 교회의 형편을 두고 논의하되 지나치지 않도록 지도해야 할 것이며, 혹시라도 어린 성도가 필요 이상의 연보를 작정하며 재정 중심의 분위기를 만들어간다면 그것 역시 조심스럽게 만류해야 합니다. 교회의 목사는 재정 문제가 말씀 자체를 구축驅逐하지 않도록 늘 감독하고 지도해야 합니다.

바람직하기로는 공예배 시간을 통해 매주 연보하는 그 액수 가운데 일부를 교회당 마련을 위해 저축하며 준비하는 일일 것입니다. 이는 마치 가정에 있어서 경제생활과 같습니다. 젊은 부부가 혼인을 하면 매달 얻은 수입 중 일부를 주택마련을 위해 조금씩 모아 저축을 하지 않습니까? 그렇게 하여 월세, 사글세, 전세를 거쳐 오랜 시간을 지나 조그만 자기 집을 마련하지 않습니까? 교회도 이와 다르지 않습니다. 처음 교회의 독립공간이 없다가 월세, 사글세, 전세의 과정을 거쳐 필요한 자기 공간을 마련할 수 있습니다.

물론 앞에서 말씀드린 것처럼 교회를 세우고자 하는 모교회가 있을 경우에는 그 교회가 처음부터 교회당을 마련할 수도 있습니다. 그러나 우리는 처음부터 교회당을 마련하는 것을 보며 전혀 부러워할 필요가 없습니다. 그것은 도리어 우려되는 일일 수도 있습니다. 앞에서 말씀드린 것처럼 신혼부부가 조금씩 저축을 하여 오랜 세월을 거쳐 집을 마련한다면 그것 자체가 삶의 과정이며 그것을 통해 가족 간의 신뢰와 사랑을 배우며 살아가게 되는 것입니다.

전도사님, 저의 말씀을 잘 이해하시리라 믿습니다. 자녀를 진정으로 사랑하는 자는 결코 돈으로 모든 것을 해결하려 하지 않습니다. 교회를 세워감에 있어서도 마찬가지입니다. 교회당 건물과 교인들의 생활은 별개의 문제입니다. 독립된 예배 처소가 없으면 좀 불편하겠지요. 그러나 그런 가운데서 성도들이 주님의 은혜를 깨달아 가며 함께 살아가는 것이 무엇보다 소중함을 잘 기억해야 합니다.

(2004. 5. 12)

# 43 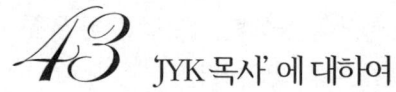'JYK 목사'에 대하여

허 성도님

반갑습니다. 최근 문제가 되고 있는 JYK 목사에 대한 저의 견해를 말씀드리겠습니다. 조 목사는 지난 5월 12일 동국대학교 불교대학원에서 특강을 하며 자신의 사상을 드러냈습니다.

성도님의 질문을 받고 저는 조 목사가 강의한 내용 전문을 구해 면밀히 살펴보았습니다. 그는 특강에서 기독교와 불교의 평등 관계를 강조했습니다. 즉 예수 그리스도를 통해서만 구원이 이루어지는 것이 아니라 다른 구원의 길이 있다는 것입니다. 그는 기독교의 구원은 기독교식 구원이며, 불교의 구원은 불교식 구원이라는 논리를 전개했던 것입니다.

이즈음에서 짚고 넘어가고자 하는 것은 대세에 따라 오락가락하는 우리 민족의 감성적 자세입니다. 한국교회에는 그동안 수많은 이단들을 정죄했습니다. 올바른 교회라면 마땅히 그렇게 해야 합니다.
그런데 문제가 되는 것은 말씀과 원리가 아니라 분위기에 따른 이단 정죄라는 점입니다. 한국교회는 처음에 이단이라 했다가도 시간이 지나면 신학적 충분한 검증없이 이단의 족쇄를 해제하는 모순을 숱하게 범해오고 있습니다.
JYK 목사와 S 교회에 대해서도 한때 이단으로 규정한 교단들이 있었지만 덩치가 커지자 여론의 추이에 따라 지금은 이단이 아닌 것으로 받아들이고 있습니다. 그것은 처음부터 하나님의 말씀에 따른 검증이 아니라 단순한 종교 경험에 의한 논리였음을 입증합니다. 뿐만 아니라 S

교회의 성장을 부러워하는 자들은 조 목사의 사상뿐 아니라 그의 말투까지도 따라하는 어처구니없는 일이 발생하고 있습니다.

　이번 JYK 목사의 동국대학교 특강이 문제가 되었다면, 만일 그가 그날 동국대학교에서 그 강의를 하지 않았다면 어떻게 되었을까요? 아마도 아무런 문제가 발생하지 않았을 것입니다. 현재 많은 기독교인들이 문제삼고 있는 것은 그 날의 발언입니다.
　그러나 우리가 신중하게 생각해 보아야 할 점은, 5월 12일 동국대학교에서 특강을 하기 전과 후의 JYK 목사의 사상은 동일하다는 사실입니다. 그가 그날 특강에 초청받지 않았다 해도 그의 속 사상은 여전히 동일합니다. 즉 그런 불순한 신학 사상을 가졌다 할지라도 자기의 목적에 의해 때와 장소에 따라 달리 말할 수 있다는 것입니다.

　JYK 목사의 그날 특강 내용을 살펴보면 분명히 종교다원주의적입니다. 즉 그는 종교간의 평등과 대화를 매우 강조하고 있습니다. 그는 "종교는 불교나 기독교나 마호메트교나 평등합니다"(특강원문)고 주장했습니다. 그리고 "불교나 기독교가 더 열심히 전도해서, 우리 한국의 불교나 기독교의 지배 종교가 지배한다면 지배 문화를 만들어서 그 문화 속에 윤리, 도덕이 서고 인생관과 철학이 서고 생활 가치가 설 것"(특강원문)이라며, "그런 면에서 불교가 왕성해야겠고, 기독교가 왕성해야 되겠고, 불교와 기독교간에 긴밀한 대화를 해야겠습니다"(특강원문)고 말했습니다.

　어떤 참석자가 '예수밖에는 구원을 받을 수 없다는 기독교 교리'에 대한 질문을 했을 때, 조 목사는 "(일반) 목사님들이 그(다른) 종교의 특수성과 그 차별성을 인정하지 않고 유아독존적으로 생각하므로 많은 분쟁이 생길 요인이 있기 때문에 제가 은퇴를 하고 나서는 더 많은 대화를 통해서 이해와 화해의 길을 모색해야 되어야겠다고 생각하는 이유가 바로 거기에 있습니다. 종교는 평등합니다"(특강원문)고 하자 참석했던 불교 신도들의 박수가 뒤따랐습니다.

뒤이어 다른 참석자가 마치 재확인이라도 하듯 "오늘 목사님의 말을 기독교의 예수님, 하나님 외에도 구원을 받을 수 있다는 말로 생각해도 되겠는가?"라고 질문했을 때도 그는 긍정적인 답변을 했습니다. 그는 자기 집안 이야기를 하며 "우리 동생은 불교를 통해서 구원을 받겠다고 확신을 믿기 때문에 존중하고 인정하고, 나는 기독교 목사니까 기독교를 통해서 구원을 받는 것을 인정하고, 내 것만 절대 진리라고 인정할 수 없습니다. 너는 죽이고 나는 살겠다 그렇게 되면 상생의 의미가 없어집니다. 그것은 부처님도 예수님도 원하지 않습니다. 그것은 자비와 사랑의 원리에서 어긋난다고 생각합니다"(특강원문)고 답변했습니다.

그리고 그는 불교의 개유불성皆有佛性을 언급하면서, "풀속에도 하나님이 계시며 벌레 한 마리에도 신성이 계신다"(특강원문)며 비기독교적인 발언을 하기도 했습니다.

이제 결론적인 말씀을 드리겠습니다. 동국대학교에서 있었던 특강 내용을 살펴보아 JYK 목사는 매우 불건전한 인물입니다. 앞에서 말씀드린 것처럼 우리가 가져야 할 진정한 혜안慧眼은 설령 그가 지난 5월 12일 동국대학교에서 그런 특강을 하지 않았다 해도 그의 사상을 아는 것입니다.

동국대학교 강의 중에서도 그랬습니다만 그는 현세 기복적 사상을 가진 사람입니다. 즉 성경에서 가르치고 있는 바를 균형있게 이해하지 못하고 있습니다. 그는 자기가 목회하는 교회의 교인수가 75만이라고 밝혔으며 매주 그의 설교를 듣는 사람이 5백만 명이라고 자랑했는데 그것은 참 안타까운 일입니다. 그의 말을 듣는 어린 교인들은 그것을 하나님의 가르침으로 알 것이기 때문입니다.

JYK 목사가 아니어도 한국에는 그와 비슷한 목사들이 수없이 많이 있음을 기억했으면 합니다. 그들에게는 단지 '5월 12일'이 오지 않았으며, 불교대학교의 특강 요청이 없었을 따름입니다. 더욱 염려가 되는 것은 JYK 목사가 당하는 비난을 보며 그들은 더욱 자신의 비복음적인 사상을 숨기려 할 것이라는 점입니다. 그런 만큼 우리는 더욱 민감하게 한국교회를 바라보아야 합니다. 이 정도로 성도님의 질문에 대한 답변을 마치겠습니다.

(2004. 5. 19)

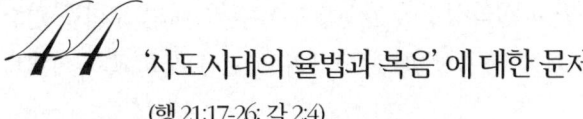

## 44  '사도시대의 율법과 복음'에 대한 문제
### (행 21:17-26; 갈 2:4)

진욱 형제

 그동안 잘 지내고 있지요? 가정과 교회도 두루 평안하리라 믿습니다. 교회에서 청년들과 함께 갈라디아서를 공부한다는 이야기를 들었습니다. 바쁜 가운데서도 신앙 생활을 소홀히 하지 않는 형제가 자랑스럽습니다. 사도행전을 보다가 충격적인 구절을 만났다고 했던가요? 뭘 그 정도의 일에 충격을 받습니까? 충격받을 일이 얼마나 많은데...

 성경 말씀을 체계적으로 이해하기 위한 기초로서 우리가 알아야 할 신학적 배경이 있습니다. 그중에 하나가 사도시대의 특성을 이해하는 것입니다. 종종 신약성경에 기록된 모든 내용을 직접 그대로 적용하는 것이 성경적인 것인 양 생각하는 자들을 보게 되지만 그것은 그렇지 않습니다.
 그런 식으로 잘못 알고 있으면, 신약성경의 모든 내용을 우리 시대에도 그대로 적용해야 한다는 억지논리를 펴게 됩니다. 예를 들어 사도교회 시대에 있었던 여러 가지 이적이나 방언, 예언 등이 현재도 그대로 일어난다고 생각합니다. 그렇게 되면 자기도 모르는 사이 성경을 선택적으로 인용하게 됩니다.
 여기서 제가 사도시대라 함은 예수 그리스도께서 지상 사역을 완성하신 후 오순절 성령과 더불어 시작된 사도들이 주축이 된 교회입니다. 즉 아직 사도들이 살아있고 신약성경이 완성되지 않은 시대의 교회를 일컫고 있습니다. 저는 AD 30년에서 70년 사이의 40년을 사도교회 시대로 이해하고 있습니다.

당시의 교회는 구약성경과 사도들, 그리고 사도들에 의해 기록된 일부 성경들을 통해 세워져 갔던 것입니다. 그러므로 사도시대에는 구약의 율법이 성취되었으면서도 동시에 그 의미가 실천적으로 적용되는 특이한 시대입니다. 이는 율법의 의미가 실천적으로 적용되는 시대가 아닌 이후의 교회시대와 명확하게 대비됩니다.

그러므로 사도교회 시대에는 예수 그리스도께서 구약의 약속을 성취하셨음에도 불구하고 율법의 기능이 일부 그 역할을 하고 있었습니다. 그러므로 사도시대에는 성도들이 날마다 예루살렘 성전에 모였습니다(행 2:46 참조). 그리고 사도들은 정해진 시간에 예루살렘 성전에 기도하러 가기도 했습니다(행 3:1). 즉 예루살렘 성전의 의미가 성취되었음에도 불구하고 여전히 교회 가운데 그 실천적 의미가 존재하고 있었습니다. 형제가 말한 사도행전 21장 17-26절에 기록된 말씀도 그와 같은 맥락에서 이해해야 합니다.

우리가 잘 아는 바와 같이 사도 바울은 갈라디아 교회에 편지를 쓰면서 율법주의자들을 거짓 형제로 지칭하며 맹렬하게 비난하고 있습니다(갈 2:4). 그런 사도 바울이 사도행전 21장에서는 율법을 수용하는 태도를 보였으니 한편 생각하면 놀랄 만하다는 생각이 들기도 합니다.

갈라디아서에 나타나는 율법주의자들은 그 율법을 통해 자기 의를 행하려던 자들이었습니다. 그들은 그런 식으로 율법을 지켜야만 하나님께 나아갈 수 있다고 다른 성도들을 가르치려 했던 것입니다. 그러나 사도교회 시대의 성도들은 율법을 지킴으로 말미암아 의롭게 되었던 것이 아니라 율법의 언약적 의미를 실천적으로 새기는 가운데 저들의 신앙을 지켰습니다.

　사도 바울이 예루살렘에 도착했을 때, 당시 극렬한 유대교인들은 바울을 죽이려 했습니다(행 21:31). 그들이 바울을 죽이려 했던 까닭은 바울이 모세의 율법을 무시한다는 소문 때문이었습니다(행 21:21). 그런 상황 가운데서 야고보를 비롯한 예루살렘의 형제들은, 바울이 율법을 무시하는 자가 아님을 나타내 보이도록 권면합니다.
　그들은 "서원한 네 사람이 우리에게 있으니 저희를 데리고 함께 결례를 행하고 저희를 위하여 비용을 내어 머리를 깎게 하라"(행 21:23, 24)고 권면했으며, 바울은 그들의 말을 수용합니다. "바울이 이 사람들을 데리고 이튿날 저희와 함께 결례를 행하고 성전에 들어가서 각 사람을 위하여 제사 드릴 때까지의 결례의 만기된 것을 고하니라"(행 21:26).
　그러나 그러한 바울의 행위가 유대교인들로부터 인정을 받는 효과를 거두지는 못합니다. 도리어 유대인들은 바울이 이방인과 함께 성전에 들어감으로써 거룩한 성전을 더럽혔다는 이유로 여전히 살해의도를 늦추지 않습니다. 유대인들은, "이스라엘 사람들아 도우라 이 사람은 각처에서 우리 백성과 율법과 이곳을 훼방하여 모든 사람을 가르치는 그 자인데 또 헬라인을 데리고 성전에 들어가서 이 거룩한 곳을 더럽게 하였다"(행 21:28)고 하면서 더욱 분노했습니다.

　이를 보아 우리가 알 수 있는 것은 야고보를 비롯한 예루살렘의 형제들이 바울에게 타협을 요구하거나 유대교인들에게 고개를 숙이도록 부탁한 것이 아님이 확실합니다. 그들은 바울이 결례를 행함으로써 유대인들과 화해를 시도했던 것이 아닙니다.
　오히려 그들은 유대인들 중 복음을 영접한 어린 성도들을 위해서 그렇게 하도록 권면했던 것입니다(행 21:20). 그들이 원했던 것은, 사도 바울이 율법을 무시하는 것이 아니라 율법이 가르치는 바 참 언약 가운데 살고 있는 자임을 예루살렘의 형제들에게 보여주고자 한 것이었습니다.

　율법이 완성된 시대에 살고 있는 오늘날 우리 역시 한층 더 원숙한 개념에서 참 언약 가운데 살고 있는 자들임을 잘 기억했으면 합니다. 이는 물론 우리가 율법을 지켜야 한다는 것을 의미하지 않습니다. 오늘날 복음을 오해하고 있는 어떤 자들의 주장처럼 구약의 십일조나 안식일을 지켜야 한다는 뜻은 아닙니다. 그들은 율법을 선택적으로 지켜야 한다고 잘못 알고 있는 자들입니다. 그래서 이 글의 맨 앞에서 우리가 사도 시대의 특성을 잘 이해해야 함을 언급했던 것입니다.

　이 정도로 설명이 충분히 되었는지 모르겠습니다. 조용히 상고해 보면 그 중요한 의미를 깨달을 수 있으리라 생각합니다. 글을 맺으며 가족과 교회에 사랑의 문안을 전합니다.

(2004. 5. 22)

 "술과 담배"

안녕하세요? 오래 전에 하신 질문에 대해 이제야 답변하게 되는군요. 한국교회에서는 술이나 담배 문제가 이름을 밝히지 못할 만큼 이야기하기 민감한 부분이기도 합니다. 성도님의 질문을 읽으면서 이에 대한 명확한 이해가 있어야 할 필요성을 더욱 절실히 느끼게 됩니다. 제가 이 답변을 하는 동안 성도님이 궁금해하는 점에 대한 답을 발견하게 되기를 바랍니다.

우선 미리 말씀드리고 싶은 것은 술이나 담배를 마시고 피우는 것이 우리가 일반적으로 말하는 바 직접적인 죄가 되는 것은 아니라는 점입니다. 그럼에도 불구하고 한국교회에서는 그것이 마치 죄인 양 생각하는 경향이 있습니다. 그것이 건강에 해롭기 때문에 피해야 한다든지 불필요한 돈 씀씀이에 대한 지적이라면 오히려 이해할 만합니다. 하나님을 믿는 성도가 건강에 해로운 것을 위해 돈을 낭비하는 것은 옳지 않다고 한다면 호소력이 있다는 이야기입니다.

술이나 담배는 기호식품의 일종이라 할 수 있습니다. 물론 담배를 음식이라 하지 않지만 껌과 같은 기호식품으로 분류할 수 있지 않을까 생각해 보는 것입니다. 하여튼 우리는 음식이나 기호식품 자체를 죄와 연결짓지는 않습니다. 몸에 해로운 것을 먹는 것은 죄가 아니냐 하는 말도 호소력이 없습니다. 예를 들어 어떤 질병을 가진 환자가 피해야 할 음식이 있습니다. 당뇨가 있는 사람들에게는 설탕을 비롯한 단음식은 매우 해롭습니다. 먹으면 안 되는 것이지요. 그런데 너무 먹고 싶은 마음에 조금 먹거나 먹으려 할 때 우리는 그를 만류합니다. 그러나 그를 보고 왜 죄를 지으려 하느냐고 말하지는 않습니다.

성경에서 말하는 술에 대한 저의 견해는 이미 여러 군데서 피력한 바 있기 때문에 쉽게 찾아볼 수 있으리라 생각합니다. 성경은 술을 마시는 자체를 죄라고 하는 것이 아니라 주의해서 사용해야 하는 것으로 이야기하고 있습니다. 그러므로 신실한 믿음의 선배들 가운데 술을 마신 경우를 많이 보게 됩니다. 담배 역시 마찬가지입니다. 믿음의 선배들 가운데 담배를 즐긴 분들이 많이 있습니다.

존 칼빈이나 존 낙스 같은 분은 술을 마셨습니다. 그레셤 메이쳔은 술고래(?)라 불릴 만큼 술을 즐긴 사람으로 알려져 있습니다. 이 분들은 모두가 하나님을 경외하는 보수적인 신학자들입니다. 담배에 대해서도 그렇습니다. 아브라함 카이퍼나 헤르만 도예베르트 같은 사람에게도 술, 담배문제는 하등의 문제가 될 것이 없었습니다.

화란에서 가장 개혁주의적이라 할 수 있는 클라스 스킬더의 생애를 다룬 사진첩에는 파이프 담배를 물고 있는 사진이 실려 있습니다. 스킬더는 한국의 KS교단과 자매관계가 있는 화란 깜펀에 있는 개혁파 신학교의 설립자입니다. 지금도 서구의 보수주의자 신학자들 중에는 술, 담배를 가까이 하는 사람들이 많이 있습니다. 이 정도 이야기하면 술, 담배 자체가 죄가 될 수 있는 것이 아님을 쉽게 알 수 있습니다.

물론 저는 훌륭한 신앙의 선배들이 그렇게 했으니 우리도 그렇게 하면 된다는 식의 말을 하려는 것은 아닙니다. 앞에서 말씀드린 것처럼 그분들의 각 시대 교회문화에서는 충분히 수용되던 일이었지만 현대 한국교회의 문화는 그와 달리 형성되어 있습니다.

아무리 죄가 되지 않는다 해도 우리는 연약한 형제들을 기억해야 할 필요가 있습니다. 그러므로 성도님께서도 한국교회의 정서와 교인들을 생각하는 교회 안팎의 사람들을 기억하는 가운데 문제에 접근해 가기를 바랍니다. 즉 죄가 되는 것은 아니지만 다른 사람들이 불필요하게 오해하도록 할 필요는 없을 것이라는 뜻입니다.

사도 바울이 고린도교회에 편지하면서 "그러므로 만일 식물이 내 형제로 실족케 하면 나는 영원히 고기를 먹지 아니하여 내 형제를 실족치 않게 하리라"(고전 8:13)고 한 말을 기억합니다. 구체적인 의미 해석은 미루고라도 우리는 형제를 위하는 마음을 가져야 합니다.
　그럼에도 불구하고 우리는 더 중요한 이야기를 하지 않을 수 없습니다. 만일 술과 담배를 신앙의 기준으로 삼으려는 자가 있다면 그에 대해 단호히 대처해야 합니다. 십계명을 어기고 주님의 말씀을 어기면서도 그것이 얼마나 무서운 죄인가 하는 것을 인식하지 못하고, 술과 담배 자체가 마치 죄인 양 문제삼는 자들이 있다면 그들은 복음을 제대로 이해하지 못하고 있는 자들입니다. 그런 것은 자칫 교회 가운데 누룩처럼 작용할 수도 있음을 알아야 합니다. 이제 결론적인 말씀을 드려야 할 것 같습니다. 술과 담배 자체가 죄는 아니되 멀리 하셨으면 합니다. 이는 연약한 형제들을 위함이요 본인의 건강을 위해서입니다. 나아가 돈을 그런 식으로 낭비하는 것은 바람직하지 않기 때문입니다.

　직장이나 일상적인 인간 관계에 있어서 이 문제는 명확해야 할 것 같습니다. 만일 주님을 믿는 성도가 그들이 보는 앞에서 술을 마시면 겉으로는 좋아하는 듯이 말할 수도 있습니다. 그러나 속으로는 제각기 달리 판단할 가능성이 농후합니다. 도리어 그들은 신앙 생활을 하는 사람이 위선적 행동을 하고 있는 것으로 오해할지도 모릅니다.
　정말 떳떳하면 교회에 가서 목사나 장로 등 교인들이 보는 앞에서도 그렇게 할 수 있느냐고 물어올 것입니다. 물론 대개의 경우 그렇게 직접 묻지는 않겠지만 그런 식으로 무의식적인 불신감이 싹트게 되는 것입니다. 우리가 술, 담배를 하지 않으면서 신실한 성도의 모습을 보일 때 그들은 속으로 신뢰감을 가지게 될 것입니다. 저의 답변이 성도님에게 도움이 되었으면 합니다.

(2004. 6. 4)

## 46 "여성안수 논쟁"

성훈 형제님

반갑습니다. 아마 CBS PD이신가 봅니다. CBS저널을 담당하고 계신다니 더욱 친숙한 느낌이 드는군요. 저도 CBS저널 출연차 몇 차례 서울 목동에 있는 CBS 방송국을 방문한 적이 있거든요. CBS가 복음을 통해 성도들을 일깨우는 좋은 기관이 되기를 바랍니다.

그건 그렇고 저에게 아주 민감한 질문을 하셨더군요. 이미 알고 계시리라 생각합니다만 저는 그동안 여성안수제도가 옳지 않다는 점을 수차례 이야기한 적이 있습니다. 아마 그런 글을 보시고 저의 생각을 물어오신 것이 아닌가 싶습니다.

일반적으로 여성안수라 하면 여자목사제도를 의미하고 있습니다. 물론 장로, 집사 등의 안수도 포함되겠지만 목사직이 문제의 핵심에 있는 것으로 이해합니다. 여성안수를 지지하는 사람들은 대개 그에 반대하는 자들을 성차별론자로 오해하고 있는 것을 봅니다. 즉 남성우월주의나 여성비하를 염두에 두고 있습니다.

그러나 제가 여성안수제도를 비판하는 것은 결코 그런 이유들 때문이 아닙니다. 도리어 저는 많은 경우 여성이 남성보다 훌륭하다고 생각하고 있습니다. 남성의 태생적인 자기 중심적 성품보다 여성의 자기 희생적인 성품은 누구나 존경할 만한 성품입니다.

이제 좀더 핵심적인 이야기를 해볼까 합니다. 목사제도나 안수의 문제는 직분론에 관련되어 있습니다. 교회의 직분은 사회적 분위기나 시대적 변천에 따라 그 이해가 달라질 성질이 아닙니다. 여성의 사회적 지위가 높아지고 그만한 지식을 가졌으니 직분에 대한 개념을 조정해야 되는 것 아니냐고 할 수 없다는 것입니다. 교회의 직분은 성경의 교의적 교훈에 의거해야 하며 인간들의 다수결에 의해 결정할 성질이 아닌 것입니다.

그렇다면 남성이라는 이유가 목사가 될 수 있는 충분조건이 되느냐 하면 그렇지도 않습니다. 남성이기 때문에 목사가 될 수 있는 것이 아니라 성경의 교훈에 따른 교회의 의사에 따라 직분자가 세워지게 되는 것입니다. 이에 대한 분명한 이해를 돕기 위해 저의 좀더 깊은 생각을 말씀드리겠습니다.

한국에는 많은 남성 목사들이 있습니다. 그러나 그들 모두는 과연 인정할 만한 목사인가 하는 점을 생각해 보아야 합니다. 이미 안수를 받고 목사로서 살아가고 있으니 목사가 아니냐 한다면 더이상 할 말이 없습니다. 그러나 저는 한국교회의 남성 목사들 중 직분적 절차를 온당하게 밟아 직분을 맡은 자가 그리 많지 않다고 생각합니다. 이는 교육과정을 말하는 것이 아니라, 신학교에 입학하는 것부터 개인적 결단이 아닌 교회의 의사에 의한 것이어야 한다는 뜻입니다.

흔히 오해하고 있듯이 목사는 일반적 관점에서 말하는 전문직 종사자가 아닙니다. 그것을 전문직으로 이해하게 되면 여성은 왜 그 전문직 종사자가 될 수 없느냐 하는 문제가 제기될 수 있습니다. 여성이 더 잘할 수 있다는 논리가 성립될 수 있다는 것입니다. 또한 목사는 구약의 제사장 직분의 성격을 띠기 때문에 여성은 안 되고 남성만 될 수 있다고 생각하는 것도 옳지 않습니다. 목사가 다른 성도들과 구별된 특별한 제사장인 것은 아니기 때문입니다.

우리가 이런 대화를 할 때 가장 조심스럽게 생각해야 할 점은 역시 직분의 의미입니다. 그것은 주님의 뜻에 따라 교회를 세워가는 방편이 되기 때문입니다. 거기에는 시대와 사회 분위기에 따른 인간적 취향이나 판단이 끼여들 자리가 없습니다. 교회의 직분과 안수제도는 주님께서 말씀을 통해 요청하신 직분적 질서로 인한 것입니다.

다시 말씀드리지만 남성이 여성보다 더 잘나거나 우월해서가 결코 아닙니다. 도리어 교회 내에 목사보다 성경 말씀에 대한 이해가 깊은 여성도가 있을 수 있습니다. 특히 신학을 공부한 여전도사님들 중에는 목사님보다 훨씬 탁월한 신학적 식견을 가진 분들이 많이 있습니다. 그런 분들은 목사가 잘못 설교하거나 성경 말씀에 대해 오해하는 부분이 있으면 교회의 직분적 절차를 따라 권면하며 바로 잡아줌으로써 교회를 세움에 함께 참여해야 합니다.

우리 시대에 여성안수 논쟁이 일어나는 것은 목사를 비롯한 교회의 직분을 교회내의 상위 개념으로 잘못 이해하고 있기 때문입니다. 즉 어떤 직분은 다른 어떤 직분보다 높고 특별한 권세가 있으며, 그 직분자들은 그런 직분을 가지지 않은 일반 성도들보다 우월하다는 생각을 하기 때문입니다. 그러나 그것은 매우 잘못된 생각입니다.

여성 직분과 연관된 중요한 성경구절들인 고린도전서 14장 24, 25절과 디모데전서 2장 11-14절 등에 대한 설명은 얼마전 '뉴스앤조이'에서 소개된 저의 글, "여성안수 해답, 하나님의 경륜과 뜻에서 찾아야-여자 목사제도를 어떻게 보아야 할 것인가?"(2004년 3월 10일)를 확인해 보셨으면 합니다. 여기서 다시 설명하기에는 복잡할 것 같습니다.

저는 야고보의 말을 기억합니다. "내 형제들아 너희는 선생된 우리가 더 큰 심판 받을 줄을 알고 많이 선생이 되지 말라"(약 3:1). 교회의 교사가 되는 것이 자기 성취의 한 방편이 된다고 생각하는 것은 매우 위험합니다. 그것은 자기를 위한 자랑거리가 될 수 없으며 개인적 권위를 나타내는 것도 아닙니다.

우리 시대에 이런 논의가 이루어지는 배경에는 결국 그런 잘못된 생각이 깔려 있다고 할 수 있습니다. 우리는 주님께서 성경을 통해 요구하시는 방법에 따라 겸손하게 살아갈 따름입니다.

저의 답변이 충분하지 않겠지만, 약간의 도움이 되었으면 합니다. 모든 것이 어그러진 우리 시대에 주님의 말씀을 통해 교회가 든든히 서가기를 바랄 따름입니다.

(2004. 6. 14)

##  "불의한 청지기와 불의한 재물"
### (눅 16:1-13중 8, 9절에 대한 해석)

김영 성도님

주님의 이름으로 문안드립니다. 이미 오래 전에 하신 질문에 대해 이제야 답변드리게 되어 죄송합니다. 학기중이라 이것저것 바쁜 일들이 많았을 것이라 짐작하시고 이해해 주셨으면 합니다.

누가복음 16장 1-13절 중 8절의 "불의한 청지기가 일을 지혜롭게 했다"는 말씀과 9절의 "불의한 재물로 친구를 사귀라"는 주님의 말씀에 대하여 질문하셨더군요. "불의한 청지기가 어떻게 지혜로울 수 있으며 칭찬을 받을 수 있는가" 하는 점과 "불의한 재물로 어떻게 친구를 사귈 수 있는가" 하는 점은 본문의 의미를 잘 살피지 않으면 이해하기 쉽지 않으리라 생각합니다. 이는 성도는 불의한 청지기가 되어서는 안 되며, 불의한 재물을 소유하는 것 자체가 잘못된 것이기 때문일 것입니다. 그럼에도 불구하고 성경 말씀에는 분명히 그렇게 기록되어 있습니다.

이제 본문말씀에 접근해 보도록 하겠습니다. "주인이 이 옳지 않은 청지기가 일을 지혜 있게 하였으므로 칭찬하였으니 이 세대의 아들들이 자기 시대에 있어서는 빛의 아들들보다 더 지혜로움이니라. 내가 너희에게 말하노니 불의의 재물로 친구를 사귀라 그리하면 없어질 때에 저희가 영원한 처소로 너희를 영접하리라"(눅 16:8, 9). 앞의 8절 말씀은 비유 내용 중 마지막 부분이며, 9절은 그 비유를 통한 적용의 한 부분입니다.

여기서 우리가 우선 이해하고 넘어가야 할 가장 중요한 것은 '불의한' 이라는 단어입니다. 한글성경과 영어성경에서 그 단어들을 어떻게 번역하고 있는지 살펴보겠습니다. 8절의 '불의한 청지기'와 9절의 '불의한 재물'에 대한 한글과 영어의 다양한 번역들은 이렇습니다: '옳지 않은 청지기'(8절) – '불의의 재물'(9절)〈개역성경〉, '정직하지 못한 청지기' – '세속의 재물'〈공동번역〉, '불의한 청지기' – '불의한 재물'〈표준새번역〉, '불의한 관리인' – '불의한 재물'〈새번역〉, '옳지 못한 재산 관리인' – '세상 재물'〈현대인의 성경〉, 'dishonest manager' – 'worldly wealth'〈NIV〉, 'unjust steward' – 'mammon of unrighteousness'〈KJV〉, 'unrighteous steward' – 'mammon of unrighteousness'〈NASB〉, 'dishonest steward' – 'money'〈Jerusalem Bible〉.

우리가 여기서 볼 수 있는 것은 8절의 '불의한 청지기'를 묘사할 때는 모든 번역들이 그 청지기를 성실하지 않고 부정직하다는 관점에서 번역하고 있다는 점입니다. 그렇지만 9절의 '불의한 재물'에 대해서는 '의롭지 못한 재물'로 번역한 것과 '(단순하게) 세속의 재물' 즉 '돈'으로 번역한 것으로 나뉘어집니다. 이는 그것을 부당하게 얻은 재물로 보느냐 아니면 일반적인 세상의 재물로 보느냐 하는 차이입니다.

그렇다면 '불의한 청지기 비유'로 일컬어지는 누가복음 16장 1-13절에 기록된 말씀의 의미를 전체적으로 살펴봐야 할 것 같습니다. 우선 우리가 알 수 있는 것은 그 청지기는 불의한 자였다는 사실입니다. 그는 '주인의 소유를 허비하는 자'(16:1)였기 때문입니다. 그 사실을 알게 된 주인은 그를 문책하려고 생각하게 됩니다.

그러자 그 불의한 청지기는 이전보다 더욱 불의한 일을 시도하게 됩니다. 주인에게 빚진 사람들을 불러 그들의 빚을 자기 임의로 깎아주었습니다. 다시 말해 그는 영수증을 조작하며 주인에게 손해를 끼치고 있습니다. 그런데 이상한 일이 발생합니다. 주인은 그런 청지기를 매우 심하게 책망하고 계획대로 그를 해고(2절)해야 할 터인데 도리어 또 다른 불의를 저지른 그를 지혜있다고 칭찬하게 됩니다(8절).

주님께서는 그것을 비유로 들면서 "이 세대의 아들들이 자기 시대에 있어서는 빛의 아들들보다 더 지혜로움이니라"(16:8)고 하셨습니다. 그러면서 이어 "불의의 재물로 친구를 사귀라 그리하면 없어질 때에 저희가 영원한 처소로 너희를 영접하리라"(16:9)고 말씀하신 것입니다. 그리고 나서는 맨 마지막 결론에서 "너희가 하나님과 재물을 겸하여 섬길 수 없느니라"(16:13)고 말씀하시면서 진리의 교훈을 제시하고 계십니다.

우리가 이 비유의 말씀에서 배우는 것은 세상의 재물은 사람을 얻기 위한 도구이며 사람은 우리와 삶을 나누는 이웃이라는 점입니다. 불의한 청지기가 주인으로부터 지혜로운 자라 인정을 받았던 것은 재물과 관련된 그의 행위가 아니라 이웃(사람)을 얻으려 했던 그의 자세일 것입니다. 그러므로 주님께서는 그 비유의 말씀을 주신 후 "불의의 재물로 친구를 사귀라"고 교훈하셨던 것입니다.

물론 저는 여기서 불의한 재물이란 '부정하게 번 돈'이 아니라 '세상의 돈'으로 이해하고 있습니다. 그렇게 보아야 할 중대한 근거중 하나는, 만일 부정한 방법으로 돈을 벌지 않아 불의한 재물이 없는 모든 성도들에게도 동일하게 적용되어야 할 말씀이기 때문입니다.

이 세상을 살아가는 성도의 지혜는 주님의 뜻 가운데서 사람을 얻습니다. 그것이 곧 지혜입니다. 이는 다른 사람의 환심을 사기 위해 외교적 인간이 되라는 의미가 아니라 그 가운데 진리를 반영하고 있다고 생각합니다. 위 본문 9절의 맨끝 부분에 기록된 "저희가 영원한 처소로 너희를 영접하리라"는 말씀이 그것을 잘 보여주고 있습니다.

그러므로 결론 부분에 기록된 "너희가 하나님과 재물을 겸하여 섬길 수 없느니라"는 말씀에서 돈이 삶의 목적이 아니라 하나님이 우리 삶의 목적임을 보여주고 있습니다. 이는 인간의 구원과 인간을 통한 하나님 나라의 회복을 보여주고 있는 것으로 매우 중요한 의미를 지닐 것입니다. 우리도 주님께서 주신 이 교훈에 따라 물질을 목적으로 삼을 것이 아니라 주님의 뜻 가운데서 이웃을 기억하며 살아가는 지혜를 얻게 되기를 바랍니다.

 이 정도로 글을 맺겠습니다. 본문 전체를 주석할 형편이 아니어서 대략적인 말씀을 드렸습니다만 전체적인 문맥을 통해 그 의미를 파악할 수 있으리라 생각합니다. 이 글이 성도님께 약간의 도움이라도 되었으면 합니다.

(2004. 6. 16)

## 48 죄는 유전되는 것인가?(시 51:5; 롬 3:23, 24)

'풀잎' 님

안녕하세요? 반갑습니다. 성도의 교제를 염두에 둔다면 실명을 사용했으면 더욱 좋았으리라는 생각을 해 봅니다. 한 평생 살면서 얼굴을 마주보며 교제할 일이 있지 못하다 하더라도 서로간 자신의 이름을 밝히는 것은 매우 소중하다는 생각을 하기 때문입니다.

물론 남들에게 공개하고 싶지 않은 내용이나 자신을 드러내기에 어려움이 있는 경우라면 모르겠지만, 형제(혹은 자매)님처럼 건전하고 숨겨질 필요가 없는 질문일 경우에는 더욱 그러하다고 생각합니다. 제가 괜한 이야기를 했나요? 혹 마음이 상했다면 넓은 마음으로 이해해 주시기를 바랍니다.

형제의 질문에 포함된 몇 가지 내용들 중 하나를 말씀드릴까 합니다. 죄란 과연 유전되는 것인가? 우리 주변의 많은 기독교인들이 그렇게 생각하고 있는 것 같습니다. 이는 아마 일반적인 생각과 함께 시편 51편 5절 말씀의 기록과 같은 내용 때문이 아닌가 생각을 해 봅니다.

일반적이라 함은 할아버지가 죄인이었으니까 아버지도 죄인이며 또 그 아들도 죄인이니 이는 죄가 상속되는 것 아닌가 하는 생각입니다. 그와 같은 생각을 뒷받침 할 수 있을 법하다고 여겨지는 한 구절이 곧 시편 51편 5절입니다.

시편 51편 5절은 다음과 같습니다: "내가 죄악 중에 출생하였음이여 모친이 죄 중에 나를 잉태하였나이다"(개역성경). 이 구절을 보면 어머니가 죄인인 상태에서 자식을 잉태하여 출생했기 때문에 그 자식도 죄인이라는 식으로 해석할 수 있습니다. 그런데 다른 번역 성경들 가운데는 다소간 달리 번역된 성경들이 있습니다.

예를 들면 한글 공동번역 성경에서는 "이 몸은 죄 중에 태어났고, 모태에 있을 때부터 이미 죄인이었습니다"로 번역하고 있으며, 표준새번역 성경에서는 "실로, 나는 태어날 때부터 이미 죄인이었고, 어머니의 태 속에 있을 때부터 죄인이었습니다"로 번역하고 있습니다. 그리고 영어성경 중에는 "Surely I was sinful at birth, sinful from the time my mother conceived me"(NIV)라고 번역한 성경도 있습니다.

한글 개역성경의 기록을 문맥 자체로 볼 때 죄가 마치 어머니로부터 상속되는 듯이 보이기는 합니다만, 위에 소개한 다른 번역 성경들을 보면 죄의 상속이라는 개념은 찾아보기 어렵습니다. 도리어 인간은 원래부터 죄인인 상태에 놓여있음을 말해주고 있습니다.

우리가 용서받아야 할 일차적인 죄, 즉 성경에서 말하는 죄는 경중을 따져 평가하는 그런 죄를 말하는 것이 아닙니다. 그러므로 이 세상에 태어나는 사람들 중 누구는 더 심한 죄인이며, 누구는 덜 죄인이라는 식의 말이 성립되지 않습니다. 즉 많은 죄를 지은 어머니로부터 출생한 자식은 좀더 많은 죄를 가지고 태어나며, 죄가 거의 없어 보이는 훌륭한 어머니로부터 출생한 자식은 전자보다는 죄가 훨씬 가벼운 상태에서 태어난다고 말할 수 없다는 것입니다.

시편 기자는 위의 말씀에서 일반적으로 죄라고 생각하는 그 죄를 짓기 전부터 이미 자신은 죄인이었음을 고백하고 있습니다. 이는 비록 시편의 기록자뿐 아니라 우리 모두에게 공히 적용되고 해당하는 고백입니다. 우리 모두는 어머니의 태중에 있을 때부터 멸망받아야 할 죄인들이었습니다. 아직 범죄 능력이 있지 않고 죄가 무엇인지 깨닫기도 전에 이미 죄인인 상태였다는 것입니다.

그렇다면 성경에서 말하는 죄란 무엇인가 하는 점을 생각해 보아야 합니다. 죄의 정의를 가장 간단하게 한마디로 말한다면, "하나님께서 의롭게 보시지 않는 것이 곧 죄입니다."

아담이 하나님을 배반한 이래 하나님께서는 더이상 인간을 의롭게 보시지 않습니다. 그것은 지금도 마찬가지입니다. 하나님께서는 이 세상의 어느 인간도 의롭게 보시지 않습니다. 하나님께서는 오직 의로우신 성자 예수 그리스도를 통해 자기의 택한 백성들을 의롭게 보시는 것입니다. 그것을 신학적 용어로 칭의justification라 하며 그것이 우리에게 주어진 하나님의 놀라우신 은혜입니다.

사도 바울은 로마에 있는 교회에 편지하면서 "모든 사람이 죄를 범하였으매 하나님의 영광에 이르지 못하더니 그리스도 예수 안에 있는 구속으로 말미암아 하나님의 은혜로 값없이 의롭다 하심을 얻은 자 되었느니라"(롬 3:23, 24)고 말하고 있습니다. 여기서 모든 사람이 죄를 범했다는 것은 각 인간들의 일반적인 범죄 행위를 말하고 있는 것이 아니라 아담이래 죄 아래 놓여있는 인간들의 죄된 상태를 의미합니다.

그러므로 태중에 있는 아이들이나 아직 범죄 능력이 없는 유아, 그리고 태생적으로 범죄 능력을 가지지 못한 자들을 포함한 모든 인간들은 이미 죄를 범한 상태에 놓여 있습니다. 그러므로 죄는 유전된다기보다 하나님께서 의롭게 보시지 않는 인간의 상태로 이해해야 하리라 생각합니다.

이제 결론적으로 말씀드릴까 합니다. 인간의 죄는 역사의 과정에서 부모로부터 상속받는 개념 이상의 의미를 지니고 있습니다. 모든 인간들은 하나님께서 의롭게 보시지 않음으로 인해 죄인일 수밖에 없습니다. 그것은 부모의 죄된 성품을 타고 난 까닭에 또다시 죄를 지을 수밖에 없는 인간의 속성을 말하는 것이 아니라 '인간'이라는 그 자체가 이미 하나님 앞에 죄인임을 말해주고 있습니다. 그러므로 앞으로 태어나게 될 모든 인간들 역시 죄의 상태에서 태어나게 됩니다.

따라서 주님의 심판이 임하실 때 태중에 있으면서 세상을 전혀 구경하지 못한 아이들이라 할지라도 심판의 대상이 될 수밖에 없습니다. 단지 하나님의 택함을 받은 자들만이 그의 영원한 영광에 참여하게 될 것입니다. 질문하신 여러 내용들 중 하나이지만 죄에 대하여 잘 음미해 보시는 기회가 되기를 바랍니다.

(2004. 6. 22)

## 49 '기독교 음악 공연'과 '예배'

성하 형제

 갑습니다. 여러모로 격려의 말씀을 주심에 대해 진심으로 감사드립니다. 제가 고신으로부터 제명을 당한 상태이긴 합니다만 저는 오히려 KS교단이 측은하고 안타까울 따름입니다. 형제의 말씀처럼 우리 시대에 우후죽순처럼 생겨나는 무분별한 자기중심적 신앙행위들은 상당히 조심스러운 것이라 여겨집니다.

형제가 질문한 기독교 음악 공연에 대해서도 그와 동일한 생각을 하게 됩니다. 저는 개인적으로 음악을 상당히 좋아하는 사람입니다. 노래는 잘 못 부르지만 다양한 악기들을 좋아하기도 하고, 지금은 뜸합니다만 예전에는 함께 부를 수 있는 노래를 작곡한 경험도 여러 번 있었습니다. 이 글을 읽게 될 사람들 중에 제가 음악을 싫어하기 때문에 부정적인 말을 하는 것으로 자칫 오해하는 분들이 있을지도 모른다는 생각에 사족을 달아보았습니다.

저는 기독교인들이 모여 음악회를 하거나 공연하는 것 자체를 부정적으로 생각하지는 않습니다. 단 기독교 음악이라는 형식이 아니라, 세속적 풍조와 명확히 구분되는 음악을 선별할 수 있는 안목을 가지는 것이 매우 중요합니다. 우선 약간 민감한 이야기를 해 볼까 합니다.
기독교와 전혀 상관이 없지만 좋은 노래가 있는가 하면, 기독교적 이름을 가지고 있지만 전혀 기독교적이지 않은 음악도 있습니다. 예를 들어 누구나 알고 있는 '나의 살던 고향은 꽃피는 산골'로 시작하는 '고향의 봄'은 매우 좋은 노래라고 생각합니다. 그러나 기독교 음악이라는 이름을 달고 있지만 사람들의 감정을 부추기는 불건전한 음악들이 숱하게 많이 있습니다.

기독교인들이 교회당 안이나 혹은 밖에서 작은 음악회를 개최한다든지 음악을 통한 건전한 놀이를 하는 것은 오히려 장려할 만 합니다. 나아가 신앙을 가진 형제들이 일반 사람들을 대상으로 음악회를 하는 것도 괜찮습니다. 그러나 문제는 그것을 예배와 연결시키지는 말아야 한다는 점입니다.

음악회를 하려면 그냥 성도의 즐거움을 위해서 그렇게 한다고 하면 됩니다. 성도들의 순전한 삶이 그런 식으로 건전하게 표현된다면 좋은 일일 것입니다. 다시 말씀드리지만 예배라는 이름으로가 아닌 음악을 동반한 단순한 생활의 표현으로서 그렇게 된다면 괜찮을 것이란 말입니다.

그렇지만 그것을 굳이 예배라 표현하면서 하나님을 기쁘게 하겠다고 의도한다면 그것은 심각한 문제일 수 있습니다. 예배는 인간들이 자기 기분이나 취향에 따라 마음대로 규정지어서 행할 일이 아닙니다. 예배라 하면 항상 그 가운데 엄중한 하나님의 말씀 선포가 있어야 합니다. 선포되는 하나님의 말씀이 모든 예배의 중심이어야 하며, 말씀보다 사람들을 더 감흥시킬 만한 어떤 요소도 예배 가운데 있어서는 안 됩니다.

이렇게 말하면 기독교 음악 공연을 통한 예배에서도 설교 시간이 있다고 주장하는 사람이 있을지도 모릅니다. 그러나 예배를 드린다고 하면서 음악을 주 메뉴로 삼고 말씀을 보조적으로 사용한다는 것은 있을 수 없는 일입니다. 그것은 결코 올바른 신앙을 가진 성도들이 드릴 예배가 될 수 없습니다.

예배는 하나님을 경배하는 일 외에 다른 목적을 두지 않습니다. 즉 하나님을 예배하는 자체가 유일한 목적이 되어야만 합니다. 우리가 가장 소중하게 여기는 예배는 주일 공예배입니다. 남녀노소 할 것 없이 모든 입교인들과 유아세례 교인들이 함께 모여 말씀을 통해 하나님을 경배합니다.

성도들은 선포되는 하나님의 말씀에 참여하며, 언약 가운데서 주님의 성찬을 나누며 천상의 기쁨과 소망을 누리게 되는 것입니다. 성도들의 다른 일반 모임들은 주일 공예배를 통해 끊임없이 확인되는 하나님의 은혜의 의미를 나누며 교제하는 모임입니다. 그 기쁨으로 인해 구역을 중심으로 이웃 성도들이 만나 삶을 나누기도 하며 교회내의 나이가 비슷한 청년들이 모여 교제하기도 합니다.

이제 결론적으로 말씀드릴까 합니다. 다양한 악기들을 동원한 음악 중심의 예배란 조심해야 합니다. 앞에서 언급한 것처럼 하나님의 말씀보다 더 재미있고 즐거움을 끼칠 만한 그 어떤 요소도 예배 가운데 있어서는 안 되기 때문입니다. 기독교 음악 공연을 하며 그것을 굳이 하나님께 드리는 예배라 말할 필요가 없습니다.

공연하는 자들과 관객으로 참여하는 자들이 스스로 좋아서 하는 일을 두고 그것을 하나님께 드리는 예배라 한다면 매우 위험한 발상일 수 있습니다. 거듭 말씀드리지만, 음악 공연을 할 때는 공연자들과 관객으로 참여한 성도들이 재미있게 교제를 나눈다고 생각하는 것이 훨씬 더 건전합니다. 그것 자체로서 충분히 훌륭한 의미가 있기 때문입니다.

이 글을 읽는 이들 중에 기독교 음악 공연을 하는 형제가 있다면 오해 없이 잘 생각해 보기를 바랍니다. 형제는 제가 말씀드리고자 하는 의미를 잘 파악하셨을 것이라 믿습니다.

(2004. 7. 5)

## 50 "목사님, 애완견을 키워도 됩니까?"

**현경 자매님**

반갑습니다. 오늘 대구의 날씨는 가만히 있어도 지치게 되는 매우 후덥지근한 날씨입니다. 박 강도사님도 잘 계시겠지요? 강도사님과 가까이 알아온 터라 그런지 자매님의 얼굴은 모르지만 오랫동안 교제해 온 듯 어색함이 없는 것 같습니다. 저에게 질문을 해 주심으로 인해 주안에서 교제케 됨을 감사하게 생각합니다.

자매님께서 말씀하신 애완견 문제는 매우 중요하게 다루어야 할 문제라 생각합니다. 이미 애완견을 키우는 것이 일반화되어 있는 처지에 그것을 바로잡기는 결코 쉽지 않습니다. 그러나 이에 대해 다시금 잘 생각해 봄으로써 우리 시대의 풍조를 교회안에서나마 바로잡게 되기를 기대합니다.

애완동물을 키우는 것이 왜 문제인가에 대해서 간단하게 말씀드리고자 합니다. 먼저, 애완견 사랑에 익숙해지면 인간 사랑에 커다란 지장을 받게 됩니다. 즉 동물은 말을 잘 듣고 주인이 시키는 대로 따라합니다. 그러다가 어느 날 말을 듣지 않고 싫어지면 그냥 버려도 그만입니다. 그러나 인간 사이의 사랑은 절대 그렇지 않습니다. 인간이 서로 사랑한다는 것은 자기 희생을 동반하는 매우 힘드는 일입니다. 혹 이웃이 싫고 밉다고 하더라도 그 사랑을 포기하거나 아무렇게나 버릴 수 없습니다. 특히 부부관계나 가족관계에서는 더욱 그렇습니다. 그러나 애완동물에 익숙해지면 순응하는 사랑에 익숙해진 탓에 사랑의 인내를 상실하기 쉽습니다.

그리고 동물은 어디까지나 동물로서 대해야 하며 인간처럼 대해서는 안 됩니다. 그것이 곧 동물을 사랑하는 것입니다. 즉 개는 개처럼 대해야 하고 고양이는 고양이처럼 대해야 합니다. 그런데 개를 인간처럼 대한다든지 고양이를 인간처럼 대해서는 안 됩니다.

인간들이 자기 입장에서 동물을 인간처럼 생활하도록 길들이는 것은 그것 자체로서 창조질서를 거스르는 행위입니다. 만일 인간이 동물을 인간처럼 대한다면 동물의 입장에서 볼 때 그것은 동물애호가 아니라 도리어 매우 심한 동물박해일 수 있습니다.

그보다 더욱 심각하게 생각해야 할 바는, 인간이 동물을 인격화하게 되면 시간이 지나면서 인간이 동물화 되는 위험에 빠지게 될 수 있다는 점입니다. 애완동물을 키우는 사람들은 동물에게 인간처럼 어떤 이름을 주어 인격화하게 됩니다. 그렇게 되면 인간에게 하듯 동물에게 단장을 하기도 하고 옷을 입히기도 합니다. 그러는 사이 사람들은 동물과 대화를 하며 자기와 동물을 동질시 하는 위험에 다다르게 되는 것입니다.

그렇게 하다 보면 동물의 인격을 인정하게 되며 아울러 인간의 인격을 동물화 하는 풍조에 빠지게 되는 것입니다. 그 정도 되면 자기도 모르는 사이 동물을 자신의 대화의 파트너로 인식하여 마치 가족처럼 여기게 되는 것입니다.

가족의 의미 아시지요? 자신의 가족은 이 세상의 그 무엇보다 소중합니다. 동물을 가족처럼 생각하게 되면, 가족 아닌 외부의 다른 인간들보다 자기의 애완견이 더 소중한 것으로 발전하게 된다는 의미입니다. 그러나 아무리 충성스럽고 값비싼 애완견이라 할지라도, 어떤 천박하고 못난 인간들(실제로 그런 인간은 있지 않습니다만)보다 소중할 수 없습니다.

그럼에도 불구하고 오늘날 많은 사람들은 애완동물을 키우는 것이 아이들에게 정서적으로 어떤 도움이 될 것이라 오해하고 있습니다. 그러나 그것은 매우 위험한 발상입니다. 애완동물을 키우게 되면 아이들이 정서적으로 안정되는 것이 아니라 도리어 자기 중심적이 되어갈 위험이 생길 따름입니다.

앞에서 말씀드린 것처럼, 사람들은 자기의 말을 잘 듣고 자기가 원하는 행동을 하는 애완견에 익숙해짐으로써 자기도 모르는 사이 인간들마저 자기가 원하는 대로 반응하기를 기대하는 무서운 정서에 빠지게 되는 것입니다.

자매님, 우리는 동물애호와 동물애완을 명확하게 구별해야 합니다. 저의 이런 이야기를 듣는 사람들 중에는 제가 동물을 매우 싫어하는 것으로 오해할지도 모릅니다. 저는 동물을 싫어하는 것이 아니라 동물을 동물로서 아끼고 보호하며 사랑합니다. 동물을 결코 구박하지 않으며 동물이 배고파하면 적절한 동물의 먹이를 주기도 합니다.

오히려 애완동물을 키우는 사람들이 동물을 박해하고 있다는 생각을 해 본 적이 있는지요? 동물은 동물로서 자유롭게 움직이며 살아가야 하는데, 인간들이 자기 취향대로 동물을 가두어 두고 자기 구미에 맞게 길들인다면 그 동물은 얼마나 괴로울까요?

동물들은 다른 동물들과 함께 뛰어다니며 살아가야 하는데 인간들이 그것을 가로막고 자기들 틈에 끼워두고, 인간의 옷을 걸쳐주고, 인간에게 하듯 털을 이상하게 깎아 끌어안고 돌아다닌다면 그보다 더 큰 박해가 있을 수 있을까요?

저는 애완동물을 키우는 사람들은 자기 욕심을 위해 동물들을 박해하고 있는 것으로 생각하고 있습니다. 동물들이 동물로서 동물의 삶을 자유롭게 살 수 있도록 해야 하는데 인간들이 동물의 자유를 박탈하여 박해하고 있다고 생각합니다. 제가 이렇듯 역설적으로 말씀드리는 의도를 잘 파악하시리라 생각합니다.

　자매님, 자녀에게 동물을 애호하는 것과 애완하는 것 차이를 잘 설명해 주셨으면 합니다. 정말 동물을 동물로서 사랑한다면 동물이 동물로서 살아가도록 해 주는 것이 동물에 대한 사랑이라는 것을 설명해 주어야 합니다. 아울러 인간이 동물을 마치 인간을 사랑하듯 집안에 가두어 두고 애완하다면 그것은 동물에 대한 사랑이 아니라 박해라는 말도 함께 설명해 주어야 합니다. 그리고 인간은 동물을 인간처럼 대우해서는 안 되며, 동물이 아니라 우리의 이웃을 진정으로 사랑하는 것이 소중함을 일깨워 주어야 하지 않겠습니까?

　언제 시간이 나면 온 가족이 대구에 한번 놀러 오세요. 우리 교회당에 빈방이 있으니 부담없이 며칠 쉬어갈 수 있습니다. 강도사님에게 문안 전해주시기 바랍니다. 그리고 혹시라도 자녀가 상처 입지 않도록 이를 지혜롭게 잘 설명해 줌으로써 애완견 문제를 해결하게 되기를 바랍니다.

(2004. 7. 9)

## 51 '다단계 판매'에 대한 작은 생각

홍 선생님

반갑습니다. 며칠 전 저에게 질문하신 내용을 보았습니다만 이것 저것 바쁜 일들로 인해 뒤로 미루어 두고 있었습니다. 그런데 오늘 아침 재익 형제로부터 정말 훌륭한 분이라는 소개의 말을 듣고 글로나마 교제하고자 하는 마음에 책상머리에 앉았습니다.

선생님께서 저에게 말씀하신 내용은 '다단계 판매'에 대한 이야기라 생각됩니다. 특정 업체를 언급하다 보면 혹 오해하는 일이 있을까 싶어 그냥 일반적인 말씀을 드리려 합니다. 우리나라의 경우 다단계 판매가 처음 들어왔을 때 상당한 문제들이 일어났던 것으로 기억하고 있습니다. 피라미드 업체의 한탕주의와 일확천금을 바라는 사람들의 욕망이 많은 문제들을 야기시켰던 것으로 기억합니다.

'다단계 판매'란 네트워크 마케팅network marketing으로 일종의 경영방식입니다. 누구나 알고 있듯이 제품을 만드는 회사가 특정 제품을 만들게 되면 도매와 소매의 유통과정을 거쳐 소비자의 손에 들어가게 되는 것이 일반적입니다. 그렇게 하다보면 복잡한 유통과정을 거치는 동안 가격이 상승할 수밖에 없으므로 결국 생산자와 소비자에게 돌아갈 이익이 줄어들게 된다는 논리가 성립될 수 있습니다.

그러므로 다단계 판매network marketing에서는 그런 유통과정을 거치지 않고 판매원을 통해 직접 소비자에게 홍보를 하고 상품을 공급하는 것이 득이라고 생각하게 되는 것입니다.

저는 다단계 판매의 경영기법 자체에 대해서는 부정적이지 않습니다. 정말 좋은 상품이 있어서 그것을 다른 사람들에게 판매를 하고 그에 따른 노동의 대가로서 수입을 얻는 것은 시장경제를 기본으로 하는 자유민주주의 국가에서는 자연스럽다고 생각하고 있습니다. 즉 시장이나 길거리에 점포를 차릴 형편이 되지 않는 사람들이 직접 발로 뛰면서 제품을 설명하며 판매하는 것을 굳이 안 된다고 할 이유가 없습니다.

그렇지만 지금 한국에서는 다단계 판매가 매우 부정적으로 인식되어 있는 것이 사실입니다. 실제로 나쁜 것이 아니지만 이미지가 나쁘게 되어 있다면 그 사실 자체에 대해서는 어찌할 방법이 없습니다. 우리에게 다단계 판매가 부정적 이미지를 갖게 된 원인은 앞에서도 말씀드린 것처럼 처음 그 경영기법이 도입되었을 때 악덕 업자들이 많은 시민들을 피해자로 만든 예가 있었기 때문입니다.

그러나 그보다 더 중요하게 생각해 보아야 할 점은 한국인들의 정서적 문화입니다. 우리 한국인들은 합리성이 결여된 매우 인정적인 민족입니다. 누가 무엇을 권하면 쉽게 거절하지 못하고, 또한 누구에게 무엇을 권했는데 상대방이 들어주지 않으면 서운하게 생각합니다.

합리적인 사람들이라면 누군가에게 특정 상품을 구입하도록 권했을 때 그에 대한 판단은 전적으로 그것을 구입하게 되는 사람입니다. 자기가 판단해서 그 상품이 필요하지 않으면 자연스럽게 거절하면 되고 필요하다면 그것을 구입하면 됩니다. 그것을 거절했다고 해서 서운해하거나 미안해 할 일도 없고, 그것을 구입했다고 해서 특별히 고마워하거나 도움을 주었다고 생각할 필요가 없습니다. 서로간 필요에 따라 정당한 매매가 이루어졌기 때문입니다.

그러므로 어떤 사람이 다단계 판매를 하는 특정회사의 사원이 되어 상품을 권할 수도 있고 그것을 구입할 수도 있지만, 그것을 강요하거나 되풀이해서 구입을 요구해서는 안 될 것입니다. 그러나 인정으로 엮어진 우리 사회에서는 인정에 호소하거나 인정에 끌리기 때문에 그것을 쉽게 거절하지도 못하고 마음에 없는 물건을 억지로 구입하기도 하는 것이 일반적입니다. 그렇게 되면 인정과 부담이 뒤얽혀 진정한 자유를 상실하게 되기 십상입니다.

만일 어떤 분이 다단계 판매회사의 사원으로 근무해야 할 경우가 있다면 가급적이면 아는 사람에게 물건을 구입하도록 권하지 말고, 그 대신 알지 못하는 사람들을 대상으로 영업행위를 하는 것이 바람직합니다. 가족이나 친척, 친구들에게 특정 물건을 홍보하면서 구입을 요구하는 것은 상대에게 상당한 부담을 안겨 주게 될 것이기 때문입니다.

다단계 판매사원이 불특정의 시장을 개척하여 영업을 하는중에, 가까이 알고 있는 이웃 가운데서 자발적으로 그 상품을 부탁하는 이들이 생긴다면 가장 좋은 일일 것입니다. 그러나 한국인 고유의 인정적 정서와 더불어 갑작스럽게 경제여건이 바뀐 한국사회에서는 그런 인내심을 가지는 것이 결코 쉽지 않습니다.

우리가 가장 조심해야 할 일은 교회안의 다른 성도들을 구매가능자로 생각하게 되는 위험입니다. 즉 다단계 판매를 시작하면서 주변의 사람들을 떠올리면서 누구는 물건을 확실하게 사줄 사람, 누구는 사줄 가능성이 있는 사람, 누구는 전혀 가망이 없는 사람으로 분류하게 된다면 그것은 매우 위험한 생각입니다. 틀림없이 자기의 물건을 사줄 사람으로 생각하고 있었는데 사주지 않으면 엄청나게 서운할 것이며 그 상대방도 마찬가지일 것입니다.

자기 물건을 사줄 것 같지 않은 사람이었는데 물건을 사주면 매우 고맙게 생각될 것이지만 사실은 그것도 매우 위험한 판단일 수 있습니다. 누군가 자기를 위해 어떤 물질적인 이득을 주었기 때문에 그와 더 가까운 것으로 생각하게 되는 것은 결국 부담으로 남을 수밖에 없을 것이기 때문입니다. 그것이 인간 관계의 기초가 되면 매우 위험할 것이며, 그런 현상들이 교회내에 교차적으로 얽히게 되면 많은 문제를 유발할 위험이 발생하게 될 것입니다.

  그러므로 교회내에서는 결코 한국식 다단계 판매 같은 것이 있어서는 안 되리라는 것이 저의 소견입니다. 교회의 성도들이 자기의 영업과 관련된 판매여부를 기준으로 사람들을 구별하거나, 아는 사람들을 자기의 영업 대상으로 여겨서는 결코 안 될 것이기 때문입니다.

  홍 선생님, 이렇게 글로나마 교제하게 되어 감사합니다. 부족한 생각이지만 주변의 문제들에 대해 약간의 도움이 되었으면 하는 바람입니다. 재익 형제에게도 안부전해 주시면 감사하겠습니다.

(2004. 7. 23)

## 52 자살하면 무조건 지옥갑니까?

안녕하세요? 저에게 '자살과 구원'에 대한 질문을 하셨더군요. 간단하지 않은 문제라 생각됩니다. 왜냐하면 '자살'에 대한 정의가 매우 어렵기 때문입니다. 우리 시대에 자살율이 높은 것은 매우 안타까운 사실입니다. 생활고에 못 이겨 자살하는 사람들이 있는가 하면 세상을 비관해 자살하는 사람들도 있습니다.

요즘은 대학입시에 불합격해 자살하는 청년들이 있기도 하며 부모에게 꾸중을 들었다고 자살하는 어린이들마저 있습니다. 나아가 뚜렷하지 않은 이유로 동반자살하는 사건도 빈번히 일어나고 있습니다.

그런 자살에 대해서는 달리 그것을 합리화할 만한 말이 없습니다. 주변 상황이 어떠하다 할지라도 자살한 사람들에게 제시할 수 있는 구원에 관련된 허용적 언어를 찾기는 쉽지 않습니다. 우리가 일반적으로 생각하는 자살은 스스로 자기 생명을 살해하는 범죄행위를 의미하기 때문입니다.

그렇지만 '자살'의 범위를 한층 넓혀 생각하게 되면 그 문제가 그렇게 간단하지 않음을 알게 됩니다. 따라서 저는 형제의 질문에 대한 답변이라기보다 직, 간접적인 몇 가지 예들을 들어봄으로써 답변을 대신할까 합니다:

우리는 종종 다른 이웃을 구하기 위해 스스로 자신의 목숨을 버린 희생적인 이야기들을 많이 듣습니다. 군대에 특히 그런 이야기들이 많이 있지요. 훈련중인 병사가 실수로 수류탄을 떨어뜨려 폭발 위기에 있을 때, 어느 용맹한 군인이 자신의 몸으로 그것을 덮쳐 다른 병사들의 생명을 구한 일 같은 이야기 말입니다. 물론 그것을 두고 자살과 연관짓는 사람은 아무도 없겠지만 자기의 생명을 스스로 포기한 사실에 대해 이야기 해 보았습니다.

또 다른 예를 들어 볼까요? 철길 주변에서 놀던 어린 자식이 달려오는 기차의 위험을 모르고 철길 안으로 들어갔는데 부모가 그 광경을 보고 가까스로 아이를 밀쳐내고 대신 죽었다고 가정해 봅시다. 물론 그 부모는 자기 판단에 따라 자신의 목숨을 버림으로써 자식을 살린 것입니다.
만일 그런 일이 발생했다면 그 부모는 자살한 것이 아니라 자식을 살리기 위한 아름다운 희생 정신을 가진 분이겠지요? 그러나 이 또한 어떤 이유에서든 자신의 목숨을 스스로 포기한 것으로 볼 수 있습니다.

또한 엄청난 고통을 동반하는 고문을 받으면서 도저히 그것을 이길 만한 힘이 없어 스스로 목숨을 끊는 경우를 생각해 볼 수 있습니다. 신앙적인 문제로 배도를 조건으로 고문하면서 동료의 거처를 밝히라는 식의 고문도 있을 수 있습니다. 그런 일들은 실제 역사 가운데 종종 있어 온 일입니다. 지속되는 고문을 받으면서 피폐해 가는 자신의 모습을 발견하며 더이상 견디지 못해 스스로 목숨을 끊는다면 우리는 그에 대해 어떻게 이해해야 할까요? 만일 그러한 일이 발생한다면 우리는 그가 구원에서 제외된 자라 할 수 있을까요?

다소 다르기는 하지만 예를 하나 더 들어보려고 합니다. 어떤 어른이 병원에 입원했습니다. 매우 가난한 생활을 하는 자녀들이지만 부모의 목숨을 구하기 위해 입원시킨 것입니다. 그 환자는 인공호흡기를 꽂은 채 어렵게 목숨을 부지하고 있었지만 치료를 해도 다시 건강한 모습을 되찾는 것은 거의 불가능한 상태입니다.

그렇지만 자녀들은 병든 부모를 퇴원시킬 수 없었습니다. 그러는 동안 입원비는 엄청난 액수가 되고 그 돈을 구하기 위해 가진 재산을 정리해야 하는 것은 물론 많은 빚을 지지 않을 수 없었습니다.

만일 자신으로 인해 나머지 가족이 견디기 어려운 고통에 빠질 것을 알고 있는 그 환자가 스스로 인공호흡기를 제거함으로써 목숨을 끊었다면 우리는 그것을 어떻게 이해해야 할지 매우 어렵습니다. 그것을 가족을 위한 희생으로 볼 수는 없을까요? 앞에서 이야기한 대로 다른 사람들의 생명을 구하기 위해 자기의 목숨을 버린 것과 비슷하게 볼 수는 없을까요?

물론 그에 대한 명쾌한 답변을 한다는 것은 매우 어려운 문제라 생각합니다. 이런 글을 쓰다보면 매우 조심스럽습니다. 제가 마치 경우에 따라서는 자살이 허용되는 것처럼 이야기하는 것으로 오해하는 이들이 있을지 모른다는 생각 때문입니다. 그러나 저는 자살의 가능성을 염두에 두는 것조차 죄악이라 여기고 있습니다.

우리의 생명은 하나님으로부터 받은 것이므로 하나님만이 우리의 생명을 거둘 수 있기 때문입니다. 그럼에도 불구하고 위의 특별한 경우에 있어서는 구원여부에 대한 이야기를 하는 것이 결코 쉽지 않습니다. 이런 문제에 부딪치면서 우리 인간들이 알 수 있는 것은 지극히 제한적이라는 것을 고백하지 않을 수 없습니다.

한마디로 말씀드리기 어려운 문제라 다양한 이야기들을 나열했습니다다만 이를 통해 형제가 궁금해하는 자살 문제를 좀더 폭넓게 생각해 볼 수 있는 기회가 되기를 바랍니다. 아울러 생명을 경시하는 풍조가 만연한 우리 시대에 복음을 통한 생명의 소식이 곳곳에 퍼져나가게 되기를 바랍니다.

(2004. 7. 26)

 "고신의 미래를 생각하며"

장 목사님

지난 며칠간 수고하셨으리라 생각합니다. 저는 대구 팔공 인터불고 호텔에서 있었던 'KS교단의 미래를 위한 목회자 토론회' (8/12-13)에 상당한 기대를 했었습니다.

그러나, 첫 시간 J목사님의 발제를 듣고 실망하지 않을 수 없었음을 감추고 싶지 않습니다. 왜냐하면, KS교단의 현실적 위기와 그에 따른 문제의 핵심에서 심하게 벗어나 있다는 생각을 떨쳐버릴 수 없었기 때문입니다.

발제자는 BE병원의 재산에 관련된 문제에만 전 시간을 할애했습니다. 발제 말미에 K신학대학원과 관련된 재산 문제를 간단하게 언급했지만, 그보다 훨씬 중요하게 다루어져야 할 본질적 내용들에 대해서는 한마디 언급조차 하지 않았습니다. 나중에 이어진 토론회에서도 그 범주를 거의 벗어나지 못한 것으로 판단이 됩니다.

이번 KS목회자협의회에 참석해 방청을 하면서 서글픈 생각이 떠올랐습니다: 예를 들면 바이러스로 인해 소프트웨어가 망가져 가는 상태에서 컴퓨터의 모델과 형식에만 관심을 가지고 있고, 가정이 와해되어 가는 위기 앞에서 모두들 재산에 대한 논의에만 치중하고 있다는 생각이 들었습니다.

장 목사님께서도 그전에 말씀하신 것처럼 교단이 직면한 현실적 위기를 직시하고 문제의 본질에 대한 접근을 시도하는 것은 매우 중요합니다. KS교단의 현실적 위기 상황이 과연 BE병원에 달려있는가 하는 점은 신중하게 고려해 보아야 합니다. BE병원의 돈 문제만 해결되면 다른 신학관련 문제들은 저절로 해결될 것이라고 생각하는 사람은 아무도 없습니다.

저는 KS교단의 위기가 BE병원이 아니라 다른 곳에 있다고 진단하고 있습니다. BE병원보다 훨씬 중요한 문제들이 교단에 산재해 있다고 생각하고 있습니다. 이는 저뿐 아니라 생각있는 많은 분들의 판단이기도 합니다.

이제 제가 판단하는 바 KS교단의 위기가 무엇인지 몇 가지 말씀드리려 합니다. 첫째, KS교단의 가장 심각한 위기는 개혁주의를 표방하는 고신신학의 와해 현상입니다. 이미 알고 계시듯이 교단신학교에서 통일된 신학을 찾기 어렵습니다. 지금 고신의 신학은 사분오열되어 있다고 해도 틀린 말이 아닐 것입니다.

여기서 저는 신학의 획일화를 말하는 것이 아니라 교단 신학의 통일성을 말하고 있음을 헤아려 주셨으면 합니다. 그러한 양상은 결국 교단 신학자들 상호간에 신학적 불신을 가져올 수밖에 없습니다. 그 문제가 지금 얼마나 심각한지는 장 목사님께서도 잘 알고 계시리라 믿습니다.

둘째, KS교단의 위기는 동대구노회의 불법적 목사제명입니다. 동대구노회가 여러 명의 목사들을 불법적으로 제명한 것은 결코 작은 일이라 할 수 없습니다. 그것은 결코 한 노회의 문제가 아니라 교단의 문제임을 직시해야 합니다. 이에 수많은 목회자들이 문제를 제기했고 그것을 공론화하기도 했으며 신대원 교수회에 연명하여 질의하기도 했습니다. 그러나 교단과 신대원 교수회의 무책임한 반응과 불성실한 답변은 많은 성도들을 분노케 하고 있으며, 그것은 결국 불신으로 자리잡게 될 것임을 알아야 합니다.

셋째, 고신의 위기는 KS대학 내부와 신대원의 일부 교수들 사이의 심각한 갈등양상에 있습니다. 대학과 대학원에서 학생들을 지도하는 교수들의 심각한 비윤리성에 대한 진단이 없다면 교단의 미래는 어두울 수밖에 없습니다. 교단의 미래를 짊어질 신학생들이 그런 영적 분위기 가운데서 양질의 신학 교육을 받기 어려울 것이기 때문입니다.

그리고 넷째는 KS대학교 전임 황창기 총장에 대한 수찬정지 문제입니다. 역사상 한 교단의 대학총장인 목사가 불신자로 여겨져 수찬정지를 당한 예가 있었는지요? 그것이 신학이나 신앙의 문제가 아니라 정치적 문제로 인한 것이라면 그 심각성은 극에 달합니다. 이외에도 KS교단에는 부정과 불의로 인한 엄청난 위기들이 곳곳에 숨어 있습니다.

저는 위에서 지적한 몇 가지 내용들이 BE병원 문제보다 훨씬 본질적이며 중요한 것이라 생각합니다. 돈과 관련이 있기 때문에 중요한 이슈로 삼고 잘못된 신학과 신앙적인 문제에 대해서는 가볍게 다룬다면 그것은 저급한 물질주의의 경향성 때문일 것입니다. KS목회자협의회가 'KS교단의 미래를 위한 목회자 토론회'를 개최하며 교단내의 그런 중요한 문제들에 대한 언급이 전혀 없었다는 점은 납득하기 어렵습니다.

장 목사님, 제가 이 글을 쓰는 이유는 이 문제들이 누군가 분명히 짚어야 할 중대한 사안이라고 믿기 때문입니다. KS교단에서의 경험을 통해서 보면 이런 중요한 문제들에 대해 구체적으로 말하는 이가 있지 않을 것이라 생각이 듭니다. 제가 이 글에서 제기하고 있는 문제들이 KS목회자협의회 임원들에게 전달되어 신중하게 재고되었으면 합니다. 이는 KS교단의 미래를 위해 시급히 논의되어 해결되어야 할 과제들입니다.

지금은, 과연 KS교단의 위기가 어디에 있는가 하는 정확한 진단이 필요할 때라 생각됩니다. 위기에 대한 정확한 진단이 있을 때만 그에 대한 반성과 대응방안이 나올 수 있을 것이기 때문입니다. 그동안 KS목회자협의회가 정치적 목적을 가진 단체처럼 인식되었던 점을 인정할 수밖에 없습니다. 지금도 다수 목회자들이 그런 생각을 떨치지 않고 있음도 사실입니다.

  토론회 석상에서도 여러분들이 지적한 대로, KS교단의 다수 지도자들이 부정과 부패로 얼룩져 있고 많은 교인들이 복음을 떠난 그런 지도자들 밑에서 신음하고 있다면 이제 태도를 분명히 해야 합니다. 오늘이 마치 광복절이군요. 잘못된 지도자들의 횡포로 인해 영적인 고통을 당하고 있는 주님의 백성들에게 복음으로 인한 진정한 해방의 때가 속히 오기를 기대해 봅니다.

  저의 표현 가운데 미숙한 점이 있다면 넓은 아량으로 이해해 주시기 바랍니다. 일제강점기 시대와 그후 한국교회가 혼란을 겪던 시기에 진리를 사수하기 위해 생명을 아끼지 않고 몸부림치던 고신 정신이 우리 가운데 속히 회복되기를 바랄 뿐입니다.

(2004. 8. 15)

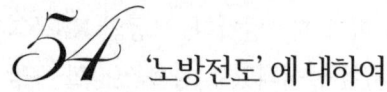
## 54 '노방전도'에 대하여

윤 선생님

그 동안도 건강하시리라 믿습니다. 이제 방학이 끝나고 개강을 해서 많이 바쁘시리라 생각합니다. 이미 오래 전에 선생님의 글을 접했습니다만 진작 답신을 드리지 못해 죄송합니다. 저는 지난 여름방학동안 제가 강의하고 있는 학교의 학생들과 함께 중국에 다녀왔습니다. 돈황을 방문했을 때는 오래 전 김 선생님으로부터 들은 이야기가 있어서 선생님 내외분이 생각났습니다. 김 선생님께도 문안 전합니다.

선생님께서 말씀하신 '노방전도'에 대한 저의 소견을 말씀드릴까 합니다. 일반적으로 노방전도라고 하면 길거리에서 알지 못하는 사람들에게 전도지를 나누어주거나 지나가는 불특정인들을 향해 '예수 믿으라'는 음성 메시지를 전하는 것을 의미합니다. 지금도 많은 사람들이 그렇게 전도하기도 하고, 그런 과정을 통해 교회에 발을 들여놓았다는 사람들이 있는 것이 사실입니다.

그렇지만 저는 좀더 원리적인 말씀을 드릴까 합니다. 우리는 모든 신앙 행위를 할 때 성경의 가르침과 성경에 나타난 선배 신앙인들의 삶의 본을 중시해야 합니다. 즉 전도에 대한 이야기를 한다면 성경에서 과연 어떻게 가르치고 있는가 하는 점과 믿음의 선배들이 그에 대해 어떤 본을 보였는가 하는 점을 잘 살펴보아야 한다는 의미입니다.

우선 노방전도에 대해서는 성경에서 그 본을 찾아보기가 쉽지 않습니다. 물론 성경에 그와 유사한 기록이 있습니다만 그것을 우리 시대에 적용할 수 있는가 하는 문제는 상당한 신학적 해석을 요하는 내용이라 생각됩니다. 예를 들어 요나가 니느웨에 들어가면서 외치는 기록이 있습

니다: "요나는 니느웨에 들어 가 하룻 동안 돌아다니며, '사십 일이 지나면 니느웨는 잿더미가 된다' 고 외쳤다"(욘 3:4). 이 말씀을 우리 시대에 노방전도를 할 수 있는 근거로 삼을 수 있느냐 하는 문제는 그리 간단한 문제가 아니라 생각됩니다. 그것은 특별한 직분을 맡은 선지자를 통한 하나님의 구속사적 의미가 담겨 있기 때문입니다.

그렇다면 이제 좀더 실질적인 문제에 대한 논의가 필요하지 않을까 생각해 봅니다. 노방전도를 통해 마음문을 여는 사람들도 있지만 도리어 마음문을 더욱 굳게 닫는 사람들도 있음을 기억해야 할 필요가 있습니다. 노방전도를 하는 모습에 대해 부정적인 것은 불신자들 가운데서뿐 아니라 기독교인들 가운데도 많이 있는 것이 사실입니다. 즉 그런 모습이 싫어서 교회에 나가기 싫다는 사람들이 있고, 그런 전도 방식으로 인해 이웃에게 삶을 통해 전도하는 데 도리어 방해가 된다고 생각하는 사람들도 있습니다. 노방전도에 대한 긍정적인 면과 부정적인 면이 함께 있을 때 부정적인 경우는 생각할 필요가 없다는 것이 노방전도를 하는 사람들의 생각일 것입니다. 그렇지만 저는 이웃의 감정을 고려하지 않는 막무가내식 전도는 극도로 자제되어야 할 것으로 생각합니다.

그리고 그와 더불어 신중히 생각해 보아야 할 본질적인 면이 있습니다. 우리가 복음을 증거할 때 낯모르는 사람에게 '예수 믿으라' 고 말하는 것은 그다지 힘든 일이 아닐 것입니다. 그러나 자신을 잘 알고 있는 사람에게 복음을 전하는 것은 결코 쉬운 일이 아닐지도 모릅니다.
예를 들어 자기 가족에게 복음을 증거하는 것은 쉽지 않습니다. 복음을 아는 자는 이 세상의 모든 욕심을 버리고 이웃을 위해 희생할 줄 알며 남을 비방하지 않고 하나님을 믿는 성도로서 경건한 삶을 살아가는 사람입니다. 성도가 그런 삶을 살고 있다면 가족이나 친구, 직장 동료들에게 복음의 의미가 자연스럽게 노출될 것입니다.

그러나 열심히 전도한다고 하면서 세상을 탐하고 이기적이며 경건한 삶과는 거리가 먼 생활을 하고 있다면, 도리어 가까운 이웃에게 복음의 빛을 가리는 역할을 하게 될 것입니다. 만일 그런 상태에서 복음을 전한다면 그 듣는 사람들에게 비웃음을 살 수밖에 없겠지요?

저는 확인될 수 없는 노방전도의 성과보다 이웃을 고려하는 마음과 복음을 전하는 자들의 근본적인 삶이 더욱 중요하다고 여깁니다. 노방전도는 열심히 하지만 가족이나 가까운 이웃에게 삶을 통한 복음전파가 이루어지지 않은 상태라면 그것을 온전한 신앙인의 자세라 할 수 없습니다. 굳이 전도하려고 애쓰지 않아도 성도의 삶을 통해 이웃에게 복음이 전달될 수 있다면 그것이 가장 자연스러운 일일 것입니다. 성도를 이웃으로 둔 사람들에게 어려운 일이 닥치거나 인생에 고민거리가 생길 때 서로 대화하는 중에 진리가 소개될 수 있을 것이기 때문입니다.

이제 답변을 마무리하려 합니다. 만일 어떤 사람이 노방전도를 하고자 한다면 그에 앞서 가까운 이웃에게 복음을 잘 드러내는 삶을 살고있는지, 그리고 알지 못하는 이웃을 배려하는 마음이 있는지 자신을 잘 되돌아 볼 수 있어야 합니다. 그래야만 모르는 사람들에게 복음을 전할 때도 가식이나 무리없이 전도할 수 있을 것이기 때문입니다.

그러므로 노방전도를 할 때는 그런 방식에 대해 눈살을 찌푸리거나 그것을 싫어하여 시험이 드는 자가 생기지는 않는지 혹은 그런 행동이 도리어 복음전파에 방해적 요소를 제공하지는 않는지에 대해서도 신중하게 생각해 보아야 합니다.

우리가 전도한다는 것은 자기 만족을 위한 것이 아니라 이웃에게 진리를 제공하는 방편이 되어야 하기 때문입니다. 선생님께 이런 식으로 답변드린다는 것이 왠지 쑥스럽습니다. 부족한 점 널리 양해해 주시기를 바랍니다.

(2004. 9. 3)

## 55 '매직설교'가 성경적인지요?

김 전도사님

신학교 생활은 잘 하시는지요? 요즘 KS교단 지도자들의 정치적 행보를 보면 실망하지 않을 수 없습니다. 또한 고신의 신학이 방향을 상실한 것을 보며 심한 안타까움을 가지게 됩니다. 진작 정신을 차려 대응했어야 할 때는 무얼 하다가, 모든 것이 늦어버린 이제 와서 목청을 높이는 일부 지도자들을 보면 원망스럽기도 합니다. 그나마 그들의 목소리는 여전히 교권의 눈치를 벗어나지 못한 서글픈 자성같이 들릴 따름입니다.

김 전도사님이 저에게 질문한 매직설교와 매직전도에 대한 문제에 대해서도 그렇습니다. 현재 한국교회에는 소위 매직설교와 매직전도가 상당히 인기를 끌고 있는 것으로 알고 있습니다. 특히 유년주일학교에서 그런 것 같습니다. 그러나 그것이 과연 성경적인지 올바른 신학적 진단을 해야 할 학자들은 여전히 침묵하고 있습니다.

그건 그렇고, 제가 이해하기로 매직설교나 매직전도는 매우 잘못된 것입니다. 설교나 전도를 하면서 매직을 이용한다는 것은 위험천만한 일입니다. 이는 성경에서 그렇게 가르친 예가 없으며, 교회사 속의 정통적인 교회들 중에 그런 방법을 동원한 경우가 없기 때문입니다. 물론 그런 기묘한 방법을 통해 다른 이들에게 어떤 깨달음을 주려고 하는 자들의 순진한 마음을 이해하지 못하는 바 아닙니다. 그렇지만 동기가 순수하다고 해서 정당성을 가지는 것은 아닐 것입니다.

이제 매직을 통한 설교나 전도가 왜 잘못인가에 대한 좀더 구체적인 신학적 이유를 말씀드려 볼까 합니다. 우선 기록된 하나님의 말씀을 절대적 계시로 신앙하는 개혁주의 교회에서는 성경 말씀 이외에 그 어떤 매체도 설교나 전도에 이용하지 않습니다. 더구나 그것이 매직일 경우는 더욱 그럴 것입니다.

매직은 우리말로 하면 마술입니다. 즉 그것은 사람들에게 보여주는 눈속임이라는 뜻입니다. 그렇다면 누군가 눈속임을 통해 복음을 설교했을 때 그 설교를 듣게 되는 사람은 자칫 그 복음의 내용마저도 마치 마술인 것처럼 생각하게 되지는 않을까요?

마찬가지로 눈속임을 통해 전도를 하게 되면 그 말을 듣는 사람들은 눈으로 보게 되는 마술과 마찬가지로 복음마저도 마술인 것처럼 착각하게 되지 않을까요? 당장은 그렇게 생각하지 않고 재미있게 이야기를 듣는다 해도 나중에 그런 생각을 하게 된다면 어떻게 할 것입니까?

우리는 하나님의 말씀의 온전성을 믿고 있습니다. 그 말씀이 살아있고 운동력이 있어 자기 백성들 가운데서 스스로 일하고 있음을 잘 알고 있습니다. 그러므로 증거되는 그 하나님의 말씀이 성도들의 마음을 감화시키기도 하고 하나님을 알지 못하는 사람들에게 복음의 능력을 제시하기도 합니다.

우리는 매직을 이용한 설교나 전도는 복음마저 매직으로 오해케 할 우려가 있음을 염두에 두어야 합니다. 복음은 인간의 아이디어를 통한 일시적 효과추구가 아니라 하나님의 말씀을 통한 영원한 은혜에 기인합니다.

저는 이러한 이유들로 인해 매직설교나 매직전도는 하지 말아야 한다고 생각합니다. 오로지 기록된 말씀을 통해서 진리가 선포되어져야 합니다. 인간의 과도한 충성심이 경우에 따라서는 도리어 복음을 어지럽히게 됨을 잘 기억하기를 바랍니다.

　현대교회가 하나님의 말씀 이외에 여러 가지 방법을 동원하여 교회 성장을 꾀하려고 하는 점은 안타까운 일입니다. 또한 그런 방법들을 통해 성도들에게 다른 재미를 더하게 하려는 점은 심히 안타까운 일입니다. 나아가 하나님을 알지 못하는 사람들에게 전도하면서 진리의 말씀을 통한 선포가 아니라 부수적인 방법들을 동원하여 흥미를 끌어보려는 것 역시 안타까운 일이 아닐 수 없습니다.

　비단 아직 신앙이 어린 사람들이나 진리에서 멀리 떨어진 사람들이 그렇게 한다고 하더라도 개혁주의 신학을 부르짖는 교회들에서는 그런 일이 없기를 바랍니다. 개혁주의 신학을 지향하고 있는 교회들에서조차 그런 방법들을 비판없이 받아들이고 있다는 사실은 매우 충격적입니다. 교회성장이라는 단어 앞에서는 모든 것이 합리화되는 현 한국교회의 상황에서는 더욱 성경과 교의를 통한 올바른 신학적 확인이 이루어져야 할 것이라 생각합니다.

　진작 답변을 드렸어야 하는데 여러 가지 형편상 이제야 글을 쓰게 됨을 이해해 주시기 바랍니다. 신학을 공부하는 동안 열심히 연구하여 말씀의 원리를 잘 깨우치게 되기를 바랍니다. 교회가 진리의 푯대를 상실한 우리 시대에 말씀에 민감한 성도들이 많이 일어나기를 소원할 따름입니다. 언제 기회가 되면 만나 교제하는 기회가 있기를 바랍니다.

(2004. 9. 10)

## 56 십일조, 연보, 축도에 대한 문제

호칠 성도님

반갑습니다. 강원도 원주 언덕교회라면 서울 언덕교회와 연관이 있는 교회인지요? 서울 언덕교회에 대해서는 초기에 함께 참여했던 이승구 교수님과 류황희 목사님으로부터 좋은 이야기를 많이 들었습니다. 그리고 몇달 전 류 목사님이 팔공산 아래 저의 집을 방문한 적이 있었는데 그때 원주 언덕교회에 대한 아름다운 이야기를 많이 했던 기억이 납니다. 그런데 부족한 저에게 어려운 질문들을 한꺼번에 하셨군요. 답변이라기보다는 질문하신 순서에 따라 저의 소견을 간략하게 말씀드릴까 합니다.

1. 십일조는 율법적이므로 폐지해야 하는 것 아닌지요?

십일조는 원래 구약시대 이스라엘 백성에게 주어진 율법입니다. 그런 측면에서 본다면 우리 시대의 십일조는 구약의 율법을 지키는 것과는 직접적인 상관이 없습니다. 즉 신약시대의 십일조는 구약의 언약적 의미와 더불어 은혜의 방편으로 이해되어야 합니다. 즉 그것은 율법적 의무가 아니라 소중한 은혜의 수단입니다.

우리는 주님의 은혜를 입은 자임에도 불구하고 여전히 이기적인 존재입니다. 그러므로 수입의 십분의 일 정도마저 연보하지 않는다면 우리는 모든 수입을 자신의 판단과 자신을 위해 사용하게 될 우려가 있습니다. 물론 이웃을 위해 잘 사용하려고 애쓴다 할지라도 그것은 어디까지나 개인적 취향이나 판단에 따라 사용하게 되겠지요? 우리 시대의 십일조의 의미는 수입 중 작은 액수를 규칙적으로 교회에 맡겨 사용하도록 하는 일종의 고백적 위탁 행위라 할 수 있습니다.

2. 헌금이라는 용어는 비성격적이므로 연보라고 불러야 하는 것 아닌지요?

저는 헌금이라는 말 대신에 연보라는 말을 사용합니다만 용어 자체에 얽매일 일은 아니리라 생각합니다. 그렇지만 오늘날 우리가 공예배 시간에 참여하는 연보는 하나님께 직접 바치는 헌금이라는 말과는 다른 의미입니다.

헌금offering은 제물sacrifice과 관련이 있는 용어로서 구약적 성격이 강합니다. 예수 그리스도가 하나님께 드려지는 완벽한 제물이 되셨으므로 우리가 달리 드릴 만한 희생제물은 더이상 있지 않은 것입니다. 그러므로 우리가 예배 시간에 연보를 하는 것은 돈을 하나님께 바치는 행위가 아니라, 그리스도의 희생으로 인해 그의 백성이 된 성도가 자신의 삶의 수단이 되고 있는 물질을 나누는 고백적 표현입니다.

3. 예배 시간에 있는 연보 절차와 연보를 위한 기도는 없어져야 하는 것 아닌지요?

공예배 시간에 연보하는 순서를 두는 것은 예배제도에 대한 문제입니다. 개혁주의 교회에서는 예배 절차를 매우 중요하게 생각합니다. 그것은 보편교회들 간에 예배일치를 가시적으로 표현하는 한 수단이기도 합니다. 그러므로 예배 시간에 연보를 하는 것은 하나님께서 허락하신 삶에 대한 성도들의 공동고백으로 이해해야 합니다.

연보기도를 하는 것도 동일한 맥락에서 이해되어야 하리라 생각합니다. 연보기도를 하면서 목사가 연보한 사람의 성공을 빌거나 복을 받도록 기도하는 것이라면 그런 기도는 하지 말아야 합니다. 연보후의 기도는 이 세상에서의 생존과 연관된 성도의 삶에 대한 고백적 기도여야 합니다. 그러므로 물질로 말미암아 견디기 어려운 형편에 빠지지 않도록 기도해야 하며, 물질의 풍요로움으로 인해 세상을 탐하지 않도록 간구하는 기도여야 합니다. 그리고 지상에서의 생존에 대한 고백의 표현으로 성도들이 연보한 돈을 하나님의 뜻에 따라 성실하게 사용할 수 있도록 기도해야 하며 교회가 물질을 탐하지 않도록 기도해야 합니다.

4. 복을 빌거나 명령조로 손을 들고 하는 축도는 잘못된 것이 아닌지요?

축도는 복을 비는 것과는 아무런 상관이 없습니다. 그러므로 축도를 하며 목사가 복을 빌듯이 하는 것은 잘못입니다. 그리고 명령조로 축도 한다는 것은 있을 수 없는 일입니다. 만일 축도를 하는 자가 하나님으로부터 상당한 권한을 받은 듯이 축도한다면 잘못된 것입니다.

축도는 하나님의 말씀을 맡은 자가 말씀에 기록된 언약을 교회가운데 선언적으로 나누는 것입니다. 즉 그것은 축도를 하는 목사와 관련된 것이라고 생각하기에 앞서, 공예배 시간에 선포된 하나님의 말씀과 연관이 있음을 이해해야 합니다. 그러므로 요즘 혼인식이나 장례식 등에서 무분별하게 행하는 축도는 잘못입니다.

축도를 할 때 두 손을 들고 하려면 그것이 성도들을 향한 어떤 권위의 표시가 아니라 하나님 앞에 고백적으로 두손을 들고 언약을 확인하는 마음으로 해야 합니다.

간단하게 말씀을 드렸습니다만 만족할 만한 답변이 될지 모르겠습니다. 원주 언덕교회가 아직 설립 초기 단계인 만큼 말씀의 원리에 따라 잘 성장해 가는 귀한 교회가 되기를 바랍니다. 기존 교회들의 문제점들을 잘 알고 있을 터이니 그런 잘못된 교회들을 닮지 말기를 바랍니다.

아울러 잘못된 교회들에 대한 반동적 사고로 인해 무조건 반대방향으로 나아가는 것도 주의해야 하리라 생각합니다. 참된 교회는 현실 교회를 기준으로 하여 방향을 잡아가는 것이 아니라 성경 말씀 안에 그 해답이 있음을 기억할 것이기 때문입니다. 괜한 사족을 달고 있다는 생각이 듭니다만 원주 언덕교회에 대한 관심의 표현이라 여겨주시면 감사하겠습니다. 교회에 문안 전합니다.

(2004. 9. 20)

# 57 대한민국 대통령을 세우는 데 하나님의 관여가 있는가?

김영 성도님

안녕하세요? 우선 죄송하다는 말씀부터 드려야 할 것 같습니다. 여러 가지 바쁜 일들로 인해 성도님의 질문에 답하는 것을 잊고 있었습니다. 비단 성도님의 질문뿐 아니라 다른 여러분들의 질문에 대해서도 그런 예가 많이 있습니다. 이 글을 읽는 분들 가운에 그런 문제로 인해 저에게 서운한 마음을 가지고 있는 분이 있다면 너그러이 이해해 주셨으면 합니다.

성도님께서 질문하신 내용은 하나님의 세속 국가에 대한 관여 문제인 것 같습니다. 성도님께서 말씀하신 것처럼, 웨스트민스터 신앙고백서에 나타난 것과 제가 말하고 있는 것 사이에 상당한 차이를 느낄 수도 있습니다. 그러나 그 의미를 잘 새겨 보면 그렇지 않음을 알게 되리라 생각합니다.

웨스트민스터 신앙고백서 제23장 제1항 '국가와 공직자에 대하여'에 보면, "전 세계의 최고의 주와 왕이 되시는 하나님은 자신의 영광과 공적 선을 위하여 자신 밑에, 백성들 위에 국가 공직자들을 임명하셨다. 이 목적을 위해 칼의 권세로 그들을 무장시키셔서 선한 무리를 보호하고 격려하며, 악을 행하는 자를 처벌하게 하셨다"고 언급하고 있습니다.

물론 그 고백은 "각 사람은 위에 있는 권세들에게 굴복하라 권세는 하나님께로 나지 않음이 없나니 모든 권세는 다 하나님의 정하신 바라"(롬 13:1)는 기록과 "인간에 세운 모든 제도를 주를 위하여 순복하되 혹은 위에 있는 왕이나 혹은 악행하는 자를 징벌하고 선행하는 자를 포장하기 위하여 그의 보낸 방백에게 하라"(벧전 2:13, 14)는 말씀 등을 기초로 한 것입니다.

  우리는 성경 말씀과 더불어 웨스트민스터 신앙고백서가 의미하는 바를 신중하게 살펴보아야 합니다. 이 점을 이해하기 위해서 좀 중요한 이야기를 할까 합니다. 세속 국가의 통치권을 행사하는 위정자들의 권력이 하나님으로부터 왔다는 말과 그 통치권을 행사하는 대통령과 많은 공직자들을 하나님이 친히 임명하셨다는 말은 전혀 다른 말입니다.

  세상의 모든 국가 제도를 통한 고유한 권력은 하나님으로부터 온 것이지만, 구체적인 위정자를 하나님께서 세우신 것은 아닙니다. 그점에 있어서는 세속 국가이든 기독교적 배경을 가진 국가이든 마찬가지입니다. 즉 완전한 세속 국가인 대한민국의 대통령이든 기독교적 세속 국가인 미국의 대통령이든 그 위정자를 하나님이 자신의 뜻에 따라 특정인을 골라 세우지는 않은 것입니다.

  신앙이 어린 자가 특정인이 대통령이 되었으면 좋겠다는 열망을 가지고 확증 없는 자기 열심으로 기도하다가 그가 대통령으로 선출되면 그것을 마치 하나님의 뜻인 양 생각하는 것을 종종 보게 됩니다. 그것은 비단 개인 성도들뿐 아니라 교회도 동일한 실수를 범하곤 합니다.

  과거 히틀러가 등장했을 초기, 많은 독일 기독교인들은 식사 때마다 그런 위대한 지도자를 독일에 허락하신 하나님께 감사기도를 드리곤 했습니다. 그러나 나중 히틀러의 실상이 드러났을 때는 그냥 입을 다물고 말았습니다. 우리나라에도 그와 비슷한 경우가 있지 않습니까?

  얼마 전 기독교의 장로가 한국의 대통령이 되었을 때 많은 교회와 교인들은 그것을 하나님의 뜻이라고 반긴 적이 있습니다. 그러나 불과 몇 년이 지나지 않은 지금도 그렇게 믿고 있는 교인들이나 교회가 있는지 모르겠습니다.

이 문제를 논하면서 우리가 꼭 생각해 보아야 할 점은 세상에는 다양한 형태의 국가들이 있다는 사실입니다. 기독교적 국가가 있는가 하면 모든 종교를 허용하는 세속 국가도 있습니다. 또한 예수를 믿는 것이 범죄로 규정되고 있는 이슬람 국가가 있는가 하면, 무고한 성도들의 생명을 빼앗아 간 공산주의 국가들도 있었습니다. 지금도 기독교를 박해하고 있는 북한 정부가 우리 가까이 있습니다. 우리는 이런 다양한 경우를 염두에 두고 국가 정부의 기능과 하나님의 간섭의 범위를 생각해 보아야 합니다.

제가 하고자 하는 말을 잘 듣고 생각해 보시기를 바랍니다. 하나님께서는 그런 모든 국가 정부의 위정자를 친히 불러서 대통령이나 최고 통치권자로 세우신 것은 아닙니다. 기독교를 박해하는 이슬람 국가의 최고 통치권자들이나 북한 정부의 최고 권력자를 하나님이 직접 불러 세운 자들이라 할 수 없습니다. 우리의 이념적 안목을 기준으로 판단하여 괜찮아 보이는 국가 정부가 있다 하더라도 역시 마찬가지입니다. 우리의 판단에 따라 선한 정부를 구별하고 그런 국가의 위정자는 하나님께서 친히 세웠다고 말할 수 없습니다.

한국 현대 정치사에는 다양한 종교와 상이한 정치적 배경을 가진 여러 대통령들이 있어 왔습니다. 그중에는 통치권을 찬탈하여 대통령이 된 자도 있고 국민의 자유로운 선거에 의해 대통령이 된 자도 있습니다. 그들 중에는 열성적인 기독교인이 있는가 하면 독실한 불교신자도 있습니다.

그렇다면 우리가 그중 어떤 대통령은 하나님이 세운 자이며 또 다른 어떤 대통령은 아니라 말할 수 있을까요? 과거 고려시대나 조선시대의 왕들은 어떨까요? 기독교 전래 이전이었으므로 하나님에 의해 세워진 위정자가 아닌 것일까요?

우리가 알아야 할 바는 하나님께서 그런 통치자 한 사람 한 사람을 구체적으로 세우거나 임명하지 않았다는 사실입니다. 하나님께서는 세상에 국가라는 제도를 허락하시고 위정자들에게 통치권을 허락하셨습니다. 그것은 개개인 통치권자를 말하는 것이 아니라 통치권을 가지게 된 정부와 그것을 구성하고 있는 위정자들에 대한 것입니다.

모든 국가에 주어진 통치권은 하나님으로부터 온 것입니다. 국가는 칼(권력)로써 도둑을 잡고 악한 자들이 함부로 활동하지 못하도록 제어함으로써 국민들을 보호하는 기능을 하게 됩니다. 그것은 인간 세계에 주어진 일반은총으로서 하나님께로부터 온 것입니다. 그러므로 설령 악한 정부라 할지라도 기본적인 영역에서는 시민 질서를 유지하는 기본적인 기능을 하고 있습니다. 따라서 하나님께서는 일정부분 세속 국가에 관여하시기도 하고 동시에 그렇지 않기도 한 것입니다.

이제 결론적인 말씀을 드리도록 하겠습니다. 대한민국 대통령은 하나님이 친히 선택하시지 않습니다. 그러므로 특정인이 대통령이 된 것을 두고 그것을 하나님의 뜻이라고 말할 수 없습니다. 그리고 하나님께서는 대한민국의 일반 정치나 경제에도 우리가 생각하는 식으로 구체적으로 간섭하지 않습니다. 즉 대한민국의 잘되고 못되고 하는 것이 하나님께 달려 있다고 말할 수 없습니다. 이는 유럽이나 아프리카 등 전 세계의 다른 모든 국가들에 있어서도 마찬가지입니다.

정치적 안정이나 경제발전, 사회적 위기 등은 사람들이 스스로 만들어내는 것입니다. 단, 하나님께서는 세속 국가가 자기 피로 값주고 사신 교회와 관련되어 있을 경우 일정부분 관여하실 것입니다. 그러나 우리는 그것마저 구체적으로 알 수 있는 것이 아니라 교회 가운데서 주님의 선하신 손길을 기다릴 따름입니다. 저의 말을 이해하리라 생각하며 이 정도에서 마치려고 합니다.

(2004. 9. 23)

## 58 '양심적 병역거부'에 대하여

성훈 형제님

**잘** 지내시는지요? 긴 여름이 지나가고 이젠 새벽공기가 제법 쌀쌀한 것 같습니다. 한여름 무더위가 닥치기 전에 하신 질문인데 이제야 답변을 하게 되었습니다. 저에게 여러 가지 바쁜 일들이 있었으리라 짐작하시고 이해해 주시기 바랍니다.

형제께서 질문하신 양심적 병역거부 문제는 지금도 우리 사회에 커다란 이슈가 되어 있는 것 같습니다. 이슈화되어 있다는 자체가 찬반논란이 심한 문제이기 때문이 아닐까 싶습니다. 이왕에 저에게 질문을 하셨으니 그에 대한 저의 소견을 간단하게 말씀드리려 합니다.

이 문제를 논하기에 앞서 점검해 보아야 할 점은 우리가 가진 시민의식의 성숙도일 것입니다. 성숙한 사회란 기본적으로 신뢰할 만한 시민사회를 의미하며, 미성숙한 사회란 무슨 말을 해도 미덥지 못한 사회가 아닐까 싶습니다. 신뢰할 만한 사회에서는 서로간 용서와 화해가 쉽게 이루어지는 반면 미성숙한 사회에서는 서로간 눈치 읽기에 급급하여 신의가 지켜지지 않습니다.

저는 우리 한국사회가 매우 미성숙한 사회라 생각하고 있습니다. 이점에 있어서는 하나님을 믿는 자들이 모인 기독교 사회 역시 불신자들보다 조금도 나을 것이 없는 형편입니다. 어쩌면 기독교인들이 자기 목적을 추구하면서 하나님을 구실로 삼는다면 그것이 오히려 훨씬 더 저급하고 미성숙한 자세일 것입니다.

이제 양심적 병역거부 문제에 대한 저의 소견을 말씀드려 볼까 합니다. 저는 기본적으로 양심적 병역거부가 허용되어야 한다고 생각합니다. 양심적 전쟁거부론자가 집총을 거부하는 것은 그것 자체로 잘못이 될 수 없다고 생각합니다. 그것은 비단 종교적 이유뿐 만은 아닐 것입니다. 이에 대한 문제는 그리 간단한 문제가 아니라 생각하지만, 전쟁에 관련하여 제가 쓴 글들이 있으니 찾아서 참고해 보셨으면 합니다.

앞에서 언급한 것처럼 미성숙한 우리 사회에서 양심적 병역거부보다 더 큰 문제는 타인의 '양심'을 믿을 수 없다는 사실입니다. 만일 양심적 병역거부를 허용할 경우 이제까지 전혀 그렇게 생각하지 않던 사람들이 거짓 양심을 내세워 군입대를 기피하려 하지 않을까요? 양심적 병역거부가 제도적으로 인정되면 입대를 기피할 목적으로 양심을 내세우며 온갖 구실을 갖다 대는 사람들이 많이 생겨날 것입니다.

우리나라 국민들 가운데 다수의 사람들이 의도적으로 병역의무를 기피해 왔습니다. 수많은 정치 지도자들, 지식인들, 돈 있는 사람들 그리고 그들의 자녀들이 병역을 기피하지 않았습니까? 병역을 기피한 사실들이 밝혀졌을 때, 그들은 한결같이 적절한 핑계거리를 찾아 변명을 되풀이하지 않았습니까?

그런데 문제는 그들이 한결같이 사회 지도계층의 인물이라는 사실입니다. 지금 당장이라도 전 국민의 병역을 조사하면 소위 지도계층의 입대율이 훨씬 낮습니다. 지금 양심적 병역거부를 인정한다면 그와 같은 사람들은 '건강'이라는 핑계 대신 이번에는 '양심'이라는 구실을 들고 나오지 않을까요?

저는 양심적 병역거부가 문제인 것이 아니라 기득권층의 이기적이며 부정직한 자세가 문제라 생각합니다. 그런 사회 환경에서 과연 누가 어떤 방식으로 양심적 병역거부 여부를 판단할 것입니까?

만일 2-3년간 군생활을 마치면 자기가 원하는 최상의 조건을 제공한다는 보장을 해도 그들이 양심적 병역거부를 할까요? 갑자기 이런 생각을 해 보게 됩니다. 지금 우리나라 사람들의 평균 월급이 일백만 원이라고 가정합시다. 만일 군에 가 있는 동안 지금처럼 수고한다는 전제 아래 매월 수천만 원의 월급을 주고 2-3년 후 전역과 함께 근사한 아파트 한 채를 위로금 명목으로 따로 준다고 가정해 봅시다. 그만하면 실로 최상의 조건이지 않습니까?

그 정도는 부족하다고 여기는 사람이 있다면 그보다 훨씬 나은 조건을 제시할 수도 있겠지요? 만일 그런 조건을 제시한다 해도 양심적 병역거부를 할 수 있는 사람이라면 참 양심적 병역거부자일 것입니다. 그런 사람들에게는 국가가 정하는 대체복무 조건을 제공할 수 있습니다.

그런 차원에서 저는 기본적으로는 양심적 병역거부를 인정해야 한다고 생각합니다. 그렇지만 안타깝게도 우리나라 국민들은 그렇게 할 만한 수준이 되지 않습니다. 대단한 자부심을 가질 만한 자랑스런 민족이라 스스로 주장하지만 서구의 여러 나라들에 비하면 시민의식이 형편없이 낮은 수준입니다. 그러다 보니 소수의 양심적 병역거부자들이 피해를 입고 있습니다.

얼마 전 어느 판사가 양심적 병역거부를 인정한 예가 있었듯이 저도 그 부분에 대해서는 원론적으로 동의합니다. 그렇지만 원리적인 면과 현실적인 면을 동시에 고려해야 한다는 점이 결코 쉽지 않음을 느낍니다. 저의 짧은 글이 이 문제에 대해 생각해 볼거리를 제공하게 되기를 바랍니다. 너무 늦게 답변하게 된 점 다시 한번 죄송하게 생각하며 글을 맺겠습니다.

(2004. 9. 25)

## 59 기독교인이 보험이나 적금을 들어도 되는지요?

유리 학생

오랜만이군요. 대학 마지막 학기 정리하랴, 교사 임용고시 준비하랴 바쁘리라 생각합니다. 그렇지만 너무 조급해 하지 말고 여유로운 마음으로 대처하기를 바랍니다. 지난 8월 대구 동부교회에서 있었던 한국 성경신학회 학술발표회에서 수고해 주신 점에 대해 다시 한번 감사드립니다. 그때 약속한 자장면은 아직 효력이 있으니 틈이 나면 연락주세요.

얼마전 학생이 질문한 기독교인이 보험이나 적금을 드는 것이 과연 바람직한가에 대해 말씀드리려 합니다. 공부하다가 쉬는 시간에 머리를 식힐 겸 읽어보기 바랍니다. 우선 학생이 이런 질문을 한 이유가 무엇일까 생각해 봅니다. 아마 신앙인이 하나님을 전적으로 의지한다면 굳이 보험과 적금을 들 필요가 있을까 하는 생각이 들었기 때문이 아닐까 짐작해 봅니다. 하나님께서 항상 돌보신다고 믿으면서 보험을 드는 것은 모순이 아닌가 하는 생각을 해 볼 수 있습니다. 적금 또한 마찬가지겠지요? 하루하루 하나님만을 의지하며 살아야 할 성도가 내일을 염려해 적금을 든다는 것은 불신앙의 표현이 아닐까 생각해 볼 수 있습니다.

성경은 우리에게 내일 일을 염려하지 말고 모든 것을 주께 맡기라고 분명히 말씀하고 있습니다. 그러므로 예수님께서는 산상보훈 가운데서 "내일 일을 위하여 염려하지 말라 내일 일은 내일 염려할 것이요 한 날 괴로움은 그 날에 족하니라"(마 6:34)고 가르치고 계십니다. 그렇다면 내일을 위한 준비라 할 수 있는 보험이나 적금을 드는 것은 잘못된 것일까요? 이 문제에 대해서는 여러 측면에서 살펴보아야 할 내용들이 많이 있을 것 같습니다.

　우선 일반적인 이야기부터 한다면 우리 시대는 전통적인 사회와 비교해 볼 때 이전보다 훨씬 병든 세상입니다. 이는 신학적 이야기가 아니라 일반적인 이야기입니다. 전통적인 사회에서는 사실 보험제도니 적금제도니 하는 그런 제도가 있지 않았으며 필요하지도 않았습니다.

　원래는 가족 자체가 곧 보험회사와 은행의 기능을 했습니다. 그리고 우리에게는 교회가 곧 보험회사의 기능을 했습니다. 신실하게 살아가면서 상호 그 관계를 유지했던 것입니다. 그렇지만 우리 시대에는 가족도, 교회도 더이상 그런 기능을 하지 못할 정도로 퇴락하고 말았습니다.

　가족 중 누가 어려움을 당하면 피를 나눈 식구마저도 더이상 거들떠 보지 않을 만큼 각박한 세상이 되어 버렸습니다. 또한 어떤 성도가 심각한 어려움을 당했을 때 교회가 그에 대한 아무런 부담을 느끼지 않을 만큼 세속화되어 버렸습니다. 이것이 우리의 현실입니다.

　그렇다면 우리는 성경의 원리를 비추어 보아 어떻게 해야 할까요? 저의 말을 잘 새겨듣기를 바랍니다. 저는 성도들에게 보험이나 적금을 들 형편이 되면 그렇게 하도록 권합니다.

　위의 마태복음 6장 34절의 말씀을 기억하는 사람들은 그것은 성경의 말씀과 어긋나는 가르침이 아니냐고 할지 모릅니다. 혹은 그렇게 가르치는 것은 결국 타협을 요구하는 것이 아니냐 할지도 모릅니다. 그러나 그것이 과연 내일을 염려하지 말아야 할 성도들이 장래를 염려하기 때문인가 하는 점을 주의깊게 생각해 보아야 합니다.

　이제 보험과 적금의 의미에 대한 설명을 드리도록 하겠습니다. 물론 그것은 하나님의 백성인 우리가 가져야 할 기본적인 자세이기도 합니다. 먼저 보험에 대한 이야기부터 하도록 하겠습니다.

　보험은 일종의 사회적 '계'와도 흡사한 성격을 띱니다. 즉 불특정의 많은 사람들이 보험에 가입함으로써 다른 불특정의 어떤 사람이 위기에 처했을 때 그 모아진 돈으로 어려움에 빠진 사람을 돕습니다. 즉 보험의 사회적 성격은 그것이 단순히 자신의 미래를 염려하기 때문만이 아니라 이웃을 염려하는 마음이 포함되어 있다는 것입니다.

그러므로 성도의 보험에 대한 생각은 단순히 자기의 불확실한 미래를 염려하는 선에 머물러서는 안 될 것입니다. 나아가 나중에 자신에게 어떤 문제가 발생할 경우 다른 가족에게 짐이 되지 않기 위한 준비 정도로 생각하는 것도 만족스런 답이 되지 못합니다. 그것은 자신과 알지 못하는 사회적 이웃을 위한 것임을 잘 생각해야 합니다.

적금도 이와 동일한 맥락에서 해석될 수 있습니다. 현대 사회에 살면서 우리는 앞으로 어떤 어려운 일을 만나게 될지 모릅니다. 그런 상황에 처하게 되었을 때 문제를 해결하기 위해서는 금전이 필요합니다. 그것은 우리 시대 모든 인간들에게 주어진 굴레이기도 합니다.

이에 대해서는 성도들 역시 마찬가지입니다. 그런 어려움이 자신이 아니라 다른 이웃에게 닥칠 경우, 자신이 가진 금전을 그를 위해 사용할 수 있습니다. 그런 차원에서 본다면 적금 역시 자신만을 위한 것이 아니라 이웃을 위한 사회적 성격을 지니고 있습니다. 물론 이외에도 더 훨씬 넓은 의미에서 사회적 성격을 부여할 수 있습니다.

저에게 질문한 내용에 대해서는 이 정도로 설명이 되지 않았을까 싶습니다. 나중에 취업을 하거나 혼인을 하여 형편이 되면 학생도 적절한 범위 안에서 보험과 적금을 들기를 바랍니다. 그러나 그것은 자기만을 위한 것이 아니라 이웃을 위한 것임을 동시에 염두에 두기를 바랍니다. 그것이 현대를 살아가는 사람들의 삶의 방식이며 하나님의 백성인 우리 또한 그 가운데 살면서 방편으로 삼을 수밖에 없는 제도이기도 합니다. 그러나 그것 자체가 목적이 되거나 단순히 재산을 부풀리는 수단으로 이용되는 것은 바람직하지 않음을 기억하기 바랍니다.

(2004. 9. 25)

## 60 냉장고 구입 기념예배라니요?
(BE병원 '펫-시티' 구입기념예배와 관련하여)

K 교수님

바쁘실 터인데 전화를 해 주셔서 감사합니다. 최근 KS대학교 교수평의회 창립에 대해 교수님이 부정적인 견해를 가지고 있음에 대해 충분히 이해할 수 있을 것 같습니다. 기독교 대학의 교수들이 학생들을 지도하고 연구하는 일 이외에 달리 세력(힘)을 형성할 만한 단체를 결성하는 일이 과연 바람직한지 생각해 보아야 합니다.

더군다나 KS대학은 설립이념과 함께 하나님의 말씀을 통한 진리의 빛으로 학문을 조망해야 할 학교이기에 더욱 그렇다고 여겨집니다. 그러나 언제부터인가 KS대학이 정치화되고 일부 자기 욕망을 추구하는 교수들이 중심부에 자리잡게 된 것은 심히 안타까운 일입니다.

K 교수님, 이제 본론으로 들어가서 BE병원의 펫-시티(PET-CT) 도입 기념예배에 대한 저의 소견을 말씀드리도록 하겠습니다. 최근 BE병원이 펫-시티(PET-CT)를 도입하고, 지난 9월 6일 K의대 강당에서 총회장과 KS대학교 총장을 비롯한 교단지도자들이 참석하여 기념예배를 본 사실은 도저히 납득할 수 없는 일입니다.

좋은 의료기기를 도입하는 것 자체로서는 문제가 되지 않겠지만, 그것이 환자들을 위한 목적이 아니라 병원의 영리가 목적이라면 그것은 전혀 바람직하지 못한 자세일 것입니다. 그럼에도 불구하고 현재 재정적 위기를 맞고 있는 BE병원이 공공연히 영리적 계산을 하고 있는 것은 안타까운 일입니다. 그런 형편에서 펫-시티 도입 기념예배를 본 것은,

번영을 기원하는 불신자들의 종교행위와 무엇이 다른지 모르겠습니다.

만일 어느 교회가 냉장고를 구입하고 '냉장고 구입기념예배'를 보았다면 어떻게 이해해야겠습니까? 어떤 사람들은 어떻게 펫-시티와 냉장고를 비교할 수 있느냐고 할지 모르겠습니다. 펫-시티는 엄청난 고액일 뿐 아니라 다수의 사람들을 위한 공공 물품이지만 냉장고는 그냥 단순 생활용품이 아니냐고 말입니다.

그렇다면 냉장고 대신 공용 자동차를 사고 기념예배를 보는 것으로 바꾸어 이야기하면 어떨까요? 실제로 새 자동차를 구입하고 감사예배를 본 이야기를 들은 적이 있습니다. 교회의 자동차를 구입하고 안전운행을 기원하며 기념예배를 본다면 얼마나 한심한 이야기입니까?

펫-시티를 도입하고 하나님 앞에서 기념예배를 본 것은 아무런 잘못이 없다고 반론을 펴는 사람이 있다면 이렇게 말씀드리고 싶습니다. BE병원이 지난 수 십년 동안 얼마나 많은 의료장비를 구입했는데 왜 그때는 그런 기념예배나 감사예배를 드리지 않았느냐고 말입니다. 그리고 KS대학에서 어떤 물건을 사면 왜 기념예배를 드리지 않느냐고 말입니다. 가격이 비싸고 신제품을 구입할 때는 기념예배를 드리고 가격이 싸고 보통제품을 구입하면 기념예배를 보지 않아도 되는 것일까요?

저는 개혁주의를 지향하는 KS교단의 BE병원에서 고가高價의 신식 의료장비를 구입하고 교단의 최고(?) 지도자들이 모여 기념예배를 보았다는 이야기를 듣고 놀라기도 했지만, 그것이 얼마나 잘못된 것인지에 대해 지적하는 신학교수나 목사가 한 사람도 없다는 점이 더욱 놀랍습니다.

K 교수님, KS교단이나 KS대학교는 지금 여러 면에서 복음의 본질을 상실해가고 있습니다. 하나님의 말씀보다는 인본적인 정치와 술수들이

범람하고 있습니다. 그럼에도 불구하고 그것을 제대로 인식하고 있는 지도자들이 거의 없다는 것은 실로 안타까울 수밖에 없습니다. 신앙의 갈등과 고민이 있으면서도 외부로 표현하기조차 어려운 교수님의 심정을 이해할 만 합니다. 그러나 그런 일을 너무 자주 접하고 경험하다 보면 자기도 모르는 사이 그런 식으로 서서히 물들어갈 위험이 있다는 점을 기억하셨으면 합니다.

　지난번 일부러 전화해 주신 점 다시 한번 감사드리며 교수님과 가까이 지내면서 저를 아는 교수님들께 안부 전해주시면 감사하겠습니다. KS대학에 강의가 없으니 이제 부산에 갈 일이 거의 없는 것 같습니다. KS대학에 대한 애정은 여전히 남아 있음을 말씀드리고 싶습니다. 지금도 종종 KS대학생들이 저에게 어떤 질문을 해올 때면 반가운 마음을 가지고 있습니다.
　자주 뵙지 못하지만 이렇게 글을 통해서나마 교제할 수 있으니 다행이라 여겨집니다. 기독교적 입장에서 조망되는 교수님의 학문활동에 더욱 진전이 있기를 원합니다. 혹 대구지역으로 오실 일이 있으면 연락주시기 바랍니다. 섬기시는 교회와 가정에 문안 전합니다.

(2004. 9. 29)

## 61. "남에게 대접을 받고자 하는 대로 너희도 남을 대접하라"(마 7:12)에 대한 해석과 이해

정규 형제님

녕하세요? 진작 질문을 받아놓고 이제야 답변하게 되어 죄송합니다. 이번 여름방학동안 몇 차례의 수련회 강의와 한국 성경신학회 논문발표준비 등으로 인해 조금 분주했습니다. 거기다가 모레 아침 약 열흘 간 중국을 방문할 일이 있어서, 지금 짬을 내어 간단하게나마 답변을 해야겠다는 생각을 하며 책상머리에 앉았습니다.

마태복음 7장 12절에 기록된, "그러므로 무엇이든지 남에게 대접을 받고자 하는 대로 너희도 남을 대접하라"는 말씀에 대해서 질문하셨더군요. 이 본문은 여간 잘 생각하지 않으면 전혀 엉뚱한 해석을 할 우려가 있는 말씀입니다. 사실 거의 대다수 사람들이 이 본문에 대해서 잘못 해석하고 있다는 것이 저의 생각입니다.

그들은 이 말씀을 단순히 윤리적으로 해석하고 있습니다. 즉 기독교인은 남을 잘 대접해야 하며 그렇게 함으로써 자기도 그에 상응하는 대접을 받을 수 있다는 식으로 가르친다든지, 남을 잘 대접하면서 사는 것이 기독교인의 윤리적인 덕목인양 말하고 있습니다. 그러나 위의 말씀은 그런 윤리적인 가르침과는 전혀 상관이 없는 내용입니다. 만일 그렇게 해석하게 되면 본문이 의도하는 바와 완전히 다른 주장을 하게 됩니다.

마태복음 7장 12절의 한글 번역에는 상당한 문제가 있습니다. 그것은 번역기술에 대한 것이라기보다는 용어 채택에 대한 문제입니다. 즉 대다수 한글 번역성경들에는 '대접'이라는 용어를 채택하고 있습니다(개역

성경, 새번역, 표준새번역, 현대인의 성경 등). 그러나 우리는 여기에 채택되고 있는 '대접'이라는 단어를 분별력 있게 이해할 필요가 있습니다.

그래서 저는 이 본문이 전하고자 하는 의미를, "그러므로 누군가 너희에게 해 주기를 원하는 대로 너희도 그들에게 그렇게 하라"(Therefore all things whatsoever ye would that men should do to you, do ye even so to them: KJV)는 뜻으로 이해하고 있습니다. 즉 이 말씀의 내용은 단순히 남에게 대접하는 문제에 대한 것이 아니라 성도의 본질적인 삶의 방식에 대한 것입니다. 그러므로 저는 한글 번역 성경의 위 본문에서 채택하고 있는 '대접'이라는 용어를 사용하지 않는 것이 옳다고 생각합니다.

따라서 형제께서 말씀하신 것처럼, 본문의 앞부분과 어떻게 연결되기에 '그러므로'라는 접속사가 붙어있느냐는 점을 잘 생각해 보아야 합니다. 마태복음 7장 12절은 앞의 7장 7-11절까지 하나의 문단을 이루고 있는 내용에 대한 결론적 언급이라 할 수 있습니다. 그렇다면 우리는 7장 12절을 해석하기에 앞서 7-11절까지의 의미를 먼저 이해해야 합니다.

7-11절까지의 말씀에서 주님께서는 하나님의 도움을 필요로 하는 자들(사도-교회)에게 성령을 주시겠다고 약속하고 계십니다. 그 도움이란 일상 생활의 필요에 관련된 것이 아니라 인간의 죄와 구원에 관련된 것입니다. 그러므로, 마태복음 7장 7절의 "구하라 그러면 너희에게 주실 것이요 찾으라 그러면 찾을 것이요 문을 두드리라 그러면 너희에게 열릴 것이니"라는 말씀은, 무엇이든지 생활에 필요한 것을 구하면 다 주시겠다는 의미가 아니라 역사적 경륜 가운데 약속된 하나님의 뜻을 구하는 자들에게 성령을 주시겠다는 말씀입니다.

이에 대한 증거가 11절의 "너희가 악한 자라도 좋은 것으로 자식에게 줄줄 알거든 하물며 하늘에 계신 너희 아버지께서 구하는 자에게 좋은 것으로 주시지 않겠느냐"는 말씀입니다. 이 말씀 역시 일상 생활에 관련된 형편이나 물건에 관련된 것이 아닙니다. 여기서 '좋은 것'이란 곧

'성령'을 가리키고 있습니다. 이 본문과 병행구절인 누가복음 11장 13절에서는 "너희가 악할지라도 좋은 것을 자식에게 줄줄 알거든 하물며 너희 천부께서 구하는 자에게 성령을 주시지 않겠느냐"고 하심으로 마태복음의 '좋은 것'이 '성령'을 일컫고 있음을 분명히 밝히고 있습니다.

이러한 내용들을 근거로 하여 형제의 질문에 대한 답변을 정리할 수 있을 것 같습니다. 앞에서 언급한 것처럼, 마태복음 7장 12절의 "너희도 남을 잘 대접하라"는 말씀은 결코 윤리적 교훈이 아닙니다. 예수님과 제자들 가운데 우리가 일반적으로 생각하는 그런 식의 대접을 잘했다거나, 그렇게 함으로써 남으로부터 더 나은 대접을 받았다는 성경의 기록을 찾아보기 어렵습니다. 도리어 성경에는 복음을 증거하다가 핍박을 받고, 진리를 거스르는 자들을 질책하다가 고난을 당한 성도들에 관련된 기록들이 많이 나타납니다.

마태복음 7장 12절의 맨 앞 부분에 '그러므로'라고 하는 접속사가 쓰인 것은 앞 절에 기록된 '성령'을 주시겠다는 약속과 직접 연관된 것입니다. 즉 누군가 자기에게 해 주기를 원하는 대로 그들에게 그렇게 해야 한다고 하신 말씀은, 성령을 주시겠다는 주님의 약속과 성도의 삶에 관련되는 것입니다. 그리고 12절의 맨 마지막 부분에 '이것이 곧 율법이요 선지자라'고 하신 말씀은 '그 약속으로 인해 순종하며 사는 성도의 삶이 곧 구약성경의 가르침이라'는 뜻입니다.

우리는 마태복음 7장 12절에서, 성령을 보내신 하나님께서 자기 백성들에게 어떤 삶을 요구하시는가 하는 원리를 발견하게 됩니다. 하나님께서 성령을 허락하심으로 놀라운 은혜를 베푸셨으니 교회 역시 그 은혜에 따라 순종하며 살아야 하는 것은 마땅합니다. 예수님께서 "남에게 대접을 받고자 하는 대로 너희도 남을 대접하라"고 하신 것은, 단순한 윤리 제시가 아니라 하나님으로부터 성령을 받은 교회에게 순종의 삶을 요구하고 있음을 잘 기억하게 되기를 바랍니다. (2004. 8. 14)

# 62 '정신지체자의 성찬 참여'에 대하여

송 목사님

**안**녕하세요? 귀국 후 한국 생활에 적응하는 것이 쉽지 않았으리라 생각합니다만 잘 지내시리라 믿습니다. 지난번 보내주신 논문은 감사하게 잘 받았습니다. 이번 가을 출간 예정인 '진리와 학문의 세계' 제11권에 게재할 예정입니다.

최근 황창기 교수님을 만났을 때 우연히 송 목사님에 대해 이야기하게 되었습니다. 송 목사님에 대한 황 교수님의 학문적 신뢰가 매우 높더군요. 송 목사님의 학문활동이 무너져 가는 한국교회를 바르게 세우는 데 기여하게 되기를 바랍니다.

송 목사님께서 저에게 말씀하신 정신지체자의 성찬 참여 문제에 대한 저의 소견을 말씀드릴까 합니다. 일반적으로 성찬은 세례교인으로서 입교인들 사이에 이루어지는 성례라 할 수 있습니다. 그러므로 세례는 성찬에 참여하기 위한 필수 조건입니다. 그리고 세례를 받기 위해서는 장로회(당회)의 철저한 신앙 교육과 더불어 전 교회 앞에서의 순전한 고백이 있어야만 합니다.

그런데 정신지체자일 경우 그런 절차를 거친다는 것이 어렵습니다. 우선 지적 능력이 부족하기 때문에 철저한 신앙 교육을 한다는 것은 사실상 불가능합니다. 그리고 그 다음 단계인 교회 앞에서의 신앙고백이란 더욱 어렵습니다. 그런 여러 가지 형편을 감안한다면 정신지체자의 성찬 참여 문제는 그렇게 간단한 문제가 아니리라 생각합니다.

목사님께서 말씀하신, 정신지체자를 자녀로 둔 부모가 자기 자식을 성찬에 참여케 하고자 하는 마음은 충분히 이해할 수 있습니다. 그 부모가 그렇게 바라는 것은 그 부모에게 그만한 신앙이 있는 증거라는 생각이 듭니다. 그렇다면 교회는 정당한 절차를 거쳐 특별한 케이스로 다루어 그에 대한 결정을 해야 합니다.

이제 그에 대한 저의 좀더 구체적인 견해를 말씀드릴까 합니다. 결론부터 미리 말씀드린다면 그 보호자인 부모가 자기 자녀가 성찬에 참여하기를 원한다면 그렇게 할 수 있어야 하리라고 생각합니다.

어릴 때부터 그 자녀를 주 안에서 양육해 온 부모가 그에 대해 누구보다 잘 알고 있습니다. 그런 부모가 자기 자녀의 성찬 참여를 원할 때는 그에 대한 내적 검증이 있는 것으로 이해해야 한다는 것입니다. 물론 그 구체적인 절차에 대해서는 당회의 신중한 살핌과 결의를 거친 후 교회 앞에서 이루어지는 공적 선언에 의한 것이어야 합니다.

제가 이렇게 말씀드릴 수 있는 신학적 근거를 제시해 보겠습니다. 장로교에서는 유아세례를 매우 소중하게 생각합니다. 자녀가 태어나면 부모는 그 아이가 아직 신앙적 사고를 할 수 없고 아무런 교육이나 고백이 없는 상태에서 그로 하여금 유아세례를 받게 합니다. 물론 교회는 그 아이의 부모에 대한 충분한 교육과 장로회의 신앙적 보증에 의해 그 유아에게 세례를 베풀게 됩니다.

아직 독립적으로 사고할 수 없는 그 아이가 성장하여 입교할 때까지 교회와 부모는 신앙을 통한 양육을 책임지게 되는 것입니다. 그가 유아일 때도 교회는 마땅히 그를 언약의 자녀로 받아들여 교회에 속한 성도로 인정합니다. 이는 마치 일반 가정에서 아직 독립하지 못한 모든 어린 자녀들을 식구 속에 포함시키는 것과 동일한 원리입니다.

유아세례와는 다소 경우가 다르기는 하지만 그와 동일한 맥락에서 정신지체자를 생각해 보아야 합니다. 정신지체자의 신앙 교육 역시 그 부모와 교회가 담당해야 합니다. 판단 능력이 부족하고 온전한 사고력이 부족하다 할지라도 부모와 교회는 그를 언약의 식구로 받아들여 교회의 가족에 포함시켜야 합니다. 그것은 그 부모와 교회가 함께 감당해야 할 고백적 내용이기도 합니다.

그러므로 정신지체자인 성도가 성장했을 때 혈통적 보호자인 그 부모가 자녀의 성찬 참여를 원할 경우 그의 성장을 지켜본 교회는 신중한 검토를 통해 그 허용여부를 결정해야 합니다. 즉 장로회(당회)는 성찬 허용에 앞서 그 부모의 증언과 더불어 그가 언약의 자녀임을 확인해야 합니다. 당회는 정신지체를 가진 이가 본 교회의 입교인으로 받아들일 만하면 교회에 공포하고 성찬에 참여시킬 수 있습니다.

이것은 제가 이해하고 있는 바입니다만 다른 학자들의 이에 대한 견해는 어떤지 모르겠습니다. 목사님께서 학위 과정을 마친 남아프리카 공화국을 비롯한 건전한 개혁교회들은 이럴 경우 어떻게 하는지 궁금합니다. 이 부분에 대한 교회적 적용과 신학적 연구가 어느 정도 되어 있는지 알지 못합니다만 혹 그런 논문을 접하게 되면 저에게도 자료를 전해 주시면 감사하겠습니다.

목사님의 가정과 KS대학 교회 위에 주님의 은혜가 함께 하기를 원합니다. 하나님의 말씀을 통한 연구 활동에 진전이 있기를 바랍니다.

(2004. 10. 1)

# 63 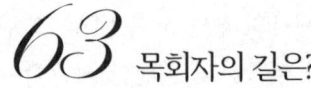 목회자의 길은?

L 강도사님

수고 많으실 줄 압니다. 힘겨운 고민들이 가득 담긴 장문의 글을 보며 무거운 마음을 가지게 됩니다. 그동안 신학대학원에서 힘든 신학 공부를 했는데 목회에 대한 갈등이 생긴다니 어떤 말씀을 드려야 할지 모르겠습니다. 개혁주의, 코람데오, 순교 신앙을 앞세우지만 실상은 그런 고백과는 동떨어진 교단 신학의 현실을 보며 안타깝게 생각하지 않을 수 없습니다.

우리 시대의 교회가 직면하고 있는 가장 큰 문제는 올바른 신학을 소유한 소수의 사람들은 현실교회에 대한 갈등으로 인해 목회를 포기하게 되고, 신학적 안목이 없는 다수는 아무런 생각없이 시류에 따라 목회를 하게 된다는 사실입니다. 강도사님의 경우 말씀으로써 교회를 섬기기에 적합하다고 믿지만 현재의 갈등을 감안한다면 결국 주님의 인도하심에 맡겨야하지 않을까 하는 생각이 듭니다.

강도사님이 질문하신 내용들 중 몇 가지에 대한 저의 생각을 말씀드리려 합니다. 우선 목사 안수의 문제입니다. 목사가 되는 것 자체가 주님을 가장 잘 섬기는 방편인 것은 결코 아닙니다. 지금처럼 타락한 시대에는 오히려 목사가 되지 않는 것이 주님의 참된 제자의 길을 걷기에 더 쉽지 않을까 하는 생각이 들 정도입니다. 신학을 공부하고 강도사 인허를 받은 상태에서 목사 안수를 받지 않는 것 자체로서는 아무런 문제가 되지 않으리라 생각합니다.

그리고 목회자 가족에 대한 문제입니다. 목회자의 아내, 목회자의 자녀란 이유로 교회에서 달리 대우받거나 교회가 그들에게 필요 이상의 요구를 해서는 안 됩니다. 목회자 가족은 다른 교인들보다 더 경건해야 하며 특별히 본이 되어야 한다는 식의 논리는 매우 위험합니다. 목회자 가족 역시 다른 교인들과 차별 없는 똑 같은 성도라는 점을 잘 이해해야 합니다.

그러므로 목회자 부인이 능력이 있어 일할 수 있다면 교회의 형편에 따라 직업을 가질 수도 있습니다. 목회자 부인이라는 이유만으로 일반 직업을 가지지 말아야 하는 것은 아닙니다. 다른 성도들이 가질 수 있는 직업이라면 목회자 부인도 그와 같은 영역에서 사회에 봉사하며 일할 수 있습니다.

강도사님이 말씀하신 바 특별한 지도력이 목회자의 기본적인 자질인가에 대해서는 지나치게 민감할 필요가 없습니다. 교회 교사의 지도력은 성도들과 삶을 공유할 때 자연스럽게 형성되는 것입니다. 그러나 인위적인 지도력은 전혀 부러워할 것이 못 됩니다. 현대에 있어서 특별한 지도력이란 결국 사람을 다루는 기술에 지나지 않습니다. 우리가 분명히 기억해야 할 점은 목회자가 사람을 다루는 기술을 익히는 것은 매우 위험하다는 사실입니다.

예를 들어 가정에서 가장이 가족을 다루는 기술을 익히지 않습니다. 가족과 더불어 신실하게 살아갈 때 자연스런 지도력이 드러나게 될 것입니다. 교회에서도 그와 동일한 원리가 적용되어야 합니다. 만일 목회자에게 특별한 지도력을 요구하는 교회가 있다면 그런 교회는 매우 세속화되었다고 보면 될 것입니다.

또한 목사로 임직받는 것 자체가 하나님을 기쁘게 하는 것은 아닙니다. 하나님의 말씀을 떠나 잘못된 목회를 할 바에는 목사가 되지 않는 것이 훨씬 바람직한 일입니다. 우리는 성경에서 그리스도의 이름으로 선지자 노릇하고 지도자 노릇을 했으나 도리어 하나님을 욕되게 한 경우를 수없이 많이 보고 있습니다.

교회사 가운데서도 그리스도의 이름으로 목회를 하고 지도자 행세를 했던 수많은 배도자들을 보게 됩니다. 그러나 그들 스스로 하나님을 버리고 배도의 길을 걸었다고 생각할 사람은 별로 없습니다. 그들 중 다수는 죽은 후 천국에 가서 하나님으로부터 큰 상급을 받게 되리라는 기대를 했을지도 모릅니다.

목회자이기 때문에 다른 성도들보다 특별히 거룩한 것은 아닙니다. 남들에게 보이기 위해 그렇게 행세했다면 그것은 위선일 따름입니다. 인간이라면 누구나 죄의 속성으로 인해 자기의 욕망에 따라 살고자 합니다. 그것을 깨닫고 진정으로 주님의 은혜를 구하는 자들이 교회의 직분을 맡기도 하며 일반 성도로서 살아가야 합니다.

강도사님의 진로에 대해서는 구체적으로 조언하기 어려울 것 같습니다. 그러나 원리는 분명합니다. 혹 목회를 하지 않고 다른 직업을 가진다 해도 그것이 세상을 추구하는 것이 아니라 여전히 복음의 빛을 드러내는 성도의 삶의 자리에 서 있다는 것입니다.

하나님을 경외하는 성도는 어떤 직분을 맡게 되든 진지한 자세로 주님을 섬길 것이며 교회에 속한 여러 성도들에 대한 신실한 관심을 가질 수밖에 없습니다. 동일한 교인이 어떤 직분을 맡게 되느냐에 따라 열심을 더 내기도 하고 나태하기도 한다면 그것은 자기의 종교적 욕망을 채워가는 것 이상이 아닐 것입니다.

강도사님이 현재 처한 형편에 대해서는 신실한 이웃들과 진지하게 대화하며 기도하는 가운데 주님의 선한 인도를 받으시기 바랍니다.

(2004. 10. 6)

# 64 두세 사람이 모이면 교회인가?(마 18:20에 대한 해석과 함께)

손 선생님

병원에서 매주 한 번씩 성경 공부를 한다니 반가운 소식입니다. 다른 조직 교회에 속한 성도들이지만 같은 직장에서 근무하며 특별히 시간을 내어 말씀을 탐구하는 것은 아름다운 일이라 생각됩니다. 포항에 가면 회를 사주시겠다니 조만간 시간을 한번 내보도록 하겠습니다.

보내주신 서신에서, 두세 사람의 성도가 모이면 그것을 곧 교회라 할 수 있느냐 하는 질문을 했습니다. 사실 많은 사람들이 그런 것으로 생각하고 있는 듯 합니다. 그런 사람들은 대개 사람의 수가 몇 명이든 하나님이 함께 계시면 그것이 곧 교회 아니냐고 말합니다.

그런 주장은 일반적으로 마태복음의 "두세 사람이 내 이름으로 모인 곳에는 나도 그들 중에 있느니라"(마 18:20)는 말씀에 그 근거를 두고 있는 것 같습니다. 그러나 교회란 그런 단순한 의미가 아니며 몇 사람의 성도가 모이면 그것 자체로서 교회가 되는 것이 아닙니다.

이제 마태복음 18장 20절의 말씀을 살펴보도록 하겠습니다. 그 내용을 담고 있는 마태복음 15-20절에는 전체적으로 권징에 대한 교훈이 기록되어 있습니다. "네 형제가 죄를 범하거든 가서 너와 그 사람과만 상대하여 권고하라 만일 들으면 네가 네 형제를 얻은 것이요 만일 듣지 않거든 한두 사람을 데리고 가서 두세 증인의 입으로 말마다 증참케 하라 만일 그들의 말도 듣지 않거든 교회에 말하고 교회의 말도 듣지 않거든 이방인과 세리와 같이 여기라"(15-17절). 여기서 우리가 우선 눈여겨

보아야 할 부분은 17절의 '교회' 입니다. 즉 20절의 '두세 사람'은 믿는 사람의 단순한 수가 아니라 '조직 교회에 속한 두세 사람'을 말하고 있습니다.

이것은 교회에 속한 어떤 성도가 죄를 범했을 경우 그것을 알게 된 교회의 다른 성도들이 어떻게 해야 할까 하는 문제와 관련됩니다. 성경은 그 범죄사실을 미리 알게 된 성도가 당사자에게 권고하고, 그래도 듣지 않으면 한두 사람을 데려가 '두세 증인'의 입으로 증참케 하라고 합니다. 그래도 듣지 않거든 교회에 말하고 교회가 최종적으로 그 문제를 처리하도록 교훈하고 있습니다. 그 다음에 "진실로 너희에게 이르노니 무엇이든지 너희가 땅에서 매면 하늘에서도 매일 것이요 무엇이든지 땅에서 풀면 하늘에서도 풀리리라"(18절)라는 언약의 말씀이 기록되어 있습니다.

그리고 19절에는 "진실로 다시 너희에게 이르노니 너희 중에 두 사람이 땅에서 합심하여 무엇이든지 구하면 하늘에 계신 내 아버지께서 저희를 위하여 이루게 하시리라"(19절)는 말씀이 기록되어 있고 "두세 사람이 내 이름으로 모인 곳에는 나도 그들 중에 있느니라"(20절)는 말씀이 따라 나옵니다.

여기서 '두세 사람'이라는 말은 그런 작은 수라도 모이면 교회가 된다는 뜻이 아니라, 권징을 위한 교회의 사역 절차에 하나님께서 부여하신 권위가 있음을 말하고 있습니다. 그러므로 마태복음 18장 20절에서 "두세 사람이 내 이름으로 모인 곳에는 나도 그들 중에 있느니라"고 한 말씀은 소수라도 교회가 될 수 있다는 근거가 아니라 권징 사역의 절차에 관련된 것입니다.

이제 성경의 교훈을 체계적으로 정리한 교의학적 측면에서 말씀드릴까 합니다. 장로교회에는 목사, 장로, 집사 등의 직분이 있습니다. 하나님의 말씀이 선포되고 성례가 시행되며 교회적 구제가 이루어지는 것은 개별적 판단이 아니라 직분적 기능에 의한 것입니다. 즉 하나님께서 허락하신 직분을 통해 주님의 교회가 세워져 가야 하는데 그 성도의 무리를 우리는 조직교회라 일컫습니다.

이에 대한 이해를 돕기 위해 예를 들어볼까 합니다. 가정과 가족은 용례상 서로 다른 의미입니다. 함께 사는 식구가 여러 명 있다면 그 전체를 가정이라고 합니다. 그런데 그중 몇 사람이 따로 모여 있다고 해서 그것을 가정이라 하지 않겠지요? 식구 몇 사람이 모이면 가족이기는 하지만 그 모임이 가정은 아닌 것입니다. 가정과 가족이 서로 다르다는 의미입니다. 물론 가족의 수가 많은 가정이 있는가 하면 두세 사람의 단출한 가정도 있습니다. 수가 많든 적든 간에 그 기능에 의해 온전한 가정이 될 수 있습니다.

이와 비슷한 예를 하나 더 들어보겠습니다. 국가와 국민은 관련이 있으나 서로 다른 의미입니다. 국가는 모든 국민들의 총합을 일컫습니다. 그렇다고 그 국가에 속한 국민 몇 사람이 모였을 때 그것을 국가라 하지 않습니다. 그들이 국가에 속한 국민이기는 하지만 국가는 아닌 것입니다. 또한 국민의 수가 십억이 넘는 큰 국가가 있는가 하면 전체 국민이 수십만 명밖에 되지 않는 작은 국가도 있습니다. 그렇지만 국민의 수와 관계없이 독립 국가는 국가로서 그 기능을 수행하게 됩니다.

교회에 대한 이야기를 하면서 가정이나 국가와 동일한 입장에서 말하기는 어려울지 모르지만 비슷한 맥락에서 이해할 수는 있습니다. 교회는 교인들의 수에 달려 있는 것이 아니라 직분에 따른 직능이 올바르게 이행되고 있느냐 하는 것이 중요한 것입니다. 교회에는 목사, 장로, 집사가 있어서 제각기 맡은 직분에 따라 교회를 세우는 일에 신실하게 참여해야 합니다. 즉 직분이 무시된 채 개별적 판단과 합의에 따라 교회를 이끌어 가는 것이 아니라는 것입니다.

물론 특별한 경우 조직교회에 참여할 수 없는 형편에 놓일 수가 있습니다. 교회가 없는 이슬람 국가에서 살아가는 성도나 몇개월간 선박에서 근무해야 하는 선원, 그리고 주변에 건전한 교회가 없어서 어려움을 겪는 성도 등입니다. 이럴 경우에도 원칙적으로는 성도가 조직교회에 소속이 되어 있어야 합니다. 그래야만 본 교회와 떨어져 있을 동안에도 여전히 그 교회 성도로서 기도 중 서로 교통이 가능한 것입니다. 성도들은 조직교회에 속해 있어야 하며 혹 그럴 만한 건전한 교회가 없다고 생각되면 참된 교회를 만날 수 있도록 기도하는 마음을 지켜나가야 합니다.

제가 말씀드리고자 하는 의도를 잘 이해하리라 믿습니다. 손 선생님께서 말씀하신 것처럼 두세 사람이 모이면 그것 자체로서 교회가 될 수 없음을 기억하셨으면 합니다. 그렇다고 해서 그런 소수의 모임이 소중하지 않다는 말은 결코 아닙니다. 이는 마치 가정에 속한 몇 사람의 가족이 만나도 여전히 소중하며 국민 몇 사람이 모여도 여전히 소중한 것과 같은 이치입니다. 가정의 평안을 빌며 환절기에 건강 조심하시기를 바랍니다.

(2004. 10. 8)

# 65 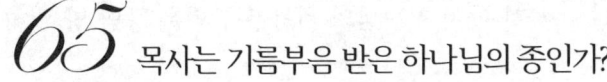목사는 기름부음 받은 하나님의 종인가?

성훈 형제님

안녕하세요? 제가 쓴 글들이 신앙에 도움이 된다니 다행입니다. 오래 전 형제께서 질문하신 내용에 대해 답변 드리려고 합니다. 요즘 목사와 관련된 문제로 인해 복잡한 말들이 많은 줄 압니다. 목사와 성도들 사이의 차별이나 여성목사제도의 성경적 타당성 문제 등이 그에 속합니다. 목사 직분과 관련된 문제에 접근하는 분들 가운데 다수가 성경 본문의 가르침이 아니라 시대적 정황에 의존하고 있음을 보며 안타까운 마음을 가지게 됩니다.

형제의 질문요지는, 목사가 과연 기름부음 받은 하나님의 특별한 종인가 하는 점과 일반 성도들은 목사의 잘못이나 비리에 대해서 일절 간섭하거나 지적하지 말아야 하느냐 하는 점인 것 같습니다. 우리 주변에는 목회자의 개인적 문제에 대해서는 하나님께서 직접 처리할 것이기 때문에 일반 성도들은 목사의 잘못에 대해 간섭하거나 문제 제기를 해서는 안 된다고 생각하는 사람들이 종종 있는 것을 보지만 그것은 매우 잘못된 생각입니다.

그렇다면 목사가 하나님으로부터 특별히 기름부음을 받은 종이라고 하는 말은 어디서 나왔을까요? 그런 생각을 하는 자들은 아마도 구약시대의 제사장들이 기름부음(출 40:15)을 받았다는 사실을 근거로 삼아 그러는 것이 아닐까 짐작해 봅니다. 물론 구약시대에 기름부음을 받은 자는 제사장뿐 아니라 왕들 역시 기름부음을 받기도 했습니다(대상 14:8). 성경을 잘 이해하지 못하는 사람들은 구약성경의 그런 구절들을 잘못

적용하면서 오늘날 목사가 마치 하나님의 기름부음 받은 종인 양 말하고 있습니다.

  우리 시대의 목사가 구약시대의 제사장처럼 기름부음을 받은 것은 결코 아닙니다. 그렇지만 우리 시대에는 교회가 직분자를 세우면서 그들에게 공적으로 안수하는 교회적 의례가 있습니다. 그 안수는 비단 목사 직분자뿐 아니라 장로와 집사들에게도 동일한 방법으로 행하고 있는 의례입니다. 목사가 안수받는 것을 두고 하나님으로부터 기름부음 받는 것이라 주장하려면 비단 목사뿐 아니라 장로와 집사에게도 그와 동일하게 적용되어야 합니다.
  직분자가 안수를 받는 것은, 역사상 이어져오는 교회의 상속 주체로서 그 직분을 확인하는 것입니다. 즉 교회가 안수를 하는 것은 하나님의 뜻에 의해 세워진 직분을 상속개념과 더불어 승인하는 의례입니다. 그것은 인간의 지혜나 판단이 아니라 하나님의 뜻과 그의 말씀에 순종함으로써 교회적 직분을 수행해야 할 것을 승인하며 요청하는 의례입니다.

  여기서 우리가 기억해야 할 점은 목회자가 일반 성도들과 다르지 않은 형제라는 사실입니다. 즉 직분을 맡은 특정인에게 어떤 권위가 주어지는 것이 아니라 직분 자체가 권위를 가지는 것입니다. 그러므로 만일 목회자가 다른 성도들과 같은 성도로서 한 형제임을 기억하지 않는다면 잘못된 권위주의가 생겨나게 될 것입니다.
  만일 목사인 형제가 성경에 어긋난 사고나 행위를 지속적으로 하게 될 경우 다른 성도들은 그것을 사랑으로 지적해 주어야 합니다. 목사가 하나님의 말씀을 벗어나게 설교한다든지 교인들을 엉뚱하게 지도하고 가르친다면 성도들은 그것을 마땅히 지적해 주어야 합니다. 물론 그렇게 하기 위해서는 교회에 속한 성도들이 하나님의 말씀을 온전히 이해함으로써 그만큼 성장해야 합니다.

목사의 잘못이나 비리를 지적하는 것은 결코 그를 비난하거나 목회적 권위에 도전하는 것이 아닙니다. 그것은 도리어 형제를 잘 도와주는 길이며 그를 진정으로 사랑하는 방편입니다. 만일 목사인 형제가 잘못하고 있는데도 다른 성도들이 모르는 척 가만히 침묵하고 있다면 그를 멸망의 길에 방치하는 것과 다르지 않습니다.

만일 목사인 형제 스스로 자신이 다른 성도들과는 달리 특별히 기름부음을 받은 자라는 생각을 한다면 그것은 매우 위험한 권위주의적 사고를 하는 것입니다. 그것은 연령이나 목회 경력이 많고 적음과는 전혀 상관이 없는 문제입니다.

성훈 형제가 속한 교회에도 여러 형제 자매들이 있습니다. 그 가운데는 목사인 형제도 있을 것이며 장로나 집사 직분을 맡은 형제들도 있습니다. 그리고 직분을 맡지 않은 여러 형제 자매들도 있습니다.

형제가 보기에 다른 성도가 말씀에 벗어난 사고나 행동을 하는 것이 분명하다면 그 형제를 찾아가 마태복음 18장 15-17절의 교훈에 따라 그에게 이야기해야 합니다. 이는 특별한 직분이나 연령에 관련없이 누구에게나 공히 해당되는 말입니다. 그런 성도의 교제를 통해 주님의 몸된 교회가 온전히 자라가게 되는 것입니다.

형제가 저에게 이런 질문을 하신 구체적인 이유는 알 수 없지만 혹 형제가 속한 교회에 그럴 만한 일이 있다면 말씀의 원리에 따라 지혜롭게 잘 접근하시기 바랍니다. 이미 권위주의화 되어 있는 한국교회에서 그렇게 한다는 것이 그리 쉽지 않으리라는 점을 잘 알고 있습니다. 그렇지만 모든 성도들이 마땅히 가져야 할 그런 자세는 속히 회복되어야 합니다.

성도들이 서로간 말씀으로 권면하는 가운데 주의 몸된 교회의 온전한 성장이 있기를 바랄 따름입니다.

(2004. 10. 11)

## 66 KS교단 시국선언, 어찌 봐야 할까요?

최 집사님

**잘** 지내시리라 생각합니다. 오늘은 제가 동대구노회로부터 제명을 당한지 만 일년이 되는 날이라 마음이 씁쓸합니다. 저야 어지러운 세상 어떻게든 버티며 살면 되겠지만 말씀의 교훈이 무엇인지도 모르는 채 무지한 열심을 내고 있는 KS교단의 다수 목회자들이 불쌍하다는 생각이 듭니다. 물론 그런 사람들에게 배우며 종교적으로 길들여지고 있는 일반 교인들에 대한 측은함은 훨씬 더하다고 할 수 있겠지요.

KS교단의 시국선언에 대한 저의 소견을 말씀드릴까 합니다. KS교단은 지난 9월 23일, "대한예수교장로회 제54회 총회는 이 나라가 당면한 혼란과 갈등, 체제와 안보, 경제와 사회전반에 걸친 위기를 염려하고, 하나님 앞에 우리의 허물을 통회하며 우리의 입장을 다음과 같이 밝힌다"는 말로 시작되는 시국선언문을 발표했습니다. 그 내용에는 국가 보안법, 사립학교법, 단군상 철거, 행정수도 이전, 부당한 언론매체 등에 관련한 문제들을 담고 있습니다.

KS교단은 그 선언문을 통해 현 정부를 노골적으로 비판하고 있습니다. 그러나 서문에서 밝힌 하나님 앞에서 자신의 허물을 통회하는 모습은 전혀 보이지 않습니다. 그 선언문을 보면서 떠오른 것은 현 정부가 차라리 KS교단보다는 낫지 않은가 하는 생각입니다. 자기 눈 속의 들보를 깨닫지 못한 채 남의 눈에 있는 작은 티를 빼내려고 하는 어설픈 모습이 가련하게 느껴지기까지 합니다.

대한민국이 건국된 후 지금까지 숱한 국가적 위기가 있었습니다. 최고 통치권자들의 이기적 욕망으로 인해 다수 국민들이 고통을 당한 경우가 한두 번이 아닙니다. 그중에는 지금과 마찬가지로 국가 지도자들의 천박한 기득권 싸움으로 인해 발생된 문제들도 많았습니다. 나아가 독재정권이 무고한 시민들의 인권을 짓밟고 그들의 생명을 박탈하는 등 악행을 저지른 경우도 많이 있었습니다.

그런 일들이 있었을 때 KS교단이 시국선언을 하거나 정권에 저항한 일은 한 번도 없었습니다. 도리어 일부 지도자들은 독재정권의 비위를 맞추며 조찬기도회에 참석하는 등 그들의 들러리 역할을 했습니다.

그런 태도를 보이던 교단이 급작스레 국가 정책을 문제삼아 정부를 비판하며 시국선언을 하는 것을 보면서 시류에 야합하는 비굴함을 보게 됩니다. 과거 서슬퍼런 독재정권 시절에는 단 한마디의 말도 하지 못하다가 이제 그런 권력이 사라지게 되니 뒤늦게 자기 힘을 과시하려는 듯한 유치함이 보이기 때문입니다. 과거 정권에 대해서는 추파를 던지며 무엇인가 얻어내고자 하던 자들이 이제 그런 타협이 통하지 않으니 엉뚱한 행동을 하는 것으로 밖에 보이지 않습니다.

KS교단이 살아있다면 시국선언문을 발표할 것이 아니라 비신앙적 부정과 비리가 가득 찬 자기 모습에 대한 처절한 회개 선언을 발표해야 했습니다. KS교단이 세상의 일반 단체들보다 훨씬 더 부패했음은 누구나 알고 있습니다. 교단신학의 보루가 되어야 할 KS대학원이 방향을 상실하고, 기독교적 인재를 양성한다는 KS대학이 부패한 상태입니다. 거기다가 BE병원은 그 이름이 아까울 만큼 썩어 있습니다.

오죽하면 지난 제54회 총회석상에서 김해 BE병원 노조원들이 스스로 강대상에 쇠사슬을 채워 저항하므로 개회가 하루나 지연되었을까요? 교단 신학자를 사실상 제명할 정도로 고신의 신학이 흔들리고 있습니다. 교단 산하 교회에서 살인미수 사건이 일어나고 목회자들이 불신앙적 행태를 보여도 더이상 놀랍지 않은 KS교단이 되어 버렸습니다. 그럼에도 불구하고 교단 언론지인 KD교보는 교단에서 일어나는 일들을 숨기거나 왜곡 보도함으로써 무지한 성도들을 기만하고 있습니다.

KS교단의 시국선언 현장을 보며 제가 느낀 점은, 고신에 개혁신학을 제대로 이해하는 자가 정말 없다는 말인가 하는 회의감이었습니다. 교단을 대표하는 수백 명의 총대들 가운데 그에 대한 문제 제기를 하는 사람이 어떻게 단 한 사람도 없는지 신기할 정도입니다.

그 자리에 신학교수들이 여러 명 있었지만 아무도 그에 대한 신학적 지적을 하지 않았습니다. 그것은 지금도 마찬가지입니다. 사후에라도 그에 대한 정당한 신학적 평가가 있지 않다는 사실은 고신 신학을 의심할 수밖에 없도록 합니다.

시국선언은 결코 교회가 할 일이 아니지만, 일반적인 자기 정당성이라도 가지려면 미리 거쳐야 할 일이 있음을 알아야 합니다. KS교단에는 초창기부터 교단 운영에 관여해 왔던 많은 목사들이 있습니다. 그들은 과거 군사독재정권 시대에도 교단을 이끌어 왔으며 지금도 그 영향력을 행사하고 있습니다.

만일 지금의 시국선언이 교회가 해야 할 일로 판단했다면, 과거 국가가 위기 상황에 놓였을 때 교단이 침묵하며 비굴한 자세를 가졌던 점에 대한 깊은 반성과 회개가 선행되어야 한다는 것입니다.

지금도, 과거 기독교 친일행적에 대한 회개가 있어야 한다는 말들이 많습니다. 친일행적에 대한 회개가 요청된다면 과거 독재정권 아래서 시국선언은커녕 한마디 비판조차 하지 못했던 교단의 행적을 반성해야만 합니다. 그런 절차가 전혀 없는 상황에서 느닷없이 시국선언을 하며 총회에 모인 교단 지도자들은 박수를 보내고 그것을 교회의 이름으로 발표한다는 사실은 실소를 금치 못하게 합니다.

저는 현 정권의 성실도가 KS교단보다는 훨씬 높은 것으로 파악하고 있습니다. 그들은 하나님을 알지 못하지만 양심의 소리를 듣고 그나마 정직하게 행하려는 모습이 있어 보인다는 것입니다. 그들의 국정운영상 실책은 별도로 하더라도 그들의 양심은 살아 있다는 것입니다. 그에 비해 날마다 새벽기도를 하는 KS교단의 다수 지도자들을 보면 아무런 양심도 있어 보이지 않습니다. 그들에게는 정의도 양심도 신앙도 없는 것 같습니다. 그들은 종교적 자기 욕망을 추구하기에 바빠 보입니다.

결론적으로, 국가정책에 대한 시국선언은 개혁주의 신학을 지향하는 교회가 할 일이 결코 아닙니다. 성경에는 그런 가르침이나 본이 전혀 없기 때문입니다. 교회가 시국선언을 한다는 것은 예수 그리스도의 이름으로 세속 정부에 관여하는 것입니다. 국가적 현안을 두고 하나님의 이름을 들먹이며 어떤 선언을 한다는 것은 위험하기 짝이 없는 일입니다.

오늘날 한국교회의 그에 대한 입장들이 어떻습니까? KS교단이 선언하는 그 내용에 대해 다른 다수의 교단들은 정반대 입장을 하나님의 이름으로 선언하고 있지 않습니까? 하나님의 말씀을 상실한 우리 시대 기독교가 안타깝기 그지없습니다. 주님의 은혜가 자기 백성 가운데 임하기를 간절히 바랄 따름입니다.

(2004. 10. 14)

## 67 "교회에 나가 보려고 하는데…"

친구에게

며칠 전 전화를 받고 깜짝 놀랐습니다. 지난번 고등학교 졸업 30주년 기념행사가 있은 후 몇몇 동기들과 소식을 주고받으며 옛날 생각을 많이 떠올렸는데 이번에도 전화를 통해 친구의 음성을 듣고 무척 반가웠습니다.

그런데 신앙에 대한 갑작스런 질문에 대해서는 제가 오히려 더 당황스러웠습니다. 지난번 전화 통화 후 모처럼 동기회 홈페이지에 들어가 보니, 친구의 신앙에 대한 고민과 다른 동기들의 댓글, 거기다가 동기 목사님의 조언까지 있더군요. 전화로 주고받은 신앙에 관련된 문제에 대해 이렇게 글을 쓴다는 것이 다소 쑥스럽기는 하지만 이 글을 읽게 될 다른 동기들에게도 소식과 안부를 전하는 마음으로 저의 생각을 전하려고 합니다.

우선 "교회에 나가 볼 생각이다"라는 친구의 공개적인 발언과 조언요청에는 상당한 용기가 포함되어 있으리라 짐작해 봅니다. 그 글을 읽으면서 가장 미리 떠오른 생각은, 친구의 부인과 자녀들이 가장의 그런 변화에 대해 어떤 반응을 할까 하는 점이었습니다. 그리고 삶의 변화를 요구할 만한 어떤 계기가 있는 것일까 하는 생각이 들기도 했습니다. 그럴 수도 있고 그렇지 않을 수도 있지만 막연하게 그런 생각이 들더군요.

이제, 교회에 나가 보려고 하면서 부담을 느끼고 있다는 부분에 대한 소견을 말씀드릴까 합니다. 우선 술을 마시고 담배를 피우는 것과 기독교 신앙은 본질적인 측면에서 보아 상관이 없습니다. 오히려 신앙적으로 존경받을 만한 이들 가운데는 술과 담배를 가까이 한 분들이 많이 있습니다. 이 글을 읽는 동기들 중 기독교인들은 저의 말에 약간의 당혹감을 느낄지도 모르겠지만 그것은 사실입니다.

훌륭한 신앙의 선배들이었던 존 칼빈이나 존 낙스 같은 사람은 술을 금하지 않았습니다. 지난 세기 초에 살았던 보수주의 신학자 그레셤 메이첸 같은 분도 술을 즐겨 마셨습니다. 물론 술에 대한 자연스런 태도와 무분별한 음주 사이를 잘 구분해야겠지요? 그리고 담배 역시 마찬가지입니다. 많은 사람들이 존경하는 신학자인 화란의 클라스 스킬더나 아브라함 카이퍼, 헤르만 도예베르트 같은 분들도 담배를 피웠습니다. 지금도 서구의 건전한 신학자나 목사들 중에는 술과 담배를 가까이 하는 이들이 더러 있습니다.

이렇게 말하면 자칫 목사인 제가 술과 담배를 장려(?)하는 것처럼 비쳐질까 다소간 부담이 되기는 하지만 그저 부담없이 이야기해 보겠습니다. 한국교회에서 금주금연이 철칙처럼 된 것은 1907년 국채보상운동과 그 이후에 따르는 국가적 차원의 계몽운동과 절제 캠페인에 기독교가 적극 가담하면서부터였습니다.

저는 술이나 담배를 죄라고 생각하지 않으면서도 그것을 가까이 하지 않습니다. 지나친 흡연이나 음주는 사람의 건강에 해로울 뿐 아니라, 기독교인들은 술과 담배를 멀리 해야 한다고 생각하는 이들에게 괜한 오해를 살 필요가 없기 때문입니다. 금주금연이 우리나라의 기독교 전통으로 자리매김하고 있는 터에 굳이 유익이 없는 흡연과 음주를 할 필요는 없다고 생각합니다. 제가 이렇게 긴 설명을 하는 이유는 술과 담배가 교회 출석 문제와는 아무런 연관성이 없다는 점을 말씀드리기 위해서입니다.

그리고 조상제사 문제는 약간 부담이 되는 내용입니다. 그렇지만 궁금해하는 부분이니까 다른 동기들의 양해를 바라며 정통 개신교의 입장을 약간 이야기해 보려 합니다. 개신교에서는 조상을 위한 제사를 지내지 않습니다. 잘 아시리라 생각하지만 그것은 효, 불효와는 다른 관점에서 이해되고 있습니다.

기독교에서는 부모님이 살아 계실 때 효성을 다하라고 가르치고 있습니다. 죽은 조상에 대한 제사행위는 조상을 위한다고 하지만 사실은 자기 위안의 방편이라고 이해하는 것이 개신교의 일반적인 생각입니다. 그러므로 부모님이 살아 계신다면 지금 효성을 다해야 할 것이며, 이미 부모님이 돌아가셨다면 자기 자녀들에게 마땅히 행해야 할 효의 의미를 잘 전달해 주어야 합니다. 조상제사에 대해서는 정리해야 할 내용이 많이 있지만 이 정도로 하겠습니다.

기독교인이 된다는 의미는 성경의 가르침을 잘 깨닫는다는 말과 같습니다. 사실은 교회에 나가는 외적인 행위보다 더 중요한 것은 성경을 읽고 이해하는 일입니다. 그러므로 시간을 내어 성경을 차분히 읽고 묵상하는 시간을 가지기를 바랍니다. 또한 교회에 나가 보려는 마음을 먹었다면 우선 한번 시도해 보도록 권합니다.

가능하면 부인을 잘 설득해서 함께 교회에 가보는 것이 좋지 않을까 하는 생각이 듭니다. 서울에 살고 있는 동기들 가운데 교인들이 더러 있을 터인데 그들의 도움을 받아 따라가면 처음 겪게 될지 모르는 어색함이 덜하겠지요. 물론 건전한 교회를 찾아 가야 하는 것은 매우 중요합니다.

앞으로 교회에 출석한다 하더라도 지나친 외적인 기대를 하지 말았으면 합니다. 종교적 신앙이란 세상에 대한 흥미를 잃은 사람들이 가지게 되는 도피적 사고의 결과일 수 있습니다. 그래서 종교의 장막 저쪽에는 다른 흥미로운 세계가 펼쳐질 것이란 막연한 기대를 하기 십상입니다.

  이 세상에서 많은 것을 소유한 사람들은 그것으로 만족할 수 있으니 달리 신앙을 가져 볼 생각을 할 필요가 없을지 모르겠습니다. 요즘에는 더 많은 것을 소유할 욕망으로 교회에 나가는 사람들이 있다고 하는데 그것은 진정한 신앙인의 자세라기보다는 이기적 세속주의의 결과입니다.

  간단하게 쓸려고 했는데 긴 글을 썼습니다. 공개글을 쓰지만 스크롤의 압박으로 인해 이 글을 읽는 친구들이 많지는 않을 것이라 생각하지만 혹시라도 오해하는 일이 없기를 바랍니다. 친구의 삶에 하나님의 인도하심이 있기를 원합니다. 이참에 이 글을 읽게 되는 다른 친구들에게도 안부전합니다.

(2004. 11. 8)

## 68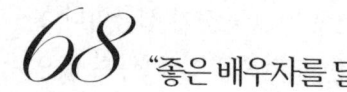

**지은 학생**

반갑습니다. 수업 시간에 자주 출석을 불렀기 때문에 이름은 생생하게 기억나지만 학생의 얼굴은 떠오를 듯 말 듯합니다. 이미 오래 전에 저에게 질문을 했는데 이제야 답변을 하게 되는군요. 이와 유사한 질문을 한 분들이 더러 있는데 이 글이 그들에게도 참고가 되기를 바랍니다.

제가 수업 시간에 좋은 배우자를 달라고 하는 기도를 하지 말라 했던 가요? 아마 그런 잘못된 기도는 하지 말아야 한다고 말했던 것 같습니다. 배우자를 위한 기도에 대해 잘못 생각하고 있는 사람들이 흔하기 때문에 제가 좀더 분명하게 이야기했을지도 모릅니다.

청년의 때에 혼인에 관심을 가지고 미래의 배우자에 대한 기대를 하는 것은 자연스러울 것입니다. 그러나 그것을 위해 건전한 기도를 하는 것이 중요하며 그 기도가 자기의 욕망을 위한 도구가 되어서는 안 될 것입니다.

요즘은 미래의 배우자를 위해 기도하면서 구체적인 조건을 하나씩 제시하며 기도하면 하나님께서 그 기도를 그대로 들어주신다고 주장하는 사람들이 많이 있는 것 같습니다. 그런 자들은 유능하고 성격 좋은 배우자를 달라고 기도하며, 믿음 좋고 잘생긴 마음 따뜻한 사람을 배우자로 달라고 기도하기도 합니다. 건강한 사람을 배우자로 달라고 하기도 하고 좀 심하면 나이, 직업, 키, 가정환경 등 배우자를 아예 맞춤으로 정해 두고 기도하는 경우도 있습니다.

　많은 사람들이 바라는 그런 조건을 두루 갖춘 자가 이 세상에 과연 몇 명이나 있을지 모르겠습니다. 모든 사람들이 그런 유능하고 멋있으며 믿음 좋은 청년을 배우자로 달라고 기도한다면 그렇지 못한 사람들은 어떻게 될까요? 그럴싸한 조건을 갖추지 못한 대다수는 일반적으로 원하는 배우자의 대상에서 제외될 수밖에 없습니다.

　어쩌면 미혼 청년들이 원하는 배우자의 조건은 거의 비슷할지 모릅니다. 좋은 배우자를 달라고 기도하는 사람들을 모아놓고 그들이 원하는 유형을 분석해 보면 거의 비슷한 인물이 나올 것입니다. 위에서 말한 것처럼 그들이 원하는 자는 결국 인물 잘 생기고 멋있는 사람, 믿음이 좋고 성격 좋은 사람, 능력 있고 유망한 조건을 갖춘 사람이 아니겠습니까? 다시 말해 어느 누구도 추하고 믿음이 없으며 성격 괴팍한 사람을 배우자로 원하지는 않을 것입니다.

　교활하고 위선적인 무능한 인물을 배우자로 원하는 사람은 한 사람도 없습니다. 그런데 사실은 우리 대다수가 이기적이며 위선적인 교활한 사람들입니다. 스스로 유능하고 잘났다고 생각하는 사람은 아직 자기 파악을 못하는 미숙한 사람일 따름입니다. 겉으로 그럴듯하게 자기를 나타내지만 인간이란 별 수 없는 그런 존재입니다. 모든 인간들은 오십보 백보일 따름이지요.

　못난 자신의 모습을 제대로 파악하지 못하면서 자기가 원하는 특별한 배우자를 달라고 기도하는 것은 신앙적이지 않은 자기 욕망의 표출일 뿐입니다. 그러므로 우리는 배우자를 두고 그런 식으로 기도하지 말아야 합니다. 도리어 자신이 앞으로 어떤 배우자가 되어야 할 것인가를 생각하며 겸손하게 기도해야 합니다.

　미래의 배우자를 위해 순전하며 올바른 인격을 갖춘 자가 되기 위해 노력해야 할 것이며, 말씀을 기초로 하여 진정으로 하나님을 경외하는 성도가 되도록 준비해야 합니다. 미래의 배우자를 기억하여 자신의 몸가짐을 바르게 하며 배우자를 실망시키지 않기 위해 이기적이지 않은 따뜻한 마음을 가질 수 있도록 기도하며 준비해야 합니다.

학생의 말대로 원하는 배우자의 조건을 하나하나 구체적으로 나열하며 기도했더니 하나님이 그런 배우자를 주더라는 식의 말을 하는 사람들이 종종 있습니다. 그러나 그런 주장은 매우 위험한 생각입니다. 우선 보아 자기 판단에 그럴 듯하면 그것을 하나님이 자기의 기도를 들어준 것이라고 막연히 생각합니다.

그렇게 함으로써 자기의 기도가 옳았음과 하나님이 다른 사람들보다 자기의 기도를 더 잘 들어주는 것으로 생각하기도 하고 그것이 더 훌륭한 믿음의 결과인 양 자랑하기도 합니다. 그런 사람들은 앞으로 살아가면서 심각한 가정의 문제들이 생겨날지도 모르는 가능성에 대해서는 전혀 고려조차 하지 않고 있습니다.

또한 훌륭한 배우자를 달라고 열심히 기도했으나 전혀 엉뚱한 배우자를 만난 숱한 사람들을 기억해야 합니다. 하나님께서는 그들의 기도를 들어주지 않은 것일까요? 그리고 그런 식의 구체적인 기도를 하지 않았는데도 마음에 드는 사람을 배우자로 만난 사람이 있다면 우리는 그것을 어떻게 이해해야 할까요? 신앙이 거의 없음에도 불구하고 자기 마음에 쏙 드는 그런 배우자를 만난 경우도 없지 않습니다.

하나님께서 자기 자녀를 위해 배우자를 예비하십니다. 혼인을 앞둔 자들에게는 하나님께서 짝지어주실 배우자가 이미 이 세상에 존재하고 있습니다. 그러므로 우리는 하나님의 경륜을 기억하는 가운데 하나님께 순전한 기도를 해야 합니다. 즉 배우자가 '나같이 못난 사람'을 만났을 때 실망하지 않고 잘 인내하며 주님을 바라 볼 수 있도록 기도해야 합니다.

어쩌면 이 세상에서 가장 예쁘고 겸손한 여성을 아내로 달라고 밤낮 기도하고 있을 사람이 자기의 배우자가 전혀 그렇지 않은 것을 알았을 때도 하나님을 의지하고 실망하지 않도록 기도해야 합니다. 아름답고 순결한 믿음의 여인을 배우자로 달라고 열심히 기도해 온 사람이 교만하고 계산 빠른 배우자를 만났을 때, 이기심 가득한 자신의 잘못된 기도를 발견하고 하나님의 영원한 은혜를 깨달을 수 있도록 기도해야 합니다.

우리는 혼인에 대한 기도를 하되 올바른 기도를 해야 합니다. 그 기도는 자기의 욕망이나 욕심에 맞추어져서는 안 되며 도리어 자기 자신이 하나님과 다른 사람이 원하는 그런 신앙인격자에 가까워질 수 있도록 애쓰며 기도해야 합니다. 즉 좋은 배우자를 달라고 기도할 것이 아니라 자기가 좋은 배우자가 될 수 있도록 기도해야 합니다.

지은 학생은 지혜로운 여성으로 성장하여 나중 하나님께서 짝지어 주시는 배우자를 만났을 때 그 남편될 사람이 감사한 마음을 가질 수 있도록 준비하며 기도하기를 바랍니다. 어떤 사람을 만나든 하나님께서 짝지어 주신 배필이라면 감사하지 않을 수 없습니다.

(2004. 11. 10)

# 69 "형상(이미지)을 신앙 교재로 사용할 수 있는가?"

**성재 학생**

갑습니다. 학생의 이름을 기억할 수 있으면서도 얼굴을 잘 기억할 수 없어 유감입니다. 나중에 얼굴을 마주보며 대화할 수 있는 기회가 있기를 기대해 봅니다. 지난번 질문한 내용에 대해 이제야 답변을 드립니다. 여러 가지 바쁜 일과 밀린 일들로 인해 이렇게 늦어짐에 대해 이해해 주시기를 바랍니다.

학생의 질문을 보며 과거 신앙의 선배들과 비교해 볼 때 우리의 시대가 얼마나 세속화되었는가 하는 점을 다시금 절감하게 됩니다. 하이델베르크 요리문답 제98문은 우리가 특히 귀담아 들어야 할 내용이라 생각이 됩니다. 목적만 성취된다면 과정을 완전히 무시하는 우리 시대 다수의 교회들과 많이 비교가 되기 때문입니다.

하이델베르크 요리문답 제98문은 우리 시대의 천박한 복음화 논리를 부끄럽게 하고 있습니다. 오늘날은 교인들의 수를 늘리는 것이라면 수단 방법을 가리지 않는 시대라고 할 수 있습니다. 소위 전도를 하기 위한다면 거의 모든 것이 용납되는 시대가 되어 있습니다. 이웃에게 돈을 주든지 추파를 던지든지 무슨 행위를 하든지 전도하여 교회의 덩치만 크게 한다면 모든 것이 허용되는 시대입니다. 그렇게 하다보니 무분별하게 세례를 베풀고 아무렇게나 직분자를 세움으로써 교회가 세속화되어 타락하게 된 것입니다.

그런 우리 시대와 비교해 볼 때 종교개혁시대는 핍박과 갈등이 따르긴 했어도 건전한 시대였습니다. 우리는 하이델베르크 요리문답을 통해 그 문서가 작성되던 시기인 16세기 중엽의 교회 정신을 엿볼 수 있습니다. 이제 그 의미를 생각해 보도록 합시다.

학생이 말한 하이델베르크 98문에는 이런 질문이 있습니다: "그렇다면 교회에서는 '성도들을 위한 책'으로서 형상들은 허용해서도 안 됩니까?"(But may not images be tolerated in the churches, as books to the laity?) 이 부분에 대한 번역상 약간의 오해가 생길 수도 있다는 생각이 듭니다.

여기서 '성도들을 위한 책'(books to the laity)이란 곧 '일반 성도들을 위한 교재'라는 의미입니다. 그러므로 이를 달리 번역하면, "그렇다면 그 이미지들을 교회에서 일반 성도들을 위한 학습교재로 사용하는 것도 안 됩니까?"라고 할 수 있습니다. 그리고 그 질문에 대한 답변은 그것은 용납되지 말아야 한다고 가르치고 있습니다:

"안 됩니다. 말 못하는 이미지들이 아니라 살아있는 말씀의 선포에 의해 자기 백성을 가르치시는 하나님보다 더 지혜로운 척 해서는 안 됩니다"(No, for we must not pretend to be wiser than God, who will have his people taught, not by dump images, (a) but by the lively preaching of his word) 라고 답하고 있습니다.

여기서는 단순히 어떤 형상이 우상화되는 것에 대한 우려뿐 아니라 기록된 하나님의 말씀 자체가 복음전파의 유일한 매체임을 설명하고 있습니다. 이는 교회에서 복음을 증거하면서 하나님 말씀 이외에 어떤 보조기구가 필요하지 않다고 가르치는 것입니다.

즉 성도들을 말씀으로 교육하기 위한 방편으로써 성경 말씀 이외에 어떤 보조적인 도구나 기구도 필요하지 않음을 말하고 있습니다. 성경 말씀 자체로서 모든 것을 충족하고 있다는 의미입니다. 저는 이 가르침이 전적으로 옳다고 믿고 있습니다. 이는 저뿐 아니라 건전한 개혁주의 교회들은 누구나 받아들인다고 고백하고 있는 내용입니다.

그럼에도 불구하고 오늘날 많은 교회들에서는 복음을 설명하기 위해 다양한 보조교재들을 사용하고 있는 것을 보게 됩니다. 특히 주일학교에서 더욱 그런 것 같습니다. 물건이나 그림을 통해서 아이들에게 흥미를 돋우면서 복음을 설명하려는 것이나, 영상매체나 다양한 매체들을 동원해 보조 교재로 삼으려고 하는 것은 개혁주의 신앙인들의 자세가 아닙니다. 우선 보기에는 그것이 효과적인 것처럼 보일지 모르지만 도리어 순수한 복음을 전달하는 데 해가 될 수 있다는 것입니다.

우리는 하나님의 말씀이 살아 운동력이 있어 그 자체로서 능력이 있음을 알고 있습니다; "하나님의 말씀은 살았고 운동력이 있어 좌우에 날선 어떤 검보다도 예리하여 혼과 영과 및 관절과 골수를 찔러 쪼개기까지 하며 또 마음의 생각과 뜻을 감찰하나니"(히 4:12). 만일 어떤 사람이 다른 이미지를 동원한다면 하나님의 말씀만으로는 충분하지 않다는 오만한 마음을 가지고 있기 때문이며, 다른 보조기구를 사용하는 것이 효과적이라고 생각하여 그렇게 한다면 자기가 마치 하나님보다 능력이 있는 듯이 행동하는 잘못된 것입니다.

우리는 하이델베르크 요리문답을 통해 복음의 진리를 전달하는 방편을 잘 배우게 되기를 바랍니다. 우리 시대 한국교회가 잘못된 성장주의에 빠짐으로 인해 교회의 순결성을 간과하고 있음을 마음 아프게 생각하고 있습니다. 답변이 너무 늦어진 점에 대해 다시 한번 양해를 구합니다. 학생이 제가 쓴 글들을 읽고 있다니 감사합니다.

독서 중 혹 다른 질문이 있으면 언제든지 연락주시기를 바랍니다. 형편상 즉시 답변하지 못한다해도 시간을 내어 답하도록 애쓰겠습니다. 이제 찬바람이 불어오는 계절이 되었군요. 주님의 말씀과 더불어 열심히 공부하는 학생이 되기를 바랍니다.

(2004. 11. 19)

## 70 "교회가 없는 지역에서의 예배"

재후 형제

**잘** 지내리라 생각합니다. 그곳은 날씨가 꽤 춥지요? 이곳에도 날씨가 점점 추워지고 있습니다. 형제가 질문한 내용을 생각하며 안부 삼아 몇 마디 말씀드릴까 합니다. 현대사회는 개별적 이동이 많은 시대가 되어 있습니다. 지구촌 시대가 되다보니 여러 가지 사유로 인해 일정기간 외국에서 생활해야 하는 경우가 많아진 것 같습니다.

성도들 역시 동일한 여건 가운데서 형제처럼 수년간 외국에서 생활하는 경우가 많이 있습니다. 일시적으로 생활하는 지역에 건전한 교회가 있다면 그 교회에 참여하여 성도의 교제를 나누면 되겠지만 그렇지 않다면 혼자 신앙 생활을 할 수밖에 없습니다. 그럴 경우에는 어떻게 매주일 하나님을 예배하며 찬양해야 할지 쉽지 않습니다.

여기서 우리가 우선 이해해야 할 바는 전 세계에 흩어진 모든 성도들은 모두 하나로 엮어져 있다는 사실입니다. 도시에 살고 있는 성도들은 많은 이웃들과 더불어 신앙 생활을 하는가 하면 조그만 시골에 거주하는 성도들은 소수의 무리와 더불어 한평생 삶을 나누며 살아가기도 합니다. 그리고 교회가 없는 지역에 살고 있는 성도들은 혼자서 신앙 생활을 할 수밖에 없습니다. 어떤 경우라 할지라도 모든 성도들은 한 분 하나님께 속한 주님의 백성으로서 상호 연결되어 이 세상을 살아가고 있습니다.

우리가 일반적으로 지支교회라 함은 원둥치에 붙어 있는 개별교회라는 의미입니다. 이는 나무의 원둥치에 붙어있는 가지들처럼 모든 교회들은 한 우주적 교회에 속해 있다는 뜻입니다. 그러므로 지교회라는 말은 단순히 지역교회地域敎會를 뜻하는 것이 아니라 모든 교회들이 하나의 교회임을 나타내는 말이기도 합니다.

재후 형제는 중국에 가기 전 한국의 한 지교회에 속해 신앙 생활을 했습니다. 그러나 지금 형제가 살고 있는 지역에는 교회가 없을 뿐더러 복음을 아는 이웃이 아무도 없다고 했습니다. 그런 형편 중에 재후 형제는 그 동안 매주일마다 혼자 말씀을 묵상하고 찬송하며 기도하면서 예배의 시간을 가졌습니다. 아마 남모르는 감사의 눈물을 흘린 적이 있었을지도 모르겠습니다. 그런 적이 있었겠지요?

제가 이야기하고 싶은 것은 재후 형제가 중국의 한 지역에서 홀로 신앙 생활을 하고 있지만 결코 혼자가 아니라는 사실입니다. 형제는 여전히 지상에 흩어져 있는 모든 성도들과 함께 있으며 구체적으로는 형제가 속한 모교회와 더불어 있습니다. 형제가 멀리 떨어져 있으면서 모교회를 기억하고 있듯이 형제의 모교회 또한 형제와 동일한 마음으로 형제를 염려하며 기도중 기억하고 있을 것이기 때문입니다.

주일이 되어 혼자 말씀을 펴놓고 본문의 의미를 묵상할 때, 공예배를 통해 하나님을 찬양하는 모교회를 기억하며 그들과 동일한 마음으로 하나님께 예배드릴 수 있습니다. 모교회에서 선포되는 성경 본문을 알지 못하고 함께 노래하는 찬송가를 알지 못하겠지만 혼자 드리는 예배 중에도 그들과 더불어 주님의 은혜를 누리게 되는 것입니다.

만일 인터넷을 통해 모교회의 형편을 가까이 알 수 있다면 그들과 동일한 기도제목을 가지고 신앙을 공유할 수도 있습니다. 형제의 몸이 비록 홀로 멀리 떨어져 있으나 여전히 다른 성도들과 함께 살아가고 있음을 확인함으로써 신앙 생활에 도움을 얻게 되는 것입니다.

형제가 중국에 가게 된 데는 하나님의 뜻이 있지 않을까 생각해 봅니다. 개별적으로는 하나님께서 허락하신 외국생활의 경험을 통해 형제가 더욱 강건하게 될 수 있습니다. 또한 형제가 속한 모교회 역시 형제의 그런 경험을 통해 어떤 유익을 얻게 되리라 생각합니다. 그것이 교회에 직접적인 어떤 유익을 준다는 것이 아니라 멀리 떨어져 있지만 서로 관심을 가지고 교제할 수 있다면 그것이 곧 유익입니다.

그리고 형제가 외국에서 생활하는 동안 혹 하나님께서 그곳에 복음을 증거할 수 있는 길을 예비하고 계실지 모릅니다. 복음을 전혀 알지 못하는 자들이 형제의 신앙과 가치관을 보게 되면 그리스도인의 삶에 대해 궁금하게 여길지 모릅니다. 굳이 그들에게 '예수 믿으라'고 말하지 않아도 하나님의 뜻이 있다면 그들이 먼저 형제의 삶을 궁금하게 여길 것입니다. 그들 가운데는 금방 형제에게 무언가 말하지 않아도 나중에 또 다른 기회가 있을 때 형제를 기억하며 복음에 관심을 가지게 되어 주님의 품으로 돌아올 자들이 있을지도 모릅니다.

만일 형제가 그곳에 있는 동안 복음을 아는 자가 생겨난다면 매주일 함께 하나님을 예배하는 조그만 미조직 교회가 생겨날 수도 있습니다. 그리고 몇 년 후 형제가 귀국하게 되면 그는 지금 형제가 겪고 있는 것처럼 또다시 교회 없는 지역에 홀로 남게 되겠지요? 그렇지만 그 역시 지금의 형제처럼 전 세계에 흩어져 있는 성도들을 기억하며 말씀을 묵상하며 기도와 노래 가운데 하나님을 찬양하며 섬겨야 합니다. 그렇게 하는 중 하나님의 또 다른 인도하심이 있을 수 있겠지요?

재후 형제, 이제 글을 맺겠습니다. 매주일 주님을 찬양하며 경배하는 형제의 삶에 기쁨과 감사가 넘쳐나기를 원합니다. 우리는 어디 있든지 천국시민으로서 천국에 소망을 두고 살아가는 나그네입니다. 이 땅에 흩어져 살아가는 많은 나그네들을 기억하며 위로받게 되기를 바랍니다. 형제의 티없이 씩씩한 얼굴이 떠오릅니다. 외국생활을 하면서 영육간 늘 강건하기를 바랍니다.

(2004. 11. 25)

## 71. "꼭 교회에 나가야만 합니까?" (UBF와 CMI에 관련하여)

병권 성도님

님의 이름으로 문안드립니다. 성도님의 소속 교회가 어느 교단에 속해 있는지 궁금합니다. 그것을 알고 싶은 이유는 귀 교회에서 어떤 신학을 배경으로 말씀을 가르치고 지도하는지 궁금하기 때문입니다.

올해 대학교에 입학한 후배가 UBF(University Bible Fellowship: 대학생성경읽기선교회)에 가입하고나서부터 교회보다 UBF 모임에 더 열심을 내고 있는 모양이지요? 어쩌면 지금쯤 그 후배는 교회를 떠나 UBF로 갔을지 모르겠다는 생각이 들기도 합니다.

우리는 이런 일을 만날 때 교회의 성도들이 왜 교회 밖의 다른 모임에 더 적극적이 되는지 그 이유를 잘 살펴보아야 합니다. 저는 이 서신에서 성도님께서 저에게 보내신 글의 내용을 기억하며 좀더 폭넓은 말씀을 드리려고 합니다.

사실 저는 UBF에 대해서는 그전부터 비교적 잘 알고 있었습니다. 알고 계실지 모르겠지만 몇년 전 UBF에서는 내부 개혁운동이 일어났습니다. 당시 개혁을 지향하며 갈라져 나온 단체를 CMI(Campus Mission International: 국제대학선교협의회)라 합니다. UBF는 여전히 선교단체로 있지만, CMI는 선교단체이면서 전국에 흩어진 각 지역의 소속 모임들은 교회로 전환을 꾀하고 있습니다. 과거의 선교단체(para-church)에서 교회church로 전환하고 있는 것입니다.

저는 지난 여름 경남 진주에서 있은 CMI 산하 교회들의 연합수련회에 주강사로 초빙된 적이 있습니다. 그리고 요즘은 CMI 소속 교회인 대구선교교회와 밀접한 교제를 해오고 있습니다. 지난 가을 학기부터 매주 금요일마다 목사님, 장로님을 비롯한 교회의 직분자들에게 신학을 강의해오고 있습니다.

또한 제가 강의하고 있는 조에성경신학연구원에는 대구선교교회 직분자 부인들을 중심으로 한 여러 성도들이 입학하여 공부하고 있습니다. 제가 이런 구체적인 이야기를 하는 이유는 UBF와 CMI의 근본적인 신앙 사상이 그다지 다르지 않을 것이란 판단 때문입니다.

저는 대구선교교회 신학강의에서 종종 "어쩌면 한국교회의 희망은 CMI와 UBF정신일 것"이라는 말을 하곤 합니다. 그들에게 여러 가지 문제들이 있을 수 있겠지만 제가 긍정적인 관심을 가지고 있는 바는 그들이 하나님의 말씀을 진심으로 경외한다는 사실입니다.

그들 대다수는 성경을 진정 사랑하기 때문에 성경의 가르침에 따라 순종하려는 성도의 기본적인 자세를 갖추고 있습니다. 이는 우리 시대 많은 교인들이 형식적으로 성경을 고백하지만 그 내용에 대해서는 거의 무지한 것과 대조적입니다.

물론 저는 UBF의 모든 주장과 가르침에 동의하는 것은 아닙니다. 특히 교회론에 있어서는 그렇습니다. UBF는 선교단체이기 때문에 일반 교회에 있는 목사, 장로, 집사 등의 직분이 없습니다. 그러므로 직분을 기초로 한 직분적 교회조직이 아니라 지도자를 중심으로 한 선교단체로서 그룹이 조직되어 있습니다. 따라서 최근 교회로의 전환을 시도하는 CMI 산하 교회들 가운데는 오랜 습성에 배어있는 그런 문제들로 인해 상당한 어려움을 겪고 있기도 합니다.

  그럼에도 불구하고 저는 원래 UBF 정신을 매우 긍정적으로 보고 있습니다. 그것은 UBF에 아무런 문제가 없다는 것이 아니라 한국의 일반 교회들보다는 그들의 신앙이 훨씬 순수하다는 것입니다. 그들 대다수는 순수하게 주님을 사랑하며 복음전파를 위해 주님을 따르고자 합니다. 제가 이렇게 말씀드릴 수 있는 것은 CMI 교회들과 깊이 교제하면서 얻은 결론 때문입니다.

  앞에서 말씀드린 것처럼 성도님의 교회에 속한 어린 성도가 무엇 때문에 UBF로 가려고 하는지 반성적으로 생각해 보아야 합니다. 일반적인 한국교회를 본다면 교회에 말씀이 사라지고 인본주의가 지배하고 있는 것이 그 원인이 아닐까 짐작해 봅니다.
  다시 말씀드려 교회가 하나님의 말씀을 잘 가르치고 그에 온전히 순종하는 모습을 보인다면 굳이 자신이 속한 교회를 떠나 다른 선교단체로 가려하지 않을 것입니다. 저는 일반 교회든 UBF와 같은 선교단체든 성경 말씀에 충실해야 한다고 믿습니다. 교회는 교회대로 하나님의 말씀에 익숙해야 하며, 선교단체는 선교단체대로 말씀에 익숙해야 합니다.

  원리적인 측면에서 본다면 모든 성도는 마땅히 지元교회에 속해 있어야만 합니다. 교회는 선교단체와 달리 개인 지도자가 중심이 되어 이끌어 가는 모임이 아니라 직분적 은사를 통해 세워져 가는 주님의 공동체이기 때문입니다. 그러나 현재 한국교회가 전반적으로 그렇지 못함은 안타까운 현실입니다.

  이제 결론적인 말씀을 드리겠습니다. UBF로 가려는 학생에게, 왜 그런 마음을 먹게 되었는지 그 이유를 명확하게 물어보시기를 바랍니다.

제가 보기에는 그 학생이 신앙이 없거나 맹목적인 학생 같지는 않습니다. 그렇다면 충분히 대화가 가능할 것이란 생각이 듭니다.

  UBF의 무엇이 바람직하게 보이는지, 그리고 지금의 교회에 무슨 잘못된 문제가 있다고 생각하는지 파악해 보는 것은 매우 중요합니다. 교회의 잘못된 문제에 대한 학생의 생각이 옳다면 그의 말을 귀담아 들어야 합니다. 그리고 교회안에 비신앙적 문제들이 있다면 말씀과 성령을 의지해 그것들을 시정해 나가야 합니다. 단순히 UBF는 기존 교회가 아니므로 가서는 안 된다고 하는 말은 별 설득력이 있어 보이지 않습니다.

  모쪼록 이러한 문제들을 통해 주님의 몸된 교회가 올바르게 세워져 가는 데 도움이 되기를 원합니다. 그리고 이를 통해 성도님과 그 학생, 그리고 귀 교회의 모든 성도들에게 선한 유익이 있기를 바랍니다.

(2004. 11. 26)

## 72 "쉬지 말고 기도하라" (살전 5:17)

이 중위님

**반**갑습니다. 수고가 많으시지요? 군복무중인 성도가 신앙 생활을 잘 하는 것이 쉽지 않다는 이야기를 종종 듣기 때문에 이 중위님의 질문을 받고 감사한 마음이 들었습니다. 더구나 복음을 안 지 그렇게 오래되지 않는다는 말에 교제를 바라는 마음으로 질문의 내용 중 일부에 대해서 말씀을 드려볼까 합니다.

하나님을 믿는 성도의 삶은 곧 기도의 삶이라 해도 과언이 아닙니다. 그래서 사도 바울은 데살로니가 교회에 편지를 하면서 "쉬지 말고 기도하라"(살전 5:17)고 가르치고 있습니다. 이 가르침은 바울뿐 아니라 모든 사도들이 동일하게 중요시하고 있었던 내용일 것입니다. 비단 이런 식으로 구체적인 요구를 하지 않는다 해도 말씀 가운데 이미 그 의미가 포함되어 있습니다.

기도는 성도의 호흡입니다. 불신자란 단 한순간도 삼위일체 하나님께 진정한 기도를 해 본 적이 없는 사람입니다. 즉 참 생명이신 예수 그리스도 안에서 이루어지는 영적 호흡을 경험해보지 못한 사람들입니다. 그러나 성도들은 항상 기도로 하나님과 교통하며 호흡하고 있습니다. 그러므로 성경에서 '쉬지 말고 기도하라'고 요구하는 말은 단순히 시간을 정해놓고 계속 기도하라는 뜻이 아닙니다. 즉 매일 새벽마다 기도하라거나 매주 금요일마다 철야기도를 하라는 말이 아닌 것입니다. '쉬지 말고 기도하라'는 말은 '기도를 중지하지 말라'는 의미입니다.

영어성경 KJV와 NASB에는 "Pray without ceasing"이라고 번역되어 있군요.

이 말의 명확한 의미를 이해하기 위해 데살로니가전서 5장의 관련 말씀들을 좀더 구체적으로 살펴볼 필요가 있습니다. "쉬지 말고 기도하라"(17절)는 말씀의 앞뒤를 살펴보면, 16절에는 "항상 기뻐하라"고 기록되어 있고, 18절에는 "범사에 감사하라"고 기록되어 있습니다. 사실 이 말씀들은 하나로 연결된 의미라고 볼 수 있습니다. 즉 사도 바울은, '항상 기뻐하고, 쉬지 말고 기도하며, 범사에 감사하는 것' 이 '그리스도 예수 안에서 성도들을 향하신 하나님의 뜻'(18절)이라고 말하고 있습니다.

'쉬지 말고 기도하라' 는 가르침을 분명히 하기 위해 이제 '항상 기뻐하라' 는 말씀과 '범사에 감사하라' 는 말씀을 생각해 보도록 합시다. 일반적인 관점에서 생각한다면 과연 그것이 가능할까요? 기뻐하고 감사하는 것은 정신 작용이자 마음의 우러남입니다. 그런 측면에서 본다면 그것은 불가능한 일입니다.

인간이 어떻게 슬픔없이 항상 기뻐할 수만 있겠습니까? 엄청난 슬픔에 빠진 상태에서 우리는 결코 기뻐할 수 없습니다. 부모님이나 가족이 불행한 죽음을 당한 형편에서 결코 기뻐할 수 없습니다. 누구든지 그런 형편에 놓이게 되면 괴롭고 힘들 수밖에 없습니다. 그런데도 성경은 항상 기뻐하라고 요구하고 있습니다.

그리고 감사하는 일에 있어서도 마찬가지입니다. 고통과 시름에 빠져 있는 상태에서 우리가 과연 감사할 수 있을까요? 그럴지라도 감사해야 한다고 말하는 사람이 있다면 아직 그 고통의 정도를 자기의 판단 속에 제한하고 있기 때문일 것입니다.

그렇다면 사도 바울은 도저히 가능하지 않는 일을 요구하고 있는 것일까요? 아닙니다. 하나님의 백성은 어떤 경우에도 기뻐하고 감사할 수 있는 존재입니다. 그러나 그것은 운명적 낙관주의 때문이 아닙니다. 성도가 항상 기뻐하고 범사에 감사할 수 있는 것은 이 세상의 변화하는 환경 때문이 아니라 예수 그리스도로 인한 것입니다.

즉 괴로운 순간에도 기쁨을 가질 수 있고 고통의 순간에도 감사의 마음을 누릴 수 있는 것은 우리의 소망이 이 땅에 있지 않고 영원한 천국에 있기 때문입니다. 이 점에 있어서는 즐거운 일을 만나고 사업이 순조롭게 잘 풀려 나갈 때도 마찬가지입니다. 그럴 경우라 할지라도 성도가 기뻐하고 감사하는 이유는 눈앞에 전개되는 그런 즐거운 형편 때문이 아니라 천국의 소망 때문입니다. 그러므로 성도의 삶은 형편 여하에 관계없이 항상 기뻐하고 감사할 수 있습니다.

기도에 있어서도 이와 동일한 맥락에서 이해해야 합니다. 성도의 삶은 항상 천국에 소망을 둔 채 하나님과의 교제 가운데 존재합니다. 본인이 미처 의식하지 못하는 순간에도 성도는 하나님과의 교제 가운데 살아가는 것입니다. 그러므로 잠을 잘 때조차도 하나님과 교제 중에 있습니다. 그것을 우리는 기도와 연결지어 이해해야 합니다.

이 정도로 말씀을 드리면 저의 의도를 알 수 있으리라 생각합니다. 하나님을 경외하는 성도는 기도를 쉬지 말아야 합니다. 그러므로 우리가 보통 의식적으로 하는 기도는, 삶속에서의 지속적인 기도 가운데 살고 있는 성도의 표현적 기도입니다.

그것은 교회에서 하는 공기도일 수도 있으며 혼자서 조용히 하나님께 무릎을 꿇는 시간일 수도 있습니다. 그러나 우리가 주의해야 할 점은 삶속에서의 지속적인 기도가 없는 상태에서 특별한 시간에만 기도한다면 그 기도는 별 의미가 없다는 점입니다. 그러므로 참 성도의 기도는 굳이 형식을 갖추지 않더라도 참다운 기도라 할 수 있습니다.

하나님께서 이 중위님에게 신앙이 신실한 이웃들을 가까이 만나게 해 주시기를 바랍니다. 앞으로 신앙 생활을 하면서 때로 어렵고 힘든 일이 있을지라도 주님의 말씀을 통해 잘 이겨나가시기를 원합니다. 이제 본격적으로 추운 계절이 다가오는군요. 하나님의 은혜 가운데 늘 건강하시기를 바랍니다.

(2004. 11. 29)

## 73 지옥과 연옥에 대하여

성도님께

안녕하세요? 오래된 질문에 대한 답변을 이제야 하게 됩니다. 일상적인 여러 가지 바쁜 일과 실명으로 질문하시는 분들의 답변을 우선 하다보니까 늦어졌으니 이해해 주셨으면 합니다. 지옥과 연옥에 대한 형제의 질문에 대해 간단한 답변을 드리고자 합니다.

사람은 누구나 죽음 이후의 세계에 대해 많은 관심을 가지고 있습니다. 일부 무신론자들은 인간이 죽으면 그것으로 끝이라 주장하기도 하지만 대다수 사람들은 죽음 이후에 다른 세계가 있는 것으로 믿고 있습니다. 그러므로 모든 종교는 사후의 세계를 가상적으로 설정해 두고 있습니다.

종교에서 사후死後 세계의 특징은 '좋은 곳'과 '나쁜 곳'으로 나누어지는데 이 세상에서의 삶이 사후의 생을 좌우한다고 믿습니다. 물론 종교에 따라서는 윤회설과 같은 개념을 도입하기도 하지만 중요한 것은 현재의 삶이 내세의 삶을 결정짓는 것으로 믿고 있다는 점입니다.

그러나 일반 종교에서 말하는 그런 곳은 실재實在하는 것이 아니라 정신 작용으로 인한 자기 세계일 따름입니다. 죄에 빠진 인간들은 미래에 대한 불확실성과 불안감에 대해 스스로 그런 종교적 세계를 만들어 두고 스스로 위안을 받으며 살아가고 있습니다. 그것은 종교 정신적 학습의 결과라 볼 수 있습니다.

이제 우리는 하나님의 말씀인 성경이 말하고 있는 지옥에 대해 생각해 볼 필요가 있습니다. 성경은 "한번 죽는 것은 사람에게 정하신 것이요 그 후에는 심판이 있으리라"(히 9:27)고 말씀합니다. 인간은 죽음 이후에는 천국에서 하나님과 함께 영원한 삶을 누리게 되거나 지옥에서 하나님 없는 삶을 살게 됩니다. 모든 인간이 거쳐야 할 하나님의 심판은 예수 그리스도의 십자가 사역이 그 중심에 있습니다. 즉 예수 그리스도께서 감당하신 대속의 죽음의 관련 여부에 따라 심판이 이루어지는 것입니다.

일반 종교에서 말하는 사후 세계에서 '좋은 곳'과 '나쁜 곳'의 구분은 살기 좋고 나쁨에 기준을 두고 있지만, 기독교에서 말하는 천국과 지옥은 하나님이 계시는가 그렇지 않은가 하는 것이 중요한 기준이 됩니다. 하나님이 함께 하시는 천국에는 영원한 찬양이 존재하지만 하나님이 없는 지옥에는 저주가 있을 뿐입니다.

성경에는 지옥과 관련된 여러 단어들이 있습니다. 구약에 나타나는 스올Sheol과 신약에 나타나는 하데스Hades, 게헨나Gehenna 등을 한글성경에서는 지옥, 음부 등으로 번역하고 있습니다. 그리고 요한계시록에 많이 나타나는 아비소스Abyssos는 무저갱無底坑으로 번역했습니다.
저는 이런 다양한 묘사들이 서로 별개의 것이 아니라 하나님이 없는 곳, 즉 지옥에 대한 동일한 의미인 것으로 이해합니다. 성경은 그 지옥을 뜨거운 불과 관련된 영원한 멸망의 장소(마 5:22; 10:28; 18:9; 계 20:7-10, 11-15 등)로 말하고 있습니다.

한편 로마카톨릭에서는 연옥Purgatorium의 존재를 주장하고 있습니다. 그런 주장은 성경의 가르침을 벗어난 중세의 많은 사람들이 미신처럼 믿고 있던 내용입니다. 물론 카톨릭에서는 그전의 많은 교부들이 연옥설을 믿은 것으로 주장하고 있습니다. 이 연옥설은 교황의 면죄권, 면죄부 판매, 죽은 자의 영혼을 위한 미사, 죽은 자를 위한 기도와 헌금, 자선 등의 비성경적인 교리를 만들어냈습니다.

그러므로 종교개혁자들은 그런 주장을 철저히 배격했습니다. 그러자 카톨릭에서는 1545-1563년에 열린 트리엔트 공의회에서 연옥설을 교리화 하게 됩니다. 그들이 연옥설을 교리화 하게 된 가장 중요한 이론적 배경은 외경에 있습니다:

> 유다는 각 사람에게서 모금을 하여 은 이천 드라크마를 모아 그것을 속죄의 제사를 위한 비용으로 써달라고 예루살렘으로 보냈다. 그가 이와 같이 숭고한 일을 한 것은 부활에 대해 생각하고 있었기 때문이었다. 만일 그가 전사자들이 부활할 수 있다는 희망을 가지고 있지 않았다면 죽은 자들을 위해서 기도하는 것이 허사이고 무의미한 일이었을 것이다. 그가 경건하게 죽은 사람들을 위한 훌륭한 상이 마련되어 있다는 생각을 하고 있었으니 그것이야말로 갸륵하고 경건한 생각이었다. 그가 죽은 자들을 위해서 속죄의 제물을 바친 것은 그 죽은 자들이 죄에서 벗어날 수 있게 하려는 것이었다(Ⅱ마카비 12:43-45).

카톨릭에서는 외경 이외에 신약성경에서 나름대로 근거를 제시하고 있지만 그것은 건전한 성경 해석이라 할 수 없습니다. 예를 들어 마태복음에 기록된 "누구든지 말로 인자를 거역하면 사하심을 얻되 누구든지 말로 성령을 거역하면 이 세상과 오는 세상에도 사하심을 얻지 못하리라"(마 12:32)는 말씀이 죽음 이후에 용서의 길이 있음을 보여 주고 있다는 것입니다.

또한 카톨릭에서는 '천국'과 '지옥', '연옥'이 있는데 연옥은 죽은 영혼이 거쳐가는 일시적인 곳이라고 합니다. 이 세상에서 깨끗한 삶을 산 사람들은 곧바로 천국에 가게 되며 인간이 결코 지어서는 안 되는 대죄

大罪를 지은 사람은 곧바로 지옥에 빠진다고 생각합니다. 그러나 소죄小罪를 지은 사람들과 지은 죄에 대한 적당한 보속을 완료하지 않은 영혼들은 연옥에서 나머지 죄에 대해 보속해야 한다고 생각합니다.

그런 사람들은 연옥에서 작은 죄를 충분히 속량받거나 또는 그들에게 합당한 일시적인 형벌을 충분히 받기까지 불 가운데서 고통을 받게 된다는 것입니다. 그러나 그 고통의 기간들은 그들을 위하여 땅 위에 있는 사람들이 대신 드리는 미사와 기도와 헌금과 그밖의 경건한 행위로 단축될 수 있다고 생각하고 있습니다.

그러나 성경에는 연옥에 관련된 그런 교훈이 없습니다. 결국 연옥설을 주장하는 것은 인간의 행위를 강조하는 인본주의적 사고의 결과입니다. 성경이 말하는 인간의 구원은 오직 예수 그리스도와 그로 말미암은 믿음에 달려있습니다. 그것은 인간이 세상에 살면서 쌓는 공로나 죄악 때문이 아니라 아담이 하나님을 떠난 원래의 죄에 대한 예수 그리스도의 대속의 죽음에 기인합니다.

심판의 기준은 예수 그리스도의 십자가 사역에 있으며 그것을 통해 하나님께서 예비하신 영원한 생명이 보장됩니다. 인간의 선행이나 공로에 따라 천국에 가게 되고, 그것이 부족한 사람들은 연옥에 있으면서 나머지를 채워 천국으로 가게 된다는 논리는 이방 종교에서 가져온 사상입니다.

우리는 성경 말씀의 가르침에 따라 그리스도로 말미암는 영원한 천국을 소망하며 그의 은혜를 누리는 가운데 이 세상을 살아가야 합니다. 주님의 은총이 형제와 함께 하시기를 바랍니다.

(2004. 12. 1)

## 74 "부부가 각기 다른 교회에?"

**YH형제**

지난번 귀한 모임에 부족한 저를 초청하여 베풀어주신 호의에 감사드립니다. 특히 RTB 소속 목사님들을 비롯한 여러 분들과 함께 말씀으로 교제할 수 있었던 점 마음속에 기쁨으로 남아 있습니다. 이 땅에 하나님을 진정으로 경외하는 형제, 자매들이 많이 숨겨져 있음을 알고 하나님의 은혜를 기억하며 감사드립니다. 한국교회가 배도의 길에 들어서 있다 할지라도 하나님의 말씀을 통해 진리를 따르려는 성도들이 여기저기 살아가고 있음이 우리에게 커다란 위안이 될 것입니다.

형제의 가정이 처한 형편이 안타깝다는 생각이 듭니다. 부부의 신앙 색깔(?)이 달라 각기 다른 교회에 속한다면 참으로 안타까운 일입니다. 부부가 그렇게 되면 자녀들 또한 상당한 혼란을 겪을 수밖에 없습니다.

교회에서 선포된 말씀을 가족이 함께 나누며 기도하면서 교회를 기억하는 것은 성도의 가정이 누리는 은혜의 특권입니다. 그럼에도 불구하고 우리 시대에 부부가 서로 다른 교회에 속한 경우를 종종 보게 됩니다. 우리 주변에 이런 일들이 일어나는 것은 현대문명의 병폐와 이성주의, 그리고 말씀에 대한 선명한 기준이 사라져 버렸기 때문일 것입니다.

저는 우리 주변에 교회당이 우후죽순처럼 서 있는 것은 교회를 약화시키는 한 원인이라 생각합니다. 과거 전통시대에는 교회가 있다해도 한 마을에 하나씩 있었습니다. 요즘 도시에 가면 한 건물에 교회당이 둘이 있는 경우가 있는가 하면 도시의 한 자리에 서서 주변을 둘러보면 교회당을 나타내는 십자가 대여섯 개를 한꺼번에 볼 수 있기도 합니다. 밤에 건물 옥상에 올라가 주위를 둘러보면 붉은 네온사인의 십자가 수십 개를 발견하는 것도 자연스러운 것이 우리의 현실입니다.

어떤 사람들은 한국에 교회당이 많은 것이 하나님의 복이라 하기도 하지만 다른 한편으로 생각하면 그것은 도리어 커다란 문제가 될 수도 있음을 기억해야 합니다. 주변에 교회가 많다보니 교회의 진정한 권위는 땅에 떨어져 버렸습니다. 교회가 많음으로 인해 세속적 경쟁관계가 형성되어 목회자들은 서로 자기 교회를 키우기에 급급합니다. 그렇게 되는 동안 대형교회가 생겨나게 되고 교회간 힘의 우열이 생겨 교회의 의미가 상실된 것입니다.

설교자들은 올바른 말씀을 선포하기보다 인기에 영합한 경쟁력(?) 있는 설교를 하려 합니다. 대형교회들에서는 이미 성례와 권징의 진한 의미가 사라져 버렸습니다. 권징을 받게 되면 옆에 있는 다른 교회에 가서 환영을 받을 수 있기 때문에 교회의 순결 유지를 위한 권징 시행은 더이상 가능하지 않게 되어 버린 것입니다.

저는 현재 형제의 가정이 처한 형편이 이런 시대적 여건에 의해 발생된 것이라 생각합니다. 언제든지 자기가 원하는 교회에 갈 수 있다는 생각이 우리로 하여금 성경 말씀에 의한 객관적 인도하심이 아니라 주관적 판단을 하게 되는 것으로 생각합니다. 그렇지만 이러한 우리 시대의 안타까운 분위기는 피할 수 없는 현실입니다.

형제의 경우 소수의 무리가 모이지만 하나님의 말씀을 올바르게 선포하며 증거하는 교회에서 신앙 생활을 하는 것이 옳다고 생각하는 반면, 부인의 생각은 그렇지 않은 모양입니다. 옳고 그름에 대해서는 그만두고 적어도 부인의 생각에는 굳이 그 교회가 아니라 주변의 보통 교회에서 신앙 생활을 하는 것이 편하다고 판단하는 것이 틀림없습니다.

그럴 경우 부부의 각자 판단에 의해 각기 다른 교회에 속하게 되거나, 아니면 부부 가운데 한 쪽이 양보하거나, 그것도 아니면 시간을 더 기다려 서로간의 신앙 성숙을 기다리는 세 가지 중 한 방법을 택할 수밖에 없습니다. 그러나 실제적으로는 그 어느 것도 마음 편한 방법이 아닐 것입니다.

그래서 저는 형제에게 이런 권면을 드려봅니다. 부부간의 신앙관에 있어서 약간의 차이점들은 뒤로하고 동일한 내용들을 우선 구체적으로 확인해 보는 것입니다. 제가 이해하기로는 두 분 모두 신앙이 없는 것이 아니라 신앙적 경험과 인식의 차이가 있어 보입니다. 즉 하나님의 말씀을 진리로 고백한다든지, 삼위일체 하나님을 신앙하는 것, 성도의 삶이 주님을 향해야 한다는 것 등 기본적인 신앙은 동일한 것으로 보입니다.

그러므로 형제가 부인과 더 심층적인 대화를 해 보았으면 합니다. 우선 형제가 소속되고자 하는 교회에 대해 부인이 부담스러워하는 점이 무엇인지 찾아볼 수 있을 것입니다. 대화에 대해 하나 부탁드리고 싶은 것은 형제가 부인과 대화하면서 자기 중심에서 이야기하는 것은 조심해야 한다는 사실입니다.

어쩌면 그 동안의 대화에서도 형제는 원리에 따라 올바른 신앙 생활을 하려고 애쓰는데 마치 부인은 그렇게 하지 않으려고 한 듯이 비쳐졌을지도 모릅니다. 그러다 보면 남편은 떳떳하고 올바르게 하려고 하는데 아내는 마치 그렇게 하지 않았던 것처럼 인식이 되어 원만한 대화가 이루어지기 어려울지도 모르겠습니다.

형제가 성숙한 신앙을 가졌다면, 부인의 주장이나 생각을 귀담아 듣고 상당부분 인정하는 가운데 스스로 신앙에 대해 되돌아 볼 수 있는 기회를 끊임없이 제공할 수 있어야 합니다. 그러는 동안 주님의 말씀을 통한 깨달음이 주어질 것입니다. 그렇게 되면 도리어 부인 쪽에서 올바른 신앙 생활을 위한 고민을 이야기해 올 수 있습니다.

지금 제가 드리는 말씀을 매우 이론적이라 생각하실지 모르겠습니다. 그렇지만 인내를 가지고 그렇게 해야 합니다. 그러므로 저는 형제의 가족이 각기 다른 교회에 소속되는 것은 바람직하지 않다고 생각합니다. 지금 그렇게 하게 되면 다시 온 가족이 합쳐 한 교회에 속하는 데 더 큰 어려움을 가지게 될지 모릅니다.

저의 견해로는 부인이 출석하고자 하는 교회에 우선 함께 참여해서 교회가 건전한 교회인지 잘 살펴보아야 합니다. 말씀은 올바르게 선포되는지, 성례는 올바르게 시행되는지, 권징은 올바르게 이루어지는지 살펴보아야 합니다. 그것이 올바르게 시행되지 않으면 참 교회라 할 수 없기 때문입니다.

그 다음에 살펴보아야 할 점은 교회에서 성도들의 의미가 어떻게 드러나고 있는지, 성도들이 연보한 재정은 잘 사용되고 있는지도 알아보아야 합니다. 그래서 원리에 따라 온전히 신앙 생활을 하는 교회라면 그 교회에 속해 살아가면 될 것이며 그렇지 않다면 또다시 고민하며 올바른 교회를 찾아야 합니다.

형제의 고민을 들으며 우리 시대 교회의 나약함을 다시금 생각하게 됩니다. 교회 문제로 인한 여러 가지 고민을 하는 동안 형제의 가정이 말씀을 더욱 깊이 묵상하는 기회가 되기를 바랍니다. 그런 과정에서 하나님께서 은혜로 형제의 가정을 인도하시리라 믿습니다. 모쪼록 현재 직면하고 있는 문제들을 통해 형제의 가정이 한층 성숙해가는 기회가 되기를 바랍니다.

(2004. 12. 6)

## 75. '지식의 홍수'에 휩쓸리지 말아야

재익 형제

지내리라 생각합니다. 기독교강요를 열심히 읽는 모습이나 이슬람교에 대한 관심으로 코란을 공부하는 모습이 보기에 좋습니다. 그 이외 다양한 분야의 책들을 독서하는 모습을 보며 우선은 선배로서 흐뭇한 마음을 가집니다.

지난번 형제가 저에게 신학교 생활 중에 꼭 읽었으면 하는 책들을 분야별로 정리해 달라는 부탁을 했지만 저의 게으름으로 답변을 하지 못했습니다. 저의 게으름 탓이기는 하나 그리 쉬운 작업이 아니어서 차일피일 미루어왔다 해도 과언이 아닐 것입니다. 오늘 아침 형제의 질문을 기억하고 답변을 해야겠다는 생각을 하며 책상머리에 앉았지만 좀 다른 이야기를 하고 싶은 마음이 생겼습니다.

"어떤 책들을 읽어야 하는가" 하는 문제에 앞서 이해되어야 할 점은 "왜 다양한 책을 읽어야 하는가" 하는 문제라 생각됩니다. 저는 우리 시대에 읽을 책들이 이렇게 많은 것은 도리어 불행한 일이라 여기고 있습니다.

책은 우리에게 엄청난 양의 지식을 제공할 뿐 아니라 죄악 세상의 반영체이자 시대의 거울 역할을 하고 있습니다. 그것은 비단 책뿐 아니라 각종 언론매체들을 비롯한 전문 잡지들, TV와 영화와 같은 영상매체들, 거기다가 인터넷과 같은 첨단 매체들을 통해 다양한 지식들은 홍수처럼 범람하고 있습니다.

그렇다면 우리는 이처럼 다양한 매체들을 통해 모든 것을 접하고 알아야 하는가 하는 문제에 직면하게 됩니다. 그 많은 내용들 가운데 형제가 관심을 가지고 있는 분야는 역시 신학이나 철학 분야가 아닐까 생각해 봅니다. 우리는 철학의 창窓을 통해 죄에 물든 인간들의 가치관을 보며 참된 신학적 해석解釋을 통해 세상의 잘못된 점들을 분별하게 됩니다.

그러나 현대 신학은 그 기능을 제대로 감당하지 못하고 있습니다. 저는 우리 시대의 신학자들에게 일반적으로 많은 문제가 있다고 판단합니다. 그것은 자유주의 신학자들뿐 아니라 보수주의를 지향하는 신학자들 역시 별반 다르지 않습니다.

신학자란 단순히 신학적 지식을 소유한 자가 아닙니다. 그런 류의 지식은 약간의 노력만 기울인다면 웬만하면 가질 수 있습니다. 신학자의 중요성은 하나님의 말씀을 깨달아 세상을 바르게 해석함으로써 주님의 교회를 온전히 세워가도록 도움을 주는 데 있습니다.

신학을 공부하는 본질적 의의는 바로 그 방법을 배워 익힘으로써 세속의 악한 영향으로부터 교회를 지켜나가는 것에 있습니다. 신학적 지식만 가득 채운 상태에서 해석 기능을 하지 못한다면 그 지식은 아무런 값어치 없이 자기 만족만 제공할 따름입니다.

저는 학생들에게 너무 많은 책을 읽지 말라고 권할 때가 종종 있습니다. 백 권의 잡다한 책을 읽는 것보다 값진 한 권의 책을 제대로 읽는 것이 소중합니다. 물론 한 권의 책을 제대로 읽다보면 또 다른 책이 이미 눈앞에 다가와 있을 가능성은 얼마든지 있습니다. 즉 책을 많이 읽으려고 작정하는 것이 중요한 것이 아니라 자연스러움 가운데 성경의 가르침을 배경으로 한 신실한 독서가 이루어져야 합니다.

물론 그 가운데는 항상 하나님의 말씀이 중심에 자리잡고 있어야 합니다. 한국교회가 배도의 길에 접어든 이유 가운데 하나는 신학자들의 잘못된 독서 습관 때문입니다. 한국의 절대다수의 신학자들은 성경을 제대로 이해하지 못하고 있다는 것이 저의 생각입니다.

제각기 자기 전공 분야에 대해서는 할 말이 많은 듯 한데, 정작 모든 지식의 근본이 되는 하나님의 말씀에 대해서는 체계적인 지식을 가지고 있지 못한 것입니다. 학자들의 논문을 읽어보면 말씀의 본질을 제대로 이해하지 못하고 논문을 기술하고 있는 모습을 쉽게 발견하게 됩니다. 그런 학자들에게서 신학을 배우는 학생들이 나중에 목사가 된다면, 스승이 가진 그런 사고의 범주를 벗어나기가 쉽지 않습니다.

과거에는 보통 성도의 가정에 성경책 한 권 이외 다른 책이 별로 없었던 시대가 있었습니다. 즉 현대화 될수록 잡다한 책들이 많아지고 성경이 차지하는 비율이 점차 줄어들게 된 것입니다.

성경만 한 권 있을 때는 그것이 100%로 유일한 독서의 대상이었지만, 지금은 비율상 다른 책들 가운데 1%, 나아가 0.1%도 되지 않습니다. 소장하고 있는 책이나 읽을거리를 분량으로 비교한다면 그렇다는 말입니다. 그런 환경에서 얻게 되는 다양한 지식이 삶을 지배하게 되면 자칫 자신도 알지 못하는 사이 우리의 가치관 또한 그렇게 변색되어 갈 위험이 있습니다.

과거로 갈수록 성경을 연구하는 학자들에게 성경이 차지하는 비중이 컸습니다. 즉 어거스틴이나 칼빈의 시대에는 우리 시대의 학문적 결과물들이 없었습니다. 그럼에도 불구하고 그들은 신학을 연구하는 데 전혀 어려움을 느끼지 않았습니다.

그들은 인간들의 연구에 크게 의존하지 않고도 말씀 자체를 통해 신실한 연구에 임할 수 있었습니다. 물론 그들이 여러 학자들의 주장을 참조했지만 인간들의 학문적 업적에 의존한 것은 아니었습니다.

우리는 학자들의 연구들을 살펴보되 성경을 배경으로 하여 비판적으로 참조할 뿐입니다. 그것은 학자들의 연구물을 절대시 할 수 없기 때문입니다. 진정으로 중요한 연구들은 성령의 인도하심에 따라 성경 말씀의 의미를 시대적 가치에 저항하며 온전히 드러내려고 했던 글들입니다.

우리가 독서하는 이유는 단순히 다른 학자의 지식을 습득하기 위한 것이 아닙니다. 오직 말씀의 분명한 뜻을 확인하기 위함이며 죄악에 가득 찬 세상의 시대적 가치관을 해석하기 위해서입니다. 그러므로 좋은 책은 성경 말씀의 의미를 되새기도록 도와주는 책입니다. 그것을 통해 우리는 세상의 값어치에 대해 방어능력을 가지게 되는 것입니다.

많은 사람들이 고전이라고 말하는 책에 쉽게 매혹되지 말기 바랍니다. 책장을 넘겨보아 흥미를 끌 만한 내용에 빠지는 것도 주의하기 바랍니다. 그런 류의 책이라면 앉은자리에서 책장을 한번 휙 넘겨보는 것으로 만족해도 될 것입니다. 신학 연구에 매진할 정도라면 일반 서적에 대해서는 그 정도로 해도 될 것이라는 뜻입니다.

그러나 성경 말씀은 한평생 가슴에 깊숙이 안고 살아가기를 바랍니다. 다른 일반 책을 읽을 때도 가슴에 품고 있는 성경의 가르침을 배경으로 하여 독서해야 합니다. 성경을 떠난 독서는 아무런 의미가 없을 뿐더러 도리어 엄청난 위험을 동반하게 됨을 잊지 말기 바랍니다.

흠없는 진정한 책은 성경책 한 권밖에 없습니다. 다른 모든 책들은 인간들로 말미암은 것입니다. 텍스트의 눈으로 컨텍스트를 해석해야 할 성도가 컨텍스트를 통해 텍스트를 이해하고자 하는 자세는 성령에 의해 다스려져야 합니다. 그것이 곧 교회와 그에 속한 성도들이 가져야 할 신학의 본질입니다. 모든 것이 경직되고 얼어붙은 때에 영육간 건강하기를 바랍니다.

(2004. 12. 10)

## 76 '고신신학의 정체성'이 있는가?

정 목사님

그동안도 잘 지내시리라 생각합니다. 목사님께서 K신학대학원 홈페이지에 글을 쓰시면서 저에 대해 언급한 사실을 이제야 알게 되었습니다. 저는 KS교단에서 제명된 성도로서 가급적 그쪽에 관심을 기울이지 않으려 애쓰고 있습니다만 KS대학원의 경우 조금 다릅니다. KS대학원은 제가 수학하고 졸업한 모교이기도 하며 한국교회의 미래를 이어갈 목회자를 양성한다는 차원에서 저의 관심의 대상에서 벗어날 수 없습니다.

목사님이 언급하신 내용에 대해 저의 생각을 알려드릴 필요가 있다고 판단되어 몇 마디 말씀을 드릴까 합니다. 제가 KS교단에 속해 있을 때 KS대학원 교수회에 많은 문제들을 제기한 것이 사실입니다.
군장병들에 대한 무분별한 집단세례, 불법적 목사 안수, 예정과 선택 교리, 성시화 운동, KS대학교에 관련된 부정과 비리, 동대구노회의 불법적 목사제명 문제 등등. 지금도 방언의 은사, 여성목사제도, 우호 관계에 있는 신학자의 성경고등비평 문제 등 신학적 해석을 내려야 할 내용들이 널려 있습니다.

그러나 지금껏 신학적 현안에 대한 해석과 답변을 제시해야 할 KS대학원 교수회는 아무런 반응을 보이지 않고 있습니다. 그러므로 교단 교회들은 다양한 신학적 문제들에 대한 기준이 없는 채 스스로 알아서 판단해야 할 입장에 놓여 있습니다.

목사님께서 말씀하신 대로 신대원 교수님들이 매우 바쁠 것이지만 이보다 더 시급한 문제는 없습니다. 고백을 벗어난 중요한 신학적 문제에 대해 질문을 한다면 그에 성실한 답변을 하는 것이 신학대학원의 마땅한 임무입니다. 그러나 신대원 교수회는 항상 침묵으로 일관했습니다.

저는 지금 KS대학원이 어느 정도 심각한 위기에 놓여있는 줄 잘 알고 있습니다. 그 본질적 문제는 어려운 재정이 아니라 신학적 정체성입니다. 최근에는 신대원 학생들의 시험부정 문제가 제기되었으며 얼마전에는 입학부정 문제까지 제기되었더군요. 코람데오와 순교신앙을 고백하는 교단 신학교에 과연 그런 일들이 있을 수 있다고 생각하는지요? 저는 신대원의 책임있는 위치에 있는 교수님들의 그에 대한 해명을 대하고서 그 말이 근거없는 것이 아님을 알고 놀라지 않을 수 없었습니다. 그리고 해명서 자체를 보며 교회가 납득할 만한 구체적인 확인이 따라야 한다고 생각했습니다. 이러한 형편에서, 세월이 지나가면 적절히 묻혀질 것이라 기대하는 지도자가 있다면 정말 하나님을 두려워함이 없는 애처로운 현실이라 아니할 수 없습니다.

저는 이런 모든 문제보다 더욱 시급한 문제가 KS대학원과 KS교단에 존재하고 있다고 봅니다. 그것은 KS대학원 LSK 교수의 교수직 박탈 문제와 관련된 신대원 교수회의 어이없는 처신입니다. 그에 대해서는 지금까지 어느 누구도 문제삼고 있지 않은 부분이기도 합니다.

제가 알기로 LSK 교수의 교수직 박탈은 신학적 문제로 인한 것입니다. 한마디로 자유주의적이며 불건전하다는 것이 제명사유이지요. 고신 총회가 그것을 확인하여 결정했고 KS대학원이 그 결정을 받아들였습니다. 그렇다면 그것으로 끝나는 것인가요?

정 목사님! 이 점에 대해서는 저의 말에 각별히 귀기울여 주시기를 바랍니다. 정말 LSK 교수의 신학에 그만큼 심각한 문제가 있다면 금년도 신학대학원 졸업 예정자들은 전면적으로 졸업이 보류되어야 합니다. 지난 3년 동안 잘못된 신학 사상을 가진 교수로부터 구약신학을 배워 익혔다면 그에 대한 명확한 교정이 이루어진 후에 졸업이 되어야 합니다.

그리고 지금 1,2학년 학생들에게는 LSK 교수로부터 잘못된 신학을 배운 내용에 대해, 전체 교수들이 정확하게 비판하고 그들의 생각을 올바르게 고쳐 주어야 합니다. 그들은 그동안 신학적 올바른 인식이 부족한 채 잘못된 교수로부터 불건전한 신학을 배우며 익혀왔을 것이기 때문입니다.

나아가 이미 졸업한 목회자들 가운데서도 이 교수로부터 잘못 배운 분들이 있다면 분명하게 그것을 알리고 교정해야 합니다. 제가 지금 이 교수의 신학 사상 자체를 말하고 있는 것이 아님을 충분히 이해하리라 믿습니다. 그러나 제가 보기에 KS교단의 어느 누구도 이에 대한 문제 제기를 하는 사람이 없습니다. 혹은 그 문제에 대한 심각성을 인식하고 있는 지도자들조차 있어 보이지 않습니다.

정 목사님! 제가 KS교단에 속해 있을 때 신학적 많은 문제들을 제기한 것은 오늘날 이런 암울한 위기가 닥쳐옴을 미연에 방지하자는 것이었습니다. 목사님께서 말씀하신 것처럼 지금 KS교단은 참담할 정도가 되어 있지 않습니까?

신학자들이 약자인 것을 이해하자는 목사님의 말씀은 별 설득력이 없어 보입니다. 그렇다면 무엇 때문에 '코람데오'와 '순교정신'을 이야기합니까? 십여 년 전부터 제가 신대원 교수회에 지속적으로 제기해 온 문제들에 대해 진작 신학적 확인을 했더라면 지금과 같은 어리석은 혼선은 겪지 않아도 되는 것입니다.

저는 지금 고신신학의 정체성이 전혀 없다고 판단합니다. 누가 고신

신학이 무엇이냐고 물으면 신학자들은 뭐라 답변할지 의문스럽습니다. 명확한 신학이 확립되지 못하면 그 교단은 세속화되어 썩고 부패하기 마련입니다. 우리가 교회사를 통해서 배우는 점이 바로 그것입니다.

안타까운 점은 지금도 KS교단은 진리가 아닌 다른 데 더 많은 관심을 두고 있어 보인다는 것입니다. 교단의 교육을 감당해야 할 KS대학원이나 KS대학 역시 마찬가지인 것 같습니다. 교단이나 신학교가 교회로부터 재정 확보를 하려고만 애쓴다면 그것은 교회를 속이는 것과 다를 바 없습니다. 특히 교단신학의 보루라 할 수 있는 신학대학원의 경우 더욱 그렇습니다.

재정이 학교의 위기를 해결하는 것이 아니라 신학자들의 코람데오 정신과 순교 정신만이 하나님의 은혜를 힘입어 현재의 문제를 해결할 수 있음을 기억해야 합니다. 참다운 신학정신을 상실한 채 재정문제가 해결되면 지금보다 훨씬 더 심각한 불행에 놓인다는 사실을 신학자들 가운데 제대로 인식하는 자가 있어 보이지 않는 점 또한 안타까울 따름입니다.

이참에 이 글을 읽게 될 KS교단 신학자들에게 토론을 제의해 봅니다. "고신에는 신학적 정체성이 없다. 원래의 고신신학의 정체성은 와해되었다." 이것이 저의 생각입니다.

즉 현재의 고신신학은 더이상 개혁주의 신학이라 할 수 없으며 칼빈주의 신학이라 할 수도 없다는 것입니다. 그런 상태에서 개혁주의와 칼빈주의 신학을 교회를 통해 전수하겠다는 것은 어불성설입니다.

저의 이러한 생각에 잘못이 있다고 여기는 분이 있다면 하나씩 진지하게 토론해 보기를 원합니다. 코람데오의 정신을 배경으로 한 분이라면 소속과 직분을 밝힌 후 문제 제기를 해주십시오. 언제든지 저의 소견을 밝히겠으며 제가 오해한 부분이 있으면 잘못을 인정하고 사과하겠습니다.

　저는 지금도 KS교단의 현실을 안타까워하고 있으며, 원래의 고신신학 정신을 아끼고 있음을 말씀드리고 싶습니다. 심각한 위기에 처해 있으면서도 그것을 알지 못하는 연약한 성도들에게 '평화'를 외치는 지도자들의 모습을 보며, 구약시대 예루살렘 성전이 멸망하기 전 '평화'를 외치며 민족을 속이던 거짓 선지자들을 떠올리게 됩니다. 제가 젊은 시절 오랫동안 몸담고 있던 KS교단의 회복을 진심으로 바라며 글을 맺습니다.

(2004. 12. 23)

## 77 예수를 믿는다는 것은?

이모부님

그간도 평안히 잘 지내시리라 생각합니다. 평생 교직에 몸담고 계시다가 직장을 떠나 생활한다는 것이 그리 홀가분하지만은 않으리라 짐작해 봅니다. 사도정신이 사라지고 사제지간의 관계가 무너져 참교육이 어렵다는 교육 현실에 대한 말들을 주워들으며 세상의 하향변화를 실감하게 됩니다.

내일은 성탄절이어서 거의 전 세계인들이 예수님이 이 땅에 오신 것을 축하한다며 분주하게 움직이는 것 같습니다. 많은 사람들은 예수가 이 땅에 오신 목적이 평화를 제공하기 위해서라든지 사랑을 전파하기 위해서라고 생각하지만 그 말들은 부분적으로만 옳을 뿐이며 본질적인 것은 아닙니다. 예수 그리스도가 인간이 되어 이 세상에 오신 목적은 죽음에 놓인 인간들에게 참생명을 주시기 위한 것입니다.

이모부님께서 말씀하신 대로 하나님에 대한 관심을 가지고 기독교에 접근하는 것이 그리 쉬운 일은 아닐 줄 압니다. 하지만 이제 기독교 신앙에 관심과 흥미를 가져보려는 마음을 가지고 계신 점 고무적이라 생각됩니다.

성경에 기록된 한 부분을 말씀드리려고 합니다. 마태복음 9장 10-13절에 보면 예수님께서 마태의 집에서 식사를 하신 기록이 있습니다. 나중 이 부분을 직접 찾아 읽으면서 깊이 생각해 보시기를 바랍니다. 마태는 예수님의 열두 제자가운데 한 사람으로서 원래 세리 출신입니다. 당시 세리들은 로마제국의 앞잡이 노릇을 하며 이스라엘 백성에게 과중한 세금을 거두어들이는 반민족주의자들이었습니다.

그런데 예수님께서 어느날 세리 마태의 집에서 여러 사람과 함께 식사를 하게 됩니다. 그 식사자리에는 예수님의 제자들과 세리를 비롯한 사회적 지탄의 대상이 되는 불의한 자들이 함께 있었습니다. 식사를 한다는 의미는 서로 대화하며 교제한다는 의미와도 같습니다.
그런 광경을 지켜본 당시의 지도계층에 있던 바리새인들이 그것을 문제삼게 됩니다. 정의로운 자는 민족을 배신한 자들과 어울리지 않는다는 점과 그런 자들과 교제하는 것을 보니 예수 역시 그들과 동일한 부류가 아니냐는 것이었습니다. 그래서 바리새인들은 예수님의 제자들에게 그것을 문책하듯이 따졌습니다.

그때 예수님께서는 "건강한 자에게는 의원이 쓸데없고 병든 자에게라야 쓸데 있느니라 … (내가) 의인을 부르러 온 것이 아니요 죄인을 부르러 왔노라"(마 9:12, 13)고 말씀하셨습니다. 이 말씀의 의미를 배경으로 하여 기독교 신앙의 한 면을 생각해 보시기를 바랍니다.

우선 이런 생각을 해 봅니다. 만일 건강한 사람이라면 병원에 갈 필요가 있을까? 병원이 얼마나 중요한 곳인가 하는 것은 사람들의 건강 정도에 달려있습니다. 건강한 사람에게는 병원이 불필요합니다. 그러나 질병에 걸리게 되면 병원의 소중함을 알게 될 것입니다.
병이 걸렸다고 해도 가벼운 감기환자와 중병자가 느끼는 것은 서로 다릅니다. 어떤 사람이 감기가 들렸다해서 하늘이 노랗게 보일 만큼 깜짝 놀라지는 않습니다. 그러나 말기암이라는 진단을 받게 되면 상황이 달라질 수밖에 없습니다. 말기암이 걸리게 되면 누구나 급히 병원을 찾을 수밖에 없습니다.

문제는 자기가 앓고 있는 질병에 대해 어느 정도 정확하게 알고 있느냐입니다. 사람들 가운데는 말기암에 걸려 있으면서도 그 사실을 전혀 모르는 채 살아가는 경우를 종종 보게 됩니다. 몸속의 암덩어리가 말기 상황이 되도록 모르고 있다가 어느날 병원에 가보고서야 말기라는 사실을 알게 된 경우가 있습니다.

위에 소개한 예수님의 말씀에서 우리가 얻을 수 있는 교훈 가운데 하나는 스스로 건강하다고 생각하는 사람은 결코 병원을 찾지 않는다는 사실입니다. 반대로 심각한 질병에 걸려 생명에 대한 애착이 있고 스스로 어떻게 할 방법이 없을 때는 어쩔 수 없이 병원을 찾게 됩니다.

기독교에서는 모든 인간들이 죽음의 심각한 질병에 걸렸다고 믿습니다. 이는 비단 기독교인이 아니어도 누구나 생각할 수 있는 것이기도 합니다. 그러나 인간의 경험은 죽음에 대한 인식보다 현실의 상황에 익숙하기 때문에, 치명적인 죽음의 병에 걸린 것은 알지만 그것을 현실로 인식하지 않은 채 살아가고 있습니다. 이는 실제로는 말기암에 걸린 중환자가 아직 그것을 모르고 생활하는 것과 흡사합니다.

기독교 신앙을 가지기 위한 조건 가운데 하나는 자신이 죽음의 병에 걸린 중환자라는 사실을 명확하게 깨닫는 것입니다. 기독교인들이 스스로 죄인이라 말하는 것은 곧 죽음의 병에 걸려 생명이 위태로운 자임을 스스로 고백하는 것입니다. 누구나 알 수 있듯이 모든 인간은 죽음의 병에 걸린 중환자들입니다. 단지 그것을 깨닫는 자와 깨닫지 못하는 자가 있으며, 그 죽음의 병을 치유할 수 있는 유일한 의사가 예수 그리스도라는 사실을 아는 자와 그렇지 못한 자가 있을 따름입니다.

예수를 믿는다는 것은 단순한 정신적 취미나 종교 정서의 문제가 아닙니다. 즉 마음의 위안을 받고 삶의 안정을 누리고자 하는 이상의 의미를 가지고 있습니다. 그것은 자신의 생명과 직접 결부된 매우 중요한 문제이기 때문입니다.

  이모부님, 기독교 신앙에 관심을 가지기 시작하셨으니 성경을 차분히 읽어보시기 바랍니다. 빨리 많이 읽는 것이 문제가 아니라 조금을 읽더라도 생각하며 그 의미를 되새겨 보는 것이 더욱 중요합니다. 처음에는 어디서부터 어떻게 읽어야 할지 매우 난감합니다. 의미 해석도 그렇지만 생소한 성경의 용어들이 독서를 더욱 힘들게 할지도 모릅니다. 그러나 천천히 인내하며 성경을 읽고 그 의미를 되새기다 보면 더 많은 질문들이 생겨날 것입니다.

  방대한 성경 가운데 우선 요한복음부터 읽어보도록 권합니다. 모든 성경이 다 하나님의 말씀이지만 조금씩 읽고 의미를 생각해 보기에 용이한 말씀들이 요한복음에 많이 기록되어 있기 때문입니다. 나중에는 구약성경과 신약성경의 다른 부분들을 읽게 되겠지만 우선 복음서의 말씀을 조금씩 읽으면서 그 의미들을 조용히 생각해 보시기를 바랍니다.

  성경을 읽다가 의문이 가는 부분이 있으면 연락주십시오. 서신을 보내도 되고 전화를 주셔도 좋습니다. 형편이 되는 대로 제가 시간을 내어 달려가도록 하겠습니다. 평안한 연말연시를 보내시기를 바랍니다.

(2004. 12. 24)

## 78 K신학대학원과 공군사관학교

학도 형제님

K S대학원은 저의 모교이기도 하고 그동안 개혁주의 신학의 보루라 할 만큼 자부심을 가져온 학교이기에 시험 부정에 대한 이야기를 듣고 매우 놀랐습니다. 최근에는 신학생들의 시험 부정뿐 아니라 입학 부정에 대한 문제까지 불거지는 것을 보고 착잡한 마음 금할 길 없습니다. 형제님의 질문에 대한 저의 생각을 간단하게 말씀드리겠습니다.

어떻게 하다가 KS대학원이 이 지경까지 왔는지, 그 책임을 누구에게 물어야 할 것인지 알지 못하겠지만 잘못된 점을 분명히 잡아 다시는 이런 일이 없어야 합니다. 그러나 신대원의 책임있는 보직 교수들의 공적인 답변을 보면서 그 본질적인 면보다 현상적 문제를 무마하기에 급급한 것같아 더욱 서글퍼집니다.

우리가 되새겨야 할 의미 있는 이야기를 하나 할까 합니다. 몇년 전 한 후배로부터 들은 이야기입니다. 그 후배의 고등학교 친구 중에 아주 착실한 학생이 있었습니다. 그는 학업 성적은 물론 성품도 좋고 운동에도 뛰어났습니다. 고등학교를 졸업한 그는 어릴 때부터 키워온 파일럿이 되기 위해 공군사관학교에 입학을 했습니다. 입학 후에도 줄곧 우수한 성적을 보였으며 누가 봐도 훌륭한 공군 장교가 될 만한 인물이었다고 합니다.

그런데 졸업을 앞두고 치른 학과 시험에서 문제가 발생했습니다. 그가 다른 생도의 부정 행위를 도와준 사실이 드러난 것입니다. 그나마 그것은 적극적인 부정 행위가 아니라 동료가 옆에서 볼 수 있도록 시험지를 비스듬히 놓아두었던 것입니다. 그것을 보며 부정 행위를 한 생도로 인해 후배의 그 친구도 부정 행위에 가담한 자가 될 수밖에 없었습니다.

그는 결국 마지막 한 학기를 채우지 못하고 퇴교를 당한 후 일반 사병으로 가게 되었습니다. 어릴 때부터 키워온 파일럿의 꿈은 물론 멋진 공군 장교의 꿈을 포기해야만 했던 것입니다. 당시 사관학교에서는 한 유능한 생도가 순간의 실수로 사병으로 가게 된 사실에 대해 안타까워하는 사람들이 많았다고 합니다.

저의 후배는 그 소식을 듣고 친구를 찾아갔을 때 그의 당당함에 더욱 놀랐다고 했습니다. 보통 사람 같았으면 좌절하거나 엄청난 불평불만을 쏟아냈을지도 모릅니다. 그러나 사병이 된 그 친구는 자기의 잘못된 실수를 인정하고 순간적 판단 착오로 인한 실수였지만 모든 것을 넉넉하게 받아들였다는 것입니다. 그러면서 대한민국의 국군 장교가 될 생도들의 명예를 지키지 못한 자기에게 모든 책임을 돌리는 모습에 오히려 제 후배가 감동을 받았다고 했습니다.

한 형제님의 질문을 보고 저의 머리에 가장 미리 떠올랐던 것이 몇년 전에 들었던 바로 그 이야기입니다. 그러잖아도 충격을 받은 중에 얼마 전에는 KS대학원에 부정 입학이 있었다는 내용의 이야기를 듣게 되었습니다. 이번 호 '한국기독신문' (12월 25일자) 기사를 보니 그에 대한 기사가 났더군요.

제가 또다시 충격을 받게 되는 점은 그런 상황에서 잘못을 인정하는 교수들이 아무도 없다는 사실입니다. 모두가 나름대로 이유가 있고 자기에게는 아무런 책임이 없다는 것입니다. 신대원생의 부정 시험에 대해서는 이미 적법하게 조치했으니 더이상 문제될 것이 없다고 합니다.

그리고 신대원 입학 부정에 대해서는 모든 교수들이 그것을 부인하고 있습니다.
　그러나 그 문제는 결코 가볍게 넘겨버릴 사안이 아닙니다. 입학 부정과 관련된 내용을 살펴보면 그런 일은 목회자를 양성하는 신학교가 아니라 불신자들이 운영하는 일반 대학이라 할지라도 결코 있을 수 없는 일입니다.

　저는 KS대학원 입학 부정에 관련된 문제가 몇몇 특정인이 아니라 학교 전체의 문제라 판단합니다. 제가 이렇게 말하면 그것이 입학 부정이 아니기 때문에 별 문제가 아니라고 주장하는 자들이 있을지 모릅니다. 그러나 우리는 그에 대해 객관성 있는 냉철한 생각을 해 보아야 합니다.
　우선 문제가 제기되고 있는 관련 당사자들 사이에 특별한 이해 관계가 있지 않았어도 입학 부정을 의심받을 만한 그런 일이 일어났을까 하는 점입니다. 그리고 교수회가 일반적인 경우에도 그런 문제로 인해 첨예한 논란을 거쳐 입학여부를 결정했을까 하는 점입니다.
　상식적으로 생각한다 해도 관련 당사자들 사이에 특별한 관계가 없다면 그런 문제는 아예 발생할 이유조차 없는 상황입니다. 지금 제가 언급하고 있는 내용은 상식을 갖춘 자라면 누구나 쉽게 인지할 수 있습니다.

　그럼에도 불구하고 공적으로 잘못을 인정하는 교수가 아무도 없다는 사실에 놀라지 않을 수 없습니다. 그것은 모든 교수와 관련자들이 철저하게 뉘우치며 반성해야 할 심각한 문제입니다. 학기중에 있었던 신학생의 시험 부정에 대해서도 모든 교수들이 도의적 책임을 느껴야 합니다. 신학교에서 그런 일이 일어난 사실 자체가 모두가 깊이 회개해야 할 문제입니다.

　제가 지금 누군가에게 책임을 추궁하려는 것이 아님을 이해하시기 바랍니다. 이런 극도의 위기 앞에서 태연자약한 모습을 보이고 있는 암담한 한국교회의 현실을 안타까워하는 것입니다. 역사적 교회를 상속해 가는 현실 교회의 중심에 서 있어야 할 신학교의 제반 문제들에 대해 상당한 문제 제기를 해 온 저로서는 더욱 답답함을 느끼지 않을 수 없습니다. 신학의 와해가 무서운 윤리적 마비를 동반한다는 역사의 교훈이 틀리지 않음을 확인하는 것같아 마음이 아픕니다.

제가 바라기로는 지금이라도 교단의 지도자들이 문제의 본질을 정확히 직시하기를 바랍니다. 앞서 언급한 공군사관학교의 예와 비교해 볼 때 코람데오를 삶의 기본으로 삼아야 할 신학교가 부끄럽지 않습니까? 가슴을 쥐어짜는 듯한 회개의 모습이 없는 한 KS교단과 한국교회의 미래는 어둡기만 합니다.

문제의 원인을 덮기에 급급하면서 외부적 개혁을 외친다면 속은 더욱 무섭게 썩어들어 갈 것입니다. 이런 참담한 상황을 보며 주님의 은혜 이외에 달리 방법이 없을 것 같은 생각이 듭니다. "주님, 한국교회를 불쌍히 여기시옵소서!"

(2004. 12. 30)

# 79 송구영신예배와 한국교회

주희 자매님

안녕하세요? 제가 쓴 글들에 대해 관심을 가져 주심을 감사드립니다. 이제 방학을 했으니 사실상 대학생활이 마무리되는 시점이겠군요. 졸업후의 계획은 어떤지 궁금한 생각이 듭니다. 시간이 나면 제가 살고 있는 팔공산 아래로 놀러오세요. 혼자서도 좋고 친구들과 함께 와도 좋습니다.

지난번 질문하신 송구영신예배에 대해 말씀드릴까 합니다. 오늘이 마침 12월 31일이니 교회들마다 송구영신예배로 인해 분주하리라 짐작을 해 봅니다. 저는 올 한 해를 보내며 조용히 쉬면서 이렇게 자매에게 금년도 마지막 편지를 쓰고 있습니다.

송구영신예배는 우리 한국교회에 특이하게 토착화된 제도입니다. 모든 교회는 복음의 테두리 안에서 나름대로 문화적 특성을 띨 수 있습니다. 그러나 그것이 바람직한 특성이라면 그로 인해 다른 교회들에 본을 보일 수 있어야만 합니다.

한국교회의 송구영신예배가 올바른 신학과 신앙안에서 정착된 제도라면 세계의 흩어진 여러 교회들에게 모범적인 모습을 보여야 합니다. 그렇지만 현재 한국교회는 기독교 역사상 그 유래를 찾아보기 힘들 만큼 부패하고 타락한 교회가 되어 있습니다.

송구영신예배를 보며 해마다 새로운 신앙을 다짐하면서 열심을 다하는 한국교회가 왜 이 지경에까지 이르렀을까요? 지난 한 해만 하더라도 한국교회의 부정과 비리는 불신자들이 보기에도 부끄러울 정도였습니다. 당장이라도 지난 신문들을 뒤적여 보면 그 흔적들이 그대로 남아 있습니다. 겉으로는 신앙적 열심을 다하지만 그속에 부패의 덩어리가 존재한다는 사실은 무엇을 말하고 있는 것일까요? 그것은 참다운 신앙을 알지 못한 채 자기 종교적 욕망을 채우기 위한 방편으로 기독교를 이용했기 때문입니다.

사람이 성실하고 믿을 만하다면 어떤 일을 해도 이해할 만합니다. 그러나 불성실하고 믿을 수 없다면 무슨 일을 해도 그를 신뢰할 수 없습니다. 교회 역시 마찬가지입니다. 교회가 성경의 가르침을 통한 올바른 신앙을 가지고 있다면 형식은 어떠하든지 그것이 큰 문제가 되지 않습니다. 그러나 신앙이 올바르지 않은 상태에서 외형을 화려하게 치장하거나 열성을 강조한다면 그것은 더욱 위선적이 될 수밖에 없습니다.

최근에도 어느 성도가 저에게 깊은 고민을 털어놓은 적이 있습니다. 해마다 되풀이되는 비신앙적인 송구영신예배에 대해 어떻게 처신해야 하는지에 대한 문제였습니다.

그 교회에서는 성도들에게 새해에 이룩하고 싶은 소망을 하나씩 적어서 내라고 합니다. 사업이 잘되기를 바란다든지, 자식이 좋은 대학에 들어가기를 원한다든지, 시집을 가고 싶다든지, 가족의 건강을 원한다든지, 만사형통을 원한다면 그 내용을 적어내고 하나님께 진심으로 간구하라는 것이었습니다. 그때 빠지지 말아야 하는 것은 정성을 다해 헌금하는 것이며 그렇게 할 때 전능하신 하나님께서 그 기도를 다 들어 주신다는 것입니다.

그렇게 되면 중대하거나 절박한 문제일수록 연보의 액수가 높아지지 않을까요? 가족과 자식의 장래를 위해 헌금하고 소원을 빌면 하나님이 들어주신다는데 어린 교인들은 그것을 거부하기 어려울 것입니다.

  모든 것이 잘되고 만사형통하기를 바라는 순진한 교인들의 소박한 소망을 이용해 교회가 헌금을 거둬들이는 것은 있을 수 없는 일입니다. 그럼에도 불구하고 하나님께 복을 받고자 헌금하는 사람들은 그것은 자발적인 신앙 행위이며 누구의 강요에 의한 것이 아니라 하겠지요. 그러한 생각은 곧 종교적 우민화에서 나온 무의미한 충성의 결과입니다.

  그 교회에서는 성경구절이 적힌 종이쪽지에다 코팅을 하여 커다란 바구니에 담아두고 한 사람씩 앞으로 나오게 해 목사가 하나씩 집어 나누어준다고 합니다. 거기에 참석하지 않으면 당연히 그 구절이 담긴 종이쪽지를 받을 수 없으니 어떻게 그 중요한(?) 송구영신예배에 참석하지 않겠습니까?

  교인들은 그때 자기가 받은 성경구절을 일년 동안 성경책 갈피에 꽂아두거나 몸에 지니고 다니면서 하나님께서 자기에게 주신 말씀이라 믿고 그것을 의지하며 살아간다는 것입니다.

  자매님, 한국교회의 이러한 종교적 관행을 어떻게 생각하는지요? 이렇게 말하면 그런 식으로 송구영신예배를 드리지 않는 교회도 많이 있다고 할지 모르겠습니다. 혹 그렇다 할지라도 저는 송구영신예배란 이름으로 모이는 모임은 불필요하다고 생각합니다. 차라리 성도들이 한자리에 모여 담소하며 사랑의 교제를 나누는 것이 오히려 낫다고 생각합니다. 그렇게 하면 연보를 더 거두려 하지도 않고 새해의 소원을 빌려고 하는 이교도적인 생각을 하지 않을 것이기 때문입니다.

  우리는 이러한 문제에 부딪칠 때 성경 밖의 종교적 상식을 기준으로 삼으려 해서는 안 됩니다. 그것은 자기의 습성이나 시대적 관행에 얽매이는 특성을 띠게 됩니다. 그러므로 우리는 성경 어디에 그런 교훈이 있는지 구체적인 확인을 함으로써 성령의 인도하심에 따른 해석을 동반해야 합니다. 송구영신예배에 대한 문제 역시 성경의 교훈과 역사적 교회들의 삶을 주의깊게 확인해 보아야 합니다.

좀 재미있는 생각을 나누어 볼까 싶습니다: 교회가 한 해의 마지막 시간이 아니라 한 해의 마지막 날과 첫 날 전체를 금식하며 예배를 보면 어떨까요? 혹은 한 해의 마지막과 첫 주간에 온 교회가 모여 이전에 보내던 것과 다른 방식으로 부흥회를 하며 하나님께 예배드리면 어떨까요? 또 한 해의 마지막과 첫 달을 통째로 특별한 모임을 가지면서 하나님께 드리면 어떨까요?

어느 교회가 한 해의 마지막 달과 첫 달에 날마다 자기의 소원을 하나씩 기억하며 특별헌금을 하고, 하루에 한두 차례 건성으로 하던 기도를 일곱 번이나 열 번으로 늘리고, 날마다 교회에 모여 자기의 소원을 바라며 특별예배를 드린다면 어떻게 이해해야 할까요? 만일 한 해의 마지막 달과 첫 달을 그렇게 보내는 교회가 있다면 그들이 보기에 마지막 한두 시간을 송구영신예배로 때우는 교회들이 우습게 보일지도 모릅니다.

우리는 신앙 생활의 의미와 목적에 대한 올바른 인식을 해야 합니다. 특히 하나님을 예배하는 의미는 더욱 그렇습니다. 어떠한 날이나 시간이라 할지라도 주일날 온 성도들이 함께 모여 주님을 경배하는 공예배 시간보다 더 중요한 의미를 부여해서는 안 됩니다.

성경에 기록되어 있지 않은 내용이 제도화되어 갈 때는 신중을 기해야 합니다. 굳이 송구영신예배를 보지 않고 특별한 헌금을 하지 않아도 자연스럽게 자신을 돌아보게 되며 하나님의 은혜를 바라며 기도하는 것이 성도의 자세입니다. 날이 바뀌고 해가 바뀌어도 늘 주님만 소망하며 살아가는 우리가 되기를 바랍니다.

(2004. 12. 31)

# 80 '하나님의 전능성과 주권 영역'에 대하여

경진 형제님

님의 이름으로 문안 전합니다. 지난해 질문하신 내용에 대해 이제야 답변을 하게 되는군요. 늦어서 죄송합니다. 늘 부족한 삶을 살고 있으면서 '죄송하다'는 뻔한 말을 되풀이 할 수밖에 없는 인간의 한계를 절감하게 됩니다.

제가 쓴 글을 관심있게 읽고 계시다니 감사드립니다. 부족한 것 투성이일 터인데 관심을 가져 주시니 감사드립니다. 저 역시 다른 사람들처럼 이웃을 만나 대화하기도 하고 교회에서 설교를 하며 다양한 글들을 쓰기도 하지만 완벽하거나 온전한 것은 하나도 없음을 잘 알고 있습니다.

옳고 온전한 것은 주님의 말씀에 기록된 내용들이며, 우리는 그 말씀을 따라 신앙을 확인하는 과정에 놓여 있음을 이해하는 것이 중요합니다. 그러므로 형제께서 저의 글들을 읽는 동안에도 성경 말씀을 통해 점검하는 노력을 동반함으로써 주님을 알아가는 지식이 더욱 풍성해지기를 바랄 따름입니다.

형제께서 저에게 질문하신 하나님의 주권 영역에 대해 간단하게 말씀드릴까 합니다. 하나님의 주권은 이 세상의 모든 영역에 미친다고 생각하는 이들이 있는 것을 알지만 그런 주장에 비판없이 동의할 수는 없습니다. 저는 하나님의 주권은 온 세상이 아니라 하나님의 백성에게 미치는 주권이라 이해하고 있습니다.

우리 모두가 믿는 것은 하나님의 절대적인 전능성입니다. 그 말 자체로 이해한다면 하나님의 주권이 이 세상 모든 영역에 미치고 있음을 말하고 있는 것으로 볼 수 있습니다. 그러나 우리는 그 말의 의미를 주의 깊게 살펴보아야 할 필요가 있습니다.

우선 현실적으로 보면 이 세상의 많은 사람들이 하나님의 통치를 전혀 받고 있지 않습니다. 하나님의 주권대로가 아니라 인간들이 자기 욕망대로 행동하며 살아가는 것이지요. 좀더 신학적인 표현을 하자면 세상과 그에 속한 사람들은 하나님의 통치를 적극적으로 거부하고 있습니다.

사탄은 자기 사람들과 함께 하나님의 주권을 대적하며 저항하고 있습니다. 그렇게 되면 하나님께서는 세상의 모든 것을 통치하시고자 하지만 사탄의 세력으로 인해 그렇게 하지 못하고 있다는 논리가 성립됩니다. 그것은 하나님의 전능성에 문제를 제기하는 것과 다르지 않습니다.

하나님의 전능성이 인정되기 위해서는 세상이 하나님의 주권을 거부한다해도 그 주권은 행사되어야 하며 그것은 실력으로 나타나야 합니다. 우리가 하나님의 주권을 이야기할 때는 그의 주되심을 인정하며 그에 순종하는 것을 배경으로 해야 합니다. 하나님의 주되심을 인정하지 않는 사람들은 그의 통치 영역 밖에 있으며 그의 주권을 인정하지 않습니다. 그러므로 그들은 하나님의 말씀에 순종할 의사가 전혀 없는 것입니다.

형제의 말씀처럼 하나님은 만물의 창조주이며 만물의 주권자가 되십니다. 그러나 사탄과 그의 영역에 있는 자들은 하나님의 주권을 거부하고 그의 말씀에 순종하기를 거부하며 지금도 그런 상태 가운데 있습니다. 그러므로 공의의 하나님께서는 자신의 주권을 인정하지 않고 불순종하는 자들을 심판하시게 되는 것입니다.

형제께서는 하나님이 일반역사 가운데도 관여하시는 주인이므로 그 안에 있는 모든 것들은 하나님의 주권 안에 있다는 생각을 하시는 것 같습니다. 이 점은 구속사의 의미와 함께 생각해 보아야 할 문제입니다. 우리는 인간 역사의 의미를 말씀의 원리와 함께 이해해야 하는데 그것은 매우 중요합니다.

맨 처음 인간이 범죄했을 때 하나님께서 인간 세계를 즉시 완전한 멸망에 빠뜨리지 않은 이유는 무엇일까요? 아담과 하와가 에덴동산 중앙에 있는 선악과를 따먹었을 때 최종 심판을 하셨다면 인간 역사란 아예 존재하지도 않았을 것입니다. 그러나 하나님께서는 그 가운데서 택하신 자들을 위한 구원 계획을 세우시고 인간 역사가 지속되게 하셨습니다.

인간이 하나님께 저항했다는 말은 타락과 동시에 모든 인간들은 하나님의 주권을 벗어났다는 의미가 됩니다. 인간의 타락 자체가 이미 하나님의 주권을 벗어나 하나님께 불순종하겠다는 의지적 표현이었다는 것입니다. 그러므로 아담이래 모든 인간들은 하나님의 주권을 인정하지 않게 된 것입니다. 이 말은 "모든 사람이 죄를 범하였으므로 하나님의 영광에 이르지 못하였다"(롬 3:23)는 바울의 말과 동일한 의미입니다.

하나님께서는 죄악 세상 가운데서 그리스도를 통해 자신의 주권을 인정하며 순종하는 자기 백성을 형성하시고자 계획하셨습니다. 그 일을 직접 보여주시며 그것을 위해 하나님께서 역사 가운데서 일하시는 내용을 담은 책이 곧 성경입니다. 그 역사를 우리는 구속사라 부르기도 합니다. 그것이 또한 주님께서 자기 피로 값주고 사신 오늘날 우리가 속한 주님의 몸된 교회입니다.

그러므로 오늘날 세계는 양분되어 있습니다. 하나님의 주권을 인정하는 자들과 하나님의 주권을 인정하지 않는 자들이 구분되어 있습니다. 제가 드리고자 하는 말씀을 잘 이해하셨으면 합니다. 자칫 제가 하나님의 주권을 제한한다는 생각을 하지는 마시기 바랍니다. 도리어 저는 하나님의 주권이 온전히 회복되기를 바랍니다. 그 주권은 기본적으로 인간들의 동의나 합의를 바탕으로 하는 것이 아니라 오로지 하나님으로부터 말미암는 것이며 성경의 교훈에 따라 이해되어야 합니다.

제가 설명하고자 하는 내용과 형제의 생각이 크게 다르지 않을 것이란 생각이 들기도 합니다. 단지 이해하고자 하는 내용에 대한 언어 사용의 차이가 아닐까 하는 생각이 듭니다.
우리는 하나님의 주권을 거부하며 살았던 역사 속의 많은 사람들과, 하나님의 언약 가운데 살고 있으면서도 하나님의 주권을 실제적으로 인정하지 않았던 숱한 사람들을 알고 있습니다. 구약의 배도한 인물들과 바리새인들과 서기관들, 그리고 교회시대의 많은 배도자들을 기억하고 있습니다.

마지막으로 말씀드리고 싶은 것은 하나님의 주권이 온 세상에 미친다는 생각을 하게 되면 자칫 하나님의 전능성이 아니라 부분적 무능성을 말하게 될 우려가 있다는 사실입니다. 즉 하나님은 원하시지만 그렇게 하지 못하고 있는 존재로 오해하게 된다는 말입니다.
하나님의 전능성은 그리스도 안에서 표현되고 그로 말미암아 하나님의 나라가 세워져 감을 잘 이해하셨으면 합니다. 그 전능하신 주권은 그리스도의 재림과 함께 궁극적으로 성취될 것입니다.

성약교회와 형제의 가정 그리고 제가 목회하고 있는 실로암교회와 저의 가정이 주님의 주권을 온전히 인정하며 순종하는 아름다운 신앙생활을 잘 유지하게 되기를 바랍니다.

(2005. 1. 10)

## 81  성경 기록상 오류가 있는가?
(레 11:1-23에 기록된 말씀을 기억하며)

김 선생님

반갑습니다. 제가 없는 동안에 질문을 주셨더군요. 저는 지난 두 주간 동안 중국에 강의가 있어서 갔다가 귀국하자마자 곧바로 답신을 드립니다. 여러 가지 밀린 일들이 있지만 아무래도 빠른 답변을 기다리실 것같아 서두르게 되었습니다.

선생님의 경우처럼 학생들이 갑작스런 질문을 할 때 당황스럽게 되는 경우가 종종 있는 것 같습니다. 그렇지만 답변하기 힘든 그런 질문을 하는 학생들은 대개 사고가 깊은 성실한 학생일 가능성이 높습니다. 가르치며 지도하는 교사의 입장에서는 그런 제자들을 둔 것이 감사한 일이 아닐까 싶습니다.

따라서 그런 학생들에게 무안을 주거나 무시하는 일은 없어야 할 것이며 무조건 믿으라는 강압적인 요구를 하는 것도 조심해야 할 듯 합니다. 이것은 선생님께 드리는 말씀이 아니라 우리 모두가 주의해야 할 일이 아닌가 싶어 언급해 보았습니다.

지금 우리가 가지고 있는 성경책은 번역본입니다. 원래 성경책은 히브리어와 그리스어로 기록되어 있습니다. 구약성경에 약간의 아람어가 섞여 있기는 하나 거의 히브리어로 기록되어 있으며 신약성경은 그리스어로 기록되어 있습니다. 그렇지만 맨 처음 하나님께서 계시로 주어진 성경 원본은 지금 하나도 남아 있지 않습니다. 처음 계시로 주어진 성경

책들은 엄정하게 선정된 전문가들에 의해 지속적인 필사가 이어져 왔던 것입니다.

우리가 여기서 잘 기억해야 할 점은 아무리 주의를 기울인다해도 오자誤字가 나오거나 필사상 오류가 발생하게 된다는 사실입니다. 옛날 성경 필사원칙 가운데 하나는 앞선 필사본이 설령 자기가 보기에 분명히 잘못된 오류인 것처럼 보이는 내용이 나온다 해도 그것을 임의로 고치지 않고 그대로 필사한다는 점입니다.

예를 들어 "오늘은 가영이가 치마를 입고 학교에 갔다. 그(He)는 돌아오면서 친구들과 함께 고무줄 놀이를 했다"라는 문장이 있다고 합시다. '가영'이는 분명히 여자인데 나중에 쓰인 인칭대명사 '그'(He)는 남자에게 쓰이는 단어로서 분명히 잘못 사용된 것입니다. 그래서 온전한 문장이 되기 위해서는 "오늘은 가영이가 치마를 입고 학교에 갔다. 그녀(She)는 돌아오면서 친구들과 함께 고무줄을 했다"로 고치는 것이 맞습니다. 문장 중 '그'를 '그녀'로 고치는 것이 옳은 것입니다.

그러나 성경 필사과정에서 그런 명백한 오류가 발견된다 할지라도 그것을 함부로 고치지 못하도록 했습니다. 만일 필사자들이 제각기 자기 판단대로 오류를 고치게 되면 나중에는 내용 자체가 크게 변할 우려가 생길지도 모릅니다. 많은 필사본들이 작성되는 과정에서 제각기 그런 오류들을 발견해 임의로 고치는 것보다는 틀린 것을 그대로 필사하는 것이 도리어 성경 보존을 위해 유익하다는 것입니다. 그러므로 성경의 필사과정에서 어떤 오류가 발견된다 할지라도 그것을 그대로 옮겨 적도록 했습니다.

사실 성경에는 많은 문법상 오류들과 내용상 오류들이 발견됩니다. 그것은 잘못 기록된 것 같은 내용들을 그대로 필사한 결과 때문이라 할 수 있습니다. 신학분야 중에는 성경비평학이란 과목이 있습니다. 다양한 설명이 필요하겠지만 성경비평학이란 여러 사본들에 나타나는 용어나 내용들을 비교, 연구하여 원본에 근접한 성경을 찾아가기 위한 학문이라 할 수 있습니다.

성경의 오류가 있어 보이는 내용들을 보며 우리가 잘 이해해야 할 부분이 있습니다. 그것은 성경의 모순으로 보이는 내용들이 우리의 믿음을 떨어뜨리는 것이 아니라 도리어 성경에 대한 믿음을 더욱 돈독하게 한다는 사실입니다.

선생님이 말씀하신 것처럼 레위기서에 나오는 내용 중 사반과 토끼는 반추동물이 아닌데도 "사반도 새김질은 하되 … 토끼도 새김질은 하되"(레 11:5, 6)라고 기록하고 있는 것과 곤충의 발은 여섯 개인데, "네발로 기어다니는 모든 곤충"(레 11:21)이라고 기록된 것 등은 필사과정에서 발생한 문제로 이해해야 할 것 같습니다.

물론 성경에서 묘사되고 있는 동물들이 우리가 이해하고 있는 동물과 정확하게 일치하는 동물들인가 하는 점도 고려되어야 하겠지만 여기서는 이 정도로 말씀드려도 될 것 같습니다.

성경의 기록상 오류에 대해 궁금해하는 학생에게 하나님께서 계시하신 성경원본에는 전혀 오류가 없다는 점을 분명히 말해 주어야 하리라 생각합니다. 또한 15세기 중엽 구텐베르그Gutenberg에 의해 인쇄술이 발명되기 전까지의 성경 필사에 대한 엄격한 과정과 필사된 성경을 바탕으로 한 지속적 필사과정에 대해서 설명해 줄 수 있을 것입니다.

그리고 그 필사본들이 다양한 언어로 번역되는 과정에서 발생될 수 있는 문제들에 대해서도 설명해 주면 좋을 것입니다. 이런 설명을 하면서 잊지 말아야 할 점은 지금 우리가 가지고 있는 번역 성경이 하나님과 그의 뜻을 올바르게 알아가는 데 아무런 지장이 없음을 분명히 설명해 주어야 한다는 사실입니다.

선생님께서 질문하신 성경 본문의 내용들에 대해 하나씩 구체적으로 답변드릴 수 없음을 아쉽게 생각합니다. 그렇지만 필사 과정에서 앞선 사람이 어떤 오류를 범하게 되면 그 뒤의 필사자들은 그 오류를 알고 있으면서도 모두 동일한 오류를 감내하면서까지 신중한 필사 작업을 했던 그들의 진중한 마음을 전체적으로 기억했으면 합니다.

　이제 제가 설명드리고자 하는 바를 충분히 이해하시리라 믿습니다. 저의 부족한 생각이 모쪼록 선생님께 도움이 되기를 바라며 학생들에게도 유익이 있기를 바랍니다. 선생님께서 지도하는 학생들이 어두운 한국교회를 올바르게 세우는 일에 참여하는 귀한 일군들로 자라가기를 소망합니다.

(2005. 2. 6)

## 82 선교단체와 교회 생활

집사님

주님의 이름으로 문안드립니다. 진작 질문을 받았지만 재촉을 받고서야 답변을 하게 되어 죄송합니다. 밀린 일들과 신학기 강의 준비 등으로 인해 많이 늦어졌으니 이해해 주시기를 바랍니다.

선교단체에서 활동하는 학생들이 교회에서 문제를 일으키는 모양이지요? 요즈음 교회와 대학선교단체의 기능이 매우 잘못되어 가고 있음이 안타깝습니다. 원래 선교단체는 교회를 세워가기 위한 보조적인 기관이어야 합니다. 교회는 주님께서 친히 세우신 복음의 본질적 기관이지만 선교단체는 교회를 위해 존재하는 임시적인 기관입니다. 다시 말해 교회는 하나님께서 친히 창설하셔서 주님 오실 때까지 존속해야 할 그리스도의 몸이지만, 선교단체는 시대와 지역의 특성에 따라 성도들이 임의로 창설한 기관이며 없어져도 무관한 단체입니다.

그럼에도 불구하고 우리 시대에는 선교단체가 교회보다 더 강한 성격을 띠고 있는 것이 보통입니다. 그렇게 된 원인은 교회가 하나님의 뜻을 떠나 잘못된 종교단체로 변질되어 가기 때문입니다. 교회가 그 기능을 상실하게 되면 교회 밖의 선교단체가 더욱 결속력을 지닌 기관으로 성장하게 되는 것입니다.

저는 대학선교단체 자체를 부정적으로 보지는 않습니다. 그렇지만 건전한 선교단체에서 올바른 활동을 하는 성도라면 교회에서 더욱 충성스럽게 봉사할 수 있어야 합니다.

우리 시대의 가장 큰 문제는 선교단체를 교회보다 더 힘있는 기관으로 키우고자 하는 선교단체 지도자들입니다. 선교단체를 교회보다 더 중요하게 생각하는 것은 올바른 신앙적 자세가 아닙니다. 그렇지만 현실적으로는 선교단체를 교회보다 더 중요하게 여기고 있는 자들을 종종 보게 됩니다. 그러다 보니 선교단체에서 활동하는 학생들은, 교회는 그냥 속한 곳이며 선교단체가 마치 신앙의 정체성을 제공하는 곳인 양 생각하게 되는 것입니다. 그것은 매우 잘못된 생각입니다. 우리는 선교단체가 교회를 위해 존재한다는 사실을 깊이 자각해야 합니다. 그렇지 않으면 선교단체간의 상이한 성향이 교회의 성도들간에 이질감을 가지게 할 것입니다.

한국의 대학들에는 SFC, IVF, CCC, CMI 등 많은 선교단체들이 있습니다. 그런 선교단체가 존재하는 것은 이 땅에 존재하는 교회를 올바르게 세우기 위해서입니다. 선교단체는 교회를 위한 기관이어야 하며, 선교단체 스스로 몸집을 키우는 것이 목적이 되어서는 안 됩니다.

선교단체가 교회보다 더 중요하게 인식된다면 그런 단체는 없는 것이 도리어 유익할지도 모릅니다. 그러므로 선교단체에 속한 성도들은 교회에서 자기가 속한 단체의 성향을 드러낼 필요가 없습니다.

우리 시대 한국교회는 전반적으로 심하게 병들어 있다 해도 과언이 아닙니다. 하나님의 말씀을 경외하기는커녕 교회와 성도들을 기만하는 지도자들이 부지기수입니다. 교회 지도자의 윤리수준이 세상의 기준에도 못 미치는 경우가 허다합니다. 그러다 보니 교회를 신뢰할 수 없는 젊은 성도들은 선교단체를 더욱 의지할 만한 곳으로 판단하게 되는 것입니다.

이 모든 책임은 부정직한 종교단체로 변질된 교회와 잘못된 지도자들에게 있습니다. 그러므로 선교단체로 인해 발생한 문제를 해결하기 위해서는 우선 교회가 원래 모습을 회복하는 것이 중요합니다.

집사님이 속한 교회처럼 이미 그런 문제가 발생하고 있다면 지혜를 모아야 합니다. 교회가 교회답지 못한 상태에서는 어떤 방안도 궁극적 효력을 가지기 어렵습니다. 그러므로 올바른 교회의 모습을 회복하는 것이 가장 선행되어야 할 과제입니다. 하나님의 말씀이 온전히 선포되는지, 성례는 올바르게 시행되는지, 권징 사역은 정당하게 이루어지는지부터 잘 살펴보아야 합니다.

교회의 직분자 선출은 성경의 원리에 따라 이루어지는지, 교회의 재정은 공개적으로 신실하게 집행되고 있는지 확인해 보아야 합니다. 모든 성도들이 빈부나 학력정도 혹은 외모에 따라 판단되지 않고, 오직 주님의 말씀을 경외하며 살아가는 신실한 모습을 지니고 있는지 살펴보아야 합니다.

참된 교회의 모습이 회복된 후라야 문제의 당사자들과 신실한 대화를 나눌 수 있습니다. 물론 저는 집사님이 속한 교회에 대해 아는 바가 전혀 없습니다. 그래서 한국의 일반적인 교회를 염두에 두고 말씀드리는 것입니다. 혹 교회내의 비신앙적인 행태들을 고치려면 시간이 너무 많이 걸릴 것이라 생각한다면 이미 그 교회에 심각한 문제가 있음을 보여 주고 있는 것입니다. 그렇다면 특정 선교단체에 속한 자들의 판단은 결국 그 교회가 양산해 낸 것으로 볼 수밖에 없습니다.

집사님이 속한 교회가 온전한 모습을 회복하게 되기를 바랍니다. 교회가 건강하다면 지엽적인 문제가 발생한다 해도 별 영향을 받지 않겠지만, 교회가 병약하다면 조그만 일에도 커다란 영향을 받게 될 것입니다. 저의 답변이 혹 집사님의 기대에 못 미친다 할지라도 함께 생각을 나누는 좋은 기회가 되기를 바랍니다.

이 땅의 교회들이 진정으로 주님을 경외하는 때가 속히 오기를 기대합니다.

(2005. 2. 15)

## 83 '성령 세례와 성령 충만에 대하여'

이 목사님

 오랜만에 소식 듣고 답신을 보내게 됩니다. 진작 답변을 드렸어야 하는데 최근 중국에 있는 신학교에 강의가 있어서 다녀오느라 늦어졌습니다. 저는 KS교단에서 제명된 후에도 그 전과 별다름없이 잘 생활하고 있습니다.

커다란 변화라면 한국교회로부터 버림받았다는 생각이 들 즈음부터 하나님께서는 저를 중국을 비롯한 외국의 신실한 형제들과 한국의 숨은 형제들을 만나 교제할 수 있는 기회를 더욱 폭넓게 허락하셨다는 점입니다.

그러나 저의 신학적 고향이라 할 수 있는 KS교단과 한국교회의 소식을 들으며 여전히 안타까운 마음을 버리지 못하고 있습니다. 복음 가운데 살아야 할 성도들이 잘못된 교권주의자들에 의해 심각한 유린을 당하고 있다는 생각 때문입니다.

나아가 우리 시대에 신앙의 양심과 정조를 갖춘 신학자들이 과연 몇 명이나 있을까 하는 생각이 더욱 마음을 아프게 합니다. 이는 KS교단뿐 아니라 한국의 대다수 보수주의 신학교들을 보며 느끼는 저의 솔직한 심정입니다.

목사님께서 저에게 몇가지 질문을 주셨지만 그중 일부에 대해 저의 간단한 소견을 말씀드리려 합니다. 하나님의 자녀가 된 성도에게 과연 또 다른 성령 세례가 필요할까요?

저는 거듭난 성도가 다시 성령 세례를 받아야 한다는 주장은 잘못된 것으로 이해하고 있습니다. 하나님의 은혜로 인해 그의 자녀가 된 신자들에게는 또 다른 성령 세례가 필요하지 않습니다. 주님을 알게 된 사실 자체가 이미 교회 가운데 계시는 성령으로 말미암은 것이기 때문입니다.

주님께서 부활승천하신 후 임했던 오순절 성령사건은 성도들이 특별한 능력을 행하도록 개개인에게 부어주신 것이 아니라 주님께서 약속하신 교회를 위한 하나님의 경륜에 따른 것입니다. 그 오순절날 교회를 위해 강림하신 성령께서는 항상 교회와 함께 계시면서 자기 백성을 부르시고 지키시며 인도하고 계십니다.

성숙한 하나님의 자녀라면 성령의 뜻 가운데서 말씀에 순종하며 살아가게 됩니다. 그러므로 우리는 교회를 통한 직분자로서 주님을 온전히 섬기며 살아가는 것이 성도의 도리일 것입니다.

보혜사 성령께서 이미 우리와 함께 계시는데 더욱 강력한 성령을 기대한다면 그것은 도리어 믿음이 부족하기 때문일 것입니다. 성령 세례를 다시 받고 싶어하는 것은 대개 특별한 종교성을 드러내고 싶어하는 인간적 자기 욕망이 아닐까 하는 생각이 듭니다.

목회자들의 경우 소위 목회에 성공하고 싶은 욕망이 있을 것이며, 일반 성도들의 경우 자기의 종교적 삶을 막힘 없이 추구하고자 하는 욕망이 있을 것입니다. 그것이 굳이 남 보기에 거창한 것이 아니라 할지라도 순리적인 종교인의 삶을 누리고자 하는 욕망이 존재한다는 것입니다.

물론 그것이 주님을 위한 것이라 말할 수도 있습니다. 그러나 그 내면에는 종교인으로서 자신이 소유할 수 있는 평범하지 않은 체험에 대한 욕망이 존재하고 있음을 주의깊게 살펴야 합니다.

우리가 주님을 알고 믿는 것은 우리 자신의 판단이나 결단 때문이 아님이 명백합니다. 그것은 전적으로 우리를 선택하고 부르신 하나님의 은혜에 기인합니다. 그렇다면 우리가 처음 주님의 은혜를 깨닫고 섬기기 시작할 때 이미 성령의 역사가 있었음이 분명합니다. 지금도 동일한 보혜사 성령께서는 항상 자기 백성을 말씀과 더불어 인도하시며 말씀을 통해 모든 것을 깨닫도록 도와주고 계시는 것입니다.

성령께서 오심은 구속사 가운데 있었던 단회적인 사건입니다. 이는 예수 그리스도의 십자가 사역과 부활승천이 단회적인 것과 동일합니다. 우리는 단번에 십자가에 달리신 예수 그리스도께 되풀이되는 십자가 사역을 기대하지 않습니다. 이는 이미 주님께서 모든 것을 다 이루셨기 때문입니다. 마찬가지로 성령께서도 오순절 강림을 통해 항상 교회 가운데 존재하십니다. 즉 믿는 사람들이 되풀이하여 다시 받아야 할 그런 성질이 아니라는 말입니다.

성경의 여러 곳에 성령께서 임하시는 내용이 나오는 것은 교회와 함께 역사하시는 성령의 모습을 보여주는 것으로 그 모든 것은 오순절 성령 강림에 연결되어 있습니다. 그러므로 오늘 우리 시대에도 모든 참된 교회는 오순절 성령의 끈에 굳게 연결되어 있어야 합니다. 우리는 모든 참된 교회들이 항상 삼위일체 하나님께 온전히 속해 있어야 함을 잘 기억해야 합니다.

또한 성령 충만에 대해서도 이와 동일한 관점에서 이해해야 하리라 생각합니다. 성령 충만이란 자기의 욕망에 기인한 삶을 온전히 포기할 때 말씀을 좇아 드러나게 됩니다. 자신의 욕망을 포기하지 않은 채 성령 충만을 요구하는 것은 또 다른 종교적 욕망일 따름입니다.

성령께서 이미 자기 백성 가운데 임해있는 상태인데 또다시 성령을 부어달라고 요구하는 것은 정도가 아닙니다. 도리어 교회 가운데 계신 성령을 인간의 욕망이 가로막거나 그 사역을 약화시키지 않도록 주님의 말씀에 온전히 순종하는 것이 성숙한 성도의 도리일 것입니다. 성경에는 이와 관련된 다양한 내용들이 있지만 전체적인 원리상 그렇게 설명되어야 합니다.

저는 사도시대에 있었던 다양한 은사들과 하나님의 특별 계시적 사역이 성경계시의 완성과 더불어 종료되었다고 믿습니다. 아직 하나님의 말씀이 완성되지 않아 특별한 계시가 필요했던 시기와 우리 시대는 달리 이해되어야 한다고 보는 것입니다. 계시가 완성된 우리의 시대에는 사도시대보다 더욱 풍성한 은혜가 주어졌음이 분명합니다. 그러므로 우리 시대의 교회는 사도들의 터 위에서 예수 그리스도의 신부로서 더욱 순전한 삶을 추구할 수 있어야 합니다.

목사님의 질문에 어줍잖은 저의 소견을 말씀드렸습니다. 혹 제가 목사님과 차이나는 견해를 가지고 있다 하더라도 서로간 말씀을 통해 주님의 가르침에 더욱 세미하게 귀기울일 수 있게 되기를 원합니다. 모처럼 얻은 안식년을 주님의 말씀과 더불어 건강하게 잘 보내시기를 바랍니다.

(2005. 3. 4)

## 84 기도 응답에 대하여(창 21:16, 17과 관련하여)

우석 어머니

지난 주일 눈 때문에 힘든 일은 없었나요? 이곳 팔공산에도 3월의 폭설로 인해 한바탕 난리를 쳤습니다. 어른들의 염려에 관계없이 마냥 즐거워하는 아이들의 모습이 눈에 선합니다.

남편과 세 아들 챙기랴, 부모님 신경쓰랴, 아직 복음에 어린 식구들 돌보랴 조용한 시간이 없으리라 생각됩니다. 그래도 보이지 않는 서로 간의 헌신이 주안에서 아름다운 가정을 이루어가게 됨을 늘 기억하시기를 바랍니다. 지난번 기도 응답에 대한 질문을 했는데 이제야 답변을 하게 됩니다.

창세기 21장 16, 17절의 하갈과 이스마엘의 고통에 대한 하나님의 응답과 그 의미에 대해서 물었더군요. 창세기 21장에는 아브라함의 아들 이삭과 이스마엘에 대한 기록이 나옵니다. 하나님께서는 아브라함과 하갈 사이에서 출생한 아들 이스마엘과 그 어머니를 내보내도록 명하십니다. 아브라함의 집안으로부터 단절을 요구한 것이지요.

아브라함은 하나님의 뜻을 따라 아픈 마음으로 그들을 내보냈으며, 쫓겨난 그들은 브엘세바 광야에서 방황하게 됩니다. 광야에서 마실 물이 떨어져 죽음에 이를 정도로 고통에 빠져 있을 때 그들은 방성대곡했고 하나님께서는 그들을 샘물로 인도해 고통을 덜어 주셨습니다. 성경은 그것이 하나님께서 이스마엘의 고통을 들으셨기 때문이라고 기록하고 있습니다. 그후 이스마엘은 큰 민족을 이루어 한 민족의 조상이 됩니다.

이삭과 이스마엘에 대한 기록은 단순한 사건이 아니라 매우 중요한 내용입니다. 이스마엘은 아브라함의 몸에서 태어났지만 진정한 아브라함의 자녀로 인정받지 못합니다. 그러므로 성경은 이스마엘을 육체를 따라 난 자, 이삭을 약속의 자녀 곧 성령을 따라 난 자로 구분했습니다 (갈 4:23, 29). 또한 창세기 22장 2절과 히브리서 11장 17절에는 이삭을 '아브라함의 독자' 라 칭했습니다. 다시 말해 아브라함에게 여러 아들들이 있었지만 하나님께서는 이삭만을 유일한 아브라함의 아들로 인정하고 있습니다.

우리가 여기서 생각해 보아야 할 점은 이스마엘이 선택된 하나님의 자녀가 아니라는 사실입니다. 즉 그는 불신자라는 것입니다. 그렇다면 하나님께서 불신자의 기도를 들으시는가 하는 문제에 부딪치게 됩니다. 오늘날 우리 주변에는 많은 불신자들이 있는데 그들이 기도하면 하나님께서 들으시느냐는 것입니다. 물론 그들은 우리가 믿는 여호와 하나님에 대해서 알지 못하기 때문에 아예 하나님께 기도하지 않습니다.

여기서 우리가 주의를 기울여야 할 점은 이스마엘과 그의 자손은 구속사의 줄기 가운데 나름대로의 역할이 있는 특별한 위치에 있다는 점입니다. 성경에는 그런 인물들이 많이 소개되고 있습니다. 이삭의 아들 에서와 그 자손들도 그런 부류 중 하나입니다. 그들이 일반적인 다른 불신자들과 달리 특별한 이유는 이스라엘 민족과의 관계 속에 놓여 있으면서 감당해야 할 나름대로의 역할이 있기 때문입니다.

이런 관점에서 본다면 하나님께서 이스마엘의 고통을 들으신 것은 이스마엘을 위해서라기보다 나중에 형성될 이스라엘 민족과 그 가운데서 탄생하게 될 예수 그리스도를 위함임을 알 수 있습니다. 이와 동일한 관점에서 이해해야 할 내용들은 성경에 전반적으로 많이 나타나고 있습니다.

그렇다면 이제 성도들의 기도에 대해 생각해 보아야 할 것 같습니다.

우리는 창세기에 기록된 이스마엘에 관련된 내용을 기도의 본으로 생각해서는 안 됩니다. 하나님은 항상 자기 자녀를 돌아보시는 사랑의 주님이십니다. 우리는 신앙 생활을 하면서, 특정 문제에 대해 별로 기도하지 않았는데도 하나님께서 순조롭게 잘 인도해 주신 사실들을 기억할 수 있습니다. 반면 어떤 경우에는 열심히 기도한 것 같은데도 그 결과를 보니 응답이 되지 않은 것 같은 생각을 할 때도 종종 있습니다.

신앙이 어린 사람들은 자기가 열심히 기도했기 때문에 하나님이 원하는 바를 들어주셨다고 생각하기도 합니다. 그것은 한편 그럴 듯한 말이기는 하나 매우 위험한 생각일 수 있습니다. 결국 그 일이 이루어진 것은 자기 공로(기도) 때문이라 여기게 되기 때문입니다. 그러나 우리가 잘 이해해야 할 점은 굳이 그런 식으로 기도하지 않아도 형편을 아시는 하나님께서 자기 백성을 인도하신다는 사실입니다.

많은 경우, 우리의 연약한 믿음과 부족한 인내심이 도리어 문제를 야기하는 것을 보게 됩니다. 이는 부모-자식간의 관계에서 종종 나타나는 현상과 비슷하기도 합니다.

예를 들어 자녀의 건강이 좋아 보이지 않으면 부모가 먼저 그를 병원에 데려가 치료하도록 합니다. 만일 자녀가 부모에게 병원에 보내달라고 떼를 쓰게 되는 경우라도 부모는 그의 노력(요구) 때문에 할 수 없이 그를 병원에 데려가는 것이 아닙니다. 이와 유사한 예는 수도 없이 많이 들 수 있습니다.

자녀가 초등학교 입학 연령이 되면 부모가 알아서 미리 준비합니다. 아직 나이가 차지 않았는데도 떼를 쓰니까 부모가 자녀를 학교에 입학시키는 것이 아닙니다. 네 살 난 아들이 초등학교에 입학시켜 달라고 떼를 쓴다고 해서 그를 학교에 입학시킬 부모는 없겠지요? 그래도 열심히 조르다 보면 부모님이 들어주실 것이라는 생각은 성숙한 믿음이 아니라 도리어 유아기적 사고를 가졌기 때문입니다.

우리는 항상 하나님께 기도하는 가운데 살아가고 있습니다. 그러나 그 기도는 인간의 욕망이나 바람 때문이 아니라 하나님의 뜻을 알아가며 그의 음성을 듣는 과정입니다. 물론 그것은 기록된 하나님의 말씀과 더불어 이루어져 가는 것입니다. 따라서 앞서 언급했던 이스마엘의 기도를 우리에게 직접 연관지어서는 안 됩니다.

비단 선한 마음은 아닐지라도 구속사적 줄기 가운데서 이스라엘 백성을 위한 그의 역할이 있었기 때문에 하나님께서 특별히 역사하신 것입니다. 이 정도로 글을 줄이겠습니다. 나머지는 다음에 만나서 얼굴을 보며 이야기할 수 있기를 바랍니다.

(2005. 3. 9)

## 85. "신학교 경건회에서 축도가 가능한가?"

녕하세요? 민감한 질문을 하셨군요. KS교단의 목회자 후보생이라면 개혁주의 신학과 교단의 현실적 문제에 대한 올바른 인식이 있어야 합니다. 그에 대한 이해가 없다면 신학을 공부하는 의미와 이유가 모호해질 수밖에 없습니다.

지금 KS교단에는 많은 문제들이 산재해 있는 줄 압니다. 저는 현재 KS교단 바깥 사람이긴 하지만 언론을 통해 안타까운 소식들을 접하고 있습니다. 최근 교단이 소속 교회들로부터 거액의 연보를 거두기로 했다는 이야기를 들었습니다.

이유야 다르겠지만 옛날 솔로몬 왕이 과다한 세금을 거둠으로써 백성들로부터 원성을 샀던 일이 기억납니다. 아직도 문제의 핵심을 제대로 간파하지 못하고 돈으로 무엇을 해결하려고 애쓰는 교단 지도자들의 모습을 보며 심히 안타까운 마음을 가집니다.

제가 이해하기로 고신의 가장 심각한 문제는 신학 부재현상입니다. 이러한 형편에서 돈이 아무리 많아봐야 사상누각沙上樓閣일 따름입니다. 만일 돈을 통한 문제 해결을 경험하게 된다면 더욱 안타까운 형편에 직면하게 될 것입니다.

교단의 신학적 정체성이 사라지면 신뢰가 상실되고 신학교수들은 자기 중심적인 부당한 입장을 가질 수밖에 없습니다. 서로간 이해할 수 있는 현상적 문제들에 대해서는 민감하게 반응하면서 정작 중요한 신학적 문제에 대해서는 입을 굳게 다물게 됨으로써 원리를 잠식해 가게 되는 것입니다. 그렇게 되면 그런 상황 가운데서 공부하는 학생들은 자기도 모르는 사이 신학적 정체성을 확립할 기회를 상실하게 될 것입니다.

여러 가지 예를 들 수 있겠지만 중요한 한 가지를 이야기해 봅니다. 지금 KS대학의 황창기 교수님은 목사 무기정직을 받아 수찬정지 상태에 놓여 있습니다. 이는 KS교단이 그를 성도로 인정하지 않음으로써 교사의 직분을 박탈한 것입니다. KS교단의 입장에서 본다면 그는 불신자입니다. 그러므로 그는 그리스도의 몸에서 분리된 자로서 성찬에도 참석할 수 없습니다.

그러나 그가 여전히 교단에 속한 대학에서 신약학 과목을 강의한다는 것은 도저히 있을 수 없는 일입니다. 나아가 신학을 가르치는 그 많은 교수들이 그에 대해 아무런 언급조차 하지 않는다는 사실은 있을 수 없습니다. 이런 신학과 관련된 문제가 돈이나 정치적인 문제보다 훨씬 심각합니다. 그것이 진리에 대한 판단을 흐리게 하는 죄악이라는 것을 인식하는 학자가 없다는 사실은 서글픈 현실입니다.

제가 이 글을 쓰면서 떠오르는 생각이 어쩌면 형제마저도 K신학대학원은 KS대학과 다른 학교라 생각하고 있을지 모른다는 점입니다. 만일 지도자들 가운데 그런 생각을 하는 자가 있다면 그들은 교회의 의미를 전혀 모르는 심각한 상태임을 말하지 않을 수 없습니다

재익 형제가 질문하신 축도 문제에 대해서도 원리적인 측면에서 이해해야 합니다. 즉 현상이나 시대적 조류에 편승해서는 안 된다는 것입니다. 현재 절대 다수의 교인들은 축도의 진정한 의미에 대해 모르고 있습니다. 그러므로 목사들은 혼인식이나 장례식, 나아가 돌잔치나 개업식에서도 축도를 하고 있는 실정입니다. 이런 일이 일어나는 것은 신대원에서부터 그 의미가 제대로 가르쳐지지 않고 있기 때문입니다.

저는 몇년 전 KS대학원 LSK 교수님과 신대원에서 성찬식을 할 수 있느냐는 문제로 공개 논쟁을 한 적이 있습니다. 당시 신대원 교수들이 침묵했기 때문에 그에 대한 KS대학원의 공식 입장이 어떤지 모르겠습니다. 분명한 것은 제가 신학교에 다닐 때만 해도 개혁주의 신학에서는 경건회 시간에 성찬식을 하지 않는다는 것이었습니다. 축도 역시 이와 동일한 맥락에서 이해되어야 합니다.

신대원 경건회에서 축도를 하는 것이 바람직하지 않은 것은 성찬식에 대한 문제와 같습니다. 성찬을 나누기 위해서는 세례가 베풀어지는 교회의 보편성을 띠고 있어야 합니다. 그 세례에는 유아세례를 포함합니다. 그래서 교회의 공예배 시간에만 말씀 선포, 성례의 시행, 권징 사역이 이루어지는 것입니다.

다시 말해 신대원 경건회에서는 세례 및 유아세례가 베풀어지지 않습니다. 교회적 권징이 이루어지지도 않습니다. 그러므로 경건회에서 성찬식이나 축도를 하는 것도 바람직하지 않습니다.

만일 축도가 잘 되게 해 달라고 복을 비는 행위라면 아무데서나 할 수 있을지 모르겠습니다. 그러나 축도는 결코 목사가 복을 빌어주는 행위가 아닙니다. 축도는 말씀을 통한 교회의 상속에 대한 고백적 의미를 담고 있습니다. 따라서 그 축도는 아무나 하는 것이 아니라 말씀의 수종자인 목사가 합니다. 그것은 목사에게 속한 고유한 권리가 아니라 말씀의 권위를 통한 고백적 선포입니다. 그러므로 공예배 시간에 말씀을 선포한 목사가 말씀을 좇아 교회 가운데 언약을 선포하는 것이 축도입니다.

우리 시대에 축도가 마치 목사의 권위를 나타내는 듯 오해되고 있는 것은 잘못된 권위주의를 부추기는 한 요인이 되고 있습니다. 기독교 집회나 모임에서 설교자가 아닌 다른 목사가 축도를 하는 것은 바람직하지 못합니다. 목사의 축도가 복을 빌어주는 행위로 인식되는 점이나 집회의 마무리용으로 인식되고 있는 분위기는 빨리 고쳐져야 합니다.

어떤 사람들은 무엇을 그렇게 복잡하게 생각하느냐고 할지 모르겠습니다. 그러나 우리가 신학을 중시하는 이유는 교회가 주님께서 인도해오신 역사상의 건전한 교회들의 줄기 속에 존재해야 하기 때문입니다. 그러므로 신학은 시대와 형편에 따라 아무렇게나 변개해서는 안 됩니다.

우리가 잘 기억해야 할 바는 매주일 모든 성도들이 참여하는 공예배의 의미는 다른 집회와 구별된다는 사실입니다. 교회는 목사, 장로, 집사들 등 직분자들로 세워진 예배 공동체입니다. 따라서 교회가 아닌 신학교 경건회에서는 물론 회의를 위해 모인 교단 총회에서도 축도를 하지 않는 것이 옳습니다.

따라서 교회 공동체의 공예배 시간이 아닌 신학교 경건회에서 축도를 하는 것은 바람직하지 않습니다. 좋은 것이니까 무조건 많이 하는 것이 좋다는 논리는 도리어 위험합니다. 참다운 신학은 교회의 본질을 올바르게 지켜나가는 중요한 방편이 됨을 기억하시기 바랍니다.

저의 모교이기도 한 KS대학원과 KS교단이 원래의 개혁주의 신학과 정신을 속히 회복하기를 바랍니다.

(2005. 4. 27)

## 86 새벽기도에 대하여

종숙 자매님

안녕하세요? 여러모로 힘을 주심에 대해 진심으로 감사드립니다. 언제 뵐 수 있는 기회가 있기를 기대해 봅니다. 저는 지난 얼마간 중국에 다녀오느라 조금 바빴습니다. 그래서 이제야 메일을 확인하고 답신을 드립니다. 새벽기도에 대한 저의 생각을 물으셨더군요. 간단하게나마 저의 소견을 말씀드리려 합니다.

성도의 기도하는 삶의 중요성에 대해서는 두말 할 필요가 없으리라 생각합니다. 그러나 기도의 삶과 기도하는 행위 사이에는 다소간 차이가 날 것입니다. 참 성도다운 삶이 배제된 기도 행위 자체로서는 아무런 의미가 없습니다.

형식적인 기도는 기도할 때만 일시적으로 하나님을 부를 뿐 일상의 삶 가운데서는 하나님을 잊고 살아가게 할 우려가 있습니다. 하나님과의 고백적 교제의 표현이어야 할 기도가 형식적 기도 행위에 머물게 된다면 종교적 자기 만족을 채울 수 있을지언정 그 이상의 의미는 없을 것이기 때문입니다.

한국교회는 기도를 많이 하는 것으로 널리 알려져 있습니다. 매일의 새벽기도, 매주 철야기도, 산기도 등은 한국교회 밖에서는 보기 힘든 형태의 기도들입니다. 과거 중세시대 일부 수도원에서 새벽시간의 기도수행이 있었으나 그것은 한국교회의 새벽기도와는 성격이 달랐습니다.

현재 한국교회의 기도는 거의 엉터리이거나 잘못되었다고 한다면 지나친 표현일까요? 한국의 기독교인들은 열심히 기도하고 있지만 기도의 의미를 모르고 있습니다. 경건의 외양은 갖추고 있을지 모르지만 내용은 잘못되었다는 것입니다.

대다수 한국교회의 목사, 장로 등 지도자들이 날마다 새벽기도를 하고 있으나 그들의 삶은 참된 기도와 연결되어 있지 않습니다. 성도로서 올바른 기도를 하는 삶을 산다면 한국교회가 이처럼 세속화되고 부패할 수는 없습니다. 열심히 기도하는 교인들은 대개 잘못된 기도를 지속하면서도 종교적 기도 행위를 통해 자기 위안을 삼고 있을 따름입니다.

저는 한국교회의 새벽기도가 한국의 전통 종교에서 유입된 것이라 보고 있습니다. 몇년 전 한국학술진흥재단 연구과제 발표논문에서 그에 대한 저의 입장을 다룬 바 있습니다. 혹 관심이 있으시면, '이광호, "한국 개신교에서의 한", 한의 학제적 연구, 서울: 철학과 현실사, 2004'를 참고하셨으면 합니다.

요약하면, 한국에 복음이 들어올 당시 한반도에 산재해 있던 민간 종교의 기도 행위가 교회에 유입되면서 성경이 가르치는 올바른 기도보다는 종교적 기도 행위에 치중하게 되어 오늘에 이르게 되었다는 것입니다.

그렇지만 제가 새벽에 기도하는 삶 자체를 문제삼는 것은 아닙니다. 도리어 경건하게 살고자 애쓰는 성도들 중에는 새벽시간을 할애하여 말씀을 묵상하며 주님과 교제하는 특별한 시간으로 삼아도 좋습니다. 그러나 새벽시간뿐 아니라 항상 주님과 교제하는 기도를 쉬지 말아야 한다는 사실을 잊어서는 안 될 것입니다. 여기서 기도를 쉬지 않는다는 말은 하나님과의 교제의 영역을 벗어나지 않으려는 성도의 삶을 의미합니다.

한국교회의 새벽기도는 말씀을 통한 하나님과의 교제가 아니라 대개 자기가 바라는 것을 간구하는 데 치중하고 있습니다. 설령 사심이 없고 좋아 보이는 기도 내용이라 할지라도 그것은 인간의 종교적 욕망일 수 있음을 기억하는 것은 매우 중요합니다.

올바른 기도는 자기 요구를 하나님 앞에 늘어놓는 것이 아니라 하나님의 음성을 귀담아 들음으로써 그와 교제하는 것입니다. 이에 대한 이해를 돕기 위해 부자간의 대화를 예로 들어볼까 합니다.

성숙한 자녀는 아버지의 말씀을 경청함으로써 교제에 임합니다. 비율로 따진다면 약 80-90%는 아버지께서 말씀하시고 자식은 그저 10-20% 정도만 아버지의 말씀에 따라 응답합니다. 만일 어떤 자식이 아버지와 한 시간 동안 마주 앉아 있으면서 자기 요구만 늘어놓고 되돌아 나온다면 우리는 그것을 어떻게 이해해야 할까요?

그것도 하루 이틀이 아니라 날마다 동일한 행동을 되풀이한다면 여간 심각한 문제가 아닙니다. 부자간의 대화에서 진행되는 그런 상황은 결코 인격적인 교제라 할 수 없습니다.

저는 기도에 대해서도 그와 유사하게 이해하고 있습니다. 우리는 기도하면서 하나님의 말씀을 경청하는 데 더욱 많은 시간을 할애해야 합니다. 그러나 상상력을 통해 하나님의 음성을 들으려 한다면 그보다 위험한 일은 없습니다. 말씀을 떠난 인간의 상상력은 하나님께서 그렇게 말씀하시지 않았는데도 마치 그런 것처럼 스스로 가정하고 믿어버릴 우려가 있기 때문입니다.

우리는 기록된 말씀을 통해 하나님과 교제하며 그의 음성을 듣게 됩니다. 계시된 말씀을 읽고 묵상하는 가운데 하나님의 뜻을 알아가는 것이 기도의 가장 기본적인 바탕이 되는 것입니다. 성경 본문과 시편의 말씀을 조용히 읽고 묵상하는 가운데 하나님의 뜻을 알아가는 것이 무엇보다 소중합니다.

하나님의 말씀을 묵상하면서 추한 자신의 모습을 돌아보며 주님께 순종하며 고백하는 것이 곧 기도입니다. 올바른 기도가 무엇인지 아는 성도라면 결코 새벽에 하는 기도가 더 효과적이라고 말하지 않을 것이며 자기의 목적을 이루기 위해 새벽시간에 공을 드리며 기도하지 않습니다.

우리가 주의해야 할 일은 새벽기도가 마치 신앙의 정도를 가늠하는 기준처럼 되어 있다는 사실입니다. 그렇지만 잘못된 기도를 되풀이 할 바엔 차라리 기도하지 않는 것이 훨씬 낫습니다. 어린 신앙인들은 열심히 기도하면 하나님께서 무슨 소원이든지 들어주실 것이라 생각하는 경향이 있습니다.
그러나 하나님께서는 기도하는 행위 때문에 성도가 바라는 소원을 들어주시는 것이 아닙니다. 신앙이 성숙한 자는 제대로 기도하지 못했는데도 날마다 응답하시는 하나님께 감사하게 됩니다. 즉 말씀에 따라 올바르게 기도하지 못했는데도 여전히 은혜를 베풀고 계시는 하나님께 감사하며 찬양을 돌리게 되는 것입니다.

제가 쓴 다른 논문 중에 기도에 대한 글이 있습니다. 혹 원하신다면 그것을 참고하셨으면 합니다: '기도에 대한 성경신학적 고찰, 교회와 문화, 제13호, 한국성경신학회, 2004년 여름.'
한국교회가 하나님 앞에서 말씀을 통해 참되게 기도하는 때가 속히 오기를 바랍니다. 하나님과 올바른 관계가 형성되지 않은 채 종교적 욕망을 쏟아내는 것은 결코 참된 기도가 아님을 성경이 가르치고 있습니다. 신앙이 성숙해 감에 따라 온전히 기도할 수 있는 자리에 더욱 가까이 나아가게 되기를 바랄 따름입니다.
자매님의 가정과 섬기시는 교회 가운데 주님의 풍성한 은혜가 넘쳐나기를 원합니다.

(2005. 5. 11)

## 87  "하나님 어머니"라는 망발에 대하여

김 전도사님

안녕하세요? 저는 지금 아프리카 탄자니아에 와 있습니다. 이곳에서 수고하고 있는 한국 선교사님들과 약 두 주간 성경 공부를 하고 있는 중입니다. 어제는 토요일이라 오전 공부를 한 후 이 나라의 수도인 Dar Es Salaam에서 자동차로 한 시간 가량 떨어진 Bagamoyo를 방문했습니다.

해변가에 있는 그 자그만 마을은 심한 역사적 아픔을 간직하고 있는 현장입니다. 19세기 아프리카 대륙의 흑인들을 모아 노예시장이 있는 Zanzibar 섬으로 보내는 배의 선착장이 있던 곳입니다. 그곳은 또한 Zambia에서 사망한 Livingstone의 시신이 잠시 머물다가 영국으로 운구된 항구이기도 합니다. 그 마을에 있는 박물관과 주변의 지역들을 살펴보며 착잡한 마음을 떨칠 수 없었습니다.

노예로 팔려간 사람들이나 그 가족들의 형언할 수 없는 고통에도 불구하고 부당한 이득을 챙기기 위해 그 악행을 합리화하며 그에 타협하던 인간들이 얼마나 이기적이며 악한 존재인가 하는 것을 어느 정도 가늠할 만하다는 생각이 들었습니다. 오늘날 우리 시대 인간들의 악함도 외부로 드러난 양식이 다를 따름이지 그 본질적인 면에서는 그와 크게 다르지 않을 것이라 생각해 봅니다.

전도사님이 질문한 '하나님 어머니' 라는 망발은 그와 다른 경우이기는 하지만 근본적으로는 인간의 악한 사고에 그 뿌리를 두고 있다고 보아야 합니다. 우리 시대 일부 페미니스트들이 '하나님 아버지' 가 아니라 '하나님 어머니'로 불러야 한다고 주장하는 것은 참으로 어처구니없는 생각입니다.

나아가 일부 무지한 목사들이 생각없이 그에 동조하는 것 역시 이해할 수 없습니다. 전도사님 말씀처럼 설교를 하면서 '하나님 어머니, 하나님 아버지'라는 제목을 붙이는 목사가 있다는 사실은 한국교회의 허물어진 강단의 한 단면을 보여주는 것입니다.

더욱 한심한 일은 그런 식으로 주장하고 생각하는 자들은 자기가 시대를 앞서가는 선각자인 양 스스로 착각하고 있을 것이란 점입니다. 최근에 있었던 주기도문의 번역에서 "하늘에 계신 우리 아버지"에서 '아버지'를 문제삼거나 그에 동조하는 듯한 일부 신학자들을 보면 한국 신학계의 영적 수준을 충분히 가늠할 수 있습니다. 그런 것은 아예 신학적 논의의 대상이 될 수조차 없는 한심한 사고입니다.

우리가 분명히 알 수 있는 것은 성경에는 하나님을 어머니로 묘사한 곳이 한 군데도 없다는 사실입니다. 예수 그리스도께서 하나님을 '하늘에 계신 우리 아버지'라 부르게 하시고(마 6:9), 사도들이 하나님을 그렇게 부르고 있으면 더이상 할 말이 전혀 필요 없습니다. 성경에 나타난 신앙의 선배들이 언제 하나님을 어머니로 호칭했던가요? 그런 말도 되지 않는 자기 합리화를 꾀하고 있는 자들은 하나님께 어머니의 성품이 있다고 주장합니다. 그렇지만 그것만큼 말이 되지 않는 비논리적인 억지가 없습니다.

만일 그런 식으로 말한다면 앞으로 하나님을 '형님' '누나' '오빠' '언니'라고 불러야 한다고 주장하는 자들이 등장할지도 모를 일입니다. '하나님 언니' '하나님 누나'라는 말을 어떻게 생각합니까? 그것은 하나님의 이름을 망령되게 일컫는 것이며 하나님을 모독하는 행위입니다. 마찬가지로 하나님을 어머니라 불러야 한다는 주장도 하나님의 이름을 망령되게 일컫는 것이며 하나님을 모독하는 것과 다르지 않습니다.

  우리는 모든 신앙의 근거를 계시된 하나님의 말씀인 성경에 두고 있습니다. 성경이 우리에게 분명하게 가르치며 교훈하고 있는 내용이라면 그에 순종해야만 합니다. 인간들이 만들어 낸 잘못된 의도에 따라 하나님의 말씀을 넘어 하나님을 어머니라 불러야 한다는 주장은 죄악입니다.

  저는 한국의 다수 여성신학자들을 비롯한 일부 신학자들의 주장을 보며 심히 안타깝게 생각합니다. 그들이 아무리 신학박사 학위를 가지고 있고 학문을 부지런히 연구했다고 할지라도 그들의 신앙은 아직 유치한 어린아이의 수준을 넘어서지 못하고 있습니다. 물론 그들 가운데는 말씀을 알지 못하기 때문에 잘못된 남의 신학적 주장에 생각없이 편승한 사람들이 없지 않습니다. 그런 사람들은 정신을 차려 말씀을 통한 주님의 뜻 가운데로 돌아와야 합니다.

  이 글을 읽으면서 제가 상당히 격한 어조로 말하고 있다는 생각이 들지도 모르겠습니다. 지금 제가 다소 격한 용어들을 사용하고 있는 것은 그들의 말을 듣고 잘못된 풍조에 막연히 휩쓸려가는 어린 성도들이 있을지도 모른다는 우려감 때문입니다.

  하나님을 어머니로 불러야 한다든지 그렇게 부르기를 원하는 사람들은 이미 상식적인 신학적 대화를 할 수 있는 범위를 벗어나고 있습니다. 그들은 말씀의 가르침을 벗어나 막무가내로 자기 주장을 펼치면서 어린 성도들에게 그것이 마치 옳은 것인 양 선전하고 있습니다.

  극히 혼탁한 사조에 노출된 한국교회는 정신을 바짝 차려야 합니다. 진리를 허물고 훼손하려는 세력들이 기승을 부리고 있고 신앙이 어린 성도들은 그 의미도 모르는 채 그에 따라 가려는 경향성을 띠고 있기 때문입니다. 그 어린 성도들 가운데는 신학박사들도 끼어 있을 수 있고 나이든 목사들도 끼어 있을 수 있음을 잘 기억해야 합니다.

우리는 한국교회의 이런 현실을 보며 기록된 하나님의 말씀을 더욱 굳건히 붙들어야 할 것이며, 성도들이 그로부터 악한 영향을 받지 않도록 말씀을 통한 교육을 게을리 하지 말아야 합니다. 아세아연합신학대학원에서 신학을 공부하고 있다니 열심히 잘 공부하시기를 바랍니다. 교수님들 중 신약신학을 가르치는 허주 교수님은 저도 잘 알고 있는 분이니 혹 뵙는 기회가 있으면 안부 전해 주시면 감사하겠습니다.

이곳 탄자니아에서는 지금이 일년 중 가장 시원한 계절이라는데 그래도 매우 덥습니다. 밤에는 모기가 극성을 부리는군요. 짬을 내 간단한 답변을 드렸습니다. 부족하지만 약간의 도움이나마 되기를 바랍니다.

Dar Es Salaam, Tanzania에서

(2005. 7. 4)

## 88 목사는 하나님께서 직접 간섭하시는 하나님의 종인가?

S 전도사님

잘 지내시리라 생각합니다. 저는 지금 탄자니아에서 있었던 두 주간의 강의를 마치고 Kenya의 수도 Nairobi에 와 있습니다. 1,700m 고지인데다 겨울철이라 아침저녁 날씨가 꽤 쌀쌀합니다. 제가 묵고 있는 숙소 부근에 역사가 오래된 교회당들이 있어서 이곳 교회들을 살펴볼 수 있어 좋습니다.

오늘 오전에는 국립 박물관을 관람했는데, 케냐가 모든 인류의 원거지라고 기록하고 있군요. 오스트랄로 피테쿠스, 호모 하빌리스, 호모 에렉투스, 호모 사피엔스의 해골이라 적힌 전시물들과 당시 그 동물들(?)이 살던 모습들이 그림으로 그려져 진열되어 있었습니다.

특이할 만한 내용은 오스트랄로 피테쿠스가 등장하는 시점보다 거의 구백만 년 전(BP1200-1300년)에 케냐 피테쿠스Kenyapithecus가 살았으며, 오스트랄로 피테쿠스가 살았던 시기인 350만 년 전에는 케냐 안드로푸스Kenyanthropus가 살았다고 주장한다는 사실입니다.

이는 진화론자들에게 있어서도 연대적으로 보아 획기적인 주장입니다. 자기 나라 사람들이 모든 인류의 뿌리라고 주장함으로써 특별한 자긍심을 가지려는 듯 했습니다. 서구학자들의 제국주의적 사고가 만든 진화 이론이 자기들에게 욕이 된다는 사실을 알지 못하고 도리어 그것을 자랑삼고 있는 그들의 모습이 씁쓸하게 느껴졌습니다.

그건 그렇고 교회에 어려운 문제가 있다니 참으로 안타깝습니다. 타락한 한국교회와 더불어 살아가면서 많은 갈등과 고민을 가지는 것은 다행한 일이라 생각됩니다. 세속화된 기독교 상황 가운데서 아무런 갈등없이 살아간다는 것은 죽은 신앙과 다름없기 때문입니다.

한국교회의 범람하는 비신앙적 형태들은 이제 그 도를 지나친 것이 아닌가 하는 생각을 떨쳐버릴 수 없습니다. 보수주의, 개혁주의를 부르짖으면서 내부적으로는 속속들이 썩은 보수주의 교단들을 보면 역겨움을 느끼게 됩니다. 특히 교회의 지도자들을 보면 분노를 느끼지 않을 수 없습니다. 그들은 교회를 속이고 성도들을 속이면서도 마치 대단한 종교적 의를 행하는 것처럼 행세하고 있기 때문입니다.

전도사님이 속한 00교회의 소식을 들으면 쉽게 믿겨지지 않습니다. 목사가 교회의 재산을 남모르게 사유화했다는 사실도 그렇고, 직분자들의 시정 요구에도 불구하고 그것을 무시하고 도리어 '하나님의 종'이라는 이상한 명분을 내세워 억압하고 있다니 믿을 수 없는 일입니다. 교회에서 아무것도 모르는 일반 교인들이 불쌍할 따름입니다. 지금도 일반 성도들은 그 목사를 존경하며 열심히 연보하겠지만, 많은 노력에도 불구하고 그들의 신앙 생활 자체는 올바르지 않습니다.

그 교회 목사는 신앙을 완전히 떠나 있으면서도 매주 강단에서 설교하며 날마다 새벽기도를 인도하겠지요? 예수를 믿어야 구원받게 된다고 외치며 세상의 모든 탐심을 버리라고 교인들에게 설교하겠지요? 아마 다수의 교인들은 목사의 위장된 설교를 들으면서도 상당한 종교적 감동을 받기도 할 것입니다. 한국교회의 이런 모습을 보면 도대체 어디까지 타락해 갈 것인지 그 끝을 알 수 없습니다.

이런 형편에서 하나님을 진정으로 경외하는 성도들이 어떤 자세를 취해야 할 것인가 하는 점은 매우 중요합니다. 그렇지만 재정을 맡은 집사들이 그 목사를 세상 법정에 고발하려는 문제에 대해서는 신중해야 할 것 같습니다. 성경은 교회의 문제를 세상 법정에 가져가는 것이 올바르지 않은 것으로 가르치고 있기 때문입니다.

사도 바울은 고린도교회에 편지하면서 그점을 명확히 하고 있습니다(고린도전서 6장 참조). 만일 교회의 일을 세상의 법정에 맡길 정도가 된다면 그 교회는 이미 말씀을 떠나 있다고 보아도 될 것입니다.

저는 00교회의 경우 목사를 세상 법정에 고발할 것이 아니라 우선 모든 성도들에게 그와 관련된 사실을 알려야 한다고 믿습니다. 그리고 그 재산을 찾으려 애쓸 것이 아니라 도리어 포기하는 것이 나을 것이라 생각해 봅니다. 목사가 교회의 재산을 가로채고 아무런 문제 의식을 느끼지 못한다면 그가 과연 하나님을 믿는 성도인지부터 의심해 보아야 합니다. 하나님을 진정으로 아는 자라면 결코 그렇게 할 수 없을 것이기 때문입니다.

그러므로 전체 교회 앞에 목사와 관련된 모든 사실을 알린 후 상회에 알려 판단을 요구하시기를 바랍니다. 그 목사는 이미 교회의 말을 듣지 않고 있기 때문입니다. 노회는 그 문제를 신실하게 살펴 처리해야 하며 그것이 사실로 판명되면 그 목사를 마땅히 징계해야 합니다.

그렇게 함으로써 지도자라는 직책을 가지고 교회를 어지럽히는 악행을 방지해야 합니다. 물론 전도사님이 속한 교단의 노회가 얼마나 하나님을 경외하며 말씀에 따라 문제해결을 하는가에 대해서는 제가 알 수 없습니다만 원리는 분명히 그렇습니다.

안타깝게도 한국교회의 대다수 지도자들은 이미 정치화되어 있어서 말씀을 좇아 사안을 처리하는 기능이 거의 상실되어 있는 것이 사실입니다. 하지만 설령 노회가 부정직하게 일을 처리한다고 해도 그렇게 할 수밖에 달리 도리가 없습니다. 그러나 목사는 하나님의 종이므로 그의 잘못에 대해 관여하지 말아야 한다는 생각은 옳지 않습니다.

어쩌면 그런 미숙한 생각이 한국교회가 이처럼 타락하는 데 일조했을지 모릅니다. 목사만 유독 일반 성도들과 다른 하나님의 특별한 종이라 가르쳐서는 안 됩니다. 목사도 다른 형제들과 마찬가지로 한 사람의 성도일 따름입니다. 단지 말씀 사역을 맡은 성도로서 목사는 더욱 신실하게 살아야 하며, 말씀의 가르침에서 의도적으로 벗어날 때 교회는 그를 더욱 엄정하게 권징하고 책망해야 합니다.

한국교회에는 언젠가부터 '목사가 하나님의 종'이란 잘못된 생각이 만연해 있습니다. 그런 사고가 결국 일반 교인들을 우민화했으며, 목사들이 자기 직분을 벗어나 교회 가운데서 교권을 행사하는 자로 만들어 버린 것입니다.

그러므로 지금이라도 목사는 특권자가 아니라 자기 직분에 신실한 성도의 자리로 돌아와야 하며 교인들 역시 올바른 신앙을 회복해야 합니다. 쉬운 일은 아니겠지만 교회안에 그런 잘못된 문제들을 파악하고 접근하려는 성도들이 있어야 합니다.

마지막으로 우리가 궁극적인 관심을 가져야 할 대상은 재산이나 제도가 아니라 그 가운데서 신음하는 하나님의 백성이란 사실임을 말씀드리고 싶습니다. 저는 내일 이곳 나이로비를 출발해 내일 오후 귀국할 예정입니다. 혹 대구에 올 기회가 있으면 연락주세요. 혹 신학교 동기들을 만나게 되면 저의 안부를 전해 주기를 원합니다.

어렵고 힘든 상황 가운데서도, 흔들림 없이 건강하고 알찬 여름 방학을 잘 보내기 바랍니다.

Nairobi, Kenya에서

(2005. 7. 13)

## 89 구약시대 성도들의 믿음과 기도

재성 형제님

죄송해서 뭐라 말씀드릴 수가 없군요. 여러 가지 바쁜 일들이 겹치다 보니 형제께서 질문하신 내용에 대해 진작 답변드리지 못했습니다. 학기중에는 교회 일과 더불어 학교 강의 등 여러 가지 일들 때문에 바빴고, 방학을 하면 좀 조용한 시간을 낼 수 있으리라 기대를 했지만 아무런 차이가 없는 것 같습니다.

사실 지금도 교회 수련회와 다른 강의준비들로 인해 여전히 분주합니다. 어설픈 변명을 늘어놓는 이유는 조금이나마 이해해 주시기를 바라는 마음 때문입니다.

네팔에 다녀오셨다니 여전히 감격스런 기억들이 많이 남아 있겠지요? 손건영 선교사님의 그곳 사역이 얼마나 소중한가 하는 점을 늘 기억하고 있습니다. 하나님의 말씀의 소중함을 잘 알고 있는 분이기에 많은 선교사들의 귀감이 되기를 바랍니다.

형제께서 질문하신 내용은 간단하게 답변드리기 어려운 포괄적인 내용인 것 같습니다. 그 가운데 제가 이해하는 대로 중요하다고 판단되는 내용을 중심으로 답변을 드려볼까 합니다.

우선 우리가 기억해야 할 중요한 점은 구약시대와 신약시대 성도들의 신앙이 동일하다는 사실입니다. 우리는 자칫 구약시대와 신약시대의 신앙이 서로 다를 것이라 생각하지만 그 본질에 있어서는 같습니다. 이는 신앙의 방편을 말하는 것이 아니라 하나님의 백성을 삼키고 있는 죄의 문제를 해결하시는 그리스도께서 신앙의 중심이며 그 본질임을 말하고 있다는 것입니다.

형제께서 말씀하신 대로 원죄를 올바르게 깨닫는 것이 매우 중요합니다. 우리는 원죄에 대한 문제를 이야기할 때, 일반적인 범죄행위를 머리 속에 떠올릴 것이 아니라 하나님의 의로움에서 떠난 인간의 비참한 상태를 기억할 수 있어야 합니다. 타락한 인간은 하나님의 의를 떠나 사탄으로 말미암는 불의한 상태에 놓이게 되었습니다.

그러므로 의로우신 하나님과 불의한 인간 사이에는 상호 교제가 이루어질 수 없습니다. 그렇지만 하나님께서는 그 불의한 인간들을 구원하시기 위해 은혜를 베푸시기로 작정하십니다. 하나님의 사랑과 은혜란 죄에 빠진 인간을 구원하시기 위해서 '여자의 후손'(창 3:15) 즉 그리스도를 약속하신 하나님의 언약입니다.

그리스도를 통해 구원받은 성도들은 바로 그 하나님의 사랑에 기초한 언약에 참여한 자들입니다. 구약시대의 성도들이건 신약시대의 성도들이건 아무런 차이가 없습니다. 성도의 믿음이란 인간의 죄로 말미암아 하나님의 의로부터 단절된 상태에서 예수 그리스도를 통한 언약에 참여하는 것을 의미합니다. 그것은 죄악에 빠져있는 인간들 스스로 할 수 있는 것이 아니라 오직 하나님으로부터 주어지는 선물입니다.

구약시대 성도들 역시 신약시대와 마찬가지로 인간의 죄와 무능함을 알고 하나님의 언약을 믿음으로 받아들임으로써 주님의 계획에 참여할 수 있었습니다. 모든 하나님의 자녀들은 오직 그리스도를 통해서 하나님께 나아갈 수 있습니다. 그리스도를 통하지 않고 하나님께 나아갈 자는 아무도 없습니다.

구약시대의 제사제도 역시 마찬가지입니다. 주님 오시기 전 모든 하나님의 백성은 하나님을 섬기는 제사 가운데 존재했습니다. 제사의 방법이나 절차는 시대에 따라 차이가 있었으나 제사의 내용과 의미에 있어서는 아무런 차이가 있지 않습니다.

아벨의 제사, 노아의 제사, 아브라함의 제사, 모세 시대 이후의 성막 제사, 이스라엘 왕국 시대의 예루살렘 성전에서 이루어진 제사 등 모든 제사의 중심에는 항상 그리스도가 존재하고 있었습니다.

이처럼 구약시대의 모든 성도들은 하나님께 드리는 제사에 직접 연관되어 있었습니다. 또한 이스라엘 백성이 기도하는 것 역시 제사와 연관되어 있었으며, 그것은 그들의 기도 또한 그리스도와 연관이 있음을 말하고 있습니다. 그 그리스도는 '여자의 후손' '아브라함의 씨' '다윗의 자손' '인자' 등 다양한 이름으로 불렸습니다.

주님 오신 후 신약시대의 성도들이 예수 그리스도의 이름으로 하나님께 기도하듯이 구약시대의 성도들 역시 그리스도를 의존해 하나님께 기도했던 것입니다. 기도란 하나님과의 교제를 의미합니다. 이는 단순히 하나님께 간구하는 협의의 의미가 아니라 하나님과 영적인 교제를 나누는 폭넓은 의미를 가지고 있습니다.

우리는 자칫 구약시대와 신약시대의 성도들을 막연하게 구분하려는 경향성을 띠고 있습니다. 물론 우리는 예수 그리스도에 대한 약속과 성취라는 측면에서 그점을 충분히 고려해야 합니다. 그렇지만 우리는 신구약 성경이 동일한 의미를 담고 있는 계시의 말씀이라는 점을 잘 기억해야 합니다. 즉 구속사를 통한 계시의 방편은 다르지만, 하나님으로 말미암는 내용적인 측면에서는 아무런 차이가 나지 않습니다.

구약시대와 신약시대의 성도들은 공히 하나님의 예정 및 선택을 기초로 한 구원과 하나님의 선물로서의 믿음을 통해 하나님을 섬기며 살아간다는 사실을 이해해야 합니다. 모든 성도들은 예수 그리스도를 통해서만 하나님께 나아가게 되는 것입니다.

"내가 곧 길이요 진리요 생명이니 나로 말미암지 않고는 아버지께로 올 자가 없느니라"(요 14:6)고 하신 예수님의 말씀은 신약시대의 성도들뿐 아니라 구약시대의 모든 백성에게도 동일하게 적용되는 말씀입니다.

오늘날 우리가 구약성경을 읽을 때도 이와 같은 자세로 읽어야 합니다. 그렇게 할 때 하나님의 계획과 섭리를 더욱 선명하게 볼 수 있습니다. 부족한 내용이지만 형제께서 궁금해하시던 내용에 대해 다소나마 참고가 되었으면 합니다.

(2005. 7. 25)

## 90 어린이들은 성찬에 참여할 수 없는가?

현진 성도님

**반**갑습니다. 빨리 답변드리지 못해 무척 서운했는가 봅니다. 방학을 하자마자 성경공부 인도차 약 3주간 아프리카를 다녀오고, 밀린 일들과 준비해야 할 일들이 너무 많아 늦어지게 되었습니다. 성도님께서 질문하신 내용은 매우 중요한 문제이기 때문에 신중하게 생각해 보아야 할 문제인 것 같습니다.

어린이들은 과연 성찬에 참여할 수 없는가 하는 문제에 대해 질문하셨는데 이는 우리가 매우 중요하게 이해하고 있는 유아세례와 직접 연관이 되는 문제입니다. 이에 대한 문제는 약 10여 년 전인 1990년대 중반, 제가 목회하고 있는 실로암교회에서도 논의가 된 적이 있습니다.

일반적으로 성찬을 나누는 의례에는 입교한 세례교인들이 참여합니다. 교회 가운데서 그리스도에 대한 분명한 고백이 있는 성도들 사이에 성찬이 나누어지는 것입니다. 그러므로 세례를 받지 않은 사람들이나 유아세례를 받고 입교하지 않은 자들은 성찬에 참여하는 것을 원칙적으로 금하고 있습니다.

그렇지만 성도님의 말씀처럼 공예배에 참석하는 유아세례 교인들은 어떻게 할 것인가 하는 문제가 발생합니다. 이는 단순히 어린이들뿐 아니라 청소년들에게도 해당되는 문제입니다. 하나님께서 허락하신 언약의 징표로서 유아세례를 받은 성도들은 비록 나이가 어리다 할지라도 교회의 멤버십을 가지게 됩니다.

교회의 의사를 결정하는 공동의회에 참여하는 것은 논의와 회의에 관련된 문제이기 때문에 판단 능력이 부족한 어린이들과 청소년들에게 회원 자격을 주지 않는 것이 옳습니다. 그러나 그리스도의 살과 피에 참여하는 성찬의 문제는 그와 성격이 다릅니다.

교회가 주님의 이름으로 어린 성도들에게 유아세례를 베풀었다면, 그들에게도 주님의 성찬에 참여할 수 있는 권한이 있다고 보아야 합니다. 즉 유아세례를 받은 성도들은 교인 명부에 이름만 기록이 되고 예배 가운데 발생하는 구체적인 의례에 있어서는 아무런 의무와 권리가 없는 것이 아닙니다.

저는 유아세례 교인들에게도 마땅히 예배에 참여하여 주님의 은혜를 나눌 수 있는 의무와 권리가 있다고 생각합니다. 유아세례 교인들 역시 매주 시행되는 공예배에 참여하여 하나님을 경배하며 그 은혜를 나누어야 합니다. 그러므로 선포되는 말씀과 떡을 떼고 잔을 나누는 성찬에 참여할 수 있어야 합니다.

세례를 받고 입교한 성인들이 교회의 행정과 재정에 관련된 전반적인 문제들을 살피며 적극적으로 참여해야 하는데 반해 유아세례 교인들에게는 그런 문제들에 대해서는 의무가 부과되지 않습니다.

이해를 돕기 위해 가정을 예로 들어 생각해 보면 어떨까 싶습니다. 가정에는 일반적으로 가사와 재정을 책임지는 부모님이 있는가 하면 독립적인 생활능력을 갖추지 못한 어린이와 청소년들도 있습니다. 가족 구성원간에 능력과 역할의 차이가 있지만 모든 가족들은 한 가정을 이루고 있습니다. 음식을 먹어도 온 식구가 같이 먹습니다. 부모님들은 먹고 자녀들은 먹지 않는 경우가 없습니다.

온 가족이 함께 잔칫집에 간다고 합시다. 잔칫집에는 어른뿐 아니라 어린이와 청소년도 참석합니다. 어른들이 즐거워하며 음식을 먹듯이 어린이들과 청소년들도 역시 그 즐거움을 나누며 음식을 먹습니다.

이처럼 공예배에는 세례를 받아 입교한 어른이나 유아세례를 받은 성도나 누구나 참석하여 하나님께 대한 감사와 기쁨을 누릴 수 있어야 합니다. 아이들도 어른들처럼 선포되는 하나님의 말씀에 참여해야 하며, 주님의 살과 피를 나누는 성찬의 의미에도 참여해야 합니다. 실천적인 방법에 대한 문제는 별도로 생각한다고 할지라도 언약 가운데 있는 어린이들이 성찬의 의미에 참여하는 것은 지극히 당연합니다.

그렇다면 성찬이 이루어지는 공예배 시간에 유아세례 교인들을 구체적으로 어떻게 참여시킬 것인가 하는 문제가 발생합니다. 아이들에게도 떡을 떼며 포도주 잔을 돌릴 수 있을까? 그것은 결코 쉬운 문제가 아닙니다.

우리는 이런 생각을 해볼 수 있습니다. 어른들이 잔칫집에서 떡과 음식을 먹을 때 어린이들도 동일한 음식을 먹습니다. 그렇지만 어른들은 술을 마실 수 있지만 어린이들은 술을 마시지 못합니다. 그렇다면 교회에서 행해지는 성찬식에서도 어린이들은 떡만 먹고 포도주를 마시지 않으면 어떨지 생각해 볼 수 있을까요?

앞에서 말씀드린 것처럼, 10여 년 전 우리 실로암교회에서는 이런 잠정적인 결론을 내린 바 있습니다. 성찬을 나누면서 어른이 받은 떡을 옆에 앉아 있는 자녀에게 조금 나누어 줄 수도 있으며, 포도주 역시 아이들이 옆에서 쳐다보며 달라고 하거든 남은 것을 조금 나누어 줄 수 있다고 생각한 것입니다.

물론 그것은 유아세례 교인들의 성찬 참여를 제도화하는 것이 아니라 그들에게도 성찬 참여를 개방하는 의미를 지닙니다. 교회에 속한 어린이가 하나님의 언약의 백성이라면 그리스도의 살과 피에 직접 관련이 있으며 예배 시간에 나누어지는 떡과 포도주에 연관되어 있는 것은 당연합니다.

그러나 현실적으로는 여간 어려운 문제가 아님을 말하지 않을 수 없습니다. 하지만 현실적 적용이 어렵다고 해서 그냥 지나칠 일은 결코 아닙니다. 앞으로 이 문제에 대한 여러 신학자들의 심도있는 연구가 있기를 바랍니다. 그리고 교회는 그것을 기초로 하여 더욱 선명한 실천적 방안을 제시하게 되기를 기대해 봅니다.

좋은 질문을 해 주셔서 감사합니다. 부족한 답변이지만 도움이 되었으면 합니다. 앞으로도 작은 일처럼 보이는 문제라 할지라도 말씀을 통해 다시금 생각해 봄으로써 신앙이 더욱 성장해 가는 성도님이 되기를 바랍니다.

(2005. 8. 1)

## 91 "직분과 일률적인 헌금"

허 집사님

무더운 날씨 가운데서도 잘 지내시리라 믿습니다. 안수집사로 선출되셨다니 마음의 준비로 인해 여러모로 바쁘리라 생각해 봅니다. 집사님께서 직분을 맡게 되면 그 직분을 잘 감당하심으로써 주님의 몸된 교회에 참된 유익이 되기를 원합니다.

교회의 모든 직분은 원리상 하나님으로 말미암는 존귀한 것입니다. 즉 인간들의 성향이나 단순한 판단에 따라 직분자를 선출하는 것이 아니라 성령의 인도하심에 순종하여 직분자를 세우게 됩니다. 즉 하나님께서는 지교회에 속한 성도들을 간섭하셔서 그들 가운데 직분자들을 세워 지상의 교회를 이끌어 가시는 것입니다.

현대 한국교회에는 직분의 진정한 의미와 그 고유한 기능이 많이 사라져 가고 있습니다. 즉 직분의 구체적인 의미를 모르는 채 직분자를 세우거나 직분을 맡는 경우가 허다한 것입니다. 직분을 맡는다는 것은 단순히 교회를 경영하는 조직의 일원이 되는 것이 아니라 주님의 말씀에 따라 순종하며 봉사하는 직책을 가지게 되는 것입니다. 그러므로 모든 직분자들은 교회를 세워감에 있어서 하나님의 말씀을 배경으로 하여 최선을 다해야 합니다.

목사는 하나님께서 교회를 통해 맡기신 자기 직분을 성실하게 감당해야 하며, 장로와 집사 또한 하나님께서 교회를 통해 맡기신 직분들을 잘 감당해야 합니다. 우리가 여기서 주의깊게 생각해 보아야 할 점은 하나님께서 직분을 허락하실 때 한 직분을 다른 직분에 종속된 직분으로 주신 것이 아니라는 사실입니다.

　직분은 계급이 아니며 직분들 사이에 높고 낮음이 있는 것이 아닙니다. 즉 장로는 단순히 목사를 돕기 위한 직분이라거나 집사는 목사와 장로를 돕기 위한 직분이라고 말할 수 없다는 것입니다. 모든 직분들은 하나님께서 교회를 통해 맡기신 대로 독립적 위치를 가지면서 상호 협력하게 되는 것입니다.

　또한 집사님의 염려대로 한국교회에는 직분자를 세우면서 연보를 거두는 아주 잘못된 관행이 있습니다. 집사님께서 말씀하신 것처럼 직분자가 여러 명 선출되었을 경우 각 사람으로부터 얼마씩을 거두자는 식의 결정을 하게 되는 것이 일반적입니다. 물론 그것을 누가 결정하는지는 각 교회들마다 다르리라 생각합니다. 특정 직분자가 피택받은 분들에게 노골적으로 권고할 수도 있을 것이며, 선출된 자들 스스로 그렇게 결정할 수도 있습니다.

　그러나 저는 어떤 경우라 할지라도 한국교회의 그런 관행이 속히 사라져야 한다고 믿습니다. 우리가 분명히 알아야 할 점은 직분과 돈 사이에 아무런 연관성이 있어서는 안 된다는 사실입니다. 즉 경제적으로 부유한 사람이 가난한 사람보다 직분을 맡기에 더 적합한 사람으로 인식되어서는 안 됩니다.

　이렇게 이야기하면 부유한 사람이 더 근면하고 성실한 사람일 수 있지 않느냐고 할 자들이 있을지 모르겠습니다. 어떤 측면에서는 그렇게 생각할 수 있을지 모르겠습니다. 그러므로 저는 부유한 사람은 직분을 맡기에 부적합한 사람이라고 말하지 않습니다. 단지 그것 자체가 직분자 선출에 영향을 끼쳐서는 안 된다는 것입니다.

　부패한 자본주의 사회라면 성실하기 때문에 도리어 가난하게 살 수밖에 없는 사람이 있을 수 있음을 기억해야 합니다. 물론 상식적인 사회에서라면 열심히 노력함으로써 좀더 여유있는 삶을 사는 사람도 있을 수 있습니다. 하지만 열심히 일하는 목적이 세상에서 부귀를 누리며 잘 살겠다는 일념 때문이라면 그것 또한 건강한 신앙인의 자세로 볼 수 없습니다.

그러므로 교회에서는 부유한 자가 그렇지 않은 사람들보다 특별히 눈에 더 띄어서는 곤란합니다. 따라서 직분자를 선출함에 있어서도 그런 경제적인 문제가 직, 간접적으로 연관지어져서는 안 됩니다. 직분자가 되면 얼마간의 돈을 내야 한다는 분위기가 조성되면 경제적으로 어려운 사람들은 직분 자체에 대해 상당한 부담을 느끼게 될 것이며 그렇게 되면 결국 교회는 돈과 연관지어지게 될 수밖에 없습니다.

다수의 순진한 성도들은 직분자로 선출받은 것이 하나님께 감사한 일이므로 일정액의 연보를 하는 것은 마땅하다고 생각합니다. 그리고 그렇게 모아진 연보를 교회를 위해 유익하게 잘 쓰면 얼마나 아름다운 일이냐고 합니다. 그러나 돈 문제가 외부로 드러나게 되는 것은 바람직하지 않습니다. 주님께서 직분자를 세우시는 목적은 올바른 직분 수행을 통한 순종이지 돈이나 물질을 통한 역할이 아니기 때문입니다.

저는 지금 새로 직분을 맡게 된 것이 하나님께 감사하지 않다고 말하는 것이 아닙니다. 하지만 막연한 감사의 마음보다는 앞으로 감당하게 될 직분 사역으로 인해 두렵고 떨리는 마음이 더욱 강하게 드러나야 합니다. 하나님께서 맡기신 직분을 하나님의 뜻에 따라 감당한다는 것이 얼마나 소중한가 하는 점을 알게 되면 떨리지 않을 수 없습니다.

저는 직분자들이 직분을 맡으면서 연보의 액수를 정해 공개적인 연보를 하는 일은 근절되어야 한다고 생각합니다. 직분자로 선출된 분들 중 가난한 형편에 있는 성도가 있다면 그것이 얼마나 큰 부담이 되겠습니까? 그리고 그런 관행을 보고 있는 일반 성도들은 직분자가 되기 위해서는 경제적인 부유함이 요구된다고 생각하여 자기도 모르는 사이 직분을 오해하게 될 것이며 경우에 따라서는 냉소적이 되기도 합니다.

가난한 사람들이 있다면 그것을 면하거나 감해 주면 될 것 아니냐고 생각하는 성도가 혹 있다면 그것은 더욱 위험한 일입니다. 그것은 불필요한 것으로 인해 형제의 마음을 상하게 하는 일이 될 수도 있으며 그것으로 인해 앞으로 직분을 감당하는 데 위축되게 할 위험이 있습니다. 교회의 직분자로서 모든 성도들의 모범이 되어야 하는 것은 당연합니다. 그러나 연보를 많이 함으로써 모범이 되는 것이 아니라 믿음의 삶을 통해 성도들의 본이 되어야 합니다.

그러므로 집사님의 경우 직분자로 함께 선출된 다른 분들을 잘 설득해 볼 수 있었으면 합니다. 직분을 맡게 될 자들 중에 경제적 형편이 어려운 자가 있을 수 있음을 이야기 할 수 있을 것이며, 앞으로 직분을 맡게될 일반 성도들이 직분에 대해 오해하지 않도록 그런 일은 하지 않는 것이 좋을 것이란 이야기를 해 볼 수도 있습니다.

물론 그것이 쉬운 일은 아닐 것입니다. 하지만 성경 말씀의 원리와 지나간 역사 가운데 존재했던 많은 교회의 경우들을 기억할 수 있습니다. 그리고 현재 전 세계에 흩어져 있는 건전한 교회들의 모습을 살펴볼 수 있습니다. 아무리 좋은 의도라 할지라도 말씀의 원리에서 벗어나거나 다른 형제들에게 부당한 부담을 지우게 된다면 그것은 옳지 않습니다. 설령 일시적으로 유익한 것처럼 보일지라도 성경의 전체적인 교훈을 살피지 않으면 직분 자체가 오염될 수밖에 없음 또한 기억해야 합니다.

하나님께서 맡기신 직분들이 주님의 교회 가운데서 온전하게 잘 드러나게 되기를 바랍니다. 집사님의 염려하는 모든 일들이 성령의 인도하심에 따라 잘 해결되기를 바랄 따름입니다.

(2005. 8. 3)

## 92 "족보나 숫자가 되풀이되는 성경 본문은?"

성훈 형제

**잘** 지내시는지요? 올 여름은 유난히 무더운 것 같습니다. 저는 지난 7월, 약 3주간 동안 아프리카를 다녀왔습니다. 많은 사람들이 아프리카의 더위에 어떻게 지냈느냐는 인사들을 했지만 아프리카보다 한국의 날씨가 훨씬 견디기 어려운 것 같습니다.

요즘 하나님의 말씀을 묵상하는 시간을 더욱 많이 가지고 있다니 반가운 소식입니다. 성경을 많이 읽는 것도 중요하지만, 말씀 가운데서 하나님의 뜻을 점차 깊이 깨달아 가는 것이 무엇보다 소중하지 않을까 생각해 봅니다. 성경을 통해 얻는 지식과 더불어 하나님을 풍성히 알아가는 것은 신앙 성장을 위한 필수조건이기 때문입니다.

형제께서 저에게 질문하신 내용은 매우 중요한 것입니다. 어린 신앙인들은 성경을 통해 윤리적 교훈을 주로 얻으려 하는 경향이 있습니다. 그러므로 성경 말씀 중 어떤 내용에서는 많은 감명을 받게 되지만 다른 어떤 부분은 전혀 그렇지 않다고 생각합니다. 자기의 취향에 따라 성경을 읽는 버릇이 고착화되면 하나님의 말씀을 진정으로 깨닫는 데 많은 걸림이 될 수밖에 없습니다.

성경에는 일반 사람들이 볼 때 별다른 교훈을 주지 않는다고 생각되는 부분이 없잖아 있습니다. 그 대표적인 예가 족보에 대한 기록이나 인구조사와 관련된 기록 등입니다. 구약성경에는 사람들의 이름이 되풀이되어 나오는 본문들이 있는가 하면 유사한 숫자들이 연속하여 기록된 내용들이 많이 있습니다.

그런 내용들은 모세오경과 역사서에 특히 많이 나오는 것 같습니다. 신약성경에도 그런 예들이 있습니다. 예수님의 족보와 관련된 복음서의 기록들이 그렇습니다. 그런 본문에는 사람들의 이름이 되풀이되며 연대나 나이를 비롯한 숫자들이 되풀이되어 기록되어 있습니다.

우리 한국 사람의 이름 형태와는 전혀 다른 이스라엘 민족과 구속사 가운데 있는 인물들의 이름이 계속하여 되풀이되어 나올 때 그 이름 자체가 생소할 수도 있습니다. 따라서 특별한 사건이 전개되지 않고 의미 있는 윤리적 교훈을 주는 내용이 아니라고 판단되면 지루하다고 느껴 그런 본문을 읽지 않고 뛰어넘는 경우가 많이 있는 것 같습니다. 나아가 그런 기록은 별로 중요하지 않은 것처럼 생각해 버릴 가능성마저 있습니다.

그러나 그러한 생각은 매우 잘못된 자세임을 말씀드립니다. 그런 이름이나 연대, 숫자 등은 성경의 구속사 자체를 고증하는 매우 중요한 본문들입니다. 성경에 그런 부분들이 없다고 가정해 봅시다. 물론 말도 되지 않는 가정이기는 하지만 그에 대한 이해를 돕고자 이야기해 보겠습니다.

만일 성경에 이어지는 여러 인물들과 숫자나 연대에 대한 구체적인 기록들이 없었다면 성경의 교훈을 하나님의 구속사 가운데서 받아드리려 하기보다 자기 취향에 맞는 내용들만 골라 성경을 더욱 윤리적으로 해석하려 하지 않았을까요? 성경에 기록된 그런 구체적인 내용들을 통해 하나님의 풍성한 경륜을 보면서도, 자유주의자들은 성경을 단순한 윤리교과서 정도로 만들어 버리고 있는 실정입니다.

우리가 알아야 할 점은 성경에 기록된 그런 구절들은 구속사의 **뼈대**를 이루는 매우 중요한 기록들이라는 사실입니다. 그러므로 다른 모든 사건들과 교훈들은 그런 기록이 보여주는 틀 위에서 이해되어야 합니다. 다시 말하자면 그런 인물들과 숫자들을 잘 이해하는 것이 성경을 깨닫는 중요한 기초가 된다는 것입니다.

물론 그것은 그런 본문에 기록된 모든 인물들과 숫자들을 구체적으로 기억하고 외어야 한다는 의미가 아닙니다. 그렇지만 그런 본문들을 소홀히 하지 않고 그 진정한 의미를 깨닫는 것은 매우 중요합니다. 그러므로 성경을 읽을 때 그런 본문들을 만나게 되면 더욱 천천히 말씀의 깊은 의미를 생각하며 주의깊게 읽어야 합니다. 그런 인물들과 숫자들은 전체 구속사를 통해 우리와 깊이 연관되어 있기 때문입니다.

우리가 보기에 그다지 중요해 보이지 않을 수 있는 그런 모든 기록들은 하나님께서 우리에게 허락하신 놀라운 은혜입니다. 그러므로 경륜에 따라 기록된 하나님의 말씀을 인간의 판단에 따라 별로 중요하지 않은 것처럼 규정하는 오류는 제거되어야 합니다. 성경 본문 가운데 중요하지 않거나 덜 중요한 기록은 없습니다. 도리어 우리에게 덜 매력적으로 보이는 본문들이 더욱 중요한 메시지를 주고 있음을 깨달아야 합니다.

이러한 문제는 사실 설교자에게 있어서 매우 중요합니다. 설교자는 자칫 그런 본문들을 소홀히 여겨 의도적으로 설교 본문으로 택하지 않을 우려가 있습니다. 그러나 그것은 매우 잘못된 자세입니다. 그런 본문들일수록 교회 가운데 온전히 잘 드러내는 것은 매우 중요합니다.

수많은 인물들이 열거된 족보들과 특별한 사건에 관련된 사람들을 알려주신 하나님의 뜻이 무엇인지, 복잡한 연대와 나이 등 숫자들을 기록하신 하나님의 목적이 무엇인지 관련 본문과 함께 그 의미를 교회에 전달하여 나누는 것은 매우 중요한 일입니다.

이제 형제께서 저에게 질문하며 말씀하신 그런 본문들을 다시 한번 조용하게 묵상하는 마음으로 잘 읽어보시기 바랍니다. 그 인물들이 나와 연관되는 인물임을 알고 거기 기록된 숫자들이 얼마나 소중한 메시지를 주고 있는지 발견하게 될 것입니다. 그런 본문들이 우리가 즉각 얻을 수 있는 윤리적 교훈을 주는 것은 아닐지라도 얼마나 큰 진리를 보여주고 있는가 하는 점을 잘 깨닫게 되기를 바랍니다.

언제 시간이 나면 직접 만나 교제할 수 있는 기회가 있기를 바랍니다. 수차례 서신을 통한 교제가 있었지만 과연 어떤 형제일까 하는 궁금증이 남습니다. 무더운 여름날씨 가운데서도 하나님의 말씀을 통해 풍성한 은혜를 누리게 되시기를 원합니다.

(2005. 8. 4)

## 93 성경 해석의 중요성 (마 7:21과 행 2:21의 교훈을 기억하며)

상태 형제

주님의 이름으로 문안드립니다. 얼굴을 알지 못하는 사이지만 저에게 질문을 하셨기에 간단한 답변을 드리려고 합니다. 형제께서 저에게 질문하신 성경 해석의 문제는 굉장히 중요합니다. 많은 사람들이 신앙 생활을 하고 있지만 그 양상은 성경 해석의 차이에 따라 천차만별인 것을 우리가 항상 경험하고 있습니다.

그렇다면 성경은 시대와 지리적 배경에 의한 다양한 문화에 따라 달리 해석하며 적용할 수 있는 책인가 하는 점을 주의깊게 생각해야 합니다. 우리가 가장 미리 깨달아야 할 점은 성경은 인간 생활을 위해 주어진 책이 아니라 하나님의 경륜에 따라 인간들에게 계시된 책이란 사실입니다. 이 점을 어떻게 받아들이느냐에 따라 성경을 이해하는 데 엄청난 관점의 차이가 생겨나게 됩니다.

성경이 인간들에게 주어진 삶의 지침서가 아니라 하나님의 경륜에 따른 계시라는 말은 하나님의 영광과 직접 연관되어 있습니다. 그러므로 우리는 이성이나 경험을 통해 성경을 해석할 것이 아니라 기록된 계시에 담겨있는 하나님의 영원한 뜻을 귀담아 들어야만 합니다. 물론 우리는 그것을 위해 하나님께서 허락하신 이성과 지성을 활용하게 되지만 어디까지나 성령의 조명과 도우심에 의한 것이어야 합니다.

사람들은 동일한 성경 본문을 두고 전혀 다른 해석을 하며 주장하는 예가 많이 있습니다. 우리는 종종 '오직 성경' sola scriptura을 이야기하지만, 그 해석에 있어서는 '전체성경' tota scriptura을 배경으로 하는 것이 매우 중요합니다. 즉 성경의 전체적인 교훈을 통해 성경의 세부적인 구절구절을 해석해야 합니다. 그러므로 성경의 전체적인 구속사적 의미를 알지 못하면 성경의 방대한 기록들을 올바르게 해석할 수 없습니다.

이제 성경 본문의 내용을 살펴보면서 그에 대한 구체적인 생각을 해보고자 합니다. 어떤 성경 본문에는 '주님의 이름을 부르는 자는 누구나 천국에 갈 수 있다'고 기록되어 있는가 하면 또 다른 어떤 본문에는 '주님의 이름을 부르는 자가 모두 천국에 들어가는 것은 아니라'고 가르칩니다.

예수님께서는 제자들에게 '나더러 주여 주여 하는 자마다 다 천국에 들어갈 것이 아니라'(마 7:21)고 교훈하셨지만, 사도들은 '누구든지 주의 이름을 부르는 자는 구원을 얻으리라'(행 2:21; 롬 10:13)고 기록하고 있습니다. 이 두 구절의 문장 자체를 두고 본다면 서로 정반대 되는 의미로 보여집니다.

그렇다면 성경은 서로 상반되는 이야기를 함으로써 스스로 그 모순성을 보여주고 있는 것일까요? 그것은 결코 그렇지 않습니다. 위의 성경 구절들은 구속사적 의미 가운데서 전혀 모순되지 않습니다. 우리가 분명히 이해해야 할 점은 모든 하나님의 말씀은 본질적으로 상반되는 교훈을 하지 않으며 완벽하게 상호 조화된다는 사실입니다. 그런데 설교자가 마태복음 7장 21절을 설교 본문으로 택했을 때와 사도행전 2장 21절이나 로마서 10장 13절을 본문으로 택했을 때 정반대의 이야기를 한다면 그것은 구속사적 의미를 고려하지 않은 잘못된 설교를 하는 것입니다.

성경 전체에 드러나 있는 구속사적 의미에 대한 깨달음이 없다면 구체적인 성경 본문을 자의적으로 해석할 위험에 빠지게 됩니다. 그러므로 우리는 성경 말씀을 읽으면서 하나님의 경륜에 따른 구속사적 의미를 올바르게 깨달아야 합니다.

위의 사도행전 2장 21절과 로마서 10장 13절은 구약성경 요엘서의 '누구든지 여호와의 이름을 부르는 자는 구원을 얻으리라' 는 말씀에 기초하고 있습니다. 그 본문은 단순한 입술의 행위를 말하는 것이 아니라 오순절 성령을 통해 엄청난 변화가 일어나게 될 것을 선지자가 예언하는 내용입니다.

요엘서의 관련 본문 말씀을 살펴보도록 합시다: "그 후에 내가 내 신을 만민에게 부어 주리니 너희 자녀들이 장래 일을 말할 것이며 너희 늙은이는 꿈을 꾸며 너희 젊은이는 이상을 볼 것이며 그 때에 내가 또 내 신으로 남종과 여종에게 부어 줄 것이며 내가 이적을 하늘과 땅에 베풀리니 곧 피와 불과 연기 기둥이라 여호와의 크고 두려운 날이 이르기 전에 해가 어두워지고 달이 핏빛 같이 변하려니와 '누구든지 여호와의 이름을 부르는 자는 구원을 얻으리니' 이는 나 여호와의 말대로 시온산과 예루살렘에서 피할 자가 있을 것임이요 남은 자 중에 나 여호와의 부름을 받을 자가 있을 것임이니라"(요엘 2:28-32).

주님의 제자들은 오순절 성령사건이 일어났을 때 요엘서의 말씀을 직접 인용하며 그 의미를 선포했던 것입니다. 즉 사도행전 2장 21절은 요엘서의 말씀을 열두 사도가 직접 인용한 말씀입니다. 로마서 10장 13절의 말씀 역시 구속사적 의미 가운데서 해석되어야 합니다.

그러므로 사도행전과 로마서의 '누구든지 주의 이름을 부르는 자는 구원을 얻으리라' 는 말씀은 단순히 주의 이름을 호칭하는 인간의 종교적 입술 행위가 아니라 구속사적 의미를 배경으로 한 것입니다. 즉 그것은 죄악된 자기 모습으로 인한 절망과 더불어 거룩하신 하나님께 전적으로 의지할 수밖에 없는 상태에서 주님을 간절히 찾고 부르짖는 것을 말하는 것입니다.

 이에 반해 산상수훈에서 주님의 이름을 불렀던 자들은 종교적 목적과 연대하여 그렇게 했을 따름입니다. 그들은 열심히 주님을 불렀지만 하나님의 뜻과는 아무런 상관이 없는 자들이었습니다. 그들의 그런 행위는 하나님으로부터 말미암는 것이 아니라 종교적 욕망에 기인하는 것이었을 뿐입니다.
 이와 같이 성경 해석은 전체적인 구속사적 이해를 요구하고 있습니다. 성경에 기록된 여러 내용 중 한 부분을 말씀드렸지만 저의 의도를 충분히 이해하리라 생각합니다. 물론 이 외에도 주의깊게 묵상하며 살펴보아야 할 성경의 내용들이 많이 있습니다.

 마지막으로 강조하고 싶은 말은, 성경은 인간이 자의적으로 해석하여 그 의미를 결정지을 수 있는 책이 아니라 하나님을 경배하는 방편으로 주어진 책이라는 사실입니다. 그러므로 우리는 성령의 간섭에 따라 하나님의 말씀을 듣고 그에 순종하는 삶을 살아야 합니다.
 지면상 만족스러운 답변이 되지 못할지라도 약간의 도움이라도 되었으면 합니다. 섬기시는 교회에 주님의 은총이 함께 하시기를 빕니다. 나중에는 서로 알아가며 주안에서 교제할 수 있는 기회가 오기를 원합니다.

(2005. 8. 8)

## 94 "베드로가 예수님의 수제자인지요?"
### (마 16장과 행전 1, 2장을 중심으로)

이종기 성도님

주님의 이름으로 문안드립니다. 저에게 베드로가 과연 예수님의 수제자인가 하는 점에 대해 질문하셨더군요. 우리는 종종 베드로에 대해 예수님의 수제자라는 말을 쓰지만 그것은 로마카톨릭에서 베드로를 이해하고 있는 것과는 전혀 다릅니다. 로마교에서는 베드로를 초대 교황으로 주장하여 그를 특별한 자리에 두지만 개신교에서는 그렇지 않습니다.

우리가 베드로를 예수님의 수제자라 부를 때 일종의 별칭처럼 사용하고 있는 것으로 생각하면 될 것 같습니다. 그러면 왜 하필 베드로만 유일하게 그런 별칭을 얻을 수 있는가 하는 문제가 발생하는데 이는 성경에서 베드로가 사도들의 대표성을 띠는 경우가 많이 나타나고 있기 때문입니다. 베드로가 여러 제자들 가운데 대표적인 역할을 한 몇 군데 성경 본문을 살펴보려고 합니다.

마태복음 16장 13절 이하에는 흔히 가이사랴 빌립보 사건이라고 하는 매우 중요한 사건이 기록되어 있습니다. 예수님께서 제자들에게, "사람들이 인자를 누구라 하느냐?"고 물었을 때 제자들의 그에 대한 답변이 있은 후, 그렇다면 "너희는 나를 누구라 하느냐?"고 되물으시자 베드로가 "주는 그리스도시며 살아 계신 하나님의 아들이시니이다"라는 고백적 답변을 합니다.

그러나 베드로의 메시아 고백은 그의 개인적인 탁월한 신앙 때문이 아니었음을 성경은 말하고 있습니다. "바요나 시몬아 이를 네가 알게 한 이는 혈육이 아니요 하늘에 계신 내 아버지시니라"(17절)고 하신 주님의 말씀에서 그점을 분명히 볼 수 있습니다.

베드로의 답변 후에 주님께서는 그에게 "너는 베드로라 내가 이 반석 위에 내 교회를 세우리니 음부의 권세가 이기지 못하리라 내가 천국 열쇠를 네게 주노니 네가 땅에서 무엇이든지 매면 하늘에서도 매일 것이요 땅에서 무엇이든지 풀면 하늘에서도 풀리리라"(마 16:18, 19)고 말씀하셨습니다.

로마카톨릭에서는 이 본문을 해석하면서 예수님께서 열쇠를 주신 것을 베드로 개인과 연관지어 이해하지만 그것은 잘못된 것입니다. 주님께서는 베드로에게 그 열쇠들을 주신 것이 아니라 베드로를 비롯한 집단적 의미의 사도들에게 주신 것입니다. 그렇지만 우리는 베드로가 주님에 대해 대표적으로 고백을 하고 있으며, 주님께서 베드로의 이름과 연대하여 자신의 교회를 세워 매고 푸는 권세의 상징인 열쇠를 주시겠다고 약속하신 내용에서 베드로의 대표성을 찾아볼 수 있습니다.

또한 우리가 그와 관련하여 잘 생각해 보아야 할 점은 오순절 성령사건을 전후하여 있었던 일들을 통해서입니다. 사도행전 1장 12절 이하에는 예수님께서 승천하신 후에 일어난 구속사적 사건들이 기록되고 있습니다. 주님께서 승천하신 후 120여 명의 성도들이 모인 자리에서 제자들을 대표하여 베드로가 일어나(행 1:15) 교회의 기초가 되는 제자들의 수를 열두 명으로 채워야 할 것을 말하고 말씀에 따라 그 일을 시행하게 됩니다.

가룟 유다가 주님을 배반하고 자살하였으므로 제자들의 수가 열한 명인 상태에서 열두 명으로 채워야 함을 말하고 있습니다. 그 결과 성도들 가운데 맛디아를 뽑아 열두 사도의 수에 가입시키게 된 것입니다.

그후 오순절날 성령께서 강림하신 내용이 사도행전 2장에 기록되어 있습니다. 그로 인해 예루살렘에 모여든 많은 사람들이 하나님께서 행하신 그 큰일로 인해 놀라게 됩니다. 또한 당시의 세계 여러 지역으로부터 오순절을 지키기 위해 예루살렘을 찾은 사람들에게 그들의 난 곳 방언으로 말하는 역사가 일어나게 됩니다.

　그때 베드로는 열한 사도와 더불어 대표로(행 2:14) 유대인들에게 강론하게 됩니다. 우리는 그 본문에서도 베드로가 사도들 가운데서 대표적 위치에 있음을 쉽게 알 수 있습니다.

　물론 이 외에 더 많은 성경의 교훈들을 찾아 볼 수 있겠으나 대표적인 몇 군데의 성경 기록의 내용들을 소개했습니다. 신약성경에는 베드로가 예수님의 제자들을 대표하여 말하며 행동하는 내용들이 많이 나옵니다. 물론 그 대표성이라는 것이 개인 능력의 탁월함이라든지 다른 제자들보다 더 많은 권위를 가진 것으로 생각할 일은 아니라 생각합니다. 베드로의 대표성이란 주님의 몸된 교회가 지상에 세워져 가는 사도시대에 구속사적 의미 가운데서 주님께서 특별히 허락하신 것이라 생각됩니다.

　많은 사람들이 베드로를 예수님의 수제자로 칭하는 것은 바로 그런 이유 때문입니다. 그렇다고 해서 우리는 베드로를 특별한 추앙의 대상으로 생각하지는 않습니다. 그리고 로마카톨릭이 베드로에 대해서 생각하고 있는 개념과는 전혀 다릅니다. 이 정도의 설명이면 성도님의 질문에 대하여 어느 정도 답변이 되었으리라 생각합니다.

　우리는 성경의 진정한 가르침이 사라져 버린 안타까운 기독교 시대에 살고 있습니다. 하나님의 말씀에 대한 깊은 관심을 통해 성도님이 소속된 교회가 주님 안에서 올바르게 잘 성장해 가기를 바랍니다. 며칠 전 입추가 지났다 하지만 여전히 무더위의 열기가 남아 있군요.

(2005. 8. 10)

## 95 '교회적 구제 사역'에 대하여(행 6:1-6을 기억하며)

집사님

안녕하세요? 올 여름은 유난히 무더웠던 것 같은데 어떻게 지냈는지요? 부인을 비롯한 식구들 모두 평안하리라 생각합니다. 지난번 조에성경신학연구원 하계 특강 때 볼 수 있어서 반가웠지만 조용한 대화를 나눌 수 있는 시간이 부족해 조금 아쉬웠습니다.

저에게 질문하신 구제 사역에 대해 원론적인 말씀을 드릴까 합니다. 성경적, 신학적 답변을 원하셨기 때문에 그쪽에 관심을 두고 말씀을 드리겠습니다. 이에 대한 문제는 우리 시대에 있어서 그리 간단하지 않기 때문에 제가 드리는 말씀을 잘 생각해 보도록 권면드립니다.

우리가 이미 알고 있는 것처럼 구약성경에는 구제에 대한 기록이 많이 나옵니다. 하나님께서는 이스라엘 백성에게 고아와 과부를 돌아볼 것을 요구하고 있습니다. 우리가 여기서 눈여겨 보아야 할 점은 그 요구가 이스라엘 민족 가운데서 이루어지고 있다는 사실입니다.

구약성경 시대에는 이스라엘 주변에 많은 민족과 국가들이 존재하고 있었습니다. 그렇지만 성경에서 말하는 구제는 이스라엘 지경을 벗어난 주변 민족과 국가들을 염두에 두고 요구된 것이 아니라 이스라엘 민족 내부에 대한 것이었습니다.

우리는 여기서 중요한 것을 생각해 보아야 합니다. 그것은 이스라엘 민족에 있어서 요구되는 구제의 특별한 의미입니다. 저는 이 문제를 이해하기 위해 시내광야에서 그 실마리를 찾아야 한다고 생각합니다. 이스라엘 백성이 40년 동안 광야에서 생활할 때 그들은 하나님께서 공급하시는 만나와 메추라기를 먹었습니다. 그 음식물은 전적으로 하나님께서 제공하신 것이었습니다.

우리가 여기서 결코 간과하지 말아야 할 내용 가운데 하나는 모든 이스라엘 백성이 그 음식을 균등하게 먹었다는 사실입니다. 즉 부자와 강자들은 더 많이 먹고 가난한 자와 약자들은 배고파하는 상황이 전혀 없었다는 것입니다. 이는 사람들이 살아가는 데 있어서 생존에 대한 가장 기본적인 문제입니다.

광야생활 후에도 이스라엘에게는 그러한 삶의 원리가 그대로 적용되었습니다. 이스라엘 백성의 십일조에는 모든 사람들이 함께 먹고 살아가는 기본적인 원리가 포함되어 있었습니다. 고아와 과부처럼 노동 능력이 부족한 사람들도 생존 문제에 있어서는 다른 사람들과 차등이 없도록 해야 한다는 것입니다. 그것은 메시아를 보내시기 위해 하나님께서 특별히 선택하신 이스라엘 백성에게 요구되는 기본적인 원칙입니다.

이는 신약시대에 와서도 동일하게 요구되고 있습니다. 사도행전 6장 1-6절에는 교회적 구제에 대한 기록이 나와 있습니다. 사도 시대의 초기에는 사도들이 교회적 구제를 담당했습니다. 그러나 균등한 구제에 있어서 상당한 문제가 발생하게 됩니다. 그것은 히브리파 유대인들에 대한 헬라파 유대인들의 불만이었습니다.

사도들이 의도적으로 그렇게 한 것이 아닌데도 그런 문제가 발생하게 된 것입니다. 그래서 그 교회적 구제가 하나님의 말씀의 바탕 위에 굳건히 서야 할 것을 확인하고 구제의 일을 맡을 집사들을 세우게 되었습니다.

우리가 사도행전의 말씀에서 주의깊게 생각해야 할 점은 사도교회의 구제 사역이 교회적 구제였다는 사실입니다. 즉 주변의 가난한 이웃 사람들에게 인정을 베푸는 일반적 구제가 아니라 교회를 온전히 세우기 위한 교회적 구제였다는 것입니다. 예수님의 열두 제자들이 성도들을 모아 교회적 구제 사역을 담당할 직분자들을 따로 세운 것은 단순히 가난한 자들에게 인정을 베푸는 수준이 아니었습니다. 사도들이 집사들을 세우고 그들에게 안수했다는 사실은 교회적 구제가 단순한 구제가 아니라 교회의 상속과 밀접한 관계가 있다는 중요한 증거가 되고 있습니다.

오늘 우리 시대에 있어서도 성경의 그 원리는 그대로 존속되고 있는 것으로 보아야 합니다. 앞에서 잠시 언급한 것처럼 이스라엘 백성이 광야생활을 할 동안 먹고 살아가는 문제에 있어서는 모두가 평균한 삶을 보장받았습니다. 건강한 자이든지 병약한 자이든지, 혹은 능력이 있는 자이든지 무능한 자이든지 먹는 문제에 있어서는 하나님으로부터 동일한 은택을 입었던 것입니다. 또한 그 만나와 메추라기는 오직 이스라엘 백성에게 허락된 것이며 다른 이방 민족에게 허락된 것은 아닙니다.

그 원리는 그후 이스라엘 백성에게 적용되었으며 교회 가운데서도 동일한 원리가 적용되고 있습니다. 그러므로 신실한 신앙 생활을 하는 성도들 가운데서 이 점은 분명하게 적용되어야 합니다. 하나님을 경외하는 신실한 삶을 살아가고 있음에도 불구하고 다른 외적인 형편으로 인해 먹는 문제에 있어서 다른 성도들과 달리 특별히 고통받는 성도가 교회 가운데 있어서는 안 됩니다.

여기서 우리가 신중하게 생각해야 할 바는 신실하지 못한 교인이 그런 일을 당했을 때 교회가 어떻게 해야 할까 하는 문제입니다. 그것은 사실 현대교회가 직면하고 있는 난제이기도 합니다. 즉 하나님을 경외하는 자로서 신실한 경제 생활을 하지 않는 교인이 있을 경우 교회가 그에 대해 어떻게 해야 할까 하는 문제입니다.

정상적인 노동 행위를 하지 않고 게으른 사람이 있다든지 상식적이고 건실한 소비나 지출을 하지 않으므로 인해 되풀이되는 경제 문제에 빠지는 경우가 그렇습니다. 물론 정상적인 교회 시대라면 그런 문제는 세례를 받을 때 분명히 언급되고 교회적으로 확인되어야 할 부분입니다. 그렇지만 오늘날처럼 모든 것이 뒤틀어진 교회 시대에는 성도의 삶에 있어서 기본적인 원칙마저 허물어져 버린 안타까운 시대입니다.

그런 경우들은 예외적인 것으로 본다 할지라도 정상적이며 상식적인 신앙 생활을 하는 가운데 있는 성도라면 교회가 저들의 생활을 함께 감당해야 하는 것이 성경의 원리입니다. 이런 문제를 이야기할 때 항상 동반되는 것은 일반적인 구제에 대한 문제입니다.

우리가 이 세상을 살아갈 때 주변의 이웃들이 고통을 당하는 것을 많이 보게 됩니다. 그럴 경우 우리는 교회적 구제의 차원이 아니라 각 성도의 형편에 따라 구제에 참여해야 합니다. 성도들이 일반 직장 생활을 하며 세속 사회의 구성원으로 살아가면서 다른 사람들의 어려움에 참여하는 것은 자연스럽습니다. 그리고 교회 밖에 가난한 사람들을 이웃에 두고 있다면 개별적으로 그들에게 도움의 손길을 뻗칠 수 있어야 합니다.

우리가 여기서 잘 이해해야 할 바는 일반적인 구제 행위는 교회적 구제와는 그 성격이 전혀 다르다는 사실입니다. 즉 교회적 구제는 그리스도의 몸된 교회를 세워가는 방편으로서 모든 성도들이 참여하는 교회적 사역인데 반해 일반적인 구제는 일상생활에 있어서의 개별 성도들의 삶의 표현입니다.

집사님께서 속하신 교회의 사정을 잘 알지 못하지만 저의 답변이 원리적인 측면에서 도움이 되었으면 합니다. 혹 구체적으로 나눌 만한 이야기가 있다면 나중 만나서 대화할 수 있기를 바랍니다. 집사님의 가족과 주변의 여러 성도님들께 문안을 전합니다.

(2005. 8. 12)

## 96 교리적 예수? 역사적 예수?

이 집사님

그 동안 잘 지냈으리라 생각합니다. 제가 탄자니아에 다녀온 지 벌써 한 달이 넘었는데 이제야 안부 전합니다. 백종국 선교사님 가정은 열악한 환경 가운데서도 잘 생활하고 있었습니다. 그곳에 있는 동안 산상수훈을 함께 공부했는데 감사한 시간을 가졌습니다. 진작 소식을 전했어야 하는데 그렇게 하지 못해 죄송합니다

집사님께서 질문하신 '교리적 예수, 역사적 예수'에 대해 간단하게 말씀드릴까 합니다. 우선 그런 용어들을 신학적으로 수용하는 학자들은 신앙적으로 매우 위험한 자들입니다. 물론 용어 자체의 문제라면 쓰이는 용도에 따라 다르겠지만, 현재 정립되어 있는 그와 관련된 신학적 의미를 그대로 받아들이는 것은 결코 성경을 믿는 성도의 자세가 아닙니다.

자유주의 신학자들은 성경에 기록된 예수는 교리적 목적을 위해 설정된 예수일 뿐 실제적인 예수의 모습이 아니라고 주장합니다. 즉 복음서에 나타나는 예수의 행적은 역사적 사실을 기초로 하여 기록된 것이 아니라 특별한 종교적 목적을 가지고 묘사되었다는 것입니다. 그들은 '역사적 예수'와 구분된 '교리적 예수'라는 표현을 사용함으로써 성경의 진리를 거부하고 있습니다.

복음서에는 예수님과 관련된 수많은 기적들이 기록되어 있습니다. 예수님께서는 동정녀의 몸에서 탄생했으며 그의 출생시 동방박사들은 별을 보고 베들레헴을 방문했습니다. 또한 공사역에서 귀신들을 쫓아내고

많은 환자들을 고치셨으며 물 위를 걷는 이적을 행하셨습니다. 그는 십자가에 달려 돌아가셨다가 사흘만에 부활하신 후 승천하시게 됩니다. 복음서에는 예수님의 이적에 대한 기사들로 가득 차 있습니다. 우리는 성경 말씀에 기록된 모든 내용이 역사적 사실이자 진리임을 알고 믿습니다.

그러나 '역사적 예수'를 주장하는 신학자들은 복음서의 기록이 실제와 다르다고 생각합니다. 예수는 동정녀 탄생을 한 것도 아니며 성경의 기록처럼 많은 이적을 행한 것도 아니라는 것입니다. 예수의 부활과 승천은 나중의 복음서 기록자들이 교리적 목적을 위해 조작했다고 주장합니다. 그들은 종교적 목적을 위해 의도된 예수의 모습을 '교리적 예수'라 하며, 동시에 종교적 목적을 위해 의도된 부분들을 모두 제거하고 나면 실제 예수의 모습이 드러나는데 그것이 곧 '역사적 예수'라는 것입니다.

그런 자들은 마태나 마가, 누가, 요한을 종교적 사기꾼으로 몰아가고 있습니다. 물론 그들은 사도들을 사기꾼이라 말하지 않지만 결국은 종교적 사기꾼으로 보는 셈입니다. 사도 바울의 말이 기억납니다: "그리스도께서 만일 다시 살지 못하셨으면 우리의 전파하는 것도 헛것이요 또 너희 믿음도 헛것이며 또 우리가 하나님의 거짓 증인으로 발견되리니 우리가 하나님이 그리스도를 다시 살리셨다고 증거하였음이라 만일 죽은 자가 다시 사는 것이 없으면 하나님이 그리스도를 다시 살리시지 아니하셨으리라"(고전 15:14, 15).

사실 '역사적 예수'에 대한 신학적인 주장은 이미 오래 전부터 있어 왔습니다. 19세기 유럽에서 활성화된 이성주의는 소위 신학자들에게 성경을 고등비평하는 오만한 자리를 마련해 주었습니다. 즉 잘못된 신학자들은 인간의 이성의 칼로 하나님의 말씀을 난자질하기 시작한 것입니다. 그들은 인간의 이성으로 이해할 수 없는 성경의 기록들을 신화나 허구로 규정하기 시작했습니다.

그들은 인간이 어떻게 동정녀의 몸에서 출생할 수 있느냐, 어떻게 사람이 죽었다가 사흘만에 부활할 수 있느냐, 인간이 산채로 승천한다는 것이 말이 되느냐는 식의 질문을 하고 스스로 이성에 따른 답변을 하게 된 것입니다. 그래서 그들은 결국 성경 기록에 대한 '비신화화' 작업을 시도하게 됩니다.

즉 복음서에는 예수에 대한 신화들로 가득 채워져 있으니 그것을 제거해야만 예수의 진면모를 볼 수 있다고 주장합니다. 성경에는 부풀려진 사건과 신화적 내용들이 많이 삽입되어 있는데, 복음서 기록자들이 그렇게 한 것은 기독교의 종교적 목적을 달성하기 위해서였다는 것입니다.

그런 주장을 하는 자들은 하나님을 두려워하지 않는 사람들입니다. 그들은 성경을 모독하는 자신의 행위에 대해서는 스스로 정당하다고 생각하면서 그것을 인간의 악한 소행이라 지적하면 분노합니다.

우리가 일반적으로 잘 알고 있는 슈바이처Albert Schweizer는 소위 '역사적 예수 이론'에 대해 상당한 업적을 남긴 사람입니다. 그는 1906년 '역사적 예수의 탐구'(The Quest of the Historical Jesus)라는 책을 출간했습니다. 그는 그 책에서 성경에 기록된 예수가 아니라 재구성된 예수를 등장시키면서 성경의 기록자체에 대한 문제를 제기했습니다.

그는 예수님의 동정녀 탄생은 물론 부활과 승천을 믿지 않는 자였습니다. 그는 하나님과 예수 그리스도를 알지 못하는 사람으로 악한 누룩을 퍼뜨린 자에 지나지 않습니다. 그러나 그는 스스로 예수를 믿는다고 생각하기도 했습니다. 그는 과거에 예수가 부활하고 승천했느냐 하는 사실 자체가 중요한 것이 아니라, 인간의 내부에서 영적으로 살아나 자기 시대에 활동하는 예수가 중요하다고 생각했던 것입니다. 이는 결국 행동신학의 한 기초를 놓는 역할을 하게 되는 것입니다.

한국교회의 주일학교에서 슈바이처 같은 자가 훌륭한 선교사라는 이름으로 영웅취급을 받는 것을 보면 한탄스러울 지경입니다. 인간의 이성을 통해 성경을 고등비평하고 예수님을 욕되게 하는 자가 주님의 몸된 교회에서 영웅취급을 받는다는 것은 결코 있을 수 없는 일입니다.

우리는 성경에 기록된 예수님이 참 역사적 예수임을 믿습니다. 그러므로 굳이 교리적 예수니 역사적 예수니 따질 필요가 없습니다. 복음서에 기록된 예수님이 곧 역사적 예수이며 그가 곧 구약성경이 예언한 메시아이자 하나님의 아들이기 때문입니다.

우리 시대의 기독교는 신학적으로 극도의 혼란을 겪고 있습니다. 사도 바울의 말을 다시금 상기해 봅니다: "종말로 너희가 주 안에서와 그 힘의 능력으로 강건하여지고 마귀의 궤계를 능히 대적하기 위하여 하나님의 전신갑주를 입으라 우리의 씨름은 혈과 육에 대한 것이 아니요 정사와 권세와 이 어두움의 세상 주관자들과 하늘에 있는 악의 영들에게 대함이라 그러므로 하나님의 전신갑주를 취하라 이는 악한 날에 너희가 능히 대적하고 모든 일을 행한 후에 서기 위함이라"(엡 6:10-13).

주안에서 평강을 누리시기 바랍니다.

(2005. 8. 20)

## 97 사도신경이 가지는 의미와 기능에 대하여

재인 형제님

**잘** 지내시는지요? 저와 가까이 살고 있는데 혹 이쪽으로 오실 기회가 있으면 한번 들러 차라도 나누었으면 좋겠습니다. 부인과 함께 오신다면 더욱 반갑겠습니다.

지난번 사도신경에 대해 질문하셨는데 차일피일 미루다가 오늘에야 시간을 마련해 봅니다. 형제께서 저에게 질문하신 내용 중 극히 일부분에 대해서만 말씀드려야 할 것 같습니다. 우리는 종종 신앙이 어린 성도들이 사도신경에 대해 크게 오해하고 있는 것을 보게 됩니다. 마치 주문을 외듯이 아무런 생각없이 암송하는 성도들이 있는가 하면, 사도신경이 우리에게 무슨 의미가 있느냐고 반문하는 성도들도 있습니다.

형식에 대한 오해는 결국 본질 자체에 대해 비판적인 시각을 가지게 합니다. 그러므로 사도신경에 대해서도 우리는 그 의미와 더불어 교회를 위한 실천적 기능을 이해해야 할 필요가 있습니다. 그래야만 역사 가운데 베풀어진 사도신경을 통한 하나님의 은혜와 그것이 우리 시대에도 여전히 소중한 기능을 하고 있음을 깨달을 수 있기 때문입니다.

우선 말씀드리고 싶은 것은 서방교회의 전통을 배경으로 하는 교회들은 대개 공예배에서 사도신경을 고백하고 있다는 사실입니다. 이는 동방교회 전통이 니케아 신경을 신앙고백의 표준으로 삼고 있는 점과 다소간 차이를 보이고 있습니다. 그러나 저는 서방교회 전통이라는 뜻이 분파적 의미가 아니라 역사적 교회전통이라 생각하고 있습니다.

사도신경이 언제 누구에 의해 작성됐느냐 하는 점에 대해서는 다양한 견해들이 있습니다. 과연 사도들이 그 고백서 작성에 참여했는지는 알 수 없으나 사도들의 고백이 잘 담겨져 있음에 대해서는 이의가 없습니다. 우리가 분명히 알 수 있는 것은 초대교회 때부터 사도신경이 보편적 고백으로 사용되었다는 사실입니다.

5세기 말엽이 되어서야 비로소 현재의 형태가 확립되었다는 주장을 하는 신학자들이 많지만, 저는 늦어도 3세기 이전에 확립된 것으로 생각합니다. 그 가장 중요한 근거는 주님께서 본디오 빌라도에게 고난 당했음을 직접 언급하고 있다는 사실 때문입니다. 그 부분에서 우리는 교회가 로마제국을 어느 정도 적대 세력으로 간주하고 있음을 볼 수 있습니다.

우리는 교회를 이해함에 있어서 역사와 시대적 특성을 주의깊게 이해해야 할 필요가 있습니다. 이는 다양한 시대적 배경 가운데, 동일한 교회가 존재하고 있다는 사실 때문입니다. 로마제국으로부터 심한 박해를 받던 초대교회 성도들은 개인적으로 성경책을 소장할 수 없었습니다. 또한 당시의 교회들은 지역적으로 떨어져 있었을 뿐 아니라 다양한 언어들을 사용했습니다.

살고 있는 지역이 다르고 언어와 문화가 다르다 할지라도 그들의 신앙은 동일했습니다. 그 동일함을 하나의 끈으로 묶는 역할을 했던 것이 바로 사도신경입니다. 즉 사도신경을 통해 모든 성도들은 하나의 보편 교회에 속해 있음을 고백적으로 확인할 수 있었습니다.

사도신경은 초대교회 때부터 고백을 통한 교회의 일치를 확인하는 기능을 했습니다. 물론 현재 우리가 사용하는 사도신경과 동일한 단어와 문장이 처음부터 확정되었다고 단정짓기는 어렵겠지만 중요한 내용들은 거의 포함되었던 것으로 이해할 수 있습니다. 인쇄술이 발명되기 전에는 성경책이 턱없이 부족했습니다. 나아가 교회 제도상 성경을 아무나 읽을 수도 없었습니다. 또한 전반적인 교육 수준이 낮아 문맹률도 훨씬 높았습니다. 사도신경은 그런 성도들에게 통일성 있는 신앙의 골격을 잡아주었던 것입니다.

아울러 교회는 동일한 신앙고백을 통해 지상에 흩어져 있는 성도들을 기억하며 세상을 이기는 힘을 공급받았습니다. 그점에 있어서는 우리 시대도 마찬가지입니다. 그러므로 공예배 시간에 이루어지는 공적인 고백을 통해 보편교회에 속한 교회의 모습을 기억하게 되는 것입니다. 즉 동일한 신앙고백을 함으로써 지상에 흩어진 모든 건전한 교회들이 하나 됨을 확인하게 되는 것입니다.

저는 사도신경이 하나님의 경륜 가운데 역사적 교회에 주어진 은혜의 문서라 믿습니다. 동일한 성경과 한 하나님을 믿는다고 주장하지만 교회의 통일성에 문제가 발생하는 것을 우리가 경험하고 있습니다. 그러므로 교회가 사도신경의 올바른 의미를 알고 진정으로 그 고백에 참여한다면 그것을 통해 보편교회에 속한 성도들이 하나임을 확인하는 은혜를 누릴 수 있게 되는 것입니다.

그러나 사도신경의 의미와 교회를 위한 기능을 모르는 채 입으로만 암송한다면 그것은 마치 불신자들이 주문呪文을 외는 것과 별 다를 바 없을지도 모릅니다. 사도신경을 고백하는 성도들은 고백문의 내용과 보편교회를 기억하는 가운데 신실하게 그것을 고백해야 합니다.

그리고 형제께서 지적하신 대로 지금 한국교회가 공적으로 채택하고 있는 사도신경에는 한 문장이 빠져 있습니다. 사도신경 중, "본디오 빌라도에게 고난을 받으사 십자가에 못박혀 죽으시고 장사한 지 사흘만에 죽은 자 가운데서 다시 살아나시며"라는 부분이 영어 성경에는 "(Jesus Christ our Lord who) was suffered under Pontius Pilate, was crucified, dead, and buried. 'He descended into Hell'. The third day he rose again from the dead"라고 기록되어 있습니다. 즉 한국의 사도신경에는 '그가 지옥으로 내려가셨다'(He descended into Hell)는 말이 빠져 있습니다.

그것은 사실 매우 중요한 부분인데 한국교회가 사용하는 사도신경에 왜 그 구절이 빠졌는지에 대해서는 모르겠습니다. 그렇지만 저는 그 구절을 포함시켜야 한다고 생각하고 있습니다. 요즘 한국교회가 사도신경을 다시 번역하고 있다고 하는데, 어쩌면 금년 총회시기가 지나면 새로운 번역문이 공적으로 채택될 것이라는 말이 들리기도 합니다.

그러나 번역문이 얼마나 참신하냐 혹은 현대어에 근접한 문장이냐 하는 문제보다 더욱 중요한 것은 사도신경의 의미와 기능을 알고 진정으로 고백하느냐입니다. 설령 누구나 쉽게 이해할 수 있는 세련된 문장으로 사도신경을 번역한다 할지라도 그 진정한 의미에 따라 고백되지 않는다면 아무런 의미가 없을 것이기 때문입니다.

형제님, 만족할 만한 답변이 되지 못한다 할지라도 사도신경의 의미에 대해 다시 한번 생각해 보는 기회가 되기를 바랍니다.

(2005. 9. 6)

## 98 "목사님에게 축복권과 저주권이 있는지요?"

장로님

안녕하세요? 저에게 보내신 글을 통해 교회 생활에 상당한 갈등을 겪고 있음을 느낄 수 있었습니다. 건전한 갈등은 신앙 성장을 위해 소중한 기능을 합니다. 그렇지만 너무 오래 동안 갈등의 자리에 머물게 되면 심각한 상처가 될 수도 있습니다.

　장로님께서 속한 교회에는 성경의 가르침에 대해 상당한 오해가 있다는 생각이 듭니다. 목사 직분이 장로나 집사 등 다른 직분들에 비해 특권을 가진다거나 일반 성도에게 없는 영적인 권한이 목사에게 있다는 생각은 옳지 않습니다.
　목사 직분자도 일반 성도들과 동일한 하나님의 자녀입니다. 단지 하나님의 말씀을 증거하는 교사이기 때문에 더 많은 책임과 의무가 따릅니다. 따라서 모든 성도들은 목사가 하나님의 말씀을 잘 증거할 수 있도록 격려할 수 있어야겠지요.

　그렇지만 목사에게 축복권과 저주권이 있다고 주장하는 것은 매우 위험한 생각입니다. 일반성도들을 축복하거나 저주할 수 있는 권한은 아무에게도 없습니다. 하나님 이외에 어느 누구도 자기 판단에 따라 축복하거나 저주할 수 없습니다. 더구나 하나님의 자녀인 성도들에게 그렇게 할 수 있는 사람은 더더욱 없습니다.
　사람의 외적인 형편을 우리는 복과 저주에 연결지어 생각하지 않습니다. 만일 그런 논리가 성립되면 심각한 문제를 야기하게 됩니다. 건강하고 부유한 사람은 복을 받은 것이 되고, 그렇지 못한 사람은 마치 저주 받은 것처럼 인식될 수 있다는 것입니다.

그러나 성경이 말하는 복은 그런 것과 전혀 상관이 없습니다. 세상적인 것으로 복과 저주를 따지는 자들의 논리대로 말한다면, 건강하게 잘 사는 것이 저주가 될 수 있으며 반대로 병약하고 가난하게 사는 것이 도리어 복이 될 수 있습니다.

성경에서 말하는 모든 복과 저주는 오로지 하나님으로 말미암는 것이며 예수 그리스도를 통해 세상에 드러나게 됩니다. 예수님께서 십자가에 달리심으로써 그를 믿는 자녀들은 하나님의 복에 참여하게 되지만, 그렇지 않는 자들에게는 저주가 선포되는 것입니다. 그러므로 목사가 자기 판단에 따라 사람들을 축복하고 저주할 권한을 가지는 것은 결코 아닙니다.

이렇게 말하면 구약성경을 언급하며 이삭과 야곱 같은 사람들은 그렇게 하지 않았느냐고 주장할 사람들이 있을지도 모르겠습니다. 그러나 성경에 나오는 그런 인물들은 하나님의 구속사 가운데 특별히 세워진 사람들입니다. 오늘날의 목사가 마치 그런 인물들과 유사한 위치에 있는 듯이 말하는 것은 매우 위험한 발상입니다.

목사는 '하나님의 종'이므로 일반 교인이 그의 잘못을 지적해서는 안 되는 것이 아닙니다. 설령 목사에게 어떤 심각한 문제가 있다 하더라도 하나님이 직접 징계하실 것이므로 일반 성도들이 그에 대해 지적해서는 안 된다고 생각하는 것은 잘못입니다. 도리어 목사인 형제가 잘못한다면 마땅히 그를 권면해야 합니다.

물론 그렇게 하기 위해서는 몇가지 중요한 요건이 있습니다. 우선 신앙에 대한 성경적 분별력이 있을 때 그것이 가능합니다. 분별력이 없으면 문제의 잘잘못 자체를 제대로 분별할 수 없습니다. 그렇게 되면 개인의 감정이나 판단에 따라 목사님과 관련된 점을 오해할 수도 있을 것이기 때문입니다.

그리고 권면을 위해서는 사랑의 마음을 가져야 합니다. 사랑의 마음이 없는 상태에서 질책하듯이 권면한다면 그것은 도리어 교만한 일이 되기 때문입니다. 성경적 분별력을 가지고 사랑으로 권면할 수 있다면 항상 그렇게 해야 합니다. 그것이 교회를 세워나가는 중요한 방편이 되기 때문입니다.

또한 하나님께서 일반 성도의 기도보다 목사의 기도를 더 잘 들어주신다는 주장은 옳지 않습니다. 하나님은 직분에 따라 기도를 들어주기도 하고 안 들어 주기도 하는 그런 분이 아닙니다. 성도가 올바른 기도를 한다면 하나님께서는 모든 자녀들의 기도를 들어주십니다.

말씀을 떠나 기도하면서도 목사의 기도이기 때문에 하나님께서 들어주실 것이라 생각하는 것은 신앙이 아니라 도리어 불신앙입니다. 성숙한 성도는 자기의 욕망을 추구하는 기도가 아니라 하나님 나라와 그의 의를 구하는 기도를 하게 됩니다.

마지막으로, 교역자에게 함부로 대하다가 질병에 걸린 장로가 있다는 식의 주장은 자칫 성도들을 위협하는 수단으로 악용될 수 있습니다. 그렇게 하지 않았어도 질병에 걸린 사람들은 많이 있습니다. 나아가 그보다 더한 악한 일을 한 목사나 장로들 가운데도 여전히 건강하게 살아가는 사람들이 많이 있습니다. 우리가 깨달아야 할 바는 일반 성도가 목사에게 함부로 대하지 말아야 하듯이, 목사 역시 일반 성도들에게 함부로 대하지 말아야 한다는 사실입니다.

현대는 말씀이 밝히 드러나 있지 않은 암울한 교회 시대입니다. 기독교 지도자들이 비성경적인 주장을 해도 분별력 없는 어린 성도들은 섭게 그것을 따라갑니다. 교회 가운데 잘못된 주장들이 발붙이지 못하게 할 수 있는 유일한 방법은 모든 성도들이 성경의 가르침에 익숙하게 되는 것입니다. 일반 성도들이 성경의 교훈을 잘 깨닫고 있다면 교회의 지도자들이 함부로 잘못된 주장을 하지 않을 것입니다.

  장로님이 속한 교회의 모든 성도들이 하나님의 말씀에 익숙하게 자라가기를 바랍니다. 그렇게 됨으로써 목사든 장로든 어느 누구도 함부로 주장할 수 없는 주님의 귀한 교회로 성장해 가기를 빕니다.

(2005. 9. 19)

## 99 '은사주의'는 건전한가?

정균 성도님

**안**녕하세요? 지면으로 인사 나누게 되어 감사합니다. 멀리 이국 땅에 살면서 올바른 신앙 생활을 하고자 몸부림치는 성도님들의 소식을 들을 때마다 가슴이 뭉클해져 옴을 느낍니다. 건전한 교회에 속해 신앙 생활을 잘 할 수 있다면 큰 다행이겠지만 그렇지 못할 경우 많은 갈등을 겪을 수밖에 없는 것이 우리의 현실인 것 같습니다.

성도님이 속한 교회에도 여러 가지 문제가 있다고 하니 안타까운 마음입니다. 그것이 윤리나 도덕적인 문제일 경우 겉보기에는 심각해 보여도 어렵지 않게 접근할 수 있지만, 신학적인 문제와 연관될 때는 더욱 복잡한 것이 일반적입니다. 하나님의 말씀을 이야기하면서 실상은 모두가 이성적 판단이나 경험에 근거하여 자기 주장을 하기 때문입니다.

그래서 개혁주의자들은 인간의 이성과 경험을 전적으로 부패했다고 봅니다. 칼빈주의 신학에서는 아담이 범죄한 후 모든 인간은 완전히 부패한 존재라는 점에서 인간론을 출발하고 있습니다. 그러므로 신앙의 판단 기준을 특정 시대 및 지역성에 노출된 개인 이성과 개별적 경험에 두지 않습니다.

모든 신앙의 기준은 하나님의 말씀에만 두어야 합니다. 우리가 오직 성경sola scriptura을 강조하는 이유가 바로 그것 때문입니다. 아마 그 말 자체에 대해서는 이의를 다는 교인들은 그다지 없을 줄로 생각합니다. 그러나 저마다 성경을 들고 나와 자기가 옳다고 주장하니 문제가 복잡해지는 것입니다. 정반대의 주장을 하는 사람들도 모두 자기가 성경적이라 하게 되면 신앙이 어린 사람들은 혼란을 겪을 수밖에 없습니다.

요즘 세계적으로 유행하고 있는 은사주의와 신비주의 같은 경향은 개인적 혹은 개별 집단적 경험에 의한 것입니다. 그것은 주로 예언과 방언, 치유, 사람을 쓰러뜨리는 행위, 입신 등의 현상으로 나타납니다. 그런 경험을 했거나 현장을 목격한 사람들은 그것을 성령체험이라 생각하며 혹은 그것을 하나님의 은사라 여기기도 합니다.

저는 성경에 기록된 예언과 방언, 치유 등을 믿고 있지만 우리 시대의 불건전한 신비주의나 은사주의자들의 현상에 대해서는 특별한 의미를 부여하지 않습니다. 우리가 믿는 진리는 인간의 경험 여부에 따라 좌우되는 그런 성질의 것이 아닙니다. 즉 자기가 어떤 종교적 체험을 하게 되면 더 강하게 믿고 그런 경험을 하지 않으면 희미하게 믿는 것이 아니라는 말입니다.

우리가 진리를 알고 믿는 것은 인간의 경험 때문이 아니라 계시되어 기록된 말씀 때문입니다. 하나님과 하나님의 뜻은 계시된 말씀인 성경을 통해 온전히 깨달을 수 있습니다. 하나님의 존재와 사역을 이해하고자 할 때 기록된 성경 말씀만으로는 부족하다고 생각한다면 그것은 개혁주의 신학을 지향하는 성도라 할 수 없습니다.

종종 성경에 명백하게 기록되어 있는 은사들을 왜 부인하느냐고 말하는 사람들이 있습니다. 즉 신약성경에 기록된 은사들이 종결되었다고 하는 것은 하나님의 능력을 제한하는 것이 아니냐는 것입니다. 그러나 그것은 아직 말씀에 대한 이해가 부족하기 때문에 하게 되는 말입니다. 우리는 복음서에 기록된 예수님의 이적들과 사도들이 보여준 기적들, 그리고 사도교회 시대에 특별한 은사들을 허락하신 하나님의 뜻을 깨달아야 합니다. 즉 성경에 기록된 내용을 하나님의 경륜과 구속사 가운데서 이해하고 해석해야 합니다.

이에 대한 이해를 돕기 위해 구약성경의 한 부분을 말씀드리겠습니다: 만일 어떤 사람이 하나님께서 지금도 우리에게 만나와 메추라기를 먹일 수 있다고 주장한다면 우리는 어떻게 반응해야 할까요? 하나님께서 만나와 메추라기를 통해 이스라엘 백성을 먹이신 것은 시내광야 40년에 국한됩니다. 동일한 율법을 가진 이스라엘 백성이었지만 다윗왕국 시대에 살았던 사람들은 만나와 메추라기를 구경도 하지 못했습니다. 그러나 그들은 법궤 안에 보관된 그 만나를 통해 하나님께서 조상들에게 먹이셨던 만나와 메추라기의 의미를 기억했던 것입니다.

이처럼 우리 시대의 은사에 대한 문제 역시 그와 마찬가지입니다. 우리는 성경에 기록된 은사를 믿지만 그것이 오늘날 우리 시대에도 동일한 의미로 발생하는 것은 아닙니다. 우리는 그런 은사들이 있지 않아도 기록된 말씀을 통해 하나님과 하나님의 사역을 분명히 알고 믿습니다. 만나와 메추라기를 먹지 않던 시대의 이스라엘 백성들이 그것을 직접 먹지 않았지만 그들과 동일하게 그 의미를 알고 있었던 것과 같습니다.

저는 우리 시대에 불건전한 은사운동과 신비주의 운동이 일어나는 것은 하나님의 말씀에 대한 굳건한 믿음이 없기 때문이라고 생각합니다. 하나님의 계시인 성경 말씀이 모든 것을 계시하고 있음에도 불구하고 그것만으로 부족한 듯 자기의 체험에 의존하게 된다는 것입니다. 그것은 실로 어리석은 일이라 아니할 수 없습니다.

성도님의 교회가 속히 계시된 성경으로 돌아가게 되기를 바랄 뿐입니다. 포스트모더니즘으로 대변되는 현대는 하나님의 말씀보다 자신의 이성과 경험에 따라 신앙을 추구하고자 하는 안타까운 시대입니다. 그러나 성숙한 하나님의 백성들은 오로지 성경 말씀을 좇아 진리를 따르는 지혜를 보존해 가야만 합니다.

(2005. 10. 7)

## 100 교회와 성도들도 투자(투기)할 수 있는가?

승회 성도님

**질**문하신 내용에 대해 이제야 저의 견해를 말씀드리려 합니다. 성도님께서 속하신 교회는 장로교 KS교단에 속한 것으로 알고 있습니다. 지난 제55회 총회에서는 총회가 제주도에 10억 원이 넘는 거액의 돈을 들여 귤 농장을 구입한 일을 두고 논란을 벌인 내용을 신문기사를 통해 읽었습니다. 교회의 일반 성도들이 심각하게 고민하고 있는 문제에 대해 공교회와 교단 소속 지도자들이 별 문제의식을 느끼지 못하는 것은 개탄스러운 일입니다.

공교회는 어떤 경우에도 불로소득不勞所得을 노려서는 안 됩니다. 성경에 그런 행위를 한 기록이 없으며 역사상 건전한 믿음의 선배들 역시 그렇게 하지 않았습니다. 공교회가 부동산 투기를 합리화하고 있는 변질된 시대인 만큼, 우리는 교회에 대한 의미를 명확하게 이해해야 할 필요가 있습니다.

그것을 살펴보기 위해서는 우선 교회와 국가, 그리고 개인 성도와 국가 사이의 관계를 생각해 보아야 합니다. 모든 성도는 개별적으로 국가에 속한 시민이지만, 교회는 국가에 예속된 단체가 아닙니다. 그러므로 성도는 국가에 속한 시민으로서 나름대로 권리와 의무를 지니게 됩니다. 즉 성도들도 다른 이들처럼 교육의 의무, 근로의 의무, 납세의 의무 등을 가지게 되며, 세속정치에 부분적으로 가담하게 되는 것입니다.

그러나 단체로서 공교회는 국가에 대해 특별한 의무를 가지지 않습니다. 흔히 말하는 정교분리 원칙이 분명한 것입니다. 그러므로 교회는 회원의 수나 교회의 재정 등을 국가에 보고할 의무가 없습니다. 목사를 비롯한 교회의 직원이 정기적인 급여를 받고 있으면서도 법률적 납세의무를 부담하지 않는 것은 그런 이유 때문입니다.

그렇지만 일반 성도들은 교회에 속한 회원이면서 동시에 국가에 속해 경제 활동을 하는 시민입니다. 성도님의 질문에 대한 원리적 답변은 여기서 찾아야 할 것 같습니다. 우리는 지금 자본주의 체제를 기반으로 하는 국가에 속해 있습니다. 자본주의 국가의 특징 가운데 하나는 사유재산 제도입니다. 즉 모든 시민은 자유롭게 재산을 소유할 수 있는 권리를 가지는 것입니다.

현대자본주의 국가에서는 일반적으로 부동산, 동산, 주식, 현금 등을 소유할 수 있습니다. 그것은 자본주의 사회에서 있어야 할 기본적인 개념이 아닐까 생각해 봅니다. 즉 필요한 물건을 구입하기 위해서는 현금이 필요할 것이며 주거 공간이나 생산을 위해서는 부동산이 필요합니다. 그리고 투자를 통한 재생산과 경제 순환이 이어지게 되겠지요. 그 모든 것들은 단순히 개인을 위한 것이 아니라 국가 및 사회 공동체와 연계된 것입니다.

그럼에도 불구하고 사람들은 그것을 단순한 자기 이익의 방편으로 간주하는 경향이 있습니다. 그렇게 되면 부자가 되고 싶은 개인적 욕망을 충족하기에 급급할 수밖에 없습니다. 그러나 성도의 삶은 결코 그렇지 않습니다. 자기 집을 장만할 수도 있고 필요에 따라 부동산을 구입할 수도 있겠지만 그것 자체가 삶의 목적은 아닙니다.

그러나 그 과정에서 예기치 않은 수익이 생길 수도 있습니다. 자연스럽게 발생하는 수익이 별 문제가 되지는 않습니다. 하지만 노동을 배경으로 하지 않은 수익으로 인해 부유해져가고 있음을 느낄 때 성도는 정신을 바짝 차려 주의해야 합니다. 재산이 많아지게 되면 세상의 즐거움을 누리고자 하는 마음이 쉽게 촉진될 것이기 때문입니다.

　그러므로 성도들은 어떤 경우에도 투기를 해서는 안 됩니다. 투자를 명분 삼아 투기를 하는 것은 더욱 피해야 합니다. 투기를 한다는 것은 노름과 같아서 그것을 통해 한몫 잡을 수도 있지만 실패할 수도 있습니다. 투기를 하면서 그것을 투자라고 주장하는 사람들은 주로 부자들입니다. 그들은 부동산이나 주식에 투자(투기)하여 차익이 생기면 즐거워하고 혹 수익이 생기지 않아도 그 정도는 별것 아니라고 생각합니다.
　성경에는 땀흘려 일함으로써 얻은 수익을 통해 이 세상을 살아가야 함을 원칙으로 하고 있습니다. 물론 그 의미는 폭넓게 이해되어야 합니다. 그것은 노동력이 전혀 없는 이웃들이 교회와 가정, 그리고 사회에 많이 있다는 사실을 염두에 두어야 하기 때문입니다.

　모든 인간들은 세상에 살면서 예기치 못한 일들을 만나게 됩니다. 세속 국가가 각종 정책을 펼 때 그에 속한 시민들은 개인적 의사와 상관없이 부득불 그에 참여하게 됩니다. 경제 문제 역시 마찬가지입니다. 극단적으로, 당장 전쟁이 일어나 한국 경제가 완전히 파탄이 된다면 모든 국민들은 예외없이 그로부터 심각한 영향을 받을 수밖에 없습니다. 그럴 경우 많은 사람들이 자기의 살 궁리를 하면서 피할길을 찾겠지만 복음을 아는 성도들은 자연스럽게 그 어려움에 참여할 수밖에 없습니다.

　우리는 세속 국가의 불합리한 정책들을 끊임없이 경험하고 있습니다. 부자들에게는 더 부유하게 될 여건들이 제공되지만 가난한 사람들은 그 어려움에서 헤어나기 힘든 정책을 경험하고 있습니다. 그렇지만 교회와 성도들은 그에 대해 어찌할 방도가 없습니다. 단지 불합리한 세상의 한계를 경험하면서 잘못된 세속적 가치에 함몰되지 않기 위해 말씀과 더불어 씨름할 따름입니다.

마지막으로, 일반 성도들에게 부를 탐하지 말라고 가르치는 지도자들이 교회 조직을 부유하게 만들기 위해 연보를 강요하는 일은 없어져야 한다는 사실을 말씀드리고 싶습니다. 그런 주장은 전혀 논리에 맞지 않습니다. 개인 성도들에게 건전한 경제활동을 당부해야 할 공교회가 투자(투기)를 통해 이익을 남기겠다는 발상을 해서는 안 됩니다.

우리의 소망은 천국에 있으며 성도의 삶은 이 세상에 아무런 소망이 없음을 끊임없이 확인하는 가운데 주님의 재림을 기다리는 것입니다. 부족한 답변이지만 다시금 생각해 볼 수 있는 기회가 되기를 바랍니다.

(2005. 10. 10)

## 101 예배 시간에 애국가를 불러도 되는가?

재익 형제

어려움 중에도 잘 지내시지요? 최근 K신학대학원에 관련된 형제의 글을 보고 마음이 매우 아렸습니다. 책임있는 위치에 있는 분들이 오늘과 같은 심각한 위기의 때가 올 것을 사전에 미리 감지하지 못한 것이 문제의 원인일 것입니다. 십 수년 전부터 시작된 작은 문제를 빨리 감지하고 대처했어야 했지만 그렇게 하지 않음으로써 지금처럼 문제를 엄청나게 키우게 된 것입니다.

만일 어떤 사람에게 건강에 이상이 있다면 초기 단계에 치료를 해야 하는 것은 당연한 이치입니다. 사람이 아픈데도 진찰할 생각을 하지 않고 있다가 나중 질병이 발견되었음에도 불구하고 치료를 포기한 채 오랜 세월을 보내면 치명적이 될 수밖에 없습니다.

형제가 질문한 문제를 생각해 봅시다. "예배 시간에 애국가를 불러도 되는가?" 현재 한국교회에는 각종 연합집회나 예배 시간에 애국가를 부르는 경우가 흔히 있는 것이 사실입니다. 특히 3.1절이나 광복절 등 국경일이 되면 그렇게 하는 교회나 집회들이 많이 있습니다. 뿐만 아니라 교회당과 집회장 전면에 태극기를 게양하는 교회와 기독교 집회들도 많이 있는 것 같습니다.

형제는 이 질문을 하면서 예배 시간에 애국가를 불러도 큰 문제가 없는지 물었습니다. 한마디로 간단하게 말씀드리자면 하나님을 예배하는 시간에 애국가를 부르는 것은 예배를 욕되게 하는 행위입니다. 제가 이렇게 말하면 속으로 발끈해 하는 사람들이 더러 있습니다. 그렇게 하는 것을 죄악인지 모르고 자랑으로 생각하는 사람들은 그럴 수밖에 없겠지요.

　이에 대한 이해를 분명히 하기 위해 이런 예를 들어봅니다. 북한에 있는 교회가 예배 시간에 북한의 애국가를 부르면 우리는 그것을 어떻게 생각할까요? 일본에 있는 교회가 예배 시간에 일본 애국가를 부르면 우리는 어떻게 반응할까요? 그러면 좀더 넓게 생각하여, 로마제국에 속해 있던 교회가 예배 시간에 로마제국의 애국가를 불렀다면 어떻게 해석해야 할까요? 북한이나 일본 그리고 로마제국의 애국가는 안 되고 한국의 애국가만 예배 시간에 부를 수 있다고 할 것입니까?
　그러면 무지한 기독교 민족주의자들은 한국의 애국가에는 "하느님이 보우하사"라는 문구가 있지 않느냐고 할지도 모릅니다. 그리고 '하느님'은 '하나님'이 되어야 한다고 주장합니다. 애국가에 나오는 '하느님'과 성경에 계시된 '하나님'을 동일하게 보는 사람이 있다면 성경의 '여호와 하나님'에 대한 진정한 깨달음이 없기 때문에 생겨나는 문제입니다. 그들은 일반 세속 국가들이 그들의 노래나 문화 가운데 '신'을 얼마나 많이 언급하고 있는지 모르기 때문에 그런 말을 합니다.

　하나님을 믿는 백성은 오직 하나님만을 찬양할 수 있을 따름입니다. 기록된 하나님의 말씀과 예수 그리스도 이외에 그 어떤 것도 하나님을 예배하는 데 동원되어서는 안 됩니다. 그것은 곧 우상숭배 행위이기 때문입니다. 조각이나 미술품을 통한 우상숭배 행위보다 훨씬 더 민감하게 경계해야 할 것이 음악을 통한 우상숭배 행위입니다. 그리고 가시적 우상보다 더 훨씬 더 무서운 것이 보이지 않는 사상적 우상들입니다.

　지금 한국교회에는 우상이 가득합니다. 어쩌면 교회라는 이름을 가지고 있으면서 도리어 우상의 전당이 되어 있는 경우가 많이 있습니다. 이는 마치 예수님 당시 유대인들이 예루살렘 성전을 '사탄의 위'로 만들고 '강도의 소굴'로 만들었던 사실과 유사합니다. 눈이 먼 당시 종교지도자들은 우상을 섬기면서도 속으로는 하나님을 섬기고 있는 것으로 착각하며 살았던 것입니다. .

우리 시대에도 그와 매우 유사함을 잊어서는 안 될 것입니다. 저마다 하나님을 위해 교회당에 태극기를 게양하고 예배 시간에 애국가를 부른다고 생각할지 모르지만 인간의 판단이나 주장 자체가 결코 의미를 정당화하는 것은 아닙니다. 하나님을 섬긴다고 생각하면서 실상은 하나님을 욕되게 하는 경우들이 얼마나 많았던가 하는 점을 성경 말씀을 통해 살펴보아야 합니다.

우리가 신학을 공부하는 이유가 바로 거기 있습니다. 하나님의 말씀은 그런 점에 대해 과연 어떻게 가르치고 있는지 구약의 선지자들과 신약의 사도들은 그에 대해 어떤 교훈을 주고 있는지 보아야 합니다. 그리고 역사상의 교회들은 그와 유사한 오류를 범한 적이 있지 않은지 혹은 그런 일들을 어떻게 대처하며 이겨나갔는지 살펴보아야 합니다. 그렇게 함으로써 우리 시대의 교회가 어떻게 세워져 가는 가운데, 하나님을 예배해야 하는지 확인해야 합니다.

재익 형제, 앞으로 하나님의 말씀에 더욱 민감하게 되기를 바랍니다. 그래야 부패한 세상을 정확하게 읽을 수 있으며 그 가운데 존재하는 교회의 의미를 알아갈 수 있을 것이기 때문입니다. 세상에 존재하되 결코 세상을 닮지 않는 분명한 교회의 모습이 드러나도록 하나님의 은혜를 구할 수 있기를 바랍니다.

나머지 몇 가지 질문들에 대해서는 언제 답변할 수 있을지 모르겠군요. 신학교에서 학문을 접하며 잘, 잘못을 신중하게 분별하는 가운데 공부하기를 원합니다. 영육간 강건하기를 빕니다.

(2005. 10. 21)

신앙생활 업그레이드 시리즈
전체 271문항 제목별 색인

CNB 507 "손에 잡히는 신앙생활"(I - 1~80 문항)
CNB 508 "아름다운 신앙생활"(II - 1~90 문항)
CNB 509 "열매맺는 신앙생활"(III - 1~101 문항)

## 제목별 색인(I, II, III권 전체 271문항)

*⟨ ⟩는 권수와 목차 번호

- 2002 동계올림픽을 보고(세상사에 대한 분노에 대하여)⟨II – 45⟩
- CCC에 대해⟨II – 88⟩
- CCM, CCD에 대하여⟨II – 83⟩
- JMJ씨 명예박사학위 수여에 대하여⟨II – 63⟩
- JYK 목사에 대하여⟨III – 43⟩
- K신학대학원과 공군사관학교⟨III – 78⟩
- KD교보의 기능 회복을 기대하며⟨II – 54⟩
- KS교단 시국선언, 어찌 봐야 할까요?⟨III – 66⟩
- KS교단의 현실과 내일⟨II – 65⟩
- KS대학의 침묵을 우려하며⟨II – 55⟩
- MEBIG에 대하여⟨II – 15⟩
- Music과 Song⟨I – 80⟩
- SFC와 개혁주의에 대하여⟨I – 44⟩

– ㄱ –

- 가위눌림 어떻게 보아야 하나요?⟨II – 22⟩
- 가인과 아벨의 제사⟨I – 40⟩
- 감사에 대한 올바른 신앙인의 자세⟨III – 15⟩
- 감사의 말씀과 더불어⟨III – 34⟩
- 강단권을 어떻게 이해해야 합니까?⟨III – 20⟩
- 개혁교회와 찬양대⟨II – 6⟩
- 개혁의 대상이 된 한국교회⟨I – 30⟩
- 개혁주의와 복음주의에 대하여⟨I – 45⟩
- 계시의 종결⟨III – 33⟩
- 고신신학의 정체성이 있는가?⟨III – 76⟩
- 고신의 미래를 생각하며⟨III – 53⟩
- 고신의 미래와 현실 인식⟨III – 27⟩
- 공예배에 대하여⟨II – 60⟩
- 교단에서 신학교수의 역할⟨II – 35⟩

- 교리적 예수? 역사적 예수?〈Ⅲ - 96〉
- 교역자의 이동에 대하여〈Ⅰ - 65〉
- 교회 개척과 건축에 대하여〈Ⅲ - 42〉
- 교회 생활과 갈등〈Ⅱ - 57〉
- 교회 세습에 대하여〈Ⅰ - 2〉
- 교회 음악과 예배 중 악기 사용에 대해서〈Ⅰ - 1〉
- 교회, 교회론의 문제-동성애 관련〈Ⅰ - 63〉
- 교회가 복지재단을 운영하는 문제에 대하여〈Ⅲ - 10〉
- 교회가 없는 지역에서의 예배〈Ⅲ - 70〉
- 교회가 흥미를 제공해야 하는가?〈Ⅰ - 68〉
- 교회를 통한 상행위商行爲에 대하여〈Ⅰ - 74〉
- 교회에 나가 보려고 하는데…〈Ⅲ - 67〉
- 교회와 목적지향주의〈Ⅰ - 60〉
- 교회와 무교회주의〈Ⅱ - 21〉
- 교회와 성도, 투자(투기)할 수 있는가?〈Ⅲ - 100〉
- 교회의 교회됨을 위하여〈Ⅰ - 69〉
- 교회의 부서에 대하여〈Ⅱ - 18〉
- 교회의 옮김에 대하여〈Ⅱ - 52〉
- 교회의 직분과 직책에 대하여〈Ⅱ - 46〉
- 교회적 구제 사역에 대하여(행 6:1-6을 기억하며)〈Ⅲ - 95〉
- 구약시대 성도들의 믿음과 기도〈Ⅲ - 89〉
- 구원과 자기 결정〈Ⅰ - 55〉
- 구원의 기초〈Ⅰ - 53〉
- 구원의 확신에 대하여〈Ⅰ - 72〉
- 국가의 전쟁수행권〈Ⅱ - 31〉
- 국경일 기념예배〈Ⅱ - 66〉
- 국기에 대한 경례 및 순국선열에 대한 묵념〈Ⅰ - 7〉
- 권사제도에 대하여〈Ⅲ - 7〉
- 귀신론에 대하여〈Ⅰ - 46〉
- 그리스도인과 입양〈Ⅱ - 53〉
- 그리스도인과 직업에 대해〈Ⅰ - 26〉
- 기관목사와 교회〈Ⅱ - 30〉

- 기도 응답에 대하여(창 21:16, 17과 관련하여)〈III - 84〉
- 기도에 대하여〈I - 19〉
- 기독교 언론의 사명〈III - 23〉
- 기독교 음악 공연과 예배〈III - 49〉
- 기독교인이 보험이나 적금을 들어도 되는지요?〈III - 59〉
- 꼭 교회에 나가야만 합니까?(UBF와 CMI에 관련하여)〈III - 71〉
- 꿈dream에 대하여〈II - 26〉

- ㄴ -

- 나는 900살을 살 수 있는가?〈II - 24〉
- 나로 말미암지 않고는 아버지께로 올 자가 없느니라(요 14:6)〈III - 13〉
- 낙태절대불가에 대하여〈I - 47〉
- 남에게 대접을 받고자 하는 대로 너희도 남을 대접하라(마 7:12)〈III - 61〉
- 냉장고 구입 기념예배라니요?
  (BE병원 펫-시티 구입기념예배와 관련하여)〈III - 60〉
- 너는 힘써 대장부가 되라(왕상 2:2)〈III - 41〉
- 네 시작은 미약하나 나중은 심히 창대하리라〈II - 58〉
- 네덜란드 개혁주의 교회와 사회 참여〈II - 13〉
- 노동과 돈에 대한 현실적 문제〈III - 35〉
- 노방전도에 대하여〈III - 54〉
- 능력 대결Power Encounter에 대하여〈II - 41〉

- ㄷ -

- 다단계 판매에 대한 작은 생각〈III - 51〉
- 다락방 운동에 대하여-한국교회의 축소판〈I - 48〉
- 다양한 헌금 종류에 대하여〈I - 77〉
- 단군상 파괴와 기독교 신앙에 대해〈I - 22〉
- 담임목사와 부교역자의 관계는?〈I - 27〉
- 대통령의 노벨상과 한국 기독교〈I - 73〉
- 대한민국 대통령을 세우는데 하나님의 관여가 있는가?〈III - 57〉
- 데모에 대하여〈II - 39〉
- 독신, 혼인 선택의 문제인가?(창 2:18; 고전 7:8)〈III - 38〉
- 돌아가신 목사의 사모가 그 교회의 권사가 될 수 있나요?〈I - 3〉
- 동성애 인정 교단과 자매결연 문제〈I - 56〉

- 두세 사람이 모이면 교회인가?(마 18:20에 대한 해석과 함께)〈Ⅲ - 64〉
- 드보라와 바락〈Ⅰ - 58〉

- ㄹ -

- ㅁ -

- 마귀와 재난〈Ⅱ - 59〉
- 마태복음 24장 34절과 마가복음 9장 1절에 대한 해석〈Ⅲ - 29〉
- 말씀 선포의 대상은?〈Ⅰ - 61〉
- 매직설교가 성경적인지요?〈Ⅲ - 55〉
- 모든 사람이 죄를 지었으므로의 의미〈Ⅰ - 21〉
- 모로 가도 서울만 가면 된다(?)(빌 1:12-18과 복음전파)〈Ⅲ - 12〉
- 모이기를 폐하는 어떤 사람들의 습관에 대하여〈Ⅱ - 75〉
- 목사 서원에 대하여〈Ⅱ - 67〉
- 목사는 기름부음 받은 하나님의 종인가?〈Ⅲ - 65〉
- 목사는 하나님께서 직접 간섭하시는 하나님의 종인가?〈Ⅲ - 88〉
- 목사님, 애완견을 키워도 됩니까?〈Ⅲ - 50〉
- 목사님에게 축복권과 저주권이 있는지요?〈Ⅲ - 98〉
- 목사인 남편의 비신앙적 행동에 대한 고민〈Ⅲ - 5〉
- 목사제복은 필요한가?〈Ⅰ - 11〉
- 목회자와 생활비〈Ⅱ - 9〉
- 목회자의 길은?〈Ⅲ - 63〉
- 무교회주의에 대하여〈Ⅱ - 14〉
- 무덤에 장사된 그리스도의 영은 어디에 계셨는가?
  (벧전 3:19에 대한 해석)〈Ⅲ - 2〉
- 믿음은 바라는 것들의 실상(히 11: 1)〈Ⅲ - 31〉

- ㅂ -

- 베드로가 예수님의 수제자인지요?(마 16장과 행 1,2장 중심으로)〈Ⅲ - 94〉
- 보편교회와 보편성이란 말의 의미〈Ⅰ - 25〉
- 복의 의미에 대해〈Ⅱ - 32〉
- 본회퍼Dietrich Bonhoeffer의 신학〈Ⅰ - 67〉
- 부끄러운 구원(?)(고전 3:15과 관련하여)〈Ⅱ - 36〉
- 부부가 각기 다른 교회에?〈Ⅲ - 74〉
- 부활절 연합예배에 대하여〈Ⅱ - 51〉

• 불의한 청지기와 불의한 재물(눅 16:1-13중 8, 9절에 대한 해석)〈Ⅲ - 47〉

- ㅅ -
• 사도시대의 율법과 복음에 대한 문제(행 21:17-26; 갈 2:4)〈Ⅲ - 44〉
• 사도신경에 대하여〈Ⅰ - 43〉
• 사도신경이 가지는 의미와 기능에 대하여〈Ⅲ - 97〉
• 사랑하는 이성과 손을 잡아도 안 됩니까?〈Ⅲ - 3〉
• 삼위일체에 대하여〈Ⅱ - 33〉
• 삶의 갈등과 신앙〈Ⅱ - 3〉
• 새벽기도에 대하여〈Ⅲ - 86〉
• 생명과 죽음 그리고 예수 그리스도의 무덤에서 사흘의 의미는?〈Ⅰ - 23〉
• 선교 단체와 교회 생활〈Ⅲ - 82〉
• 선교사에게 십일조를 보내도 되는지요?〈Ⅱ - 82〉
• 선교와 전도〈Ⅰ - 50〉
• 선교지의 기독교 혼합주의에 대한 대처〈Ⅱ - 80〉
• 설교연습이란 어떤 과목인지요?〈Ⅰ - 10〉
• 성가대 지휘자 사례비〈Ⅰ - 59〉
• 성경 공부를 하고 싶은데요〈Ⅱ - 50〉
• 성경 기록상 오류가 있는가?(레 11:1-23에 기록된 말씀을 기억하며)〈Ⅲ - 81〉
• 성경 번역과 사본에 대하여〈Ⅱ - 87〉
• 성경 해석을 할 수 있는 권한은 누구에게나 있는지요?〈Ⅰ - 12〉
• 성경 해석의 중요성(마 7:21과 행 2:21의 교훈을 기억하며)〈Ⅲ - 93〉
• 성경과 노예제도〈Ⅲ - 6〉
• 성경은 이혼을 허용하는가?〈Ⅰ - 41〉
• 성도와 추도예배〈Ⅰ - 4〉
• 성령 세례와 성령 충만에 대하여〈Ⅲ - 83〉
• 성막에 대하여〈Ⅱ - 8〉
• 성미誠米에 대하여〈Ⅱ - 73〉
• 성시화聖市化 운동에 대하여〈Ⅰ - 39〉
• 성형수술을 해도 됩니까?〈Ⅱ - 12〉
• 세례를 두 번 받을 수 있는가?〈Ⅱ - 27〉
• 세례식 남발에 대한 공개 질의〈Ⅰ - 32〉
• 세례와 성찬 참여〈Ⅱ - 74〉

- 세속화된 한국교회에 대해 어떤 자세를?⟨I - 20⟩
- 소위 '하나님의 교회'라는 집단에 대하여⟨II - 44⟩
- 송구영신예배에 대하여⟨I - 70⟩
- 송구영신예배와 한국교회⟨III - 79⟩
- 순결서약식에 대하여⟨I - 37⟩
- 순종의 의미⟨II - 23⟩
- 술과 담배⟨III - 45⟩
- 술을 마시면 죄가 됩니까?⟨I - 13⟩
- 쉬지 말고 기도하라(살전 5:17)⟨III - 72⟩
- 시신기증에 대하여⟨II - 19⟩
- 신구약 성경 66권만 하나님의 말씀인지요?⟨II - 29⟩
- 신지학Theosophy에 대하여⟨II - 71⟩
- 신학교 경건회에서 축도가 가능한가?⟨III - 85⟩
- 신학교 교육의 의의⟨III - 24⟩
- 신학교와 학위 문제⟨II - 43⟩
- 신학대학원에서 성찬식을 행할 수 있는가?⟨I - 16⟩
- 신학이 깨어나야 할 때⟨III - 9⟩
- 신학적 토론 분위기를 상실한 시대에 대한 안타까움⟨III - 28⟩
- 심방예배에 대하여⟨II - 5⟩
- 십일조, 연보, 축도에 대한 문제⟨III - 56⟩
- 십일조를 어느 교회에 내야할까요?⟨II - 64⟩
- 십일조에 대하여⟨I - 78⟩

- ο -

- 아브라함과 다윗 집안의 일부다처제 수용은?⟨I - 42⟩
- 안식에 들어갈 남은자들(히 4:6)⟨II - 1⟩
- 애굽의 수치란 무엇을 의미합니까?⟨I - 17⟩
- 양심적 병역거부에 대하여⟨III - 58⟩
- 어떤 신학교가 좋은 신학교입니까?⟨III - 8⟩
- 어린이들은 성찬에 참여할 수 없는가?⟨III - 90⟩
- 어릴 적 거짓말에 대한 고민⟨II - 40⟩
- 에큐메니칼 운동에 대해⟨I - 24⟩
- 에큐메니칼ecumenical에 대하여⟨I - 64⟩

- 여성 안수 논쟁〈Ⅲ - 46〉
- 여자 목사 제도는 성경적인가?〈Ⅰ - 62〉
- 역라마단 운동에 대하여〈Ⅰ - 66〉
- 연보는 꼭 본 교회에 해야 하는가?〈Ⅰ - 8〉
- 연보와 기부금〈Ⅱ - 2〉
- 연보와 연말세금공제〈Ⅱ - 78〉
- 열린예배-OOO교회는 건전한 교회인가?〈Ⅰ - 18〉
- 영성신학靈性神學에 대하여〈Ⅱ - 7〉
- 영화 The Passion of the Christ를 보고〈Ⅲ - 36〉
- 예루살렘의 의미〈Ⅲ - 40〉
- 예배 시간에 애국가를 불러도 되는가?〈Ⅲ - 101〉
- 예배와 관련하여〈Ⅱ - 4〉
- 예수 그리스도가 유일한 구원의 통로인가?〈Ⅲ - 32〉
- 예수님 이름으로 기도합니다(요 14:13, 14절; 15:16; 16:23, 24)〈Ⅲ - 25〉
- 예수님과 병고침(요 5:1-9)〈Ⅱ - 17〉
- 예수님을 세 번 부인한 베드로의 신앙은?〈Ⅰ - 38〉
- 예수를 믿는다는 것은?〈Ⅲ - 77〉
- 예언의 은사(고전 12, 14장)에 대하여〈Ⅰ - 49〉
- 오늘날 우리에게 일용할 양식을 주옵시고〈Ⅱ - 77〉
- 용돈헌금?〈Ⅲ - 19〉
- 우리 교회가 이단이라고요?〈Ⅲ - 1〉
- 유아세례에 대하여〈Ⅰ - 14〉
- 육체적 부활의 다양성에 대하여(고전 15:39, 40)〈Ⅲ - 4〉
- 은사주의는 건전한가?〈Ⅲ - 99〉
- 은사집회란 과연 성경적인가?〈Ⅰ - 75〉
- 이근호 목사를 어떻게 보시는지요?〈Ⅲ - 26〉
- 이스라엘 민족에 대하여〈Ⅱ - 62〉
- 이스라엘 민족은 왜 다른 민족들을 멸망시켰습니까?〈Ⅰ - 9〉
- 이혼(離婚不能)에 대하여〈Ⅰ - 15〉
- 이혼-이런 경우는 어떻게 합니까?〈Ⅱ - 11〉
- 인본주의humaniism에 대하여〈Ⅱ - 28〉
- 인터넷 뱅킹을 통한 연보에 대하여〈Ⅱ - 85〉

• 일반 성도는 성경을 너무 깊이 알면 안 되는지요?〈II – 68〉

- ㅈ -

• 자녀 교육의 기본〈I – 71〉
• 자녀의 불신자와 혼인 문제에 대하여〈II – 84〉
• 자살하면 무조건 지옥갑니까?〈III – 52〉
• 장로교 정치원리와 당회에 대하여〈II – 79〉
• 장로장립과 헌금빚(?)〈II – 76〉
• 전권위원회의 결과가 궁금하시지요?〈II – 90〉
• 전원교회에 대하여〈II – 69〉
• 정신지체자의 성찬 참여에 대하여〈III – 62〉
• 정한 짐승과 부정한 짐승〈III – 22〉
• 제명을 당한데 대한 해명〈III – 17〉
• 제명의 의미〈III – 16〉
• 족보나 숫자가 되풀이되는 성경 본문은?〈III – 92〉
• 종교다원주의에 대하여〈II – 47〉
• 좋은 배우자를 달라고 기도할까요?〈III – 68〉
• 죄는 유전되는 것인가?(시 51:5; 롬 3:23, 24)〈III – 48〉
• 죄에 대한 고뇌〈II – 10〉
• 주 5일 근무에 대하여〈II – 38〉
• 주께서 내 원수의 목전에서 상床을 베푸시고(시 23:5)의 의미〈I – 36〉
• 주일과 명절, 대소사가 겹칠 경우에는?〈II – 25〉
• 주일을 어떻게 지켜야 하는가?〈I – 33〉
• 주일학교 설교 어떻게 해야 할까요?〈II – 16〉
• 주일Lords Day과 일요일Sunday에 대해〈I – 28〉
• 죽은 자를 위한 기도에 대하여(벧전 3:19)〈II – 49〉
• 준혁아, 준우야!〈II – 61〉
• 중보기도에 대하여〈II – 56〉
• 지나치게 의인이 되지 말며 지나치게 지혜자도 되지 말라(전 7:16)〈III – 14〉
• 지식의 홍수에 휩쓸리지 말아야〈III – 75〉
• 지옥과 연옥에 대하여〈III – 73〉
• 직분과 일률적인 헌금〈III – 91〉
• 진멸당한 애굽의 생축이 어떻게 다시 등장하게 됩니까?(출 9:6)〈I – 34〉

- ㅊ -

- 천국상급에 차등이 있는가?〈I - 29〉
- 천국에서 누가 크냐의 문제〈I - 76〉
- 총동원 전도주일에 대하여〈II - 70〉
- 추말자의 변질과 우리의 교훈〈II - 48〉
- 축도에 대하여〈II - 37〉

- ㅋ -

- 칼빈과 사형死刑 제도〈I - 54〉
- 캠퍼스 내 경건생활-KS대학을 중심으로〈II - 34〉

- ㅌ -

- 태신자 운동에 대하여〈I - 35〉
- 트렌스젠더Transgender에 대하여〈II - 20〉

- ㅍ -

- ㅎ -

- 하나님(의 영광)을 위해 산다는 말의 의미〈III - 11〉
- 하나님 나라의 확장에 대하여〈III - 37〉
- 하나님 어머니라는 망발에 대하여〈III - 87〉
- 하나님과 이스라엘 선택에 대하여〈I - 5〉
- 하나님과 하느님〈III - 18〉
- 하나님께서는 왜 아직까지 사탄을 멸망시키지 않는 것일까?〈I - 6〉
- 하나님께서는 왜 에덴동산에 선악과善惡果 나무를 두셨을까?〈I - 31〉
- 하나님은 세속 국가 정치에 관여하실까요?〈II - 86〉
- 하나님의 구원 범위〈III - 30〉
- 하나님의 예정에 대하여〈I - 79〉
- 하나님의 전능성과 주권 영역에 대하여〈III - 80〉
- 하나님의 주권 영역에 대하여〈I - 57〉
- 한국말의 특성과 인간 관계〈II - 42〉
- 한기총의 평화 기도회(?)〈II - 81〉
- 헌신예배에 대하여〈III - 21〉
- 현대판 시모니simony〈I - 51〉
- 현실적 교회개혁 방안을 기대함〈I - 52〉
- 형상(이미지)을 신앙 교재로 사용할 수 있는가?〈III - 69〉

- 혼인 생활과 이혼〈II - 89〉
- 혼인과 함函〈II - 72〉
- 혼인식장에서 성찬식을 행할 수 있는지요?〈III - 39〉